여천NCC

Naphtha Cracking Center

전문기능직 고졸 · 초대졸 채용

온라인 필기시험

SD에듀
㈜시대고시기획

2023 하반기 All-New 여천NCC
전문기능직 고졸 · 초대졸 채용 온라인 필기시험 + 무료상식특강

Always **with you**

사람의 인연은 길에서 우연하게 만나거나 함께 살아가는 것만을 의미하지는 않습니다.
책을 펴내는 출판사와 그 책을 읽는 독자의 만남도 소중한 인연입니다.
SD에듀는 항상 독자의 마음을 헤아리기 위해 노력하고 있습니다.
늘 독자와 함께하겠습니다.

PREFACE

머리말 | 한국의 석유화학산업을 선도하면서 21세기 초일류 기업을 지향하는 여천NCC는 1999년 DL케미칼과 한화솔루션간 각사 나프타분해시설(NCC)을 통합하여 탄생하였다. 에틸렌을 비롯하여 프로필렌, 부타디엔, 벤젠, 톨루엔, 자일렌, 스티렌모노머 등 각종 석유화학산업의 기초 원료를 생산하여 국내외 시장에 공급하고 있다. 여천NCC는 고품질의 석유화학 기초원료를 생산해 국내외 석유화학산업에 안정적으로 공급하며 발전을 거듭해 왔다. 지금까지 축적해 온 역량을 바탕으로 여천NCC는 세계 최고의 경쟁력을 갖춘 석유화학회사를 향해 새롭게 도약하고 있다. 최첨단 생산설비와 대규모 생산능력을 보유하고 무재해 안정 조업의 기록을 이어가고 있으며, 선진 경영 시스템과 건전한 재무구조, 고객과의 공고한 파트너십을 기반으로 매년 성장을 거듭하고 있다. 지식과 기술을 겸비한 전문 인재들 또한 여천NCC의 뛰어난 경쟁력 중 하나로, 세계 석유화학 시장을 선도하는 글로벌 리더를 확보하고자 체계적이고 공정한 인사제도를 실시하고 있다. 여천NCC의 전문기능직 채용을 위한 온라인 필기시험은 크게 언어이해 및 언어추리, 자료해석, 창의수리로 구성되어 있다.

이에 SD에듀에서는 여천NCC에 입사하고자 하는 수험생들에게 좋은 길잡이가 되어주고자 다음과 같은 특징을 가진 본서를 출간하게 되었다.

도서의 특징

❶ 2023년 상반기부터 변경된 필기시험 영역과 문항을 전면 반영하여 최신출제경향을 파악할 수 있도록 하였다.

❷ 2023~2022년 주요 기업 생산직 기출복원문제를 수록하여 생산직 필기시험의 출제 경향을 한눈에 파악할 수 있도록 하였다.

❸ 영역별 핵심이론과 적중예상문제를 통해 문제 유형에 익숙해지고 시간을 단축할 수 있도록 구성하였다.

❹ 최종점검 모의고사와 도서 동형 온라인 실전연습 서비스를 제공하여 실제와 같이 연습할 수 있도록 하였다.

❺ 인성검사에 대비할 수 있도록 인성검사 모의 연습을 수록하였으며, 면접에 대한 유형 및 실전 대책을 수록하여 별도의 학습서가 필요하지 않도록 구성하였다.

끝으로 본서를 통해 여천NCC 전문기능직 고졸·초대졸 채용을 준비하는 여러분 모두에게 합격의 기쁨이 있기를 진심으로 기원한다.

SDC(Sidae Data Center) 씀

여천NCC 이야기

> The World Best Company를 지향하는 여천NCC는
> 새로운 화학세계의 개척과 인간의 행복한 생활창조에 앞장선다.

비전

세계 최고의 경쟁력을 갖춘 석유화학회사

미션

인간의 행복한 생활

핵심가치

열정과 혁신 / 열린 마음과 성과창출 / 학습과 전문성

경영이념

인화단결	▶ 인화단결로 가족같은 직장 분위기를 조성한다.
선진경영	▶ 선진경영으로 생산성과 수익성을 증대한다.
미래창조	▶ 미래창조로 세계 초일류 기업으로 성장한다.

⬡ 인재상

성과를
창출하는 사람

최고의 전문성을
갖춘 사람

끊임없이
혁신하는 사람

열린 마음으로 팀워크를 이루어 **성과를 창출**하는 사람

- 상호 이해와 신의를 바탕으로 타인을 배려할 줄 아는 사람
- 양보와 협조의 정신으로 팀워크를 형성하여 성과를 창출하는 사람
- 올바른 가치관과 긍정적인 사고를 바탕으로 업무를 수행하는 사람

지속적인 학습을 통해 **최고의 전문성**을 갖춘 사람

- 끊임없는 자기개발을 통해 해당분야의 1인자로 성장한 사람
- 연관분야에서 전문가에 버금가는 수준의 지식과 경륜을 갖춘 사람

적극성과 열정을 가지고 **끊임없이 혁신**하는 사람

- 문제의식과 함께 창조적인 유연한 사고방식으로 끊임없이 변화와 혁신을 실행하는 사람
- 적극성과 열정을 바탕으로 설정된 목표를 기필코 달성해내는 도전적인 사람
- 일을 통해 조직과 사회에 헌신하는 사람

온라인 시험 TIP

⬡ 필수 준비물

❶ 신분증 : 주민등록증, 외국인등록증, 여권, 운전면허증 중 하나

❷ 그 외 : 휴대폰, 휴대폰 거치대, 노트북, 웹캠, 노트북/휴대폰 충전기

⬡ 유의사항

❶ 준비물품 이외의 물품은 책상 위에서 제외하도록 한다.

❷ 시험 도중 화장실에 갈 수 없으므로 주의한다.

❸ 필기도구는 일절 사용이 불가하다(프로그램 내 메모장 및 그림판, 계산기 사용 가능).

⬡ 알아두면 좋은 Tip

❶ 원활한 시험 진행을 위해 삼각대와 책상 정리가 필요하다.

❷ 진행 중 와이파이가 끊어지는 경우 재접속하면 문제없이 진행이 가능하다.

❸ 인터넷 연결이 원활하며 최대한 조용히 시험을 치를 수 있는 장소를 확보한다.

⬡ 시험 진행

영역	문항 수	응시시간
언어이해	20문항	15분
언어추리	20문항	15분
자료해석	20문항	15분
창의수리	20문항	15분
인성검사	309문항	50분

※ 위 내용은 2023년 상반기 온라인 시험을 기준으로 작성된 내용입니다.

❖ 시험 내용은 채용유형, 채용직무, 채용시기 등에 따라 변동될 수 있으므로 반드시 발표되는 채용공고를 확인하기 바랍니다.

합격을 위한 체크 리스트

시험 전 CHECK LIST
※ 최소 시험 이틀 전에 아래의 리스트를 확인하면 좋습니다.

- ☐ 본인의 신분증과 개인정보 가리개를 준비하였는가?
- ☐ 스마트폰 거치대와 필요한 필기도구를 준비하였는가?
- ☐ 스마트폰의 인터넷 사용, 감독 시스템에 접속, 카메라와 스피커의 작동이 가능한지 확인하였는가?
- ☐ 전화나 카톡 등의 알림음이 울리지 않도록 하였는가?
- ☐ 컴퓨터의 작동에 문제가 없는지 확인하였는가?
- ☐ 예비소집일과 동일한 장소에서 응시 가능한지 확인하였는가?
- ☐ 시험 장소에 불필요한 물건을 모두 치웠는가?
- ☐ 시험 장소에 낙서가 없는지 확인하였는가?
- ☐ 시험 장소의 주변에 계시는 분들에게 협조 요청을 하였는가?
- ☐ 주변에 소리가 날만한 요소를 제거하였는가?
- ☐ 온라인 시험에 대한 주의사항 등 응시자 매뉴얼을 확인하였는가?
- ☐ 온라인 모의고사로 실전 연습을 하였는가?
- ☐ 자신이 취약한 영역을 두 번 이상 학습하였는가?
- ☐ 스마트폰의 배터리가 충분한지 확인하였는가?

시험 후 CHECK LIST
※ 시험 다음 날부터 아래의 리스트를 확인하며 면접 준비를 미리 하면 좋습니다.

- ☐ 인적성 시험 후기를 작성하였는가?
- ☐ 상하의와 구두를 포함한 면접복장이 준비되었는가?
- ☐ 지원한 직무의 직무분석을 하였는가?
- ☐ 단정한 헤어와 손톱 등 용모관리를 깔끔하게 하였는가?
- ☐ 자신의 자소서를 다시 한 번 읽어보았는가?
- ☐ 1분 자기소개를 준비하였는가?
- ☐ 도서 내의 면접 기출 질문을 확인하였는가?
- ☐ 자신이 지원한 직무의 최신 이슈를 정리하였는가?

이 책의 차례

Add+

2023 ~ 2022년
주요기업 생산직 기출복원문제

01 언어이해

| 2023년 포스코

01 다음 글을 논리적 순서대로 바르게 나열한 것은?

> (가) 물체의 회전 상태에 변화를 일으키는 힘의 효과를 돌림힘이라고 한다. 물체에 회전 운동을 일으키거나 물체의 회전 속도를 변화시키려면 물체에 힘을 가해야 한다. 같은 힘이라도 회전축으로부터 얼마나 멀리 떨어진 곳에 가해 주느냐에 따라 회전 상태의 변화 양상이 달라진다. 물체에 속한 점 X와 회전축을 최단 거리로 잇는 직선과 직각을 이루는 동시에 회전축과 직각을 이루도록 힘을 X에 가한다고 하자. 이때 물체에 작용하는 돌림힘의 크기는 회전축에서 X까지의 거리와 가해준 힘의 크기의 곱으로 표현되고 그 단위는 Nm(뉴턴미터)이다.
>
> (나) 회전 속도의 변화는 물체에 알짜 돌림힘이 일을 해 주었을 때만 일어난다. 돌고 있는 팽이에 마찰력이 일으키는 돌림힘을 포함하여 어떤 돌림힘도 작용하지 않으면 팽이는 영원히 돈다. 일정한 형태의 물체에 일정한 크기와 방향의 알짜 돌림힘을 가하여 물체를 회전시키면, 알짜 돌림힘이 한 일은 알짜 돌림힘의 크기와 회전 각도의 곱이고 그 단위는 줄(J)이다. 알짜 돌림힘이 물체를 돌리려는 방향과 물체의 회전 방향이 일치하면 알짜 돌림힘이 양(+)의 일을 하고 그 방향이 서로 반대이면 음(−)의 일을 한다.
>
> (다) 동일한 물체에 작용하는 두 돌림힘의 합을 알짜 돌림힘이라 한다. 두 돌림힘의 방향이 같으면 알짜 돌림힘의 크기는 두 돌림힘의 크기의 합이 되고 그 방향은 두 돌림힘의 방향과 같다. 두 돌림힘의 방향이 서로 반대이면 알짜 돌림힘의 크기는 두 돌림힘의 크기의 차가 되고 그 방향은 더 큰 돌림힘의 방향과 같다. 지레의 힘을 주지만 물체가 지레의 회전을 방해하는 힘을 작용점에 주어 지레가 움직이지 않는 상황처럼, 두 돌림힘의 크기가 같고 방향이 반대이면 알짜 돌림힘은 0이 되고 이때를 돌림힘의 평형이라고 한다.
>
> (라) 지레는 받침과 지렛대를 이용하여 물체를 쉽게 움직일 수 있는 도구이다. 지레에서 힘을 주는 곳을 힘점, 지렛대를 받치는 곳을 받침점, 물체에 힘이 작용하는 곳을 작용점 이라 한다. 받침점에서 힘점까지의 거리가 받침점에서 작용점까지의 거리에 비해 멀수록 힘점에서 작은 힘을 주어 작용점에서 물체에 큰 힘을 가할 수 있다. 이러한 지레의 원리에는 돌림힘의 개념이 숨어 있다.

① (가) – (다) – (라) – (나)　　　　② (가) – (라) – (다) – (나)

③ (라) – (가) – (나) – (다)　　　　④ (라) – (가) – (다) – (나)

정답 및 해설

01 제시문은 '돌림힘'에 대해 설명하고 있다. 먼저 우리에게 친숙한 지레를 예로 들어 지레의 원리에 돌림힘의 개념이 숨어 있다고 흥미 유발을 한 뒤, 돌림힘의 정의에 대해 설명한다. 그 다음으로 돌림힘과 돌림힘이 합이 된 알짜 돌림힘의 정의에 대해 설명하고, 마지막으로 알짜 돌림힘이 일을 할 경우에 대해 설명한다. 따라서 돌림힘에 대해 점진적으로 설명하고 있는 ④가 적절하다.

01 ④ 　정답

02 다음 중 스마트미터에 대한 내용으로 적절하지 않은 것은?

스마트미터는 소비자가 사용한 전력량을 일방적으로 보고하는 것이 아니라, 발전사로부터 전력 공급 현황을 받을 수 있는 양방향 통신, AMI(AMbient Intelligence)로 나아간다. 때문에 부가적인 설비를 더하지 않고 소프트웨어 설치만으로 집안의 통신이 가능한 각종 전자기기를 제어하는 기능까지 더할 수 있어 에너지를 더욱 효율적으로 관리하게 해주는 전력 시스템이다.

스마트미터는 신재생에너지가 보급되기 위해 필요한 스마트그리드의 기초가 되는 부분으로 그 시작은 자원 고갈에 대한 걱정과 환경 보호 협약 때문이었다. 하지만 스마트미터가 촉구되었던 더 큰 이유는 안정적으로 전기를 이용할 수 있느냐 하는 두려움 때문이었다. 사회는 끊임없는 발전을 이뤄 왔지만 천재지변으로 인한 시설 훼손이나 전력 과부하로 인한 블랙아웃 앞에서는 어쩔 도리가 없었다. 태풍과 홍수, 산사태 등으로 막대한 피해를 보았던 2000년대 초반 미국을 기점으로, 전력 정보의 신뢰도를 위해 스마트미터 산업은 크게 주목받기 시작했다. 대중은 비상시 전력 보급 현황을 알기 원했고, 미 정부는 전력 사용 현황을 파악함은 물론, 소비자가 전력 사용량을 확인할 수 있도록 제공하여 소비자 스스로 전력 사용을 줄이길 바랐다.

한편, 스마트미터는 기존의 전력 계량기를 교체해야 하는 수고와 비용이 들지만, 실시간으로 에너지 사용량을 알 수 있기 때문에 이용하는 순간부터 공급자인 발전사와 소비자 모두가 전력 정보를 편이하게 접할 수 있을 뿐만 아니라 효율적으로 관리가 가능해진다. 앞으로는 소비처로부터 멀리 떨어진 대규모 발전 시설에서 생산하는 전기뿐만 아니라, 스마트 그린시티에 설치된 발전설비를 통한 소량의 전기들까지 전기 가격을 하나의 정보로 규합하여 소비자가 필요에 맞게 전기를 소비할 수 있게 하였다. 또한, 소형 설비로 생산하거나 에너지 저장 시스템에 사용하다 남은 소량의 전기는 전력 시장에 역으로 제공해 보상을 받을 수도 있게 된다.

미래 에너지는 신재생에너지로의 완전한 전환이 중요하지만, 산업체는 물론 개개인이 에너지를 절약하는 것 역시 중요하다. 앞서 미국이 의도했던 것처럼 스마트미터를 보급하면 일상에서 쉽게 에너지 운용을 파악할 수 있게 되고, 에너지 절약을 습관화하는 데 도움이 될 것이다.

① 소비자가 사용한 전력량뿐만 아니라 발전사로부터 공급 현황도 받을 수 있다.
② 에너지 공급자와 사용자를 양방향 통신으로 연결해 정보제공 역할을 한다.
③ 공급자로부터 받은 전력 사용량을 바탕으로 소비자 스스로 전력 사용을 제어할 수 있다.
④ 스마트미터는 자원 고갈과 환경보호를 대체할 수 있는 발전효율이 높은 신재생에너지 자원이다.

정답 및 해설

02 스마트미터는 신재생에너지가 보급되기 위해 필요한 스마트그리드의 기초가 되는 부분이다. 따라서 에너지 공급자와 사용자를 양방향 데이터 통신으로 연결해 검침 및 정보제공 역할을 하여 발전소와 소비자 모두 필요한 정보를 모니터링하는 시스템일 뿐, 직접 에너지를 생산하는 신재생에너지는 아니다.

02 ④ **정답**

03 다음 글의 제목으로 가장 적절한 것은?

> 대부분의 사람이 주식 투자를 하는 목적은 자산을 증식하는 것이지만, 항상 이익을 낼 수는 없으며 이익에 대한 기대에는 언제나 손해에 따른 위험이 동반된다. 이러한 위험을 줄이기 위해서 일반적으로 투자자는 포트폴리오를 구성하는데, 이때 전반적인 시장상황에 상관없이 나타나는 위험인 '비체계적 위험'과 시장 상황에 연관되어 나타나는 위험인 '체계적 위험' 두 가지를 동시에 고려해야 한다.
>
> 비체계적 위험이란 종업원의 파업, 경영 실패, 판매의 부진 등 개별 기업의 특수한 상황과 관련이 있는 것으로 '기업 고유 위험'이라고도 한다. 기업의 특수 사정으로 인한 위험은 예측하기 어려운 상황에서 돌발적으로 일어날 수 있는 것들로, 여러 주식에 분산 투자함으로써 제거할 수 있다. 반면에 체계적 위험은 시장의 전반적인 상황과 관련한 것으로, 예를 들면 경기 변동, 인플레이션, 이자율의 변화, 정치 사회적 환경 등 여러 기업들에 공통으로 영향을 주는 요인들에 기인한다. 체계적 위험은 주식 시장 전반에 관한 위험이기 때문에 비체계적 위험에 대응하는 분산투자의 방법으로도 감소시킬 수 없으므로 '분산 불능 위험'이라고도 한다.
>
> 그렇다면 체계적 위험에 대응할 방법은 없을까? '베타 계수'를 활용한 포트폴리오 구성으로 투자자는 체계적 위험에 대응할 수 있다. 베타 계수란 주식 시장 전체의 수익률 변동이 발생했을 때 이에 대해 개별 기업의 주가 수익률이 얼마나 민감하게 반응하는가를 측정하는 계수로, 종합주가지수의 수익률이 1% 변할 때 개별 주식의 수익이 얼마나 변하는가를 나타내며, 수익률의 민감도로 설명할 수 있다. 따라서 투자자는 주식시장이 호황에 진입할 경우 베타 계수가 큰 종목의 투자 비율을 높이지만 불황이 예상되는 경우에는 베타 계수가 작은 종목의 투자 비율을 높여 위험을 최소화할 수 있다.

① 비체계적 위험과 체계적 위험의 사례 분석
② 비체계적 위험을 활용한 경기 변동의 예측 방법
③ 비체계적 위험과 체계적 위험을 고려한 투자 전략
④ 종합주가지수 변동에 민감한 비체계적 위험의 중요성

정답 및 해설

03 첫 단락에서 비체계적 위험과 체계적 위험을 나누어 살핀 후 비체계적 위험 아래에서의 투자 전략과 체계적 위험 아래에서의 투자 전략을 제시하고 있다. 그리고 글의 중간부터는 베타 계수를 활용하여 체계적 위험에 대응하는 내용이 전개되고 있다. 따라서 글의 제목으로 가장 적절한 것은 '비체계적 위험과 체계적 위험을 고려한 투자 전략'이다.

03 ③ ◀ **정답**

04 다음 중 밑줄 친 빈칸에 들어갈 내용으로 가장 적절한 것은?

> 현대인들이 부족한 잠으로 인해 만성 피로를 겪고 있다. 성인 평균 권장 수면시간은 7~8시간이지만, 이를 지키는 이들은 우리나라 성인 기준 단 4%에 불과하다. 2016년 국가별 일평균 수면시간 조사에 따르면, 한국인의 하루 평균 수면시간은 7시간 41분으로 OECD 18개 회원국 중 최하위를 기록했다. 또한, 직장인의 수면시간은 이보다도 짧은 6시간 6분, 권장 수면시간에 2시간 가까이 부족한 수면시간으로 현대인 대부분이 수면 부족에 시달린다 해도 과언이 아닐 정도이다.
>
> 수면시간 총량이 적은 것도 문제지만 더 심각한 점은 _____, 즉 수면의 질 또한 높지 않다는 것이다. 수면장애 환자를 '단순히 일이 많아서', 또는 '잠버릇 때문에' 발생한 일시적인 가벼운 증상 정도로 여기는 사회적 분위기를 고려하면 실제 더 많을 것으로 추정된다. 특히 대표적인 수면장애인 '수면무호흡증'은 피로감·불안감·우울감은 물론 고혈압·당뇨병과 심혈관질환·뇌졸중까지 다양한 합병증을 유발할 수 있다는 점에서 진단과 치료가 요구된다.

① '어떻게 잘 잤는지'
② '언제 잠을 잤는지'
③ '어디서 잠을 잤는지'
④ '얼마만큼 많이 잤는지'

정답 및 해설

04 빈칸의 뒷부분에서는 수면장애가 다양한 합병증을 유발할 수 있다는 점을 언급하며 낮은 수면의 질이 문제가 되고 있음을 설명하고 있다. 따라서 빈칸에 들어갈 내용으로는 수면의 질과 관련된 ①이 가장 적절하다.

04 ① **《정답》**

※ 다음 글을 읽고 이어지는 물음에 답하시오. [5~6]

우리의 눈을 카메라에 비유했을 때 렌즈에 해당하는 부분을 수정체라고 한다. 수정체는 먼 거리를 볼 때 두께가 얇아지고 가까운 거리를 볼 때 두께가 두꺼워지는데, 이러한 과정을 조절이라고 한다. 노화가 시작되어 수정체의 탄력이 떨어지면 조절 능력이 저하되고 이로 인해 가까운 거리의 글씨가 잘 안 보이는 노안이 발생한다.

노안은 주로 40대 중반부터 시작되는데 나이가 들수록 조절력은 감소하게 된다. 최근에는 30・40대가 노안 환자의 절반가량을 차지하고 있으며, 빠르면 20대부터 노안이 발생하기도 한다.

노안이 발생하면 가까운 거리의 시야가 흐리게 보이는 증세가 나타나며, 책을 읽거나 컴퓨터 작업을 할 때 눈이 쉽게 피로하고 두통이 있을 수 있다. 젊은 연령대에서는 이러한 증상을 시력 저하로 생각하고 병원을 찾았다가 노안으로 진단받아 당황하는 경우가 종종 있다.

가장 활발하게 사회생활을 하는 젊은 직장인들의 경우 스마트폰과 PC를 이용한 근거리 작업이 수정체의 조절 능력을 떨어뜨리면서 눈의 노화를 발생시킨다. 또한 전자 기기에서 나오는 블루라이트(모니터, 스마트폰, TV 등에서 나오는 380 ~ 500 나노미터 사이의 파란색 계열의 광원) 불빛이 눈을 쉽게 피로하게 만들어 노안 발생 연령을 앞당기기도 한다.

최근에는 주위에서 디지털 노안을 방지하기 위한 블루라이트 차단 안경이나 필름 등을 어렵지 않게 찾아볼 수 있다. 기업에서도 블루라이트를 최소화한 전자 기기를 출시하는 등 젊은이들에게도 노안은 더 이상 먼 이야기가 아니다. '몸이 천 냥이면 눈이 구백 냥'이라는 말이 있듯이 삶의 질을 유지하는 데 있어 눈은 매우 중요한 기관이다. 몸이 피로하고 지칠 때 편안하게 쉬듯이 눈에도 충분한 휴식을 주어 눈에 부담을 덜어주는 것이 필요하다.

| 2022년 포스코

05 다음 중 노안 예방 방법으로 옳지 않은 것은?

① 눈에 충분한 휴식을 준다.
② 전자 기기 사용을 줄인다.
③ 눈 운동을 한다.
④ 블루라이트 차단 제품을 사용한다.

06 다음 중 노안 테스트 질문으로 적절한 것을 모두 고르면?

> ㄱ. 항상 안경을 착용한다.
> ㄴ. 하루에 세 시간 이상 스마트폰을 사용한다.
> ㄷ. 갑작스럽게 두통이나 어지럼증을 느낀다.
> ㄹ. 최신 스마트폰을 사용한다.
> ㅁ. 먼 곳을 보다가 가까운 곳을 보면 눈이 침침하다.
> ㅂ. 조금만 책을 읽어도 눈이 쉽게 피로해진다.

① ㄱ, ㄴ, ㄹ　　　　　　　　　② ㄱ, ㄷ, ㅂ
③ ㄴ, ㄷ, ㅁ　　　　　　　　　④ ㄴ, ㅁ, ㅂ

정답 및 해설

05 제시문에 따르면 젊은 사람들의 경우 장시간 전자 기기를 사용하는 근거리 작업과 전자 기기에서 나오는 블루라이트 등으로 인해 노안 발생률이 증가하고 있다. 따라서 노안을 예방하기 위해서는 전자 기기 사용을 줄이고 블루라이트 차단 제품을 사용하며, 눈에 충분한 휴식을 주어 눈의 부담을 덜어주어야 한다. 그러나 눈 운동과 관련된 내용은 제시문에서 찾아볼 수 없기 때문에 ③이 옳지 않다.

06 ㄴ. 전자 기기의 블루라이트 불빛은 노안의 원인이 되므로 장시간 스마트폰을 사용한다면 노안을 의심해볼 수 있다.
ㅁ. 노안이 발생하면 수정체의 조절 능력이 저하되어 가까운 거리의 시야가 흐리게 보인다.
ㅂ. 노안의 대표적인 증상이다.

오답분석
ㄱ. 안경 착용은 노안과 관계가 없다.
ㄷ. 책을 읽거나 컴퓨터 작업을 할 때 두통이 발생한다면 노안을 의심할 수 있지만, 평상시의 갑작스러운 두통이나 어지럼증은 노안의 증상으로 보기 어렵다.
ㄹ. 최신 스마트폰 사용은 노안과 관계가 없으며, 스마트폰의 장시간 사용이 노안의 발생 원인이 된다.

05 ③　**06** ④　정답

07 다음 글에 대한 설명으로 적절하지 않은 것은?

> 현재의 특허법을 보면 생명체나 생명체의 일부분이라도 그것이 인위적으로 분리·확인된 것이라면 발명으로 간주하고 있다. 따라서 유전자도 자연으로부터 분리·정제되어 이용 가능한 상태가 된다면 화학 물질이나 미생물과 마찬가지로 특허의 대상으로 인정된다. 그러나 유전자 특허 반대론자들은 생명체 진화 과정에서 형성된 유전자를 분리하고 그 기능을 확인했다는 이유만으로 독점적 소유권을 인정하는 일은 마치 한마을에서 수십 년 동안 함께 사용해 온 우물물의 독특한 성분을 확인했다는 이유로 특정한 개인에게 독점권을 준다는 논리만큼 부당하다고 주장한다.

① 현재의 특허법은 자연 자체에 대해서도 소유권을 인정한다.
② 유전자 특허 반대론자는 비유를 이용하여 주장을 펼치고 있다.
③ 유전자 특허 반대론자에 따르면 유전자는 특허의 대상이 아니다.
④ 현재의 특허법은 대상보다는 특허권 신청자의 인위적 행위의 결과에 중점을 둔다.

08 다음 문장들을 논리적 순서대로 바르게 나열한 것은?

> (가) 우리가 선택해야 할 문제는 우주 개발을 어떻게 해야 할 것인가이다.
> (나) 인류가 의식을 갖게 되면서부터 우주를 꿈꾸어 왔다는 증거는 세계 여러 민족의 창세신화에서 발견된다.
> (다) 이제 인류는 우주의 시초를 밝히게 되었고, 우주의 끄트머리를 바라볼 수 있게 되었으며, 우주 공간에 인류의 거주지를 만들 수 있게 되었다.
> (라) 그리고 그 결과가 오늘날의 우주 개발이라는 현실로 다가온 것이다.
> (마) 그러므로 우주 개발을 해야 할 것이냐 말아야 할 것이냐는 이제 문제의 핵심이 아니다.
> (바) 우주를 개발하려는 시도가 최근에 등장한 것은 아니다.

① (나) – (다) – (마) – (가) – (바) – (라)
② (나) – (마) – (가) – (다) – (바) – (라)
③ (바) – (나) – (마) – (가) – (라) – (다)
④ (바) – (나) – (라) – (다) – (마) – (가)

정답 및 해설

07 현재의 특허법은 인위적으로 분리·확인된 것을 발명으로 간주한다.

08 (바)에서 언급한 내용의 근거로 (나)의 세계 여러 민족의 창세신화를 들고 있으며, (라)에서 순접 기능의 접속어 '그리고'를 매개로 우주에 대한 꿈이 현실이 되었다고 서술한 후, (다)에서 (라)의 언급한 내용을 구체화하고 있다. 다음으로 (마)에서 인과 기능의 접속어 '그러므로'를 매개로 이제 우주 개발의 여부가 문제의 핵심이 아니라고 하면서, (가)로 이어지며 우주 개발의 방법이 핵심이라고 주장하고 있다. 따라서 (바) – (나) – (라) – (다) – (마) – (가)의 순서가 적절하다.

07 ①   08 ④   **정답**

09 다음 중 글의 내용으로 가장 적절한 것은?

미국 로체스터대 교수 겸 노화연구센터 공동책임자인 베라 고부노바는 KAIST 글로벌전략연구소가 '포스트 코로나, 포스트 휴먼 – 의료·바이오 혁명'을 주제로 개최한 제3차 온라인 국제포럼에서 "대다수 포유동물보다 긴 수명을 가진 박쥐는 바이러스를 체내에 보유하고 있으면서도 염증 반응이 일어나지 않는다."며 "박쥐의 염증 억제 전략을 생물학적으로 이해하면 코로나19는 물론 자가면역 질환 등 다양한 염증 질환 치료제에 활용할 수 있을 것"이라고 말했다.

박쥐는 밀도가 높은 군집 생활을 한다. 또한, 포유류 중 유일하게 날개를 지닌 생물로서 뛰어난 비행 능력과 비행 중에도 고온의 체온을 유지하는 것 등의 능력으로 먼 거리까지 무리를 지어 날아다니기 때문에 쉽게 질병에 노출되기도 한다. 그럼에도 오랜 기간 지구상에 존재하며 바이러스에 대항하는 면역 기능이 발달된 것으로 추정된다. 박쥐는 에볼라나 코로나바이러스에 감염돼도 염증 반응이 일어나지 않기 때문에 대표적인 바이러스 숙주로 지목되고 있다.

고부노바 교수는 "인간이 도시에 모여 산 것도, 비행기를 타고 돌아다닌 것도 사실상 약 100년 정도로 오래되지 않아 박쥐만큼 바이러스 대항 능력이 강하지 않다."며 "박쥐처럼 약 6,000 ~ 7,000만 년에 걸쳐 진화할 수도 없다."고 설명했다. 그러면서 "박쥐 연구를 통해 박쥐의 면역체계를 이해하고 바이러스에 따른 다양한 염증 반응 치료제를 개발하는 전략이 필요하다."고 강조했다.

고부노바 교수는 "이 같은 비교생물학을 통해 노화를 억제하고 퇴행성 질환에 대응하기 위한 방법을 찾을 수 있다."며 "안전성이 확인된 연구 결과물들을 임상에 적용해 더욱 발전해 나가는 것이 필요하다."고 밝혔다.

① 박쥐의 수명은 긴 편이지만 평균적인 포유류 생물의 수명보다는 짧다.
② 박쥐는 날개가 있는 유일한 포유류지만 짧은 거리만 날아서 이동이 가능하다.
③ 박쥐는 현재까지도 바이러스에 취약한 생물이지만 긴 기간 지구상에 존재할 수 있었다.
④ 박쥐가 많은 바이러스를 보유하고 있는 것은 무리생활과 더불어 수명과도 관련이 있다.

정답 및 해설

09 박쥐가 많은 바이러스를 보유하고 있는 것은 밀도 높은 군집 생활을 하기 때문이며, 그에 대항하는 면역도 갖추었기 때문에 긴 수명을 가질 수 있다.

09 ④ **정답**

10 다음 글에서 〈보기〉의 문장이 들어갈 위치로 가장 적절한 곳은?

___(가)___ 자연계는 무기적인 환경과 생물적인 환경이 상호 연관되어 있으며 그것은 생태계로 불리는 한 시스템을 이루고 있음이 밝혀진 이래, 이 언론은 자연을 이해하기 위한 가장 기본이 되는 것으로 받아들여지고 있다. ___(나)___ 그동안 인류는 더 윤택한 삶을 누리기 위하여 산업을 일으키고 도시를 건설하며 문명을 이룩해왔다. ___(다)___ 이로써 우리의 삶은 매우 윤택해졌으나 우리의 생활환경은 오히려 훼손되고 있으며 환경오염으로 인한 공해가 누적되고 있고, 우리 생활에서 없어서는 안 될 각종 자원도 바닥이 날 위기에 놓이게 되었다. ___(라)___ 따라서 우리는 낭비되는 자원, 그리고 날로 황폐해져 가는 자연에 대하여 우리가 해야 할 시급한 임무가 무엇인지를 깨닫고, 이를 실천하기 위해 우리 모두의 지혜와 노력을 모아야만 한다.

보기

만약 우리가 이 위기를 슬기롭게 극복해내지 못한다면 인류는 머지않아 파멸에 이르게 될 것이다.

① (가)　　　　　　　　　　② (나)

③ (다)　　　　　　　　　　④ (라)

정답 및 해설

10　(라)의 앞부분에서는 위기 상황을 제시하고, 뒷부분에서는 인류의 각성을 촉구하는 내용을 다루고 있다. 따라서 각성의 당위성을 이끌어내는 내용인 보기는 (라)에 들어가는 것이 적절하다.

10 ④ 〈정답

11 다음 글의 제목으로 가장 적절한 것은?

> 사회보장제도는 사회구성원에게 생활의 위험이 발생했을 때 사회적으로 보호하는 대응체계를 가리키는 포괄적 용어로 크게 사회보험, 공공부조, 사회서비스가 있다. 예를 들면 실직자들이 구직활동을 포기하고 다시 노숙자가 되지 않도록 지원하는 것 등이 있다.
>
> 사회보험은 보험의 기전을 이용하여 일반주민들을 질병, 상해, 폐질, 실업, 분만 등으로 인한 생활의 위협으로부터 보호하기 위하여 국가가 법에 의하여 보험가입을 의무화하는 제도로 개인적 필요에 따라 가입하는 민간보험과 차이가 있다.
>
> 공공부조는 극빈자, 불구자, 실업자 또는 저소득계층과 같이 스스로 생계를 영위할 수 없는 계층의 생활을 그들이 자립할 수 있을 때까지 국가가 재정기금으로 보호하여 주는 일종의 구빈제도이다.
>
> 사회서비스는 복지사회를 건설할 목적으로 법률이 정하는 바에 의하여 특정인에게 사회보장 급여를 국가 재정부담으로 실시하는 제도로 군경, 전상자, 배우자 사후, 고아, 지적 장애아 등과 같은 특별한 사유가 있는 자나 노령자 등이 해당된다.

① 사회보험제도와 민간보험제도의 차이
② 사회보장제도의 의의
③ 우리나라의 사회보장제도
④ 사회보장제도의 대상자
⑤ 사회보장제도와 소득보장의 차이점

정답 및 해설

11 제시문은 사회보장제도가 무엇인지 정의하고 있으므로, 사회보장제도의 의의가 제목으로 가장 적절하다.

오답분석
① 두 번째 문단에서만 사회보험과 민간보험의 차이점을 언급하고 있다.
③ 우리나라만의 사회보장에 대한 설명은 아니다.
④ 대상자를 언급하고 있지만 이는 글 내용의 일부로 글의 전체적인 제목으로는 적절하지 않다.
⑤ 소득보장에 대해서는 언급하고 있지 않다.

11 ② 《정답》

※ 다음 글을 읽고 이어지는 물음에 답하시오. [12~14]

동양 사상이라 해서 언어와 개념을 무조건 무시하는 것은 결코 아니다. 만약 그렇다면 동양 사상은 경전이나 저술을 통해 언어화되지 않고 순전히 침묵 속에서 전수되어 왔을 것이다. 물론 이것은 사실이 아니다. 동양 사상도 끊임없이 언어적으로 다듬어져 왔으며 논리적으로 전개되어 왔다.

흔히 동양 사상은 신비적이라고 말하지만, 이것은 동양 사상의 한 면만을 특정짓는 것이지 결코 동양의 철인(哲人)들이 사상을 전개함에 있어 논리를 무시했다거나 항시 어떤 신비적인 체험에 호소해서 자신들의 주장을 폈다는 것을 뜻하지는 않는다.

그러나 역시 동양 사상은 신비주의적임에 틀림없다. 거기서는 지고(至高)의 진리란 언제나 언어화될 수 없는 어떤 신비한 체험의 경지임이 늘 강조되어 왔기 때문이다. ⊙ 최고의 진리는 언어 이전, 혹은 언어 이후의 무언(無言)의 진리이다. 엉뚱하게 들리겠지만, 동양 사상의 정수(精髓)는 말로써 말이 필요 없는 경지를 가리키려는 데에 있다고 해도 과언이 아니다. 말이 스스로를 부정하고 초월하는 경지를 나타내도록 사용된 것이다. 언어로써 언어를 초월하는 경지를 나타내고자 하는 것이야말로 동양 철학이 지닌 가장 특징적인 정신이다.

동양에서는 인식의 주체를 심(心)이라는 매우 애매하면서도 포괄적인 말로 이해해 왔다. 심(心)은 물(物)과 항시 자연스러운 교류를 하고 있으며, 이성은 단지 심(心)의 일면일 뿐인 것이다. 동양은 이성의 오만이라는 것을 모른다. 지고의 진리, 인간을 살리고 자유롭게 하는 생동적 진리는 언어적 지성을 넘어선다는 의식이 있었기 때문일 것이다. 언어는 언제나 마음을 못 따르며 둘 사이에는 항시 괴리가 있다는 생각이 동양인들의 의식의 저변에 깔려 있는 것이다.

| 2022년 포스코

12 다음 중 윗글의 핵심적인 내용으로 가장 적절한 것은?

① 동양 사상은 신비주의적인 요소가 많다.
② 언어와 개념을 무시하면 동양 사상을 이해할 수 없다.
③ 동양 사상은 언어적 지식을 초월하는 진리를 추구한다.
④ 인식의 주체를 심(心)으로 표현하는 동양 사상은 이성적이라 할 수 없다.

| 2022년 포스코

13 다음 중 윗글에 나타난 동양 사상의 언어관(言語觀)으로 가장 적절한 것은?

① 말 많은 집은 장맛도 쓰다.
② 말 한마디에 천 냥 빚 갚는다.
③ 말을 적게 하는 사람이 일은 많이 하는 법이다.
④ 아는 사람은 말 안하고, 말하는 사람은 알지 못한다.

14 다음 중 ㉠과 같이 말한 이유로 가장 적절한 것은?

① 진리는 언어를 초월하는 경지이기 때문에

② 언어는 언제나 추상성에 중심을 두기 때문에

③ 언어는 신빙성이 부족하므로

④ 인식의 주체는 언제나 물(物)에 있으므로

정답 및 해설

12 두 번째 단락에서 '최고의 진리는 언어 이전, 혹은 언어 이후의 무언(無言)의 진리이다. 동양 사상의 정수(精髓)는 말로써 말이 필요 없는 경지'라고 한 부분을 보았을 때 동양 사상은 언어적 지식을 초월하는 진리를 추구한다는 것이 이 글의 핵심 내용임을 알 수 있다.

13 동양 사상에서 진리 또는 앎은 언어로써 표현하기 어렵다고 보고 언어적 지성을 대단치 않게 간주해 왔다고 했다. 따라서 앎에 있어서 언어의 효용은 크지 않다고 말한 ④가 동양 사상의 언어관이 반영된 것이라 할 수 있다.

[오답분석]

① 말 많은 집은 장맛도 쓰다 : 집안에 잔말이 많으면 살림이 잘 안 된다는 말

② 말 한 마디에 천 냥 빚 갚는다 : 말만 잘하면 어려운 일이나 불가능해 보이는 일도 해결할 수 있다는 말

③ 말을 적게 하는 사람이 일은 많이 하는 법이다 : 말할 시간을 줄여 일을 할 수 있으니 말을 삼가라는 말

14 ㉠ 뒤에 나오는 '동양 사상의 정수(精髓)는 말로써 말이 필요 없는 경지를 가리키는 데에 있다.'는 표현은 진리는 현상을 벗어나는 초월적 경지임을 뜻하므로 이를 통해 ㉠처럼 말한 이유도 유추할 수 있다.

12 ③ 13 ④ 14 ① **정답**

15 다음 글의 내용을 추론한 것으로 적절하지 않은 것은?

> 미세먼지가 피부의 염증 반응을 악화시키고, 재생을 둔화시키는 피부의 적이라는 연구 결과가 지속적으로 발표되고 있다. 최근 연구 결과에 따르면 초미세먼지 농도가 짙은 지역에 거주하는 사람은 공기가 가장 깨끗한 지역에 사는 사람보다 잡티나 주름이 생길 확률이 높았고, 고령일수록 그 확률은 증가했다.
>
> 그렇다면 미세먼지 차단 화장품은 효과가 있을까? 정답은 '제대로 된 제품을 고른다면 어느 정도 효과가 있다.'이다. 그러나 식품의약품안전처에서 발표한 내용에 따르면 미세먼지에 효과가 있다고 광고하는 제품 중 절반 이상이 효과가 없는 것으로 드러났다. 무엇보다 미세먼지 차단지수가 표준화되어 있지 않고, 국가 또는 회사별로 다른 지수를 제안하고 있어서 이를 검증하고 표준화하는 데는 좀 더 시간이 걸릴 것으로 보고 있다.
>
> 피부를 미세먼지로부터 보호하는 방법은 애초에 건강한 피부를 유지하는 것이다. 미세먼지가 가장 많이 침투하는 부위를 살펴보면 피부가 얇거나 자주 갈라지는 눈 근처, 코 옆, 입술 등이다. 평소 세안을 깨끗이 하고, 보습제와 자외선 차단제를 잘 바르는 생활습관만으로도 피부를 보호할 수 있다. 특히, 메이크업을 즐기는 사람들은 색조 제품의 특성상 노폐물이 더 잘 붙을 수밖에 없으므로 주의해야 한다.
>
> 다음으로 체내 면역력을 높이는 것이다. 미세먼지는 체내의 면역체계를 약하게 만들어서 비염, 편도선염, 폐질환, 피부염 등의 원인이 된다. 이를 막기 위해서는 건강한 음식과 꾸준한 운동으로 체내의 면역력을 높이면 미세먼지를 방어하는 데 효과적이다.

① 나이가 많은 사람일수록 미세먼지에 취약하다.

② 국가별로 표준화된 미세먼지 차단지수를 발표했지만, 세계적으로 표준화하는 데는 시간이 걸릴 것이다.

③ 미세먼지는 피부의 약한 부위일수록 침투하기 쉽다.

④ 메이크업을 즐기는 사람은 그렇지 않은 사람보다 미세먼지에 더 많이 노출되어 있다.

정답 및 해설

15 두 번째 문단에서 국가 또는 회사별로 표준화된 미세먼지 차단지수가 없다고 설명하고 있다.

[오답분석]
① 초미세먼지 농도가 짙은 지역에 거주하는 사람 중 고령일수록 피부에 문제가 생길 확률이 증가했다.
③ 미세먼지가 가장 많이 침투하는 부위는 피부가 얇거나 자주 갈라지는 눈 근처, 코 옆, 입술 등이다.
④ 메이크업을 즐기는 사람들은 색조 제품의 특성상 노폐물이 더 잘 붙을 수밖에 없으므로 주의해야 한다.

15 ② **정답**

❙ 2023년 포스코

01 현수는 가전제품을 구매하기 위해 판매점을 둘러보던 중 Y사 제품 판매점을 둘러보게 되었다. 다음 명제로부터 현수가 추론할 수 있는 것은?

> • 냉장고의 A/S 기간은 세탁기의 A/S 기간보다 길다.
> • 에어컨의 A/S 기간은 냉장고의 A/S 기간보다 길다.
> • 컴퓨터의 A/S 기간은 3년으로 세탁기의 A/S 기간보다 짧다.

① 세탁기의 A/S 기간은 3년 이하이다.
② 세탁기의 A/S 기간이 가장 짧다.
③ 컴퓨터의 A/S 기간이 가장 짧다.
④ 냉장고의 A/S 기간이 가장 길다.

❙ 2023년 현대자동차

02 A ~ E 다섯 명이 100m 달리기를 했다. 기록 측정 결과가 나오기 전에 그들끼리의 대화를 통해 순위를 예측해 보려고 한다. 그들의 대화는 다음과 같고, 이 중 한 사람이 거짓말을 하고 있다. 다음 중 A ~ E의 순위로 알맞은 것은?

> A : 나는 1등이 아니고, 3등도 아니야.
> B : 나는 1등이 아니고, 2등도 아니야.
> C : 나는 3등이 아니고, 4등도 아니야.
> D : 나는 A와 B보다 늦게 들어왔어.
> E : 나는 C보다는 빠르게 들어왔지만, A보다는 늦게 들어왔어.

① E - C - B - A - D
② E - A - B - C - D
③ C - E - B - A - D
④ C - A - D - B - E
⑤ A - C - E - B - D

정답 및 해설

01 가전제품을 A/S 기간이 짧은 순서대로 나열하면 '컴퓨터 - 세탁기 - 냉장고 - 에어컨'이므로 컴퓨터의 A/S 기간이 가장 짧은 것을 알 수 있다.

02 한 명만 거짓말을 하고 있기 때문에 모두의 말을 참이라고 가정하고, 모순이 어디서 발생하는지 생각해 본다.
다섯 명의 말에 따르면, 1등을 할 수 있는 사람은 C밖에 없는데, E의 진술과 모순이 생기는 것을 알 수 있다.
만약 C의 진술이 거짓이라고 가정하면 1등을 할 수 있는 사람이 없게 되므로 모순이다.
따라서 E의 진술이 거짓이므로 나올 수 있는 순위는 C - A - E - B - D, C - A - B - D - E, C - E - B - A - D임을 알 수 있다.

01 ③ **02** ③ **정답**

▎2022년 SK그룹

03

- 비가 많이 내리면 습도가 높아진다.
- 겨울보다 여름에 비가 더 많이 내린다.
- 습도가 높으면 먼지가 잘 나지 않는다.
- 습도가 높으면 정전기가 잘 일어나지 않는다.

① 겨울은 여름보다 습도가 낮다.
② 먼지는 여름이 겨울보다 잘 난다.
③ 여름에는 겨울보다 정전기가 잘 일어나지 않는다.
④ 비가 많이 오면 정전기가 잘 일어나지 않는다.

▎2022년 SK하이닉스

04

- 정리정돈을 잘하는 사람은 집중력이 좋다.
- 주변이 조용할수록 집중력이 좋다
- 깔끔한 사람은 정리정돈을 잘한다.
- 집중력이 좋으면 성과 효율이 높다.

① 깔끔한 사람은 집중력이 좋다.
② 주변이 조용할수록 성과 효율이 높다.
③ 깔끔한 사람은 성과 효율이 높다.
④ 성과 효율이 높지 않은 사람은 주변이 조용하지 않다.
⑤ 깔끔한 사람은 주변이 조용하다.

정답 및 해설

03 주어진 명제를 정리하면 다음과 같다.
여름은 겨울보다 비가 많이 내림 → 비가 많이 내리면 습도가 높음 → 습도가 높으면 먼지와 정전기가 잘 일어나지 않음.
따라서 비가 많이 내리면 습도가 높고 습도가 높으면 먼지가 잘 나지 않으므로, 비가 많이 오지 않는 겨울이 여름보다 먼지가 잘 난다는 것을 알 수 있다.

04 • 깔끔한 사람 → 정리정돈을 잘함 → 집중력이 좋음 → 성과 효율이 높음
• 주변이 조용함 → 집중력이 좋음 → 성과 효율이 높음

오답분석
① 세 번째 명제와 첫 번째 명제로 추론할 수 있다.
② 두 번째 명제와 네 번째 명제로 추론할 수 있다.
③ 세 번째 명제, 첫 번째 명제, 네 번째 명제로 추론할 수 있다.
④ 네 번째 명제의 대우와 두 번째 명제의 대우로 추론할 수 있다.

03 ② **04** ⑤ ◁정답

※ 제시된 명제가 모두 참일 때, 다음 중 빈칸에 들어갈 명제로 가장 적절한 것을 고르시오. [5~6]

▌ 2022년 SK하이닉스

05

- 비가 오면 한강 물이 불어난다.
- 비가 오지 않으면 보트를 타지 않은 것이다.
- _____
- 그러므로 자전거를 타지 않으면 한강 물이 불어난다.

① 자전거를 타면 비가 오지 않는다.

② 보트를 타면 자전거를 탄다.

③ 한강 물이 불어나면 보트를 타지 않은 것이다.

④ 자전거를 타지 않으면 보트를 탄다.

⑤ 보트를 타면 비가 오지 않는다.

▌ 2022년 SK하이닉스

06

- 어떤 고양이는 참치를 좋아한다.
- 참치를 좋아하는 생물은 모두 낚시를 좋아한다.
- 그러므로 _____

① 낚시를 좋아하는 모든 생물은 참치를 좋아한다.

② 어떤 고양이는 낚시를 좋아한다.

③ 참치를 좋아하는 생물은 모두 고양이이다.

④ 모든 고양이는 낚시를 좋아한다.

⑤ 낚시를 좋아하는 모든 생물은 고양이이다.

정답 및 해설

05 '비가 옴'을 p, '한강 물이 불어남'을 q, '보트를 탐'을 r, '자전거를 탐'을 s라고 하면, 각 명제는 순서대로 $p \rightarrow q$, $\sim p \rightarrow \sim r$, $\sim s \rightarrow q$이다. 앞의 두 명제를 연결하면 $r \rightarrow p \rightarrow q$이고, 결론이 $\sim s \rightarrow q$가 되기 위해서는 $\sim s \rightarrow r$이라는 명제가 추가로 필요하다. 따라서 빈칸에 들어갈 명제는 ④이다.

06 어떤 고양이는 참치를 좋아하고, 참치를 좋아하는 생물은 모두 낚시를 좋아한다. 따라서 어떤 고양이는 낚시를 좋아한다.

05 ④ 06 ② 〈정답〉

| 2022년 SK하이닉스

07

> • 등산을 좋아하는 사람은 스케이팅을 싫어한다.
> • 영화 관람을 좋아하지 않는 사람은 독서를 좋아한다.
> • 영화 관람을 좋아하지 않는 사람은 조깅 또한 좋아하지 않는다.
> • 낮잠 자기를 좋아하는 사람은 스케이팅을 좋아한다.
> • 스케이팅을 좋아하는 사람은 독서를 좋아한다.

① 영화 관람을 좋아하는 사람은 스케이팅을 좋아한다.
② 낮잠 자기를 좋아하는 사람은 독서를 좋아한다.
③ 조깅을 좋아하는 사람은 독서를 좋아한다.
④ 독서를 싫어하면 낮잠 자기를 좋아한다.
⑤ 스케이팅을 좋아하는 사람은 낮잠 자기를 싫어한다.

| 2022년 SK하이닉스

08

> • 창조적인 기업은 융통성이 있다.
> • 오래 가는 기업은 건실하다.
> • 오래 가는 기업이라고 해서 모두가 융통성이 있는 것은 아니다.

① 융통성이 있는 기업은 건실하다.
② 창조적인 기업이 오래 갈지 아닐지 알 수 없다.
③ 융통성이 있는 기업은 오래 간다.
④ 어떤 창조적인 기업은 건실하다.
⑤ 창조적인 기업은 오래 간다.

정답 및 해설

07 네 번째, 다섯 번째 명제를 통해서 '낮잠 자기를 좋아하는 사람은 스케이팅을 좋아하고, 스케이팅을 좋아하는 사람은 독서를 좋아한다.'는 명제를 얻을 수 있다. 이 명제를 한 문장으로 연결하면 '낮잠 자기를 좋아하는 사람은 독서를 좋아한다.'이다.

08 창조적인 기업은 융통성이 있고, 융통성이 있는 기업 중의 일부는 오래간다. 즉, 창조적인 기업이 오래 갈지 아닐지 알 수 없다.

07 ② 08 ② 《 정답

09

- 갑과 을 앞에 감자칩, 쿠키, 비스킷이 놓여 있다.
- 세 가지의 과자 중에는 각자 좋아하는 과자가 반드시 있다.
- 갑은 감자칩과 쿠키를 싫어한다.
- 을이 좋아하는 과자는 갑이 싫어하는 과자이다.

① 갑은 좋아하는 과자가 없다.
② 갑은 비스킷을 싫어한다.
③ 을은 비스킷을 싫어한다.
④ 갑과 을이 같이 좋아하는 과자가 있다.

10

- 도보로 걷는 사람은 자가용을 타지 않는다.
- 자전거를 타는 사람은 자가용을 탄다.
- 자전거를 타지 않는 사람은 버스를 탄다.

① 자가용을 타는 사람은 도보로 걷는다.
② 버스를 타지 않는 사람은 자전거를 타지 않는다.
③ 버스를 타는 사람은 도보로 걷는다.
④ 도보로 걷는 사람은 버스를 탄다.

정답 및 해설 ─────────────────────────────────○

09 명제가 참이면 대우 명제도 참이다. 즉, '을이 좋아하는 과자는 갑이 싫어하는 과자이다.'가 참이면 '갑이 좋아하는 과자는 을이 싫어하는 과자이다.'도 참이다.
따라서 갑은 비스킷을 좋아하고, 을은 비스킷을 싫어한다.

10 p는 '도보로 걸음', q는 '자가용 이용', r은 '자전거 이용', s는 '버스 이용'이라고 하면 $p \rightarrow \sim q$, $r \rightarrow q$, $\sim r \rightarrow s$이며, 두 번째 명제의 대우인 $\sim q \rightarrow \sim r$이 성립함에 따라 $p \rightarrow \sim q \rightarrow \sim r \rightarrow s$가 성립한다.
따라서 도보로 걷는 사람은 버스를 탄다.

09 ③ 10 ④ 〈 정답

※ 다음 제시문을 읽고 각 문제가 항상 참이면 ①, 거짓이면 ②, 알 수 없으면 ③을 고르시오. [11~12]

- A ~ E 다섯 사람은 교내 사생대회에서 상을 받았다.
- 최우수상, 우수상, 장려상에 각 1명, 2명, 2명이 상을 받았다.
- A와 B는 서로 다른 상을 받았다.
- A와 C는 서로 다른 상을 받았다.
- D는 네 사람과 다른 상을 받았다.

| 2022년 SK하이닉스

11 D는 최우수상을 받았다.

① 참   ② 거짓   ③ 알 수 없음

| 2022년 SK하이닉스

12 A는 우수상을 받았다.

① 참   ② 거짓   ③ 알 수 없음

정답 및 해설

11 네 사람과 다른 상을 받은 D가 1명만 받는 최우수상을 받았음을 알 수 있다.

12 D가 최우수상을 받았으므로 A는 우수상 또는 장려상을 받았음을 알 수 있다. 그러나 A는 B, C와 다른 상을 받았을 뿐, 주어진 조건만으로 그 상이 우수상인지 장려상인지는 알 수 없다.

11 ①   12 ③   **정답**

※ 다음 제시문을 읽고 각 문제가 참이면 ①, 거짓이면 ②, 알 수 없으면 ③을 고르시오. [13~15]

- A, B, C, D 네 사람은 검은색, 빨간색, 파란색 볼펜 중 한 가지 색의 볼펜을 가졌다.
- 세 가지 색의 볼펜 중 아무도 가지지 않은 색의 볼펜은 없다.
- C와 D가 가진 볼펜의 색은 서로 다르다.
- C는 빨간색 볼펜을 가지지 않았다.
- A는 검은색 볼펜을 가졌다.

| 2022년 SK하이닉스

13 B가 검은색 볼펜을 가졌다면, D는 빨간색 볼펜을 가졌다.

① 참   ② 거짓   ③ 알 수 없음

| 2022년 SK하이닉스

14 검은색 볼펜을 가진 사람은 두 명이다.

① 참   ② 거짓   ③ 알 수 없음

| 2022년 SK하이닉스

15 D가 빨간색 볼펜을 가졌다면, C는 파란색 볼펜을 가졌다.

① 참   ② 거짓   ③ 알 수 없음

정답 및 해설

13 제시된 조건을 다음의 여섯 가지 경우로 정리할 수 있다.

구분	A	B	C	D
경우 1	검은색	빨간색	검은색	파란색
경우 2	검은색	빨간색	파란색	검은색
경우 3	검은색	빨간색	파란색	빨간색
경우 4	검은색	파란색	검은색	빨간색
경우 5	검은색	파란색	파란색	빨간색
경우 6	검은색	검은색	파란색	빨간색

따라서 B가 검은색 볼펜을 가진 경우는 경우 6으로, D는 빨간색 볼펜을 가졌다.

14 경우 1, 경우 2, 경우 4, 경우 6의 경우 검은색 볼펜을 가진 사람은 두 명이지만, 경우 3과 경우 5에서는 그렇지 않다. 따라서 검은색 볼펜을 가진 사람이 두 명인지의 여부는 주어진 조건만으로 알 수 없다.

15 D가 빨간색 볼펜을 가진 경우는 경우 3, 경우 4, 경우 5, 경우 6이다. 경우 3, 경우 5, 경우 6에 C는 파란색 볼펜을 가졌으나, 경우 4에서는 그렇지 않다.
따라서 D가 빨간색 볼펜을 가졌을 때, C는 파란색 볼펜을 가졌는지의 여부는 주어진 조건만으로 알 수 없다.

13 ①   **14** ③   **15** ③   《 정답

16 Y학교에는 A ~ E 다섯 명의 교사가 있다. 이들이 각각 1반부터 5반까지 한 반씩 담임을 맡는다고 할 때, 주어진 〈조건〉이 다음과 같다면 옳지 않은 것은 무엇인가?(단, 1반부터 5반은 왼쪽에서 오른쪽 방향으로 순서대로 위치한다)

> **조건**
> • A는 3반의 담임을 맡는다.
> • E는 A의 옆 반 담임을 맡는다.
> • B는 양 끝에 위치한 반 중 하나의 담임을 맡는다.

① C가 2반을 맡으면 D는 1반 또는 5반을 맡게 된다.

② B가 5반을 맡으면 C는 반드시 1반을 맡게 된다.

③ E는 절대 1반을 맡을 수 없다.

④ B는 절대 2반을 맡을 수 없다.

⑤ C와 D가 어느 반을 맡느냐에 따라 E와 B의 반이 결정된다.

정답 및 해설 ─────────────────────────────────────○

16 조건에 따르면 A는 3반 담임이 되고, E는 2반 또는 4반, B는 1반 또는 5반의 담임이 된다. 따라서 B가 5반을 맡을 경우는 C는 1반, 2반, 4반 중 하나를 맡게 되므로 반드시 1반을 맡는다고는 할 수 없다.

16 ② ◀ **정답**

❙ 2023년 현대자동차

01 다음은 방송통신위원회가 발표한 2022년 지상파방송의 프로그램 수출입 현황이다. 프로그램 수입에서 영국이 차지하는 비율은?(단, 비율은 소수점 둘째 자리에서 반올림한다)

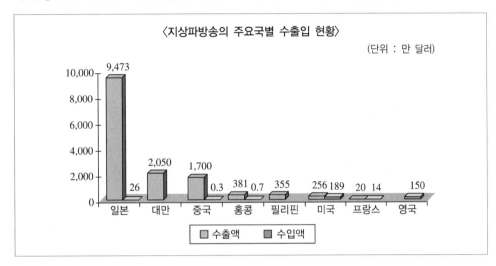

① 45.2%   ② 43.8%

③ 41.1%   ④ 39.5%

⑤ 37.7%

정답 및 해설

01 도표에 나타난 프로그램 수입비용을 모두 합하면 380만 달러이며, 이 중 영국에서 수입하는 액수는 150만 달러이므로 그 비중은 약 39.47%에 달한다.

01 ④   정답

02 다음은 공공도서관 현황에 대한 표이다. 이에 대한 설명으로 적절하지 않은 것은?

〈공공도서관의 수〉

구분	2018년	2019년	2020년	2021년
공공도서관 수(단위 : 개관)	644	703	759	786
1관당 인구 수(단위 : 명)	76,926	70,801	66,556	64,547
1인당 장서(인쇄, 비도서) 수(단위 : 권)	1.16	1.31	1.10	1.49
장서(인쇄, 비도서) 수(단위 : 천 권)	58,365	65,366	70,539	75,575
방문자 수(단위 : 천 명)	204,919	235,140	258,315	270,480

① 공공도서관 수는 점점 증가하고 있는 추세이다.

② 2021년 1인당 장서 수는 1.49권이다.

③ 2021년 1관당 인구 수는 2018년 1관당 인구 수에 비해 12,379명 증가했다.

④ 2020년의 공공도서관에는 258,315,000명이 방문했다.

정답 및 해설

02 2021년 1관당 인구 수는 2018년 1관당 인구 수에 비해 12,379명 감소했다.

오답분석

① 공공도서관 수는 644 → 703 → 759 → 786개관으로 증가하는 추세이다.

② 2021년 1인당 장서 수는 1.49권임을 표에서 쉽게 확인할 수 있다.

④ 2020년 공공도서관에 258,315,000명이 방문했음을 표에서 쉽게 확인할 수 있다.

02 ③ 《정답

03 다음은 주요 선진국과 BRICs의 고령화율을 나타낸 표이다. 다음 중 2040년의 고령화율이 2010년 대비 2배 이상이 되는 나라를 모두 고르면?

〈주요 선진국과 BRICs 고령화율〉

(단위 : %)

구분	한국	미국	프랑스	영국	독일	일본	브라질	러시아	인도	중국
1990년	5.1	12.5	14.1	15.7	15.0	11.9	4.5	10.2	3.9	5.8
2000년	7.2	12.4	16.0	15.8	16.3	17.2	5.5	12.4	4.4	6.9
2010년	11.0	13.1	16.8	16.6	20.8	23.0	7.0	13.1	5.1	8.4
2020년	15.7	16.6	20.3	18.9	23.1	28.6	9.5	14.8	6.3	11.7
2030년	24.3	20.1	23.2	21.7	28.2	30.7	13.6	18.1	8.2	16.2
2040년	33.0	21.2	25.4	24.0	31.8	34.5	17.6	18.3	10.2	22.1
2010년 대비 2040년	㉠	㉡	1.5	1.4	1.5	㉢	㉣	1.4	㉤	2.6

㉠ 한국　　　　　　　　　㉡ 미국
㉢ 일본　　　　　　　　　㉣ 브라질
㉤ 인도

① ㉠, ㉡, ㉢　　　　　　② ㉠, ㉣, ㉤
③ ㉡, ㉢, ㉣　　　　　　④ ㉡, ㉣, ㉤
④ ㉢, ㉣, ㉤

정답 및 해설

03 ㉠ 한국 : $\frac{33.0}{11.0}=3.0$배

㉡ 미국 : $\frac{21.2}{13.1}≒1.6$배

㉢ 일본 : $\frac{34.5}{23.0}=1.5$배

㉣ 브라질 : $\frac{17.6}{7.0}≒2.5$배

㉤ 인도 : $\frac{10.2}{5.1}=2.0$배

2040년의 고령화율이 2010년 대비 2배 이상 증가하는 나라는 ㉠한국(3.0배), ㉣브라질(2.5배), ㉤인도(2.0배)이다.

03 ②　정답

04 A와 B가 배드민턴 시합을 하여 얻은 결과 점수표가 다음과 같았다. 두 번째 경기에서 A의 점수는 B의 $\frac{1}{2}$배였고, 세 번째 경기에서는 동점이었을 때, B의 총점은 A보다 몇 점 더 많은가?

〈배드민턴 점수표〉

(단위 : 점)

구분	1회	2회	3회
A	5	( )	( )
B	10	8	( )

① 9점

② 10점

③ 11점

④ 12점

⑤ 13점

---

04 두 번째 경기에서 A의 점수는 B점수의 $\frac{1}{2}$배인 4점이며, 두 사람의 총점 차이에서 마지막 경기의 점수는 동점이므로 첫 번째와 두 번째 점수 합으로 비교하면 된다.
따라서 B의 총점은 A의 총점보다 $(10+8)-(5+4)=9$점이 많다.

04 ① ◀ 정답

05 다음은 2019 ~ 2021년 동안 네 국가의 관광 수입 및 지출을 나타낸 표이다. 2020년 관광수입이 가장 많은 국가와 가장 적은 국가의 2021년 관광지출 대비 관광수입 비율의 차이는?(단, 소수점 둘째 자리에서 반올림한다)

〈국가별 관광 수입 및 지출〉

(단위 : 백만 달러)

구분	관광수입			관광지출		
	2019년	2020년	2021년	2019년	2020년	2021년
한국	15,214	17,300	13,400	25,300	27,200	30,600
중국	44,969	44,400	32,600	249,800	250,100	257,700
홍콩	36,150	32,800	33,300	23,100	24,100	25,400
인도	21,013	22,400	27,400	14,800	16,400	18,400

① 31.1%p

② 30.4%p

③ 28.3%p

④ 27.5%p

정답 및 해설

05 2020년 관광수입이 가장 많은 국가는 중국(44,400백만 달러)이며, 가장 적은 국가는 한국(17,300백만 달러)이다. 각 국가의 2021년 관광지출 대비 관광수입 비율을 계산하면 다음과 같다.

- 한국 : $\dfrac{13,400}{30,600} \times 100 ≒ 43.8\%$

- 중국 : $\dfrac{32,600}{257,700} \times 100 ≒ 12.7\%$

따라서 두 국가의 비율 차이는 43.8－12.7＝31.1%p이다.

05 ① **정답**

06 다음은 범죄 발생건수 및 체포건수에 대한 자료이다. 2020년과 2019년의 발생건수 대비 체포건수의 비율의 차는?(단, 비율 계산 시 소수점 셋째 자리에서 반올림한다)

〈범죄 발생건수 및 체포건수〉

(단위 : 건)

구분	2017년	2018년	2019년	2020년	2021년
발생건수	4,064	7,457	13,321	19,513	21,689
체포건수	2,978	5,961	6,989	16,452	5,382

① 31.81%p

② 31.82%p

③ 31.83%p

④ 31.84%p

정답 및 해설

06 • 2020년 : $\dfrac{16,452}{19,513} \times 100 ≒ 84.31\%$

• 2019년 : $\dfrac{6,989}{13,321} \times 100 ≒ 52.47\%$

∴ $84.31 - 52.47 = 31.84\%p$

06 ④ 〈정답〉

07 다음은 2012년부터 2021년까지 연도별 청년 고용률 및 실업률에 관한 그래프이다. 다음 중 고용률과 실업률의 차이가 가장 큰 연도는?

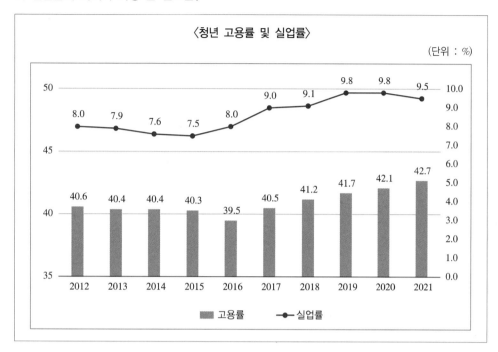

① 2015년   ② 2018년

③ 2020년   ④ 2021년

정답 및 해설

07 선택지에 해당되는 연도의 고용률과 실업률의 차이는 다음과 같다.
- 2015년 : 40.3−7.5=32.8%p
- 2018년 : 41.2−9.1=32.1%p
- 2020년 : 42.1−9.8=32.3%p
- 2021년 : 42.7−9.5=33.2%p

따라서 2021년 고용률과 실업률의 차이가 가장 크다.

07 ④   정답

※ 일정한 규칙으로 수를 나열할 때, 다음 중 빈칸에 들어갈 알맞은 수를 고르시오. **[1~2]**

❙ 2023년 포스코

01

| 3 6 10 13 21 ( ) 36 39 55 |

① 10 　　　　　　　　　　　② 15

③ 22 　　　　　　　　　　　④ 24

❙ 2023년 S-OIL

02

| 88 132 176 264 352 528 ( ) |

① 649 　　　　　　　　　　② 704

③ 715 　　　　　　　　　　④ 722

⑤ 743

정답 및 해설

01 첫 번째 항부터 $+3$, $+4$의 배수$(4n)$가 번갈아 가며 적용되는 수열이다(n은 1부터 순서대로 커진다).
따라서 (　)$=21+3=24$이다.

02 첫 번째 항부터 $\times\frac{3}{2}$, $\times\frac{4}{3}$을 번갈아 적용하는 수열이다.

따라서 (　)$=528\times\frac{4}{3}=704$이다.

01 ④ 　 **02** ② 　 ◆정답

03 P씨의 집에서 우체국까지 갈 수 있는 경로와 구간별 거리가 아래와 같을 때, P씨가 우체국까지 제일 빠르게 갈 수 있는 방법은?

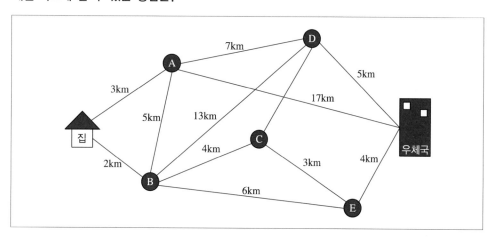

① 집 - A - 우체국, 5km/h
② 집 - A - D - 우체국, 3km/h
③ 집 - B - E - 우체국, 4km/h
④ 집 - B - D - 우체국, 5km/h

정답 및 해설 ───○

03 집 - B - E - 우체국의 경로를 시속 4km/h로 갔을 때 걸리는 시간은 2+6+4=12km이므로 $\frac{12}{4}$=3시간이다.

오답분석

① 3+17=20 → $\frac{20}{5}$=4시간

② 3+7+5=15 → $\frac{15}{3}$=5시간

④ 2+13+5=20 → $\frac{20}{5}$=4시간

03 ③ ◀ 정답

04 은경이는 태국 여행에서 A ~ D 네 종류의 손수건을 총 9장 구매했으며, 그중 B손수건은 3장, 나머지는 각각 같은 개수를 구매했다. 기념품으로 친구 3명에게 종류가 다른 손수건 3장씩 나눠줬을 때, 가능한 경우의 수는?

① 5가지　　　　　　　　　　　② 6가지
③ 7가지　　　　　　　　　　　④ 8가지
⑤ 9가지

05 민수가 어떤 일을 하는 데 1시간이 걸리고, 그 일을 아버지가 하는 데는 15분이 걸린다. 민수가 30분간 혼자서 일하는 중에 아버지가 오셔서 함께 그 일을 끝마쳤다면 민수가 아버지와 함께 일한 시간은?

① 5분　　　　　　　　　　　　② 6분
③ 7분　　　　　　　　　　　　④ 8분
⑤ 9분

정답 및 해설

04 총 9장의 손수건을 구매했으므로 B손수건 3장을 제외한 나머지 A, C, D손수건은 각각 $\frac{9-3}{3}=2$장씩 구매하였다. 먼저 3명의 친구들에게 서로 다른 손수건 3장씩 나눠 줘야하므로 B손수건을 1장씩 나눠준다. 나머지 A, C, D손수건을 서로 다른 손수건으로 2장씩 나누면 (A, C), (A, D), (C, D)로 묶을 수 있다. 이 세 묶음을 3명에게 나눠주는 방법은 3!=3×2×1=6가지가 나온다.
따라서 친구 3명에게 종류가 다른 손수건을 3장씩 나눠주는 경우의 수는 6가지이다.

05 전체 일의 양을 1이라 하면 민수와 아버지가 1분 동안 하는 일의 양은 각각 $\frac{1}{60}$, $\frac{1}{15}$이다.

민수가 아버지와 함께 일한 시간을 x분이라 하면
$$\frac{1}{60}\times30+\left\{\frac{1}{60}+\frac{1}{15}\right\}\times x=1$$
$\therefore x=6$
따라서 민수와 아버지가 함께 일한 시간은 6분이다.

04 ②　**05** ② ◁ 정답

06 어떤 시험에서 A～C 세 사람이 합격할 확률은 각각 $\dfrac{1}{3}$, $\dfrac{1}{4}$, $\dfrac{1}{5}$일 때, B만 합격할 확률은?

① $\dfrac{1}{60}$

② $\dfrac{1}{4}$

③ $\dfrac{2}{15}$

④ $\dfrac{3}{5}$

07 어느 학교의 모든 학생이 n대의 버스에 나누어 타면 한 대에 45명씩 타야 하고, $(n+2)$대의 버스에 나누어 타면 한 대에 40명씩 타야 한다. 이 학교의 학생 수는?(단, 빈자리가 있는 버스는 없다)

① 600명

② 640명

③ 680명

④ 720명

정답 및 해설

06 B만 합격한다는 것은 A와 C는 불합격한다는 뜻이다.

$\therefore \left(1-\dfrac{1}{3}\right) \times \dfrac{1}{4} \times \left(1-\dfrac{1}{5}\right) = \dfrac{2}{15}$

07 빈자리가 있는 버스는 없으므로 한 대에 45명씩 n대 버스에 나누어 탈 때와 한 대에 40명씩 $(n+2)$대 버스에 나누어 탈 때의 전체 학생 수는 같아야 한다.

즉, $45n=40(n+2) \rightarrow 5n=80$

$\therefore n=16$

따라서 이 학교의 학생 수는 $16\times45=720$명이다.

06 ③　**07** ④　정답

08 A사원은 자동차를 타고 시속 60km로 출근하던 중에 15분이 지난 시점에서 중요한 서류를 집에 두고 나온 사실을 알았다. A사원은 처음 출근했을 때의 1.5배의 속력으로 다시 돌아가 서류를 챙긴 후 지각하지 않기 위해 서류를 가지러 갔을 때의 1.2배의 속력으로 다시 회사로 향했다. A사원이 출근하는 데 소비한 전체 시간이 50분이라고 할 때, A사원의 집에서 회사까지의 거리는?(단, 서류를 챙기는 데 걸린 시간은 고려하지 않는다)

① 40km

② 45km

③ 50km

④ 55km

⑤ 60km

08 집에서부터 회사까지의 거리를 $x$km라 하자.

처음 집을 나온 후 15분이 지났을 때 돌아갔으므로 집과 다시 돌아갔던 지점 사이의 거리는 $60 \times \dfrac{15}{60} = 15$km이다.

다시 집으로 돌아갔을 때의 속력은 $60 \times 1.5 = 90$km/h이고, 집에서 회사로 다시 갈 때의 속력은 $90 \times 1.2 = 108$km/h이다.

출근할 때 소비한 전체 시간이 50분이므로 $\dfrac{15}{60} + \dfrac{15}{90} + \dfrac{x}{108} = \dfrac{50}{60} \rightarrow 135 + 90 + 5x = 450 \rightarrow 5x = 225$

∴ $x = 45$

따라서 A사원의 집에서 회사까지의 거리는 45km이다.

08 ② ◀정답

09 P사의 사내 운동회에서 홍보부서와 기획부서가 결승에 진출하였다. 결승에서는 7번 경기 중에서 4번을 먼저 이기는 팀이 우승팀이 된다. 홍보부서와 기획부서의 승률이 각각 $\frac{1}{2}$이고 무승부는 없다고 할 때, 홍보부서가 네 번째 또는 다섯 번째 시합에서 결승에 우승할 확률은?

① $\frac{1}{8}$

② $\frac{5}{6}$

③ $\frac{1}{4}$

④ $\frac{5}{16}$

정답 및 해설

09 ⅰ) 네 번째 시합에서 홍보부서가 우승할 경우 : 네 경기 모두 홍보부서가 이겨야하므로 확률은 $\frac{1}{2} \times \frac{1}{2} \times \frac{1}{2} \times \frac{1}{2} = \frac{1}{16}$ 이다.

ⅱ) 다섯 번째 시합에서 홍보부서가 우승할 경우 : 홍보부서는 네 번째 시합까지 3승 1패를 하고, 다섯 번째 시합에서 이겨야 한다. 홍보부서가 한 번 졌을 경우는 총 4가지이므로 확률은 $4 \times \left(\frac{1}{2} \times \frac{1}{2} \times \frac{1}{2} \times \frac{1}{2} \right) = \frac{1}{4}$ 이다.

따라서 홍보부서가 네 번째 시합 또는 다섯 번째 시합에서 결승에 우승할 확률은 $\frac{1}{16} + \frac{1}{4} = \frac{1+4}{16} = \frac{5}{16}$ 임을 알 수 있다.

09 ④ 《정답》

10 A사원이 처리해야 할 업무는 발송업무, 비용정산업무 외에 5가지가 있다. 이 중에서 발송업무, 비용정산업무를 포함한 5가지의 업무를 오늘 처리하려고 하는데 상사의 지시로 발송업무를 비용정산업무보다 먼저 처리해야 한다. 오늘 처리할 업무를 택하고, 택한 업무의 처리 순서를 정하는 경우의 수는?

① 600가지   ② 720가지

③ 840가지   ④ 960가지

11 어떤 물건의 정가에서 30%를 할인한 가격을 1,000원 더 할인하였다. 이 물건을 2개 사면 그 가격이 처음 정가와 같다고 할 때, 처음 정가는?

① 4,000원   ② 5,000원

③ 6,000원   ④ 7,000원

⑤ 8,000원

정답 및 해설

10 오늘 처리할 업무를 택하는 방법은 발송업무, 비용정산업무를 제외한 5가지 업무 중 3가지를 택하는 조합이다.

즉, $_5C_3 = _5C_2 = \dfrac{5 \times 4}{2 \times 1} = 10$가지, 택한 5가지 업무 중 발송업무와 비용정산업무는 순서가 정해져 있으므로 두 업무를 같은 업무로 생각하면 5가지 업무의 처리 순서를 정하는 경우의 수는 $\dfrac{5!}{2!} = \dfrac{5 \times 4 \times 3 \times 2 \times 1}{2 \times 1} = 60$가지이다.

따라서 구하는 경우의 수는 600가지이다.

11 처음 정가를 x원이라 하면, 정가를 구하는 식은 다음과 같다.

$2(0.7x - 1,000) = x \rightarrow 1.4x - 2,000 = x$

$\therefore x = 5,000$

따라서 처음 정가는 5,000원이다.

10 ①   11 ②   ◁ **정답**

12 서울에서 부산까지의 거리는 400km이고 서울에서 부산까지 가는 기차는 120km/h의 속력으로 달리며, 역마다 10분씩 정차한다. 서울에서 9시에 출발하여 부산에 13시 10분에 도착했다면, 기차는 가는 도중 몇 개의 역에 정차하였는가?

① 4개   ② 5개

③ 6개   ④ 7개

⑤ 8개

13 5%의 설탕물 600g을 1분 동안 가열하면 10g의 물이 증발한다. 이 설탕물을 10분 동안 가열한 후, 다시 설탕물 200g을 넣었더니 10%의 설탕물 700g이 되었다. 이때 더 넣은 설탕물 200g의 농도는?(단, 용액의 농도와 관계없이 가열하는 시간과 증발하는 물의 양은 비례한다)

① 5%   ② 10%

③ 15%   ④ 20%

⑤ 25%

정답 및 해설

12 서울에서 부산까지 무정차로 걸리는 시간을 x시간이라고 하면

$$x = \frac{400}{120} = \frac{10}{3} \rightarrow 3시간 \ 20분$$

9시에 출발해 13시 10분에 도착했으므로 걸린 시간은 4시간 10분이다.

따라서 무정차 시간과 비교하면 50분이 더 걸렸고, 역마다 정차하는 시간은 10분이므로 정차한 역의 수는 $50 \div 10 = 5$개이다.

13 • 5% 설탕물 600g에 들어있는 설탕의 양 : $\frac{5}{100} \times 600 = 30$g

• 10분 동안 가열한 후 남은 설탕물의 양 : $600 - (10 \times 10) = 500$g

• 가열 후 남은 설탕물의 농도 : $\frac{30}{500} \times 100 = 6\%$

여기에 더 넣은 설탕물 200g의 농도를 $x\%$라 하면

$$\frac{6}{100} \times 500 + \frac{x}{100} \times 200 = \frac{10}{100} \times 700 \rightarrow 2x + 30 = 70$$

$$\therefore \ x = 20$$

따라서 더 넣은 설탕물 200g의 농도는 20%이다.

12 ②   13 ④ ◁ 정답

14 S출판사는 최근에 발간한 서적의 평점을 알아보니 A사이트에서는 참여자 10명에게서 평점 2점을, B사이트에서는 참여자 30명에 평점 5점, C사이트에서는 참여자 20명에 평점 3.5점을 받았다고 할 때, A, B, C사이트의 전체 평균 평점은?

① 1점　　　　　　　　　　　　　　　② 2점

③ 3점　　　　　　　　　　　　　　　④ 4점

⑤ 5점

15 김대리의 작년 총소득은 4,000만 원, 소득공제 금액은 2,000만 원, 세율은 30%였다. 올해는 작년에 비해 총소득 20%p, 소득공제 금액은 40%p, 세율은 10%p 증가하였다. 작년과 올해의 세액의 차이는?

① 0원　　　　　　　　　　　　　　　② 50만 원

③ 100만 원　　　　　　　　　　　　④ 200만 원

정답 및 해설

14 $\dfrac{10 \times 2 + 30 \times 5 + 20 \times 3.5}{10 + 30 + 20} = \dfrac{240}{60} = 4$

따라서 전체 평균 평점은 4점이다.

15 김대리가 작년에 지불한 세금은 $(4,000 - 2,000) \times 0.3 = 600$만 원이다. 올해의 총소득은 20% 증가한 $4,000 \times 1.2 = 4,800$만 원이고, 소득공제 금액은 40% 증가한 $2,000 \times 1.4 = 2,800$만 원이다.

따라서 올해의 세액은 작년 세율보다 10%p 증가한 40%를 적용하면 $(4,800 - 2,800) \times 0.4 = 800$만 원이므로 작년보다 $800 - 600 = 200$만 원을 더 지불하게 된다.

14 ④　**15** ④　〈정답〉

16 마트에서 500mL 우유 1팩과 슈퍼백 1개를 묶음 판매하고 있다. 묶어서 판매하는 행사가격은 우유 와 슈퍼백 정가의 20%를 할인해서 2,000원이다. 슈퍼백 1개의 정가가 800원일 때, 우유 1팩의 정가는?

① 1,200원   ② 1,500원

③ 1,700원   ④ 1,800원

17 A ~ D는 수학능력시험을 보았다. A, C, D의 언어영역 점수는 각각 85점, 69점, 77점이고 4명의 평균점수는 80점이라고 했을 때, B의 언어영역 점수는?

① 86점   ② 87점

③ 88점   ④ 89점

정답 및 해설 ———————————————○

16 우유 1팩의 정가를 x원이라 하자.
$0.8(x+800)=2,000 \rightarrow 0.8x=1,360$
$\therefore x=1,700$
따라서 우유 1팩의 정가는 1,700원이다.

17 4명의 평균점수가 80점으로 총점은 $80 \times 4 = 320$점이다.
따라서 B의 점수는 $320 - 231 = 89$점이다.

16 ③   **17** ④   《정답》

18 어느 과수원에서 작년에 생산된 사과와 배의 개수를 모두 합하면 500개였다. 올해는 작년보다 사과의 생산량은 절반으로 감소하고 배의 생산량은 두 배로 증가하였다. 올해 사과와 배의 개수를 합하여 모두 700개를 생산했을 때, 올해 생산한 사과의 개수는?

① 100개

② 200개

③ 300개

④ 400개

정답 및 해설

18 작년 사과의 개수를 x개라고 하면, 배의 개수는 $(500-x)$개이다.

$\dfrac{1}{2}x+2\times(500-x)=700 \rightarrow -\dfrac{3}{2}x=-300$

$\therefore x=200$

따라서 올해 사과의 개수는 $\dfrac{1}{2}\times200=100$개이다.

18 ① 정답

PART

1

적성검사

1. 논리구조

논리구조에서는 주로 문장과 문장 간의 관계나 글 전체의 논리적 구조를 정확히 파악했는지를 묻는다. 글의 순서를 바르게 나열하는 유형이 출제되므로 제시문의 전체적인 흐름을 바탕으로 각 문단의 특징, 문단 간의 역할 등을 논리적으로 구조화할 수 있는 능력을 길러야 한다.

(1) 문장과 문장 간의 관계

① **상세화 관계** : 주지 → 구체적 설명(비교, 대조, 유추, 분류, 분석, 인용, 예시, 비유, 부연, 상술 등)

② **문제(제기)와 해결** : 한 문장이 문제를 제기하고, 다른 문장이 그 해결책을 제시하는 관계(과제 제시 → 해결 방안, 문제 제기 → 해답 제시)

③ **선후 관계** : 한 문장이 먼저 발생한 내용을 담고, 다음 문장이 나중에 발생한 내용을 담고 있는 관계

④ **원인과 결과** : 한 문장이 원인이 되고, 다른 문장이 그 결과가 되는 관계(원인 제시 → 결과 제시, 결과 제시 → 원인 제시)

⑤ **주장과 근거** : 한 문장이 필자가 말하고자 하는 바(주장)가 되고, 다른 문장이 그 문장의 증거(근거)가 되는 관계(주장 제시 → 근거 제시, 의견 제안 → 의견 설명)

⑥ **전제와 결론 관계** : 앞 문장에서 조건이나 가정을 제시하고, 뒤 문장에서 이에 따른 결론을 제시하는 관계

(2) 문장의 연결 방식

① **순접** : 원인과 결과, 부연 설명 등의 문장 연결에 쓰임 예 그래서, 그리고, 그러므로 등

② **역접** : 앞글의 내용을 전면적 또는 부분적으로 부정 예 그러나, 그렇지만, 그래도, 하지만 등

③ **대등 · 병렬** : 앞뒤 문장의 대비와 반복에 의한 접속 예 및, 혹은, 또는, 이에 반하여 등

④ **보충 · 첨가** : 앞글의 내용을 보다 강조하거나 부족한 부분을 보충하기 위해 다른 말을 덧붙이는 문맥 예 단, 곧, 즉, 더욱이, 게다가, 왜냐하면 등

⑤ **화제 전환** : 앞글과는 다른 새로운 내용을 이야기하기 위한 문맥 예 그런데, 그러면, 다음에는, 이제, 각설하고 등

⑥ **비유 · 예시** : 앞글에 대해 비유적으로 다시 말하거나 구체적인 예를 보임 예 예를 들면, 예컨대, 마치 등

(3) 논리구조의 원리 접근법

앞뒤 문장의 중심 의미 파악	→	앞뒤 문장의 중심 내용이 어떤 관계인지 파악	→	문장 간의 접속어, 지시어의 의미와 기능 파악	→	문장의 의미와 관계성 파악
각 문장의 의미를 어떤 관계로 연결해서 글을 전개하는지 파악해야 한다.		지문 안의 모든 문장은 서로 논리적 관계성이 있다.		접속어와 지시어를 의미하는 것은 독해의 길잡이 역할을 한다.		문단의 중심 내용을 알기 위한 기본 분석 과정이다.

핵심예제

다음 문단을 논리적 순서대로 바르게 나열한 것은?

(가) 환경부 국장은 "급식인원이 하루 50만 명에 이르는 Y놀이공원이 음식문화 개선에 앞장서는 것은 큰 의미가 있다."면서, "이번 협약을 계기로 대기업 중심의 범국민적인 음식문화 개선 운동이 빠르게 확산될 것으로 기대한다."고 말했다.

(나) 놀이공원은 환경부와 하루 평균 15,000여 톤에 이르는 과도한 음식물쓰레기 발생으로 연간 20조 원의 경제적인 낭비가 초래되고 있는 심각성에 인식을 같이하고, 상호협력하여 음식물쓰레기 줄이기를 적극 추진하기로 했다.

(다) 이날 체결한 협약에 따라 Y놀이공원에서 운영하는 전국 500여 단체급식 사업장과 외식사업장에서는 구매, 조리, 배식 등 단계별로 음식물쓰레기 줄이기 활동을 전개하고, 사업장별 특성에 맞는 감량 활동 및 다양한 홍보 캠페인 실시, 인센티브 제공을 통해 이용 고객들의 적극적인 참여를 유도할 계획이다.

(라) 이에, 환경부 국장과 Y놀이공원 사업부장은 지난 26일, 환경부, 환경연구소 및 Y놀이공원관계자 등이 참석한 가운데, 「음식문화 개선대책」에 관한 자발적 협약을 체결하였다.

① (나) – (라) – (가) – (다)
② (라) – (다) – (나) – (가)
③ (라) – (다) – (가) – (나)
④ (나) – (라) – (다) – (가)
⑤ (라) – (나) – (다) – (가)

| 해설 | 제시문은 Y놀이공원이 음식물쓰레기로 인한 낭비의 심각성을 인식하여 환경부와 함께 음식문화 개선대책 협약을 맺었고, 이 협약으로 인해 대기업 중심의 국민적인 음식문화 개선 운동이 확산될 것이라는 내용의 글이다. 따라서 (나) 음식물쓰레기로 인한 낭비에 대한 심각성을 인식한 Y놀이공원과 환경부 → (라) 음식문화 개선 대책 협약 체결 → (다) 협약에 따라 사업장별 특성에 맞는 음식물쓰레기 감량 활동 전개하는 Y놀이공원 → (가) 협약을 계기로 대기업 중심의 범국민적 음식문화 개선 운동이 확산될 것을 기대하는 환경부 국장의 순서대로 나열하는 것이 가장 적절하다.

정답 ④

2. 논리적 이해

(1) 분석적 이해

글의 내용을 분석적으로 파악하는 것으로, 분석적 이해의 핵심은 글의 세부 내용을 파악하고, 이를 바탕으로 글의 중심 내용을 파악하는 것이다.

① 글을 구성하는 각 단위의 내용 관계 파악하기 : 글은 단어, 문장, 문단 등의 단위가 모여 이루어진다. 글을 이해하기 위해서는 각각의 단어와 단어들이 모여 이루어진 문장, 문장들이 모여 이루어진 문단의 내용을 정확하게 파악하고 각각의 의미 관계를 이해하는 것이 필요하다.

② 글의 중심 내용 파악하기 : 글의 작은 단위를 분석하여 부분적인 내용을 파악했더라도 글 전체의 중심 내용을 파악했다고 할 수 없다. 글의 중심 내용을 파악하는 데는 글을 구성하고 있는 각 단위, 특히 문단의 중심 내용이 중요하다. 따라서 글의 전체적인 맥락을 고려해야 하고, 중심 내용을 파악해 내는 기술이 필요하다.

③ 글의 전개 방식과 구조적 특징 파악하기 : 모든 글은 종류에 따라 다양한 전개 방식을 활용하고 있다. 대표적인 전개 방식은 서사, 비교, 대조, 열거, 인과, 논증 등이 있다. 이와 같은 전개 방식을 이해하면 글의 내용을 이해하는 데 큰 도움이 된다.

핵심예제

다음 글의 제목으로 가장 적절한 것은?

우리는 비극을 즐긴다. 비극적인 희곡과 소설을 즐기고, 비극적인 그림과 영화 그리고 비극적인 음악과 유행가도 즐긴다. 슬픔, 애절, 우수의 심연에 빠질 것을 알면서도 소포클레스의 『안티고네』, 셰익스피어의 『햄릿』을 찾고, 베토벤의 '운명', 차이코프스키의 '비창', 피카소의 '우는 연인'을 즐긴다. 아니면 텔레비전의 멜로드라마를 보고 값싼 눈물이라도 흘린다. 이를 동정과 측은과 충격에 의한 '카타르시스', 즉 마음의 세척으로 설명한 아리스토텔레스의 주장은 유명하다. 그것은 마치 눈물로 스스로의 불안, 고민, 고통을 씻어내는 역할을 한다는 것이다.

니체는 좀 더 심각한 견해를 갖는다. 그는 "비극은 언제나 삶에 아주 긴요한 기능을 가지고 있다. 비극은 사람들에게 그들을 싸고도는 생명 파멸의 비운을 똑바로 인식해야 할 부담을 덜어주고, 동시에 비극 자체의 암울하고 음침한 원류에서 벗어나게 해서 그들의 삶의 흥취를 다시 돋우어 준다."라고 하였다. 그런 비운을 직접 전면적으로 목격하는 일, 또 더구나 스스로 직접 그것을 겪는 일이라는 것은 너무나 끔찍한 일이기에, 그것을 간접경험으로 희석한 비극을 봄으로써 '비운'이란 그런 것이라는 이해와 측은지심을 갖게 되고, 동시에 실제 비극이 아닌 그 가상적인 환영(幻影) 속에서 비극에 대한 어떤 안도감도 맛보게 된다.

① 비극의 현대적 의의   ② 비극을 즐기는 이유
③ 비극의 기원과 역사   ④ 비극에 반영된 삶
⑤ 문학작품 속의 비극

> **| 해설 |** 첫 번째 문단에서 '카타르시스'와 니체가 말한 비극의 기능을 제시하며 비극을 즐기는 이유를 설명하고 있다.
>
> **정답** ②

(2) 추론적 이해

제시문에 나와 있는 정보들의 관계를 파악하거나 글에서 명시되지 않은 생략된 내용을 상상하며 글을 읽고 내용을 파악하는 것이다. 제시문의 정보를 근거로 하여 글에 드러나 있지 않은 정보를 추리해 낼 수 있어야 한다.

① **내용의 추론** : 제시문의 정보를 바탕으로 숨겨진 의미를 찾거나 생략된 의미를 앞뒤 내용의 흐름 및 내용 정보의 관계를 통해서 짐작한 다음, 다른 상황에 적용할 수 있어야 한다.

   ㉠ 숨겨진 정보를 추리하기

   ㉡ 제시되지 않은 부분의 내용을 추리하기

   ㉢ 문맥 속의 의미나 함축적 의미를 추리하기

   ㉣ 알고 있는 지식을 다른 상황에 적용하기

② **과정의 추론** : 제시문에 설명된 정보에 대한 가정이나 그것의 전체 또는 대상을 보는 관점, 태도나 입장을 파악하는 것이다.

   ㉠ 정보의 가정이나 전제

   ㉡ 글을 쓰는 관점 추리하기

   ㉢ 글 속에 나타나는 대상 또는 정서·심리 상태, 어조 추리하기

   ㉣ 글을 쓰게 된 동기나 목적 추리하기

핵심예제

다음 글의 흐름으로 보아 결론으로 가장 적절한 것은?

> 오늘날 정보 통신의 중심에 놓이는 인터넷에는 수천만 명에서 수억 명에 이르는 사용자들이 매일 서로 다른 정보들에 접속하지만, 이들 가운데 거의 대부분은 주요한 국제 정보통신망을 사용하고 있으며, 적은 수의 정보 서비스에 가입해 있다고 한다. 대표적인 예로 MSN을 운영하는 마이크로소프트사는 CNN과 정보를 독점적으로 공유하고, 미디어 대국의 구축을 목표로 기업 간 통합에 앞장선다. 이들이 제공하는 상업 광고로부터 자유로운 정보사용자는 없으며, 이들이 제공하는 뉴스의 사실성이나 공정성 여부를 검증할 수 있는 정보사용자 역시 극히 적은 실정이다.

① 정보 사회는 경직된 사회적 관계를 인간적인 관계로 변모시킨다.

② 정보 사회는 정보를 원하는 시간, 원하는 장소에 공급한다.

③ 정보 사회는 육체노동의 구속으로부터 사람들을 해방시킨다.

④ 정보 사회는 정보의 질과 소통 방식이 불균등하게 이루어진다.

⑤ 정보 사회는 힘과 영향력에 상관없이 모든 기업이 동등한 위치에 있다.

> **| 해설 |** 제시문의 중심 내용은 '거대 회사가 정보를 독점적으로 공유하며, 거대 미디어들이 제공하는 뉴스의 사실성·공정성을 검증할 수 있는 정보사용자가 없다.'는 것이다. 따라서 이에 대한 결론으로 가장 적절한 것은 정보 사회의 단점을 언급한 ④이다.
>
> **정답** ④

③ 구조의 추론
ㄱ 구성 방식 : 전체 글의 짜임새 및 단락의 짜임새
ㄴ 구성 원리 : 정확한 의미 전달을 위한 통일성, 완결성, 일관성

(3) 비판적 이해

제시문의 주요 논지에 대한 비판의 여지를 탐색하고 따져보거나 글이나 자료의 생성 과정 및 그것을 구성한 관점, 태도 등을 파악하는 등 글의 내용으로부터 객관적인 거리를 두고 판단하거나 평가함으로써 도달하는 것이다.

① 핵심어 이해 : 제시문이 객관적인지, 또는 현실과 어떤 연관성이 있는지 등을 판단해 본다. 그리고 핵심 개념을 정의하는 부분에 비논리적 내용이나 주제를 강조하기 위한 의도에서 오류는 없는지를 파악해 본다.

② 쟁점 파악 : 제시문의 핵심 내용을 파악했다면, 주장이 무엇인지, 그리고 타당한지를 비판적으로 고려해 보아야 한다.

③ 주장과 근거 : 제시문의 주제를 비판적으로 고려했다면, 그 주장이 어떤 근거에 바탕을 두고 있는지, 그리고 근거와 주장 사이에 논리적 오류가 없는지 비판적으로 생각해 본다.

핵심예제

다음 글의 내용과 맥락이 일치하는 것은?

> 무시무시한 자연재해가 자연을 정복하려는 인간에 대한 자연의 '보복'이라고 자책할 필요는 없다. 자연이 만물의 영장인 우리에게 특별한 관심을 보여 주기를 바라는 것은 우리의 소박한 희망일 뿐이다. 자연은 누구에게도 그런 너그러움을 보여줄 뜻이 없는 것이 확실하다. 위험한 자연에서 스스로 생존을 지켜내는 것은 우리의 가장 중요한 책무이다. 따라서 과학을 이용해 자연재해의 피해를 줄이고, 더욱 안전하고 안락한 삶을 추구하려는 우리의 노력은 계속되어야 한다.

① 과욕을 버리면 질병이 치유될 수 있다. 왜냐하면 질병은 인간의 과욕이 부른 결과이기 때문이다.
② 인간의 몸은 스스로 치유의 능력이 있다. 예전에 아무런 의학처방 없이 많은 질병이 치유된 것도 이 때문이다.
③ 의약품이 인간의 질병을 치유한 경우도 많다. 그러나 의약품 때문에 발생하는 질병도 많다.
④ 의학은 인간의 자연 치유력을 감소시킨 측면이 있다. 하지만 질병을 극복하기 위해서는 의학이 필요하다.
⑤ 과학의 발달로 인해 이전보다 자연에 더 큰 피해를 준다.

> **|해설|** 제시문은 자연재해는 자연현상으로 넘기고, 과학을 통해 이러한 자연현상까지 극복하여 안락한 삶을 추구하고자 하는 인간의 노력을 중시하자는 내용이다. 이는 ④에서 의학이 인간의 자연 치유력을 감소시키더라도 인간의 능력(의학)으로 질병을 극복할 수 있다고 한 것과 같은 맥락이다.
>
> **정답** ④

대표유형 1 내용일치

다음 글의 내용으로 적절하지 않은 것은?

> 2022년 기초생활보장 생계급여는 1인 기준 중위소득(194만 4,812원)의 30%인 58만 3,444원으로 국민기초생활수급자의 수급비가 현실을 반영하지 못한 채 여전히 불충분한 상황에 놓여 있다. 여기에 애초 신청조차 할 수 없도록 한 복지제도가 많아 역차별 논란까지 빚고 있다.
> 통계청에 따르면 전국의 만 18세 이상 34세 이하 청년들의 생활비는 월 84만 9222원인 것으로 나타났으며, 나이가 많아질수록 생활비는 더 늘어났다.
> 하지만 생계급여 수급비 액수 자체가 물가인상률 등 현실적인 요소를 제대로 반영하지 못하고 있는데다가, 수급자들의 근로소득 공제율이 낮아 근로를 하고 싶어도 수급자 탈락을 우려해 일을 하지 않거나 일부러 적게 하는 경우도 생겨나고 있다.
> 특히 현 제도하에서의 소득하위 20%인 수급자들은 생필품조차 제대로 구입하지 못하고 있는 것으로 나타났으며, 이들은 취업시장과도 거리가 멀어져 탈수급도 요원해지는 상황이다. 여기에다 기초수급자들은 생계급여를 받는다는 이유로 긴급복지지원제도·국민내일배움카드·노인일자리사업·구직촉진수당·연금(기초·공적연금) 등 5가지 복지제도에 신청조차 할 수 없어, 기초수급비가 충분한 금액이 아니기 때문에 조그마한 일이 생겨도 위기상황에 처하는 등 위험에 노출돼 있어 극단적 선택을 하는 경우가 많아지고 있다.

① 복지혜택이 가장 시급한 이들이 일부 복지제도에서 제외되고 있다.
② 수급자들이 근로를 할 경우 오히려 근로 이전보다 생계가 어려워질 수도 있다.
③ 근로소득 공제율을 높이면 탈수급을 촉진할 수 있다.
④ 현 생계급여 수급비로는 생계 유지가 곤란한 상황이다.
⑤ 수급자들의 취업 기회를 높이기 위해 국민내일배움카드, 구직촉진수당의 지급이 이루어져야 한다.

※ 다음 글의 내용으로 가장 적절한 것을 고르시오. [1~6]

01

대나무는 전 세계에 500여 종이 있으며 한국, 중국, 일본 등 아시아의 전 지역에 고루 분포하는 쉽게 볼 수 있는 대상이다. 우리나라에선 신라의 만파식적과 관련한 설화에서 알 수 있듯이, 예로부터 주변에서 쉽게 볼 수 있지만 영험함이 있는, 비범한 대상으로 여겨졌다. 이러한 전통은 계속 이어져서 붓, 책, 부채, 죽부인, 악기, 약용, 식용, 죽공예품 등 생활용품으로 사용됨과 동시에 세한삼우, 사군자에 동시에 꼽히며 여러 문학작품과 미술작품에서 문인들의 찬미의 대상이 되기도 한다. 나아가 냉전시대에 서방에서는 중국을 '죽의 장막(Bamboo Curtain)'이라고 불렀을 만큼, 동아시아권 문화에서 빼놓을 수 없는 존재이며 상징하는 바가 크다. 예로부터 문인들에게 사랑받던 대나무는 유교를 정치철학으로 하는 조선에 들어오면서 그 위상이 더욱 높아진다. "대쪽 같은 기상"이란 표현에서도 알 수 있듯이, 대나무는 의연한 선비의 기상을 나타낸다. 늙어도 시들지 않고, 차가운 서리가 내려도, 폭설이 와도 대나무는 의젓이 홀로 일어난 모습을 유지한다. 눈서리를 이겨내고 사계절을 통해 올곧게 서서 굽히지 않는 모습은 선비가 지향하는 모습과 매우 닮았기에, 문학작품과 미술작품에서 대나무는 쉽게 찾아볼 수 있다.

① 조선은 대나무의 위상을 높게 여겨 '죽의 장막'이라는 별명을 얻었다.
② 대나무는 약재로 쓰이기도 한다.
③ 우리나라는 대나무의 원산지이다.
④ 우리 조상들은 대나무의 청초한 자태와 은은한 향기를 사랑했다.
⑤ 대나무는 아시아 지역 중에서도 특히 우리나라에 많이 분포하고 있다.

02

> 우리는 선인들이 남긴 훌륭한 문화유산이나 정신 자산을 언어(특히, 문자 언어)를 통해 얻는다. 언어가 시대를 넘어 문명을 전수하는 역할을 하는 것이다. 언어를 통해 전해진 선인들의 훌륭한 문화유산이나 정신 자산은 당대의 문화나 정신을 살찌우는 밑거름이 된다. 만약 언어가 없다면 선인들과 대화하는 일은 불가능할 것이다. 그렇게 되면 인류사회는 앞선 시대와 단절되어 더 이상의 발전을 기대할 수 없게 된다. 인류가 지금과 같은 고도의 문명사회를 이룩할 수 있었던 것도 언어를 통해 선인들과 끊임없이 대화하며 그들에게서 지혜를 얻고 그들의 훌륭한 정신을 이어받았기 때문이다.

① 언어는 인간의 유일한 의사소통의 도구이다.
② 과거의 문화유산은 빠짐없이 계승되어야 한다.
③ 문자 언어는 음성 언어보다 우월한 가치를 가진다.
④ 언어는 시간에 구애받지 않고 정보를 전달할 수 있다.
⑤ 문명의 발달은 언어와 더불어 이루어져 왔다.

PART 1

03

> 멋은 일상생활의 단조로움이나 생활의 압박에서 해방되려는 노력의 하나일 것이다. 끊임없는 일상의 복장, 그 복장이 주는 압박감에서 벗어나기 위해 옷을 잘 차려 입는 사람은 그래서 멋쟁이이다. 또는 삶을 공리적 계산으로서가 아니라 즐김의 대상으로 볼 수 있게 해 주는 활동, 가령 서도(書道)라든가 다도(茶道)라든가 꽃꽂이라든가 하는 일을 과외로 즐길 줄 아는 사람을 우리는 생활의 멋을 아는 사람이라고 말한다. 그러나 그렇다고 해서 값비싸고 화려한 복장, 어떠한 종류의 스타일과 수련을 전제하는 활동만이 멋을 나타내는 것이 아니다. 경우에 따라서는 털털한 옷차림, 겉으로 내세울 것이 없는 소탈한 생활 태도가 멋있게 생각될 수도 있다. 기준적인 것에 변화를 더하는 것이 중요한 것이다. 그러나 기준으로부터의 편차가 너무 커서는 안 된다. 혐오감을 불러일으킬 정도의 몸가짐, 몸짓 또는 생활 태도는 멋이 있는 것으로 생각되지 않는다. 편차는 어디까지나 기준에 의해서만 존재하는 것이다.

① 다양한 종류의 옷을 가지고 있는 사람은 멋쟁이이다.
② 값비싸고 화려한 복장을 하는 사람은 공리적 계산을 하는 사람이다.
③ 소탈한 생활 태도를 갖는 것이 가장 중요하다.
④ 꽃꽂이를 과외로 즐길 줄 아는 사람은 생활의 멋을 아는 사람이다.
⑤ 차는 종류별로 즐길 줄 알아야 진정한 멋을 아는 사람이다.

04

보름달 중에 가장 크게 보이는 보름달을 슈퍼문이라고 한다. 이때 보름달이 크게 보이는 이유는 달이 평소보다 지구에 가까이 있기 때문이다. 슈퍼문이 되려면 보름달이 되는 시점과 달이 지구에 가장 가까워지는 시점이 일치하여야 한다. 달의 공전 궤도가 완벽한 원이라면 지구에서 달까지의 거리가 항상 똑같을 것이다. 하지만 실제로는 타원 궤도여서 달이 지구에 가까워지거나 멀어지는 현상이 생긴다. 유독 달만 그런 것은 아니고 태양계의 모든 행성이 태양을 중심으로 타원 궤도로 돈다. 이것이 바로 그 유명한 케플러의 행성운동 제1법칙이다.

지구와 달의 평균 거리는 약 38만km인 반면 슈퍼문일 때는 그 거리가 35만 7,000km 정도로 가까워진다. 달의 반지름은 약 1,737km이므로, 지구와 달의 거리가 평균 정도일 때 지구에서 보름달을 바라보는 시각도*는 0.52도 정도인 반면, 슈퍼문일 때는 시각도가 0.56도로 커진다. 반대로 보름달이 가장 작게 보일 때, 다시 말해 보름달이 지구에서 제일 멀 때는 그 거리가 약 40만km여서 보름달을 보는 시각도가 0.49도로 작아진다.

밀물과 썰물이 생기는 원인은 지구에 작용하는 달과 태양의 중력 때문인데, 달이 태양보다는 지구에 훨씬 더 가깝기 때문에 더 큰 영향을 미친다. 달이 지구에 가까워지면 평소 달이 지구를 당기는 힘보다 더 강하게 지구를 당긴다. 그리고 달의 중력이 더 강하게 작용하면, 달을 향한 쪽의 해수면은 평상시보다 더 높아진다. 실제 우리나라에서도 슈퍼문일 때 제주도 등 해안가에 바닷물이 평소보다 더 높게 밀려 들어와서 일부 지역이 침수 피해를 겪기도 했다.

한편 달의 중력 때문에 높아진 해수면이 지구와 함께 자전을 하다보면 지구의 자전을 방해하게 된다. 일종의 브레이크가 걸리는 셈이다. 이 때문에 지구의 자전 속도가 느려지게 되고 그 결과 하루의 길이에 미세하게 차이가 생긴다. 실제 연구 결과에 따르면 100만 년에 17초 정도씩 길어지는 효과가 생긴다고 한다.

*시각도 : 물체의 양끝에서 눈의 결합점을 향하여 그은 두 선이 이루는 각을 의미한다.

① 지구에서 태양까지의 거리는 1년 동안 항상 일정하다.
② 해수면의 높이는 지구와 달의 거리와 관계가 없다.
③ 달이 지구에서 멀어지면 궤도에서 벗어나지 않기 위해 평소보다 더 강하게 지구를 잡아당긴다.
④ 지구와 달의 거리가 36만km 정도인 경우, 지구에서 보름달을 바라보는 시각도는 0.49도보다 크다.
⑤ 달의 중력 때문에 지구가 자전하는 속도는 점점 빨라지고 있다.

05

국회의원들의 천박한 언어 사용은 여야가 다르지 않고, 어제오늘의 일도 아니다. '잔대가리', '양아치', '졸개' 같은 단어가 예사로 입에서 나온다. 막말에 대한 무신경, 그릇된 인식과 태도가 원인이다. 막말이 부끄러운 언어 습관과 인격을 드러낸다고 여기기보다 오히려 투쟁성과 선명성을 상징한다고 착각한다.

① 모든 국회의원은 막말 쓰기를 좋아한다.
② 국회의원들의 천박한 언어 사용은 오래되었다.
③ '잔대가리', '양아치', '졸개' 등은 은어(隱語)에 속한다.
④ 국회의원들은 고운 말과 막말을 전혀 구분할 줄 모른다.
⑤ 국회의원들은 막말이 부끄러운 언어 습관을 드러낸다고 여긴다.

06

뉴턴은 빛이 눈에 보이지 않는 작은 입자라고 주장하였고, 이것은 그의 권위에 의지하여 오랫동안 정설로 여겨졌다. 그러나 19세기 초에 토머스 영의 겹실틈 실험은 빛의 파동성을 증명하였다. 이 실험의 방법은 먼저 한 개의 실틈을 거쳐 생긴 빛이 다음에 설치된 두 개의 겹실틈을 지나가게 하여 스크린에 나타나는 무늬를 관찰하는 것이다.
이때 빛이 파동이냐 입자이냐에 따라 결과 값이 달라진다. 즉, 빛이 입자라면 일자 형태의 띠가 두 개 나타나야 하는데, 실험 결과 스크린에는 예상과 다른 무늬가 나타났다. 마치 두 개의 파도가 만나면 골과 마루가 상쇄와 간섭을 일으키듯이, 보강 간섭이 일어난 곳은 밝아지고 상쇄 간섭이 일어난 곳은 어두워지는 간섭무늬가 연속적으로 나타난 것이다. 그러나 19세기 말부터 빛의 파동성으로는 설명할 수 없는 몇 가지 실험적 사실이 나타났다. 1905년에 아인슈타인은 빛은 광량자라고 하는 작은 입자로 이루어졌다는 광량자설을 주장하였다. 빛의 파동성은 명백한 사실이었으므로 이것은 빛이 파동이면서 동시에 입자인 이중적인 본질을 가지고 있다는 것을 의미하는 것이었다.

① 뉴턴의 가설은 그의 권위에 의해 현재까지도 정설로 여겨진다.
② 겹실틈 실험은 한 개의 실틈을 거쳐 생긴 빛이 다음 설치된 두 개의 겹실틈을 지나가게 해서 그 틈을 관찰하는 것이다.
③ 겹실틈 실험 결과, 일자 형태의 띠가 두 개 나타났으므로, 빛은 입자이다.
④ 토머스 영의 겹실틈 실험은 빛의 파동성을 증명하였지만, 이는 아인슈타인에 의해서 거짓으로 판명 났다.
⑤ 아인슈타인의 광량자설은 뉴턴과 토머스 영의 가설을 모두 포함한다.

※ 다음 글의 내용으로 적절하지 않은 것을 고르시오. [7~12]

07

치매(Dementia)는 유발 요인에 따라 여러 종류로 나뉜다. 미국 정신의학 협회에서 발간한 '정신질환 진단 및 통계 편람(DSN-Ⅳ)'에서는 치매를 혈관성 치매, 두뇌손상성 치매, 파킨슨병에 의한 치매 등 11가지 종류로 분류하고 있다. 뉴욕 알버트 아인슈타인 의과대학의 로버트 카츠만(Robert Katzman)은 1976년 이 중에서도 알츠하이머형(型) 치매 환자가 전체 치매 환자의 50 ~ 60%를 차지하는 것으로 추정했다. 이후 알츠하이머형 치매의 특징적 임상양상을 평가하는 것이 중요하게 생각되었지만, 당시 의학기술로는 부검으로만 특징적 병리조직을 확인할 수 있었다.

이처럼 과거에는 치매가 한참 진행된 다음에야 추정을 할 수 있었고, 사실상의 확진은 부검을 통해서만 가능했다. 하지만 최근에는 영상의학적 진단법의 발달로 치매의 진단 방법도 비약적으로 발전했다. 알츠하이머 치매는 신경섬유와 시냅스의 손실이 두드러지게 나타나는데, 이는 컴퓨터단층촬영(Computed Tomography, CT)이나 자기공명영상(Magnetic Resonance Imaging, MRI) 등의 영상의학을 통해 어렵지 않게 진단할 수 있게 되었으며, 특히 핵의학적 영상학인 단일광자단층촬영(Single Photon Emission Computed Tomography, SPECT)과 양전자방출단층촬영(Positron Emission Tomography, PET)을 통해 혈류의 저하를 측정하거나 치매 초기 특징적 부위의 조직기능 저하를 측정하여 과거보다 훨씬 빠르게 치매를 진단할 수 있게 되었다.

① 미국 정신의학 협회에서는 치매를 11가지 종류로 분류한다.
② 알츠하이머형 치매 환자는 전체 치매 환자의 50 ~ 60%를 차지하는 것으로 추정되었다.
③ 알츠하이머형 치매 환자에서는 혈류의 저하가 측정된다.
④ 과거에도 알츠하이머형 치매의 확진은 환자의 생전에 가능했다.
⑤ 치매에는 여러 유발 요인이 있다.

08

고야의 마녀도 리얼하다. 이는 고야가 인간과 마녀를 분명하게 구별하지 않고, 마녀가 실존하는 것처럼 그렸기 때문이다. 따라서 우리는 고야가 마녀의 존재를 믿었는지 의심할 수 있다. 그러나 그것은 중요한 문제가 아니다. 고야는 마녀를 비이성의 상징으로 그려서 세상이 완전하게 이성에 의해서만 지배되지 않음을 표현하고 있을 뿐이다. 또한 악마가 사실 인간 자신의 정신 내면에 존재하는 것임을 시사한다. 그것이 바로 가장 유명한 작품인 제43번 「이성이 잠들면 괴물이 나타난다.」에서 그려진 것이다.

① 고야가 마녀의 존재를 믿었는가의 여부는 알 수 없다.
② 고야는 이성의 존재를 부정하였다.
③ 고야는 비이성이 인간 내면에 존재한다고 판단했다.
④ 고야는 세상을 이성과 비이성이 뒤섞인 상태로 이해했다.
⑤ 고야는 악마가 인간의 정신 내면에 존재하는 점을 시사하였다.

09

언어도 인간처럼 생로병사의 과정을 겪는다. 언어가 새로 생겨나기도 하고 사멸 위기에 처하기도 하는 것이다.

하와이어도 사멸 위기를 겪었다. 하와이어의 포식 언어는 영어였다. 1778년 당시 80만 명에 달했던 하와이 원주민은 외부로부터 유입된 감기, 홍역 등의 질병과 정치·문화적 박해로 1900년에는 4만 명까지 감소했다. 당연히 하와이어의 사용자도 급감했다. 1898년에 하와이가 미국에 합병되면서부터 인구가 증가하였으나, 하와이어의 위상은 영어 공용어 교육 정책 시행으로 인하여 크게 위축되었다. 1978년부터 몰입식 공교육을 통한 하와이어 복원이 시도되고 있으나, 하와이어 모국어를 구사할 수 있는 원주민 수는 현재 1,000명 정도에 불과하다.

언어의 사멸은 급속도로 진행된다. 어떤 조사에 따르면 평균 2주에 1개 정도의 언어가 사멸하고 있다. 우비크, 쿠페뇨, 맹크스, 쿤월, 음바바람, 메로에, 컴브리아어 등이 사라진 언어이다. 이러한 상태라면 금세기 말까지 지구에 존재하는 언어 가운데 90%가 사라지게 될 것이라는 추산도 가능하다.

① 하와이 원주민의 수는 1900년 이후 100여 년 사이에 약 $\frac{1}{40}$ 로 감소하였다.

② 하와이 원주민은 120여 년 사이에 숫자가 약 $\frac{1}{20}$ 로 감소하였다.

③ 최근 미국의 교육 정책은 하와이어를 보존하기 위한 방향으로 변화되었다.

④ 언어는 끊임없이 새로 생겨나고, 또 사라진다.

⑤ 하와이는 미국에 합병된 후 인구가 증가하였다.

10

인간 사유의 결정적이고도 독창적인 비약은 시각적인 표시의 코드 체계 발명에 의해서 이루어졌다. 시각적인 표시의 코드 체계에 의해 인간은 정확한 말을 결정하여 텍스트를 마련하고, 또 이해할 수 있게 된 것이다. 이것이 바로 진정한 의미에서의 '쓰기(Writing)'이다.

이러한 '쓰기'에 의해 코드화된 시각적인 표시는 말을 사로잡게 되고, 그 결과 그때까지 소리 속에서 발전해 온 정밀하고 복잡한 구조나 지시 체계의 특수한 복잡성이 그대로 시각적으로 기록될 수 있게 되고, 나아가서는 그러한 시각적인 기록으로 인해 그보다 훨씬 정교한 구조나 지시 체계가 산출될 수 있게 된다. 그러한 정교함은 구술적인 발화가 지니는 잠재력으로써는 도저히 이룩할 수 없는 정도의 것이다. 이렇듯 '쓰기'는 인간의 모든 기술적 발명 속에서도 가장 영향력이 큰 것이었으며, 지금도 그러하다. 쓰기는 말하기에 단순히 첨가된 것이 아니다. 왜냐하면 쓰기는 말하기를 구술 – 청각의 세계에서 새로운 감각의 세계, 즉 시각의 세계로 이동시킴으로써 말하기와 사고를 함께 변화시키기 때문이다.

① 인간은 시각적 코드 체계를 사용함으로써 말하기를 한층 정교한 구조로 만들었다.

② 인간은 쓰기를 통해서 정확한 말을 사용한 텍스트의 생산과 소통이 가능하게 되었다.

③ 인간은 쓰기를 통해 지시 체계의 복잡성을 기록함으로써 말하기와 사고의 변화를 일으킨다.

④ 인간은 정밀하고 복잡한 지시 체계를 통해 시각적 코드를 발명하였다.

⑤ 인간의 모든 기술적 발명 속에서도 '쓰기'는 예전이나 지금이나 가장 영향력이 크다.

11

한 사회의 소득 분배가 얼마나 불평등한지는 일반적으로 '10분위 분배율'과 '로렌츠 곡선' 등의 척도로 측정된다. 10분위 분배율이란 하위 소득 계층 40%의 소득 점유율을 상위 소득 계층 20%의 소득 점유율로 나눈 비율을 말한다. 이 값은 한 사회의 소득 분배가 얼마나 불평등한지를 나타내는 지표가 되는데, 10분위 분배율의 값이 낮을수록 분배가 불평등함을 의미한다.

계층별 소득 분배를 측정하는 다른 지표로는 로렌츠 곡선을 들 수 있다. 로렌츠 곡선은 정사각형의 상자 안에 가로축에는 저소득 계층부터 고소득 계층까지를 차례대로 누적한 인구 비율을, 세로축에는 해당 계층 소득의 누적 점유율을 나타낸 그림이다. 만약 모든 사람들이 똑같은 소득을 얻고 있다면 로렌츠 곡선은 대각선과 일치하게 된다. 그러나 대부분의 경우 로렌츠 곡선은 대각선보다 오른쪽 아래에 있는 것이 보통이다. 일반적으로 로렌츠 곡선이 평평하여 대각선에 가까울수록 평등한 소득 분배를, 그리고 많이 구부러져 직각에 가까울수록 불평등한 소득 분배를 나타낸다.

① 10분위 분배율은 하위 소득 계층 40%와 상위 소득 계층 20%의 소득 점유율을 알아야 계산할 수 있다.
② 하위 소득 계층 40%의 소득 점유율이 작을수록, 상위 소득 계층 20%의 소득 점유율이 클수록 분배가 불평등하다.
③ 로렌츠 곡선의 가로축을 보면 소득 누적 점유율을, 세로축을 보면 누적 인구 비율을 알 수 있다.
④ 로렌츠 곡선과 대각선의 관계를 통해 소득 분배를 알 수 있다.
⑤ 로렌츠 곡선이 많이 구부러져 직각에 가까울수록 불평등한 소득 분배를 나타낸다.

12

간디는 절대로 몽상가는 아니다. 그가 말한 것은 폭력을 통해서는 인도의 해방도, 보편적인 인간 해방도 없다는 것이었다. 민족 해방은 단지 외국 지배자의 퇴각을 의미하는 것일 수는 없다. 참다운 해방은 지배와 착취와 억압의 구조를 타파하고 그 구조에 길들여져 온 심리적 습관과 욕망을 뿌리로부터 변화시키는 일 ─ 다시 말하여 일체의 '칼의 교의(敎義)' ─ 로부터의 초월을 실현하는 것이다. 간디의 관점에서 볼 때, 무엇보다 큰 폭력은 인간의 근원적인 영혼의 요구에 대해서는 조금도 고려하지 않고, 물질적 이득의 끊임없는 확대를 위해 착취와 억압의 구조를 제도화한 서양의 산업 문명이었다.

① 간디는 비폭력주의자이다.
② 간디는 산업 문명에 부정적이었다.
③ 간디는 반외세 사회주의자이다.
④ 간디는 외세가 인도를 착취하였다고 보았다.
⑤ 간디는 서양의 산업 문명을 큰 폭력이라고 보았다.

다음 글의 주제로 가장 적절한 것은?

빅데이터는 스마트 팩토리 등 산업 현장 및 ICT 소프트웨어 설계 등에 주로 활용되어 왔다. 유통이나 물류 업계의 '콘텐츠가 대량으로 이동하는 현장'에서는 데이터가 발생하면, 이를 분석하고 활용하는 쪽으로 주로 사용됐다. 이제는 다양한 영역에서 빅데이터의 적용이 빨라지고 있다. 대표적인 사례가 금융권이다. 국내의 은행들은 현재 빅데이터 스타트업 회사를 상대로 대규모 투자에 나서고 있다. 뉴스와 포털 등 현존하는 데이터를 확보하여 금융 키워드 분석에 활용하기 위해서다. 의료업계도 마찬가지다. 정부는 바이오헬스 산업의 혁신전략을 통해 연구개발 투자를 2025년까지 4조 원 이상으로 확대하겠다고 밝혔으며, 빅데이터와 인공 지능 등을 연계한 다양한 로드맵을 준비하고 있다. 벌써 의료 현장에 빅데이터 전략을 구사하고 있는 병원도 다수이다. 국세청도 빅데이터에 관심이 많다. 빅데이터 플랫폼 인프라 구축을 끝내는 한편, 50명 규모의 빅데이터 센터를 가동하기 시작했다. 조세 행정에서 빅데이터를 통해 탈세를 예방·적발하는 등 다양한 쓰임새를 고민하고 있다.

① 빅데이터의 정의와 장·단점
② 빅데이터의 종류
③ 빅데이터의 중요성
④ 빅데이터의 다양한 활용 방안
⑤ 빅데이터의 한계

| 해설 |　글에서 금융권, 의료업계, 국세청 등 다양한 영역에서 빅데이터가 활용되고 있는 사례들을 열거하고 있다.

정답 ④

13

영양분이 과도하게 많은 물에서는 오히려 물고기의 생존이 어렵다. 농업용 비료나 하수 등에서 배출되는 질소와 인 등으로 영양분이 많아진 하천의 수온이 상승하면 식물성 플랑크톤이 대량으로 증식하게 된다. 녹색을 띠는 플랑크톤이 수면을 뒤덮으면 물속으로 햇빛이 닿지 못하고 결국 물속의 산소가 고갈되어 물고기는 숨을 쉬기 어려워진다. 즉, 물속의 과도한 영양분이 오히려 물고기의 생존을 위협하는 것이다.

이처럼 부영양화된 물에서의 플랑크톤 증식으로 인한 녹조 현상은 경제발전과 각종 오염물질 배출량의 증가로 인해 심각한 사회문제가 되고 있다. 녹조는 냄새를 유발하는 물질과 함께 독소를 생성하여 수돗물의 수질을 저하시킨다. 특히 독성물질을 배출하는 녹조를 유해 녹조로 지정하여 관리하고 있는 현실을 고려하면 이제 녹조는 생태계뿐만 아니라 먹는 물의 안전까지도 위협한다.

하천의 생태계를 보호하고 우리가 먹는 물을 보호하기 위해서는 녹조의 발생 원인을 사전에 제거해야 한다. 이를 위해서는 무엇보다 생활 속에서의 작은 실천이 중요하다. 질소나 인이 첨가되지 않은 세제를 사용하고, 농가에서는 화학 비료 사용을 최소화하며 하천에 오염된 물이 흘러 들어가지 않도록 철저히 관리하는 노력을 기울여야 한다.

① 물고기의 생존을 위협하는 하천의 수질 오염
② 녹조를 가속화하는 이상 기온 현상
③ 물고기와 인간의 안전을 위협하는 하천의 부영양화
④ 녹조 예방을 위한 정부의 철저한 관리
⑤ 수돗물 수질 향상을 위한 기술 개발의 필요성

14

맥주의 주원료는 양조용수·보리·홉 등이다. 맥주를 양조하기 위해서는 일반적으로 맥주생산량의 10 ~ 20배 정도 되는 물이 필요하며, 이것을 양조용수라고 한다. 양조용수는 맥주의 종류와 품질을 좌우하며, 무색·무취·투명해야 한다. 보리를 싹틔워 맥아로 만든 것을 사용하여 맥주를 제조하는 데, 맥주용 보리로는 곡립이 고르고 녹말질이 많으며 단백질이 적은 것, 그리고 곡피(穀皮)가 얇으며 발아력이 왕성한 것이 좋다. 홉은 맥주 특유의 쌉쌀한 향과 쓴맛을 만들어 내는 주요 첨가물이며, 맥주를 맑게 하고 잡균의 번식을 막아주는 역할을 한다.

맥주의 제조공정을 살펴보면 맥아제조, 담금, 발효, 저장, 여과의 다섯 단계로 나눌 수 있다. 이 중 발효공정은 맥즙이 발효되어 술이 되는 과정을 말하는데, 효모가 발효탱크 속에서 맥즙에 있는 당분을 알코올과 탄산가스로 분해한다. 이 공정은 1주일간 이어지며, 그동안 맥즙 안에 있던 당분은 점점 줄어들고 알코올과 탄산가스가 늘어나 맥주가 되는 것이다. 이때 발효 중 맥즙의 온도 상승을 막기 위해 탱크를 냉각 코일로 감고 그 표면을 하얀 폴리우레탄으로 단열시키는데, 그 모습이 마치 남극의 이글루처럼 보이기도 한다.

발효의 방법에 따라 하면발효 맥주와 상면발효 맥주로 구분되는데, 이는 어떤 온도에서 발효시키느냐에 달려있다. 세계 맥주 생산량의 70%를 차지하는 하면발효 맥주는 발효 중 밑으로 가라앉는 효모를 사용해 저온에서 발효시킨 맥주를 말한다. 요즘 유행하는 드래프트비어가 바로 여기에 속한다. 반면, 상면발효 맥주는 주로 영국, 미국, 캐나다, 벨기에 등에서 생산되며 발효 중 표면에 떠오르는 효모로 비교적 높은 온도에서 발효시킨 맥주를 말한다. 에일, 스타우트 등이 상면발효 맥주에 포함된다.

① 홉과 발효 방법의 종류에 따른 맥주 구분법
② 주원료에 따른 맥주의 발효 방법 분류
③ 맥주의 주원료와 발효 방법에 따른 맥주의 종류
④ 맥주의 제조공정
⑤ 맥주의 발효 과정

15

주어진 개념에 포섭시킬 수 없는 대상(의 표상)을 만난 경우, 상상력은 처음에는 기지의 보편에 포섭시킬 수 있도록 직관의 다양을 종합할 것이다. 말하자면 뉴턴의 절대 공간, 역학의 법칙 등의 개념(보편)과 자신이 가지고 있는 특수(빛의 휘어짐)가 일치하는가, 조화로운가를 비교할 것이다. 하지만 일치되는 것이 없으므로, 상상력은 또 다시 여행을 떠난다. 즉 새로운 형태의 다양한 종합 활동을 수행해 볼 것이다. 이것은 미지의 세계로 향한 여행이다. 그리고 이 여행에는 주어진 목적지가 없기 때문에 자유롭다.

이런 자유로운 여행을 통해 예들 들어 상대 공간, 상대 시간, 공간의 만곡, 상대성 이론이라는 새로운 개념들을 가능하게 하는 새로운 도식들을 산출한다면, 그 여행은 종결될 것이다. 여기서 우리는 왜 칸트가 상상력의 자유로운 유희라는 표현을 사용하는지 이해할 수 있게 된다. '상상력의 자유로운 유희'란 이렇게 정해진 개념이나 목적이 없는 상황에서 상상력이 그 개념이나 목적을 찾는 과정을 의미한다고 볼 수 있다. 이는 게임이다. 그리고 그 게임에 있어서 반드시 성취해야 할 그 어떤 것이 없다면, 순수한 놀이(유희)가 성립할 수 있을 것이다.

– 칸트, 『판단력 비판』

① 상상력의 재발견
② 인식능력으로서의 상상력
③ 목적 없는 상상력의 활동
④ 자유로운 유희로서의 상상력의 역할
⑤ 과학적 발견의 원동력으로서의 상상력

※ 다음 글의 주제로 가장 적절한 것을 고르시오. [16~18]

16

표준화된 언어는 의사소통을 효과적으로 하기 위하여 의도적으로 선택해야 할 공용어로서의 가치가 있다. 반면에 방언은 지역이나 계층의 언어와 문화를 보존하고 드러냄으로써 국가 전체의 언어와 문화를 다양하게 발전시키는 토대로서의 가치가 있다. 이러한 의미에서 표준화된 언어와 방언은 상호 보완적인 관계에 있다. 표준화된 언어가 있기에 정확한 의사소통이 가능하며, 방언이 있기에 개인의 언어생활에서나 언어 예술 활동에서 자유롭고 창의적인 표현이 가능하다. 결국 우리는 표준화된 언어와 방언 둘 다의 가치를 인정해야 하며, 발화(發話) 상황(狀況)을 잘 고려해서 표준화된 언어와 방언을 잘 가려서 사용할 줄 아는 능력을 길러야 한다.

① 창의적인 예술 활동에서는 방언의 기능이 중요하다.
② 표준화된 언어와 방언에는 각각 독자적인 가치와 역할이 있다.
③ 정확한 의사소통을 위해서는 표준화된 언어가 꼭 필요하다.
④ 표준화된 언어와 방언을 구분할 줄 아는 능력을 길러야 한다.
⑤ 표준화된 언어는 방언보다 효용가치가 있다.

17

우유니 사막은 세계 최대의 소금사막으로 남아메리카 중앙부 볼리비아의 포토시주(州)에 위치한 소금 호수로, '우유니 소금사막' 혹은 '우유니 염지' 등으로 불린다. 지각변동으로 솟아오른 바다가 빙하기를 거쳐 녹기 시작하면서 거대한 호수가 생겨났다. 면적은 1만 2,000km²이며 해발고도 3,680m의 고지대에 위치한다. 물이 배수되지 않은 지형적 특성 때문에 물이 고여 얕은 호수가 되었으며, 소금으로 덮인 수면 위에 푸른 하늘과 흰 구름이 거울처럼 투명하게 반사되어 관광지로도 이름이 높다.

소금층 두께는 30cm부터 깊은 곳은 100m 이상이며 호수의 소금 매장량은 약 100억 톤 이상이다. 우기인 12월에서 3월 사이에는 20 ~ 30cm의 물이 고여 얕은 염호를 형성하는 반면, 긴 건기 동안에는 표면뿐만 아니라 사막의 아래까지 증발한다. 특이한 점은 지역에 따라 호수의 색이 흰색, 적색, 녹색 등의 다른 빛깔을 띤다는 점이다. 이는 호수마다 쌓인 침전물의 색깔과 조류의 색깔이 다르기 때문이다. 또한 소금 사막 곳곳에서는 커다란 바위부터 작은 모래까지 한꺼번에 섞인 빙하성 퇴적물들과 같은 빙하의 흔적들을 볼 수 있다.

① 우유니 사막의 기후와 식생
② 우유니 사막의 주민 생활
③ 우유니 사막의 자연지리적 특징
④ 우유니 사막 이름의 유래
⑤ 우유니 사막의 관광 상품 종류

18

소액주주의 권익을 보호하고, 기업 경영의 투명성을 높여 궁극적으로 자본시장에서 기업의 자금 조달을 원활히 함으로써 기업의 중장기적인 가치를 제고해 나가기 위해 집단 소송제 도입이 필요하다. 즉, 집단 소송제의 도입은 국민 경제뿐만 아니라 기업 스스로의 가치 제고를 위해서도 바람직한 것이다. 현재 집단 소송제를 시행하고 있는 미국의 경우 전세계적으로 자본시장이 가장 발달되었으며 시장의 투명성과 공정성이 높아 기업들이 높은 투자가치를 인정받고 있다.

① 집단 소송제는 시장에 의한 기업 지배 구조 개선을 가능하게 한다.
② 집단 소송제를 도입할 경우 경영의 투명성을 높여 결국 기업에 이득이 된다.
③ 기업의 투명성과 공정성은 집단 소송제의 시행 유무에 따라 판단된다.
④ 제도를 도입함으로써 제기되는 부작용은 미국의 경험과 사례로 방지할 수 있다.
⑤ 선진국 계열에 올라서기 위해서 집단 소송제를 시행해야 한다.

※ 다음 글의 중심 내용으로 가장 적절한 것을 고르시오. [19~20]

19

> 헤르만 헤세는 어느 책이 유명하다거나 그것을 모르면 수치스럽다는 이유만으로 그 책을 무리하게 읽으려는 것은 참으로 그릇된 일이라 했다. 그는 이어서, "그렇게 하기보다는 모든 사람은 자기에게 자연스러운 면에서 읽고, 알고, 사랑해야 할 것이다. 어느 사람은 학생 시절의 초기에 벌써 아름다운 시구의 사랑을 자기 안에서 발견할 수 있으며, 혹은 어느 사람은 역사나 자기 고향의 전설에 마음이 끌리게 되고 또는 민요에 대한 기쁨이나 우리의 감정이 정밀하게 연구되고 뛰어난 지성으로써 해석된 것에 독서의 매력 있는 행복감을 가질 수 있을 것이다."라고 말한 바 있다.

① 문학 작품을 많이 읽으면 정서 함양에 도움이 된다.
② 학생 시절에 고전과 명작을 많이 읽어 교양을 쌓아야 한다.
③ 남들이 읽어야 한다고 말하는 책보다 자신이 읽고 싶은 책을 읽는 것이 좋다.
④ 자신이 속한 사회의 역사나 전설에 관한 책을 읽으면 애향심을 기를 수 있다.
⑤ 독서는 우리의 감정을 정밀하게 연구하고 해석해 행복감을 준다.

20

> 칸트는 인간이 이성을 부여받은 것은 욕망에 의해 움직이지 않게 하기 위함이라고 말하면서 자신의 행복을 우선시하기보다는 도덕적인 의무를 먼저 수행해야 한다고 주장했다. 칸트의 시각에서 볼 때 행동의 도덕적 가치를 결정하는 것은 어떠한 상황에서든 모든 사람들이 그 행동을 했을 때에 아무런 모순이 생기지 않아야 한다는 보편주의이다. 내가 타인을 존중하지 않으면서 타인이 나를 존중하고 도와줄 것을 기대한다면, 이는 보편주의를 위배하는 것이다. 그러므로 남이 나에게 해주길 바라는 것을 실천하는 것이 바로 도덕적 행동이라는 것이다. 따라서 도덕적 행동이 나의 이익이나 본성과 일치하지 않더라도 나는 나의 의무를 수행해야 한다고 역설했다.

① 칸트의 도덕관에 대한 비판
② 칸트가 생각하는 도덕적 행동
③ 도덕적 가치에 대한 칸트의 관점
④ 무목적성을 지녀야 하는 도덕적 행위
⑤ 칸트의 도덕적 의무론이 지니는 가치

※ 다음 글의 필자가 주장하는 내용으로 가장 적절한 것을 고르시오. [21~22]

21

우리는 혈연, 지연, 학연 등에 의거한 생활양식 내지 행위원리를 연고주의라 한다. 특히 이에 대해 지극히 부정적인 의미를 부여하며 대부분의 한국병이 연고주의와 직·간접적인 어떤 관련을 갖는 것으로 진단한다. 그러나 여기서 주목할 만한 한 가지 사실은 연고주의가 그 자체로서는 반드시 역기능적인 어떤 것으로 치부될 이유가 없다는 점이다.
연고주의는 그 자체로서 비판받아야 할 것이라기보다는 나름의 고유한 가치를 갖는 사회적 자산이다. 이미 공동체적 요인이 청산·해체되어 버리고, 공동체에 대한 기억마저 사라진 서구 선진사회의 사람들은 오히려 삭막하고 황량한 사회생활의 긴장으로부터 해방되기 위해 새로운 형태의 공동체를 모색·시도하고 있다. 그에 비하면 우리의 연고주의는 인간적 온기를 지닌 것으로 그 나름의 가치 있는 삶의 원리가 아닐 수 없다.

① 연고주의는 그 자체로서 고유한 가치를 갖는 사회적 자산이다.
② 연고주의는 반드시 역기능적인 면을 가지는 것은 아니다.
③ 연고주의는 인간적 온기를 느끼게 하는 삶의 활력소이다.
④ 오늘날 연고주의에 대해 부정적 의미를 부여하기 쉽다.
⑤ 연고주의는 계속해서 유지하고 보존해야 하는 것이다.

22

동물들의 행동을 잘 살펴보면 동물들도 우리가 사용하는 말 못지않은 의사소통 수단을 가지고 있는 듯이 보인다. 즉, 동물들도 여러 가지 소리를 내거나 몸짓을 함으로써 자신들의 감정과 기분을 나타낼 뿐 아니라 경우에 따라서는 인간과 다를 바 없이 의사를 교환하고 있는 듯하다. 그러나 그것은 단지 겉모습의 유사성에 지나지 않을 뿐이고 사람의 말과 동물의 소리에는 아주 근본적인 차이가 존재한다는 점을 잊어서는 안 된다. 동물들이 사용하는 소리는 단지 배고픔이나 고통 같은 생물학적인 조건에 대한 반응이거나, 두려움이나 분노 같은 본능적인 감정들을 표현하기 위한 것에 지나지 않는다.

① 모든 동물이 다 말을 하는 것은 아니지만, 원숭이와 같이 지능이 높은 동물은 말을 할 수 있다.
② 동물들은 인간이 알아듣지 못하는 방식으로 대화할 뿐, 서로 대화를 나누고 정보를 교환하며 인간과 같이 의사소통을 한다.
③ 사육사의 지속적인 훈련을 받는다면 동물들은 인간의 소리를 똑같은 목소리로 정확하게 따라 할 수 있다.
④ 동물들이 내는 소리가 때때로 의사소통의 수단으로 이용된다고 해서 그것을 대화나 토론이나 회의와 같은 언어활동이라고 할 수는 없다.
⑤ 자라면서 언어를 익히는 인간과 달리 동물들은 태어날 때부터 소리를 내고, 이를 통해 자신들의 의사를 표현한다.

23 다음 주장의 전제로 가장 적절한 것은?

> 우리말을 가꾸기 위해서 무엇보다 중요한 것은 국어에 대한 우리의 관심과 의식이다.
> 지도자의 위치에 있는 사람들이 외국어를 함부로 사용하는 모습, 외국어 투성이인 상품 이름이나 거리의 간판, 문법과 규범을 지키지 않은 문장 등을 손쉽게 접할 수 있는 우리의 언어 현실, 이러한 모두는 우리말을 사랑하는 정신이 아직도 제대로 뿌리를 내리지 못하는 데서 비롯된 것이다.

① 언어는 의사소통의 도구이다.
② 언어는 언중 간의 사회적 약속이다.
③ 언어에는 그 민족의 정신이 담겨 있다.
④ 언어는 내용과 형식을 담고 있는 체계이다.
⑤ 언어가 발전하려면 그 언어를 사용하는 사람들의 태도가 중요하다.

Hard

24 다음 글에 나타난 필자의 생각으로 가장 적절한 것은?

> 우리는 우리가 생각한 것을 말로 나타낸다. 또 다른 사람의 말을 듣고, 그 사람이 무슨 생각을 가지고 있는지를 짐작한다. 그러므로 생각과 말은 서로 떨어질 수 없는 깊은 관계를 가지고 있다.
> 그러면 말과 생각은 얼마만큼 깊은 관계를 가지고 있을까? 이 문제를 놓고 사람들은 오랫동안 여러 가지 생각을 하였다. 그 가운데 가장 두드러진 것이 두 가지 있다. 그 하나는 말과 생각이 서로 꼭 달라붙은 쌍둥이인데 한 놈은 생각이 되어 속에 감추어져 있고 다른 한 놈은 말이 되어 사람 귀에 들리는 것이라는 생각이다. 다른 하나는 생각이 큰 그릇이고 말은 생각 속에 들어가는 작은 그릇이어서 생각에는 말 이외에도 다른 것이 더 있다는 생각이다.
> 이 두 가지 생각 가운데서 앞의 것은 조금만 깊이 생각해 보면 틀렸다는 것을 즉시 깨달을 수 있다. 우리가 생각한 것은 거의 대부분 말로 나타낼 수 있지만, 누구든지 가슴 속에 응어리진 어떤 생각이 분명히 있기는 한데 그것을 어떻게 말로 표현해야 할지 애태운 경험을 가지고 있을 것이다. 이것 한 가지만 보더라도 말과 생각이 서로 안팎을 이루는 쌍둥이가 아님은 쉽게 판명된다.
> 인간의 생각이라는 것은 매우 넓고 큰 것이며 말이란 결국 생각의 일부분을 주워 담는 작은 그릇에 지나지 않는다. 그러나 아무리 인간의 생각이 말보다 범위가 넓고 큰 것이라고 하여도 그것을 가능한 한 말로 바꾸어 놓지 않으면 그 생각의 위대함이나 오묘함이 다른 사람에게 전달되지 않기 때문에 말의 신세를 지지 않을 수가 없게 되어 있다. 그러니까 말을 통하지 않고는 생각을 전달할 수가 없는 것이다.

① 말은 생각의 폭을 확장시킨다.
② 말은 생각을 전달하기 위한 수단이다.
③ 생각은 말이 내면화된 쌍둥이와 같은 존재이다.
④ 말은 생각의 하위요소이다.
⑤ 말은 생각을 제한하는 틀이다.

다음 글을 바탕으로 한 추론으로 적절하지 않은 것은?

리플리 증후군이란 허구의 세계를 진실이라 믿고 거짓말과 거짓된 행동을 상습적으로 반복하는 반사회적 인격장애를 뜻한다. 리플리 증후군은 극단적인 감정의 기복을 보이는 등 불안정한 정신상태를 갖고 있는 사람에게서 잘 나타나는 것으로 알려져 있다. 자신의 욕구를 충족시킬 수 없어 열등감과 피해의식에 시달리다가 상습적이고 반복적인 거짓말을 일삼으면서 이를 진실로 믿고 행동하게 된다. 거짓말을 반복하다가 본인이 한 거짓말을 스스로 믿어 버리는 증후군으로서 현재 자신의 상황에 만족하지 못하는 경우에 발생한다. 이는 '만족'이라는 상대적인 개념을 개인이 어떻게 받아들이고 느끼느냐에 따라 달라진다고 할 수 있다.

① 상대적으로 자신에게 만족감을 갖지 못한 사람에게 리플리 증후군이 나타난다.
② 리플리 증후군 환자는 거짓말을 통해 만족감을 얻고자 한다.
③ 열등감과 피해의식은 리플리 증후군의 원인이 된다.
④ 리플리 증후군 환자는 자신의 거짓말을 거짓말로 인식하지 못한다.
⑤ 자신의 상황에 불만족하는 사람은 불안정한 정신 상태를 갖게 된다.

| **해설** | 자신의 상황에 불만족하여 불안정한 정신 상태를 갖게 되는 사람에게서 리플리 증후군이 잘 나타나는 것은 사실이나, 자신의 상황에 불만족하는 모든 이가 불안정한 정신 상태를 갖는 것은 아니다.

정답 ⑤

※ 다음 글을 바탕으로 한 추론으로 가장 적절한 것을 고르시오. [25~28]

25

> 조선시대에 들어 유교적 혈통률의 영향을 받아 삶의 모습은 처거제−부계제로 변화하였다. 이러한 체제는 조선 전기까지 대부분 유지되었다. 친척관계 자료를 수집하기 위해 마을을 방문하던 중, '처가로 장가를 든 선조가 이 마을의 입향조가 되었다.'는 얘기를 듣곤 하는데, 이것이 바로 처거제−부계제의 원리가 작동한 결과라고 말할 수 있다. 거주율과 혈통률을 결합할 경우, 혼인에서는 남자의 뿌리를 뽑아서 여자의 거주지로 이전하고, 집안 계승의 측면에서는 남자 쪽을 선택하도록 한 것이다. 이를 통해 거주율에서는 여자의 입장을 유리하게 하고, 혈통률에서는 남자의 입장이 유리하도록 하는 균형적인 모습을 띠고 있음을 알 수 있다.

① 처거제는 '시집가다'와 일맥상통한다.
② 처거제−부계제는 조선 후기까지 대부분 유지되었다.
③ 조선 전기에 이르러 가족관계에서 남녀 간 힘의 균형이 무너졌다.
④ 조선시대 이전부터 처거제−부계제가 존재하였다.
⑤ 고려시대에는 조선시대에 비해 유교적 혈통률의 영향을 덜 받았다.

26

> 청과물의 거래 방식으로 밭떼기, 수의계약, 경매가 있고 농가는 이 중 한 가지를 선택한다. 밭떼기는 재배 초기에 수집 상인이 산지에 와서 계약하고 대금을 지급한 다음, 수확기에 가져가 도매시장의 상인에게 파는 방식이다. 수의계약은 수확기에 농가가 도매시장 내 도매상과의 거래를 성사시킨 후 직접 수확하여 보내는 방식인데, 이때 운송책임은 농가가 진다. 경매는 농가가 수확한 청과물을 도매시장에 보내서 경매를 위임하는 방식인데, 도매시장에 도착해서 경매가 끝날 때까지 최소 하루가 걸린다.
> 같은 해 동일 품목의 경우, 수의계약의 평균거래가격과 경매의 평균거래가격은 밭떼기의 거래가격과 같다고 가정한다. 단, 생산량과 소비량의 변동으로 가격변동이 발생하는데, 도매시장에서의 가격변동 폭은 경매가 수의계약보다 크다.

① 사랑이네 가족은 농가에서 직접 배송한 귤을 먹었는데, 이러한 거래는 밭떼기이다.
② 농가가 직접 마트와 거래하는 것은 경매이다.
③ 마트 주인이 이번 연도에 팔았던 귤이 맛있어서 내년 계약을 하고 온 것은 수의계약이다.
④ 그 상품을 주기적으로 소비할 경우 경매가 더 유리하다.
⑤ 청과물의 거래방식으로 가격변동이 가장 큰 것은 밭떼기이다.

27

스토리슈머는 이야기를 뜻하는 스토리(Story)와 소비자를 뜻하는 컨슈머(Consumer)가 합쳐져 '이 야기를 찾는 소비자'를 지칭하는 말이다. 최근 기업들이 경기불황과 치열한 경쟁 속에서 살아남기 위해 색다른 마케팅 방안을 모색하고 있다. 단순히 이벤트나 제품을 설명하는 기존 방식에서 벗어나 소비자들이 서로 공감하는 이야기로 위로받는 심리를 반영해 마케팅에 활용하는 '스토리슈머 마케팅' 사례가 늘고 있다. 이는 소비자의 구매 요인이 기능에서 감성 중심으로 이동함에 따라 이야기를 소재로 하는 마케팅의 중요성이 늘어난 것을 반영한다. 특히 재미와 감성을 자극하는 콘텐츠 위주로 소비자들 사이에서 자연스럽게 스토리가 공유·확산되도록 유도할 수 있다.

① 스토리슈머 마케팅은 기존 마케팅보다 비용이 더 든다.
② 스토리슈머 마케팅은 재미있는 이야기여야만 마케팅 가치를 가진다.
③ 스토리슈머 마케팅은 제품의 기능을 더욱 강조한다.
④ 스토리슈머 마케팅은 현재 소비자들의 구매 요인을 파악한 마케팅 방안이다.
⑤ 모든 소비자는 이야기를 통해 위로받고 싶어 한다.

28

예술의 각 사조는 특정한 역사적 현실 위에서, 특정한 이데올로기를 표현하기 위하여 등장한다. 따라서 특정한 예술 사조를 받아들일 때, 그 예술의 형식 뒤에 숨은 이데올로기를 충분히 소화하고 있느냐가 문제가 된다. 그렇지 못한 모방행위는 형식 미학 또는 관념 미학이 갖는 오류에서 벗어나지 못한다. 가령 어느 예술가가 인상파의 영향을 받았다면, 동시에 그는 그것의 시대적 한계와 약점까지 추적해야 한다. 그리고 그것을 자신이 사는 시대에 접목하였을 경우 현실의 문화적 풍토 위에서 성장할 수 있는가를 가늠해야 한다.

① 모방행위는 예술 사조에 포함되지 않는다.
② 예술 사조는 역사적 현실과 불가분의 관계이다.
③ 예술 사조는 현실적 가치만을 반영한다.
④ 예술 사조는 예술가가 현실과 조율한 타협점이다.
⑤ 모든 예술 사조는 오류를 피하고 완벽을 추구한다.

Hard

29

> 퐁피두 미술관의 5층 전시장에서 특히 인기가 많은 작가는 마르셀 뒤샹이다. 뒤샹의 「레디메이드」 작품들은 한데 모여 바닥의 하얀 지지대 위에 놓여 있다. 그중 가장 눈에 익숙한 것은 둥근 나무의자 위에 자전거 바퀴가 거꾸로 얹힌 「자전거 바퀴」라는 작품일 것이다. 이 작품은 뒤샹의 대표작인 남자 소변기 「샘」과 함께 현대 미술사에 단골 메뉴로 소개되곤 한다.
>
> 위의 사례처럼 이미 만들어진 기성제품, 즉 레디메이드를 예술가가 선택해서 '이것도 예술이다.'라고 선언한다면 우리는 그것을 예술로 인정할 수 있을까? 역사는 뒤샹에게 손을 들어줬고 그가 선택했던 의자나 자전거 바퀴, 옷걸이, 삽, 심지어 테이트 모던에 있는 남자 소변기까지 각종 일상의 오브제들이 20세기 최고의 작품으로 추앙받으면서 미술관에 고이 모셔져 있다. 손으로 잘 만드는 수공예 기술의 예술 시대를 넘어서 예술가가 무엇인가를 선택하는 정신적인 행위와 작업이 예술의 본질이라고 믿었던 뒤샹적 발상의 승리였다.
>
> 또한 20세기 중반의 스타 작가였던 잭슨 폴록의 작품도 눈길을 끈다. 기존의 그림 그리는 방식에 싫증을 냈던 폴록은 캔버스를 바닥에 눕히고 물감을 떨어뜨리거나 뿌려서 전에 보지 못했던 새로운 형상을 이룩했다. 물감을 사용하는 새로운 방식을 터득한 그는 '액션 페인팅'이라는 새로운 장르를 개척했다. 그림의 결과보다 그림을 그리는 행위를 더욱 중요시했다는 점에서 뒤샹의 발상과도 연관된다. 미리 계획하고 구성한 것이 아니라 즉흥적이면서도 매우 빠른 속도로 제작하는 그의 작업방식 또한 완전히 새로운 것이었다.

① 퐁피두 미술관은 현대 미술사에 관심 있는 사람들이 방문할 것이다.
② 퐁피두 미술관을 찾는 사람들의 목적은 다양할 것이다.
③ 퐁피두 미술관은 전통적인 예술작품들을 선호할 것이다.
④ 퐁피두 미술관은 파격적인 예술작품들을 배척하지 않을 것이다.
⑤ 퐁피두 미술관은 현대 미술관의 선구자라는 자긍심을 가지고 있을 것이다.

30

> 아마도 영화가 처음 등장하여 그것에 관한 이론화가 시작되었을 때 대부분의 이론가들에게 아주 현저하게 눈에 띄는 영화의 특징으로 자주 다루어지던 것이 있었다면, 그것은 바로 '시점의 해방'이라고 불리어진 것이었다. 같은 시각 이미지의 영역에 속하는 것이라 할지라도 회화와 연극 등과는 전혀 다른 특징을 영화는 가지고 있다. 영화는 여러 개의 쇼트(Shot)로 이루어져 있다. 이 각각의 쇼트에서 인물이나 사건을 향하는 카메라의 각도와 거리 그리고 방향은 언제나 변화한다. 영화에 대한 초기의 사유는 이러한 시점의 끊임없는 변화에서 의식을 변화시킬 수 있는 잠재력을 보았던 것이다.

① 홍콩 영화 '영웅본색'에서의 격투씬은 그 장면을 보는 사람, 싸우고 있는 사람의 시점에 따라 다르게 촬영된다.

② 공포 영화 '스크림'에서 쫓기고 있는 주인공의 시점은 곧 뒤따르는 살인마의 시점으로 전환된다.

③ 최근 개봉한 영화 '마운틴'은 에베레스트를 항공 촬영한 장면이 압권이라는 평을 듣고 있다.

④ 4명의 가족을 주인공으로 하는 영화 '패밀리'는 각자의 시점을 분할해 구성한 마지막 장면이 깊은 여운을 남겼다.

⑤ '남영동 1985'에서 가장 고통스러웠던 장면은 고문을 받는 주인공의 시점에서 사람들이 고문하며 조롱하고 억압하는 모습이 시점의 변화대로 장면이 전환되었기 때문이다.

31

> 20세기로 들어서기 전에 이미 영화는 두 가지 주요한 방향으로 발전하기 시작했는데, 그것은 곧 사실주의와 형식주의이다. 1890년대 중반 프랑스의 뤼미에르 형제는 「열차의 도착」이라는 영화를 통해 관객들을 매혹시켰는데, 그 이유는 영화에 그들의 실생활을 거의 비슷하게 옮겨 놓은 것처럼 보였기 때문이다. 거의 같은 시기에 조르주 멜리에스는 순수한 상상의 사건인 기발한 이야기와 트릭 촬영을 혼합시켜 「달세계 여행」이라는 판타지 영화를 만들었다. 이들은 각각 사실주의와 형식주의 영화의 전통적 창시자라 할 수 있다.

① 「열차의 도착」은 사실주의를 나타낸 영화이다.

② 영화는 사실주의와 형식주의의 방향으로 발전했다.

③ 「달세계 여행」이라는 영화는 형식주의를 나타낸 영화이다.

④ 조르주 멜리에스는 형식주의 영화를 만들고자 했다.

⑤ 사실주의 영화에서 기발한 이야기와 트릭 촬영은 중요한 요소이다.

32 다음 글의 뒤에 이어질 결론으로 가장 알맞은 것은?

> 우리는 인권이 신장되고 있는 다른 한편에서 세계 인구의 1/4이 절대 빈곤 속에서 고통 받고 있다는 사실을 잊어서는 안 됩니다. 빈곤은 인간 존엄과 인권 신장을 저해하며, 그 속에서는 독재와 분쟁의 싹이 쉽게 자라날 수 있습니다. 따라서 빈곤 퇴치는 인권 신장을 위한 UN의 핵심적인 목표가 되어야 할 것입니다.
>
> 인권 신장은 시민 사회의 압력과 후원에 힘입은 바가 큽니다. 각국 정부와 UN이 NGO, 연구 기관 및 여론 단체들과의 긴밀한 협력을 추구하는 21세기에는 더욱 그러할 것입니다. 다음 달에는 NGO 세계 대회가 개최됩니다. 이 대회가 21세기에 있어 NGO의 역량을 개발하고 UN과 시민사회의 협조를 더욱 긴밀히 하는 계기가 되기를 바랍니다.
>
> 끝으로 동티모르 사태에 대해 말씀드리고자 합니다. 우리 정부는 동티모르의 장래를 주민들 스스로가 결정하도록 한 인도네시아 정부의 조치를 높이 평가합니다. 우리는 동티모르에 평화가 조속히 회복되고, 인도네시아 정부 및 UN의 일치된 노력으로 주민들의 독립 의지가 완전히 실현되기를 희망합니다.

① 동북아 지역은 4강의 이해가 교차하는 곳으로서 경제적 역동성이 넘쳐흐르는 동시에 세계 평화와 안정에 중요한 요충지입니다.

② 우리 정부와 국민을 대표하여 UN이 세계 평화와 번영을 위한 고귀한 사명을 수행하는 데 아낌없는 지지를 약속하는 바입니다.

③ 21세기를 세계 평화와 안정, 모든 인류의 복지와 번영의 세기로 만들기 위하여 선결 과제를 정하고 이를 해결하는 방안을 모색해 나가야 할 것입니다.

④ 세계화 경제하에서의 위기는 어느 한 나라만의 문제가 아니며, 또한 개별 국가의 노력만으로 그러한 위기를 예방하거나 극복하는 것은 어렵다고 생각합니다.

⑤ 이러한 상황을 타개하기 위해 동티모르에 재정적 지원을 담당할 국제기구의 설립을 요청할 것입니다.

33 다음 글을 바탕으로 한 추론으로 옳은 것을 〈보기〉에서 모두 고르면?

> 우리민족은 처마 끝의 곡선, 버선발의 곡선 등 직선보다는 곡선을 좋아했고, 그러한 곡선의 문화가 곳곳에 배어 있다. 이것은 민요의 경우도 마찬가지이다. 가령 서양음악에서 '도'가 한 박이면 한 박, 두 박이면 두 박, 길든 짧든 같은 음이 곧게 지속되는데 우리음악은 '시김새'에 의해 음을 곧게 내지 않고 흔들어 낸다.

> **보기**
> ㄱ. '시김새'는 우리민족의 곡선 문화를 대변한다.
> ㄴ. 음악에는 그 나라의 문화가 반영된다.
> ㄷ. 서양음악에서는 곡선 문화보다 직선 문화가 선호된다.

① ㄱ ② ㄱ, ㄴ
③ ㄱ, ㄷ ④ ㄴ, ㄷ
⑤ ㄱ, ㄴ, ㄷ

Hard

34 옵트인 방식을 도입하자는 주장에 대한 근거로 사용하기에 적절하지 않은 것은?

> 스팸 메일 규제와 관련한 논의는 스팸 메일 발송자의 표현의 자유와 수신자의 인격권 중 어느 것을 우위에 둘 것인가를 중심으로 전개되어 왔다. 스팸 메일의 규제 방식은 옵트인(Opt-in) 방식과 옵트아웃(Opt-out) 방식으로 구분된다. 전자는 광고성 메일을 금지하지는 않되 수신자의 동의를 받아야만 발송할 수 있게 하는 방식으로, 영국 등 EU 국가들에서 시행하고 있다. 그러나 이 방식은 수신 동의 과정에서 발송자와 수신자 양자에게 모두 비용이 발생하며, 시행 이후에도 스팸 메일이 줄지 않았다는 조사 결과도 나오고 있어 규제 효과가 크지 않을 수 있다.
> 반면 옵트아웃 방식은 일단 스팸 메일을 발송할 수 있게 하되 수신자가 이를 거부하면 이후에는 메일을 재발송할 수 없도록 하는 방식으로, 미국에서 시행되고 있다. 그런데 이러한 방식은 스팸 메일과 일반적 광고 메일의 선별이 어렵고, 수신자가 수신 거부를 하는 데 따르는 불편과 비용을 초래하며 불법적으로 재발송되는 메일을 통제하기 힘들다. 또한 육체적·정신적으로 취약한 청소년들이 스팸 메일에 무차별적으로 노출되어 피해를 입을 수 있다.

① 옵트아웃 방식을 사용한다면 수신자가 수신 거부를 하는 것이 더 불편해질 것이다.
② 옵트인 방식은 수신에 동의하는데 따르는 수신자의 경제적 손실을 막을 수 있다.
③ 옵트아웃 방식을 사용한다면 재발송 방지가 효과적으로 이루어지지 않을 것이다.
④ 옵트인 방식은 수신자 인격권 보호에 효과적이다.
⑤ 날로 수법이 교묘해져가는 스팸 메일을 규제하기 위해서는 수신자 사전 동의를 받아야 하는 옵트인 방식을 채택하는 것이 효과적이다.

35 밑줄 친 ㉠과 가까운 사례를 추론한 것으로 가장 적절한 것은?

> 화학 공정을 통하여 저렴하고 풍부한 원료로부터 원하는 물질을 제조하고자 할 때, 촉매는 활성화
> 에너지가 낮은 새로운 반응 경로를 제공하여 마치 마술처럼 원하는 반응이 쉽게 일어나도록 돕는다.
> 제1차 세계 대전 직전에 식량 증산에 크게 기여하였던 철촉매에서부터 최근 배기가스를 정화하는
> 데 사용되는 백금 촉매에 이르기까지 다양한 촉매가 여러 가지 문제 해결의 핵심 기술이 되고 있다.
> 그러나 전통적인 공업용 촉매개발은 시행착오를 반복하다가 요행히 촉매를 발견하는 식이었다.
> 이러한 문제점을 해결하기 위해 촉매 설계 방법이 제안되었는데, 이는 표면 화학 기술과 촉매 공학
> 의 발전으로 가능해졌다. 촉매 설계 방법은 ㉠ <u>회귀 경로를 통하여 오류를 최소 과정 내에서 통제할</u>
> <u>수 있는 체계</u>로서 크게 세 단계로 이루어진다. 첫 번째 단계에서는 대상이 되는 반응을 선정하고,
> 열역학적 검토와 경제성 평가를 거쳐 목표치를 설정한다. 두 번째 단계에서는 반응물이 촉매 표면에
> 흡착되어 생성물로 전환되는 반응 경로 모델을 구상하며, 그 다음에 반응의 진행을 쉽게 하는 활성
> 물질, 활성 물질의 기능을 증진시키는 증진제, 그리고 반응에 적합한 촉매 형태를 유지시키는 지지
> 체를 선정한다. 마지막 단계에서는 앞에서 선정된 조합으로 촉매 시료를 제조한 후 실험하고, 그
> 결과를 토대로 촉매의 활성·선택성·내구성을 평가한다. 여기서 결과가 목표치에 미달하면 다시
> 촉매 조합을 선정하는 단계로 돌아가며, 목표치를 달성하는 경우에도 설정된 경로 모델대로 반응이
> 진행되지 않았다면, 다시 경로 모델을 설정하는 단계로 회귀한다. 설정된 경로 모델에 따라 목표치
> 에 도달하면 촉매 설계는 완료된다.
> 미래 사회에서는 에너지 자원의 효율적 사용과 환경 보존을 최우선시하여, 다양한 촉매의 개발이
> 필요하게 될 것이다. 특히 반응 단계는 줄이면서도 효과적으로 원하는 물질을 생산하고, 낮은 온도
> 에서 선택적으로 빠르게 반응을 진행시킬 수 있는 새로운 촉매가 필요하게 된다. 촉매 설계 방법은
> 환경 및 에너지 문제를 해결하는 마법의 돌을 만드는 체계적 접근법인 것이다.

① 민준이는 현관문 잠금 장치의 비밀번호를 잊어버려 여러 번호를 입력하다가 운 좋게 다섯 번
   만에 문을 열었다.
② 승재는 고등학생 때 『목민심서』를 여러 번 읽었으나 잘 이해할 수 없었다. 그 후 대학생이 되어
   다시 읽어 보니 내용을 보다 쉽게 이해할 수 있었다.
③ 수아는 좋은 시어를 찾기 위해 우리말 형용사 사전을 뒤졌으나 적절한 시어를 찾지 못했다. 그러
   던 어느 날 『토지』를 읽다가 적절한 시어를 찾아냈다.
④ 설아는 방송국 홈페이지에 글을 올리다가 우연히 경품 응모에 당첨되었다. 그 후 설아는 계속해서
   글을 올렸고, 경품을 타는 횟수가 더욱 늘어났다.
⑤ 시안이는 설문지를 작성하여 설문 조사를 하던 중에 설문지의 질문이 잘못된 것을 발견하여 설문
   지 작성 과정으로 돌아와 질문을 수정하였다.

36 다음 기사를 읽고 난 후의 감상으로 적절하지 않은 것은?

> 고등학교 환경 관련 교과서 대부분이 특정 주장을 검증 없이 게재하는 등 많은 오류가 존재한다는 보수 환경・시민단체의 지적이 제기됐다. 사단법인 환경정보평가원과 바른 사회시민행동은 지난 5월부터 6개월간 고등학교 환경 관련 교과서 23종을 분석한 결과 총 1,175개의 오류를 발견했다고 밝혔다. 이들 단체에 따르면 교과서 23종 모두 편향적 내용을 검증 없이 인용하거나 부실한 통계를 일반화하는 등의 문제점을 보였으며 환경과 녹색성장 교과서 5종에서만 오류 897건이 확인됐다. 우선 교과서 13종이 서울, 부산 등 6대 대도시의 온도 상승 평균값만을 보고 한반도의 기온 상승이 세계 평균보다 2배 높다고 과장해 기술한 것으로 나타났다. 도시화의 영향을 받지 않은 추풍령은 100년간 기온이 0.79℃ 상승했지만 이런 사실을 언급한 교과서는 1종에 불과했다. 방조제를 허물고 간척한 농경지를 갯벌로 만든 역간척 사례는 우리나라에서 찾을 수 없지만, 교과서 7종이 일부 환경단체의 주장만을 인용해 역간척을 사실인 것처럼 서술하고 있다고 이들 단체는 주장했다. 우리나라 전력 생산의 상당 부분을 차지하는 원자력 발전의 경우 단점만을 자세히 기술하고, 경제성과 효율성이 낮은 신재생에너지는 장점만 언급한 교과서도 있었다고 덧붙였다.
> 환경정보평가원의 최○○ 사무처장은 "환경 관련 교과서 대부분이 표면적으로 드러나는 사실을 검증하지 않고 그대로 싣는 문제점을 보였다."며 "고등학생들이 보는 교과서인 만큼 객관적 사실에 기반을 둬 균형 있는 내용을 실어야 한다."고 주장했다.

① 갑 : 교과서의 잘못된 내용을 바로잡는 일은 계속 이어져야 합니다.

② 을 : 교과서를 집필할 때 객관성 유지의 원칙을 지키지 못하면, 일부 자료를 확대하여 해석함으로써 사실을 왜곡할 수 있습니다.

③ 병 : 중・고교생들이 쓰는 교과서 전체를 검토해 사실이 아닌 것을 모두 솎아내는 일이 시급합니다.

④ 정 : 일부 환경 관련 교과서에 실린 원전 폐쇄 찬반문제에 대해 대부분의 환경 보호 단체들은 찬성하지만, 원전 폐쇄는 또 다른 사회적 혼란을 일으킬 수 있습니다.

⑤ 무 : 대부분 표면적으로 드러나는 사실을 검증하지 않고, 그대로 사용해 잘못된 정보를 전달하는 경우가 있습니다.

다음 문장을 논리적 순서대로 바르게 나열한 것은?

(가) 하지만 몇몇 전문가들은 유기 농업이 몇 가지 결점을 안고 있다고 말한다.

(나) 유기 농가들의 작물 수확량이 전통적인 농가보다 훨씬 낮으며, 유기농 경작지가 전통적인 경작지보다 잡초와 벌레로 인해 많은 피해를 입고 있다는 점이다.

(다) 최근 많은 소비자들이 지구에 도움이 되는 일을 하고 있고, 건강에 좀 더 좋은 음식을 먹고 있다고 확신하면서 유기농 식품 생산이 급속도로 증가하고 있다.

(라) 또한 유기 농업이 틈새시장의 부유한 소비자들에게 먹을거리를 제공하지만, 전 세계 수십억의 굶주리는 사람을 먹여 살릴 수는 없다는 점이다.

① (나) – (다) – (라) – (가)
② (다) – (나) – (라) – (가)
③ (다) – (가) – (나) – (라)
④ (나) – (가) – (다) – (라)
⑤ (나) – (가) – (라) – (다)

| 해설 | 제시문은 유기농 식품의 생산이 증가하고 있지만, 몇몇 전문가들은 유기 농업을 부정적으로 보고 있다는 내용을 말하고 있다. 따라서 (다) 최근 유기농 식품 생산의 증가 → (가) 유기 농업을 부정적으로 보는 몇몇 전문가들의 시선 → (나) 전통 농가에 비해 수확량도 적고 벌레의 피해가 잦은 유기 농가 → (라) 유기 농업으로는 굶주리는 사람을 충분히 먹여 살릴 수 없음 순으로 나열되어야 한다.

정답 ③

※ 다음 문장을 논리적 순서대로 바르게 나열한 것을 고르시오. [37~39]

37

(가) 역사 연구가는 대상을 마음대로 조립할 수 있다. 프랑스대혁명을 예로 들더라도 그는 그것을 그의 관점에 따라 다르게 조립할 수 있다.

(나) 문학과 역사의 차이는 문학 연구가와 역사 연구가를 비교할 때 더욱 뚜렷하게 드러난다.

(다) 그것은 수정 불가능한, 완전히 결정되어 있는 우주이다.

(라) 그러나 문학 연구가의 경우 그러한 조립은 불가능하다. 이광수의 『무정』은 그것이 처음으로 발표된 1917년이나 1973년이나 마찬가지 형태로 제시된다.

① (가) – (나) – (라) – (다)
② (나) – (라) – (다) – (가)
③ (다) – (나) – (가) – (라)
④ (라) – (나) – (다) – (가)
⑤ (나) – (가) – (라) – (다)

38

(가) 많은 전통적 인식론자는 임의의 명제에 대해 우리가 세 가지 믿음의 태도 중 하나만을 가질 수 있다고 본다.

(나) 반면 베이즈주의자는 믿음은 정도의 문제라고 본다. 가령 각 인식 주체는 '내일 눈이 온다.'가 참이라는 것에 대하여 가장 강한 믿음의 정도에서 가장 약한 믿음의 정도까지 가질 수 있다.

(다) 이처럼 베이즈주의자는 믿음의 정도를 믿음의 태도에 포함함으로써 많은 전통적 인식론자들과 달리 믿음의 태도를 풍부하게 표현한다.

(라) 가령 '내일 눈이 온다.'는 명제를 참이라고 믿거나, 거짓이라고 믿거나, 참이라 믿지도 않고 거짓이라 믿지도 않을 수 있다.

① (가) – (나) – (라) – (다)　　　　② (가) – (라) – (다) – (나)
③ (가) – (다) – (나) – (라)　　　　④ (가) – (라) – (나) – (다)
⑤ (나) – (가) – (다) – (라)

39

(가) 새 술은 새 부대에 담아야 하듯이, 낯선 세계는 낯선 표현 방식을 통해 더욱 잘 드러낼 수 있다.

(나) 시에는 주관적이고 낯선 이미지들이, 철학책에는 이해하기 힘든 추상적 용어들이 산재해 있기 때문이다.

(다) 우리의 친숙한 삶에 '느낌'과 '위험'으로 충만한 낯선 세계를 불러들인다는 점에서 시와 철학은 동일한 역할을 수행한다고 볼 수 있는 것이다.

(라) 그러나 이것은 시인과 철학자가 친숙한 세계가 아니라 원초적으로 낯선 세계를 표현하고 있기 때문에 발생한 현상이다.

(마) 시집이나 철학책은 다른 장르의 글들보다 상대적으로 이해하기 어렵다.

① (마) – (가) – (다) – (나) – (라)　　　　② (가) – (다) – (나) – (라) – (마)
③ (마) – (나) – (라) – (가) – (다)　　　　④ (가) – (나) – (마) – (라) – (다)
⑤ (마) – (나) – (다) – (라) – (가)

40

(가) 이때 보험금에 대한 기댓값은 사고가 발생할 확률에 사고 발생 시 수령할 보험금을 곱한 값이다. 보험금에 대한 보험료의 비율(보험료/보험금)을 보험료율이라 하는데, 보험료율이 사고 발생 확률보다 높으면 구성원 전체의 보험료 총액이 보험금 총액보다 더 많고, 그 반대의 경우에는 구성원 전체의 보험료 총액이 보험금 총액보다 더 적게 된다. 따라서 공정한 보험에서는 보험료율과 사고 발생 확률이 같아야 한다.

(나) 위험 공동체의 구성원이 납부하는 보험료와 지급받는 보험금은 그 위험 공동체의 사고 발생 확률을 근거로 산정된다. 특정 사고가 발생할 확률은 정확히 알 수 없지만, 그동안 발생된 사고를 바탕으로 그 확률을 예측한다면 관찰 대상이 많아짐에 따라 실제 사고 발생 확률에 근접하게 된다.

(다) 본래 보험 가입의 목적은 금전적 이득을 취하는 데 있는 것이 아니라 장래의 경제적 손실을 보상받는 데 있으므로, 위험 공동체의 구성원은 자신이 속한 위험 공동체의 위험에 상응하는 보험료를 납부하는 것이 공정할 것이다.

(라) 따라서 공정한 보험에서는 구성원 각자가 납부하는 보험료와 그가 지급받을 보험금에 대한 기댓값이 일치해야 하며 구성원 전체의 보험료 총액과 보험금 총액이 일치해야 한다.

① (가) – (라) – (나) – (다) 　　② (가) – (나) – (다) – (라)
③ (가) – (다) – (나) – (라) 　　④ (나) – (다) – (라) – (가)
⑤ (나) – (라) – (다) – (가)

41

(가) 그뿐 아니라, 자신을 알아주는 이, 즉 지기자(知己者)를 위해서라면 기꺼이 자신의 전부를 버릴 수 있어야 하며, 더불어 은혜는 은혜대로, 원수는 원수대로 자신이 받은 만큼 되갚기 위해 진력하여야 한다.

(나) 무공이 높다고 하여 반드시 협객으로 인정되지 않는 이유는 바로 이런 원칙에 위배되는 경우가 심심치 않게 발생하기 때문이다. 요컨대 협이란 사생취의(捨生取義)의 정신에 입각하여 살신성명(殺身成名)의 의지를 실천하는 것, 또는 그러한 실천을 기꺼이 감수할 준비가 되어 있는 상태를 뜻한다고 할 수 있다.

(다) 협으로 인정받기 위해서는 무엇보다도 절개와 의리를 숭상하여야 하며, 개인의 존엄을 중시하고 간악함을 제거하기 위해 노력해야만 한다. 신의(信義)를 목숨보다도 중히 여길 것도 강조되는데, 여기서의 신의란 상대방을 향한 것인 동시에 스스로에게 해당되는 것이기도 하다.

(라) 무(武)와 더불어 보다 신중하게 다루어야 할 것이 '협(俠)'의 개념이다. 무협 소설에서 문제가 되는 협이란 무덕(武德), 즉 무인으로서의 덕망이나 인격과 관계가 되는 것으로, 이는 곧 무공 사용의 전제가 되는 기준 내지는 원칙이라고 할 수 있다.

① (라) – (가) – (다) – (나) 　　② (라) – (다) – (가) – (나)
③ (나) – (다) – (라) – (가) 　　④ (나) – (다) – (가) – (라)
⑤ (다) – (라) – (나) – (가)

42

(가) 신채호는 아(我)를 소아(小我)와 대아(大我)로 구별한다. 그에 따르면, 소아는 개별화된 개인 적 아이며, 대아는 국가와 사회 차원의 아이다. 소아는 자성(自省)을 갖지만 상속성(相續性)과 보편성(普遍性)을 갖지 못하는 반면, 대아는 자성을 갖고 상속성과 보편성을 가질 수 있다.

(나) 이러한 상속성과 보편성은 긴밀한 관계를 가지는데, 보편성의 확보를 통해 상속성이 실현되며 상속성의 유지를 통해 보편성이 실현된다. 대아가 자성을 자각한 이후, 항성과 변성의 조화를 통해 상속성과 보편성을 실현할 수 있다.

(다) 만약 대아의 항성이 크고 변성이 작으면 환경에 순응하지 못하여 멸절(滅絶)할 것이며, 항성이 작고 변성이 크면 환경에 주체적으로 대응하지 못하여 우월한 비아에게 정복당한다고 하였다.

(라) 여기서 상속성이란 시간적 차원에서 아의 생명력이 지속되는 것을 뜻하며, 보편성이란 공간적 차원에서 아의 영향력이 파급되는 것을 뜻한다.

① (가) – (라) – (나) – (다)   ② (가) – (나) – (다) – (라)
③ (가) – (나) – (라) – (다)   ④ (나) – (다) – (라) – (가)
⑤ (나) – (라) – (다) – (가)

43

(가) 교정 중에는 교정 장치를 부착하고 있기 때문에 치아뿐 아니라 교정 장치까지 닦아주어야 하는 데요. 교정용 칫솔은 가운데 홈이 있어 장치와 치아를 닦을 수 있는 칫솔을 선택해야 하고, 가 운데 파인 곳을 교정 장치에 위치시킨 후 옆으로 왔다 갔다 하며 전체적으로 닦아줍니다. 그다 음 칫솔을 비스듬히 하여 장치의 위아래를 꼼꼼하게 닦아줍니다.

(나) 치아를 가지런하게 하기 위해 교정하시는 분들 중에 칫솔질이 잘 되지 않아 충치가 생기고 잇 몸이 내려가 버리는 경우를 종종 보곤 합니다. 그러므로 교정 중에는 더 신경 써서 칫솔질을 해야 하죠.

(다) 마지막으로 칫솔질을 할 때 잊지 말아야 할 것은 우리 입안에 치아만 있는 것이 아니므로 혀와 잇몸에 있는 플라그들도 제거해주셔야 입 냄새도 예방할 수 있다는 것입니다. 올바른 칫솔질 방법으로 건강한 치아를 잘 유지하시길 바랍니다.

(라) 또 장치 때문에 닦이지 않는 부위는 치간 칫솔을 이용해 위아래 오른쪽 왼쪽 넣어 잘 닦아줍니 다. 치실은 치아에 C자 모양으로 감아준 후 치아 방향으로 쓸어내려 줍니다. 그리고 교정 중에 는 워터픽이라는 물 분사 장치를 이용해 양치해 주시는 것도 많은 도움이 됩니다. 잘 하실 수 있으시겠죠?

① (나) – (라) – (다) – (가)   ② (나) – (가) – (라) – (다)
③ (가) – (라) – (나) – (다)   ④ (가) – (나) – (라) – (다)
⑤ (가) – (다) – (나) – (라)

※ 다음 글에서 〈보기〉의 문장이 들어갈 위치로 가장 적절한 곳을 고르시오. [44~46]

44

루트비히 판 베토벤(Ludwig van Beethoven)의 〈교향곡 9번 d 단조〉 Op. 125는 그의 청력이 완전히 상실된 상태에서 작곡한 교향곡으로 유명하다. (가) 1824년에 완성된 이 작품은 4악장에 합창 및 독창이 포함된 것이 특징이다. 당시 시대적 배경을 볼 때, 이는 처음으로 성악을 기악곡에 도입한 획기적인 작품이었다. (나) 이 작품은 베토벤의 다른 작품들을 포함해 서양음악 전체에서 가장 뛰어난 작품 가운데 하나로 손꼽히며, (다) 현재 유네스코의 세계기록유산으로 지정되어 있다. (라) 또한, 4악장의 전주 부분은 유럽 연합의 공식 상징가로 사용되며, 자필 원본 악보는 2003년 런던 소더비 경매에서 210만 파운드에 낙찰되기도 했다. (마)

> **보기**
>
> 이 작품에 '합창교향곡'이라는 명칭이 붙은 것도 바로 4악장에 나오는 합창 때문이다.

① (가)　　　　　　　　　　　　② (나)
③ (다)　　　　　　　　　　　　④ (라)
⑤ (마)

45

(가) 우리는 보통 공간을 배경으로 사물을 본다. 그리고 시간이나 사유를 비롯한 여러 개념을 공간적 용어로 표현한다. 이처럼 공간에 대한 용어가 중의적으로 쓰이는 과정에서, 일상적으로 쓰는 용법과 달라 혼란을 겪기도 한다. (나) 공간에 대한 용어인 '차원' 역시 다양하게 쓰인다. 차원의 수는 공간 내에 정확하게 점을 찍기 위해 알아야 하는 수의 개수이다. (다) 특정 차원의 공간은 한 점을 표시하기 위해 특정한 수가 필요한 공간을 의미한다. (라) 따라서 다차원 공간은 집을 살 때 고려해야 하는 사항들의 공간처럼 추상적일 수도 있고, 실제의 물리 공간처럼 구체적일 수도 있다. 이러한 맥락에서 어떤 사람을 1차원적 인간이라고 표현했다면 그것은 그 사람의 관심사가 하나밖에 없다는 것을 의미한다. (마)

> **보기**
>
> 집에 틀어박혀 스포츠만 관람하는 인간은 오로지 스포츠라는 하나의 정보로 기술될 수 있고, 그 정보를 직선 위에 점을 찍은 1차원 그래프로 표시할 수 있는 것이다.

① (가)　　　　　　　　　　　　② (나)
③ (다)　　　　　　　　　　　　④ (라)
⑤ (마)

46

한국의 전통문화는 근대화의 과정에서 보존되어야 하는가, 아니면 급격한 사회 변동에 따라 해체되어야 하는가? 한국 사회 변동 과정에서 외래문화는 전통문화에 흡수되어 토착화되는가, 아니면 전통문화 자체를 전혀 다른 것으로 변질시키는가? 이러한 질문에 대해서 오늘 한국 사회는 진보주의와 보수주의로 나뉘어 뜨거운 논란을 빚고 있다.

(가) 그러나 전통의 유지와 변화에 대한 견해 차이는 단순하게 진보주의와 보수주의로 나뉠 성질의 것이 아니다. 한국 사회는 한 세기 이상의 근대화 과정을 거쳐 왔으며 앞으로도 광범하고 심대한 사회 구조의 변동을 가져올 것이다. (나) 이런 변동 때문에 보수주의적 성향을 가진 사람들도 전통문화의 변질을 어느 정도 수긍하지 않을 수 없고, 진보주의 성향을 가진 사람 또한 문화적 전통의 가치를 인정하지 않을 수 없다. (다) 근대화는 전통문화의 계승과 끊임없는 변화를 모두 필요로 하며 외래문화의 수용과 토착화를 동시에 요구하기 때문이다. (라) 근대화에 따르는 사회 구조적 변동이 문화를 결정짓기 때문에 전통문화의 변화 문제는 특수성이나 양자택일이라는 기준으로 다룰 것이 아니라 끊임없는 사회 구조의 변화라는 시각에서 바라보고 분석하는 것이 중요하다. (마)

> **보기**
>
> 또한 이 논란은 단순히 외래문화나 전통문화 중 양자택일을 해야 하는 문제도 아니다.

① (가)　　　　　　　　　② (나)

③ (다)　　　　　　　　　④ (라)

⑤ (마)

※ 제시된 글을 읽고, 이어질 내용을 논리적 순서대로 바르게 나열한 것을 고르시오. [47~48]

47

> 선택적 함묵증(Selective Mutism)은 정상적인 언어발달 과정을 거쳐서 어떤 상황에서는 말을 하면서도 말을 해야 하는 특정한 사회적 상황에서는 말을 지속적으로 하지 않거나 다른 사람의 말에 언어적으로 반응하지 않는 것을 말한다. 이렇게 말을 하지 않는 증상이 1개월 이상 지속되고 교육적, 사회적 의사소통을 저해하는 요소로 작용할 때 선택적 함묵증으로 진단할 수 있으며, 이를 불안장애로 분류하고 있다.

> (가) 이러한 불안을 잠재우기 위해서는 발생 원인에 따라서 적절한 심리치료 방법을 선택해 치료과정을 관찰하면서 복합적인 치료 방법을 혼용하여야 한다.
> (나) 아동은 굳이 말을 사용하지 않고서도 자신의 생각을 자연스럽게 표현하는 긍정적인 경험을 갖게 되어 이는 부정적 정서로 인한 긴장과 위축을 이완시킬 수 있다.
> (다) 그 중 하나인 미술치료는 아동의 저항을 줄이고, 언어의 한계성을 벗어나며, 육체적 활동을 통해 창조성을 생활화하고 미술표현이 사고와 감정을 객관화한다고 볼 수 있다.
> (라) 불안장애의 한 유형인 선택적 함묵증은 불안이 표면화되어 행동으로 나타나는 경우라고 볼 수 있으며, 대체로 심한 부끄러움, 사회적 상황에 대한 두려움, 사회적 위축, 강박적 특성, 거절증, 반항 등의 행동으로 표출된다.

① (가) – (다) – (라) – (나)   ② (가) – (라) – (나) – (다)
③ (가) – (라) – (다) – (나)   ④ (라) – (가) – (나) – (다)
⑤ (라) – (가) – (다) – (나)

48

> 맨체스터 유나이티드는 한때 지역 축구팀에 불과했지만 브랜딩 과정을 통해 글로벌 스포츠 브랜드로 성장했다. 이런 변화는 어떻게 시작되었을까?

> (가) 먼저 맨체스터 유나이티드는 최고의 잠재력을 지닌 전 세계 유소년 선수들을 모아 청소년 아카데미를 운영했다. 1986년 맨체스터 유나이티드의 감독 퍼거슨은 베컴을 비롯한 많은 스타선수들을 유소년기부터 훈련시켰다.
> (나) 이를 바탕으로 맨체스터 유나이티드는 지역의 작은 축구팀이 아니라 전 세계인이 알고 있는 글로벌 브랜드가 되었고, 단기간의 팀 경기력 하락 등에 의해 쉽게 영향을 받지 않는 튼튼한 소비층을 구축하게 되었다.
> (다) 이후 맨체스터 유나이티드는 자사 제품의 품질을 강화시킨 후 경영 전략에 변화를 주었다. 이들은 클럽을 '브랜드'로, 선수를 '자산'으로, 팬을 '소비자'로, 세계를 '시장'으로 불렀다.
> (라) 이렇게 만들어진 맨체스터 유나이티드의 브랜드를 팀 테마 레스토랑, 스포츠용품점, TV 등 다양한 경로를 통해 유통하기 시작했다.

① (다) – (가) – (나) – (라)   ② (다) – (가) – (라) – (나)
③ (가) – (다) – (라) – (나)   ④ (가) – (라) – (다) – (나)
⑤ (가) – (나) – (다) – (라)

다음 중 빈칸에 들어갈 내용으로 가장 적절한 것은?

> "너는 냉면 먹어라, 나는 냉면 먹을게."와 같은 문장이 어딘가 이상한 문장이라는 사실과, 어떻게 고쳐야 바른 문장이 된다는 사실은 특별히 심각하게 따져 보지 않고도 거의 순간적으로 파악해 낼 수 있다. 그러나 막상 이 문장이 틀린 이유가 무엇인지 설명하라고 하면, _____ 이를 논리적으로 설명해 내기 위해서는 국어의 문법 현상에 관한 상당한 수준의 전문적 식견이 필요하기 때문이다.

① 일반인으로서는 매우 곤혹스러움을 느끼게 된다.

② 전문가들은 설명이 불가능하다고 말한다.

③ 이 역시 특별한 문제없이 설명할 수 있다.

④ 대부분의 사람들은 틀린 이유를 명확하게 찾아낼 수 있다.

⑤ 국어를 모국어로 하는 사람들만이 설명할 수 있다.

| **해설** | 제시문에서 문장의 어색함을 순간적으로 파악할 수 있다는 문장 이후에 '그러나'와 '막상'이라는 표현을 사용하고 있다. 따라서 빈칸에는 이전의 문장과는 반대되는 의미가 포함된 내용이 들어가야 한다.

정답 ①

49

글쓰기 양식은 글 내용을 담는 그릇으로 내용을 강제한다. 이런 측면에서 다산 정약용이 '원체(原體)'라는 문제를 통해 정치라는 내용을 담고자 했던 '양식 선택의 정치학'은 특별한 의미를 갖는다. 원체는 작가가 당대(當代)의 정치적 쟁점이 되는 핵심 개념을 액자화하여 새롭게 의미를 환기하려는 의도를 과학적 방식에 의거하여 설득하려는 정치·과학적 글쓰기라고 할 수 있다. 당나라 한유(韓愈)가 다섯 개의 원체 양식의 문장을 지은 이후 후대의 학자들은 이를 모범으로 삼았다. 원체는 고문체는 아니지만 새롭게 부상한 문체로서, 당대 사상의 핵심 개념에 대해 정체성을 추구하는 분석적이고 학술적인 글쓰기이자 정치적 글쓰기로 정립되었다. _____ 그런데 다산은 단순히 개인적인 차원에서 원체를 선택한 것이 아니었다. _____ 다산의 원체와 유비될 수 있는 것으로 당시 새롭게 등장한 미술 사조인 정선(鄭敾)의 진경(眞景) 화법을 들 수 있다. 진경 화법에서 다산의 글쓰기와 구조적으로 유사한 점들을 찾을 수 있다. 진경 화법의 특징은 경관(景觀)을 모사하는 사경(寫景)에 있는 것이 아니라 회화적 재구성을 통하여 경관에서 받은 미적 감흥을 창조적으로 구현하는 데 있다. 이와 같은 진경 화법은 각 지방의 무수한 사경에서 터득한 시각의 정식화를 통해 만들어졌다. _____ 다산이 쓴 『원정』은 기존 정치 개념의 답습 또는 모방이 아니라 정치의 정체성에 대한 질문을 통하여 그가 생각하는 정치에 관한 새로운 관점을 정식화하여 제시한 것이다.

보기

㉠ 다산은 원체가 가진 이러한 정치·과학적 힘을 인식하고 『원정(原政)』이라는 글을 남겼다.
㉡ 그것은 새로운 시각의 정식화라는 당대의 문화적 추세를 반영한 것이었다.
㉢ 새로운 기법을 통하여 실경을 정식화한 진경 화법은 다산이 전통적인 형식을 탈피하고 새로운 관점으로 정치를 포착하고 표현하기 위해 채택한 원체의 글쓰기와 다를 바 없다.

① ㉠, ㉡, ㉢
② ㉠, ㉢, ㉡
③ ㉡, ㉠, ㉢
④ ㉡, ㉢, ㉠
⑤ ㉢, ㉡, ㉠

50

한 조사 기관에 따르면, 해마다 척추 질환으로 병원을 찾는 청소년들이 연평균 5만 명에 이르며 그 수가 지속적으로 증가하고 있다. 청소년의 척추 질환은 성장을 저해하고 학업의 효율성을 저하시킬 수 있다. ＿＿＿＿＿＿ 따라서 청소년 척추 질환의 원인을 알고 예방하기 위한 노력이 필요하다. 전문가들은 앉은 자세에서 척추에 가해지는 하중이 서 있는 자세에 비해 1.4배 정도 크기 때문에 책상 앞에 오래 앉아 있는 청소년들의 경우, 척추 건강에 적신호가 켜질 가능성이 매우 높다고 말한다. 또한 전문가들은 청소년들의 운동 부족도 청소년 척추 질환의 원인이라고 강조한다. 척추 건강을 위해서는 기립근과 장요근 등을 강화하는 근력 운동이 필요하다. 그런데 실제로 질병관리본부의 조사에 따르면, 청소년들 가운데 주 3일 이상 근력 운동을 하고 있다고 응답한 비율은 남성이 약 33%, 여성이 약 9% 정도밖에 되지 않았다.

청소년들이 생활 속에서 비교적 쉽게 척추 질환을 예방할 수 있는 방법은 무엇일까? 첫째, 바른 자세로 책상 앞에 앉아 있는 습관을 들여야 한다. ＿＿＿＿＿＿ 또한 책을 보기 위해 고개를 아래로 많이 숙이는 행동은 목뼈가 받는 부담을 크게 늘려 척추 질환을 유발하므로 책상 높이를 조절하여 목과 허리를 펴고 반듯하게 앉아 책을 보는 것이 좋다. 둘째, 틈틈이 척추 근육을 강화하는 운동을 해 준다. ＿＿＿＿＿＿ 그리고 발을 어깨보다 약간 넓게 벌리고 서서 양손을 허리에 대고 상체를 서서히 뒤로 젖혀 준다. 이러한 동작들은 척추를 지지하는 근육과 인대를 강화시켜 척추가 휘어지거나 구부러지는 것을 막아 준다. 따라서 이런 운동은 척추 건강을 위해 반드시 필요하다.

보기

㉠ 허리를 곧게 펴고 앉아 어깨를 뒤로 젖히고 고개를 들어 하늘을 본다.
㉡ 그렇기 때문에 적절한 대응 방안이 마련되지 않으면 문제가 더욱 심각해질 것이다.
㉢ 의자에 앉아 있을 때는 엉덩이를 의자 끝까지 밀어 넣고 등받이에 반듯하게 상체를 기대 척추를 꼿꼿하게 유지해야 한다.

① ㉡, ㉠, ㉢
② ㉡, ㉢, ㉠
③ ㉢, ㉠, ㉡
④ ㉢, ㉡, ㉠
⑤ ㉠, ㉡, ㉢

※ 다음 중 빈칸에 들어갈 내용으로 가장 적절한 것을 고르시오. [51~60]

51

> _____ 20세기 대량생산체제의 생산성 경쟁은 21세기에는 걸맞지 않은 주제다. 국경의 의미가 사라지는 글로벌 시대에는 남의 제품을 모방하여 많이 만드는 것으로는 살아남지 못한다. 누가 더 차별화된 제품을 소비자의 다양한 입맛에 맞게 만들어 내느냐가 성장의 관건이다. 이를 위해서는 창의성이 무엇보다 중요하다.

① 최근 기업의 과제는 구성원의 창의성을 최대한으로 이끌어내는 것이다.
② 21세기 기업은 전보다 더욱 품질 향상에 주력해야 한다.
③ 기업이 글로벌 시대에 살아남기 위해서는 생산성을 극대화해야 한다.
④ 21세기의 기업 환경은 20세기에 비해 한결 나아지고 있다.
⑤ 때로는 모방이 창의성보다 효과를 발휘할 수 있다.

52

> 현대 자본주의 사회에서 대중은 예술미보다 상품미에 더 민감하다. 상품미란 이윤을 얻기 위해 대량으로 생산하는 상품이 가지는 아름다움을 의미한다. '_____'(라)고, 요즈음 생산자는 상품을 많이 팔기 위해 디자인과 색상에 신경을 쓰고, 소비자는 같은 제품이라도 겉모습이 화려하거나 아름다운 것을 사려고 한다. 결국, 우리가 주위에서 보는 거의 모든 상품은 상품미를 추구하고 있다. 그래서인지 모든 것을 다 상품으로 취급하는 자본주의 사회에서는 돈벌이를 위해서라면 모든 사물, 심지어는 인간까지도 상품미를 추구하는 대상으로 삼는다.

① 같은 값이면 다홍치마
② 술 익자 체 장수 지나간다
③ 원님 덕에 나팔 분다
④ 구슬이 서 말이라도 꿰어야 보배
⑤ 바늘 가는 데 실 간다

53

미학은 자연, 인생, 예술에 담긴 아름다움의 현상이나 가치 그리고 체험 따위를 연구하는 학문으로, 미적 현상이 지닌 본질이나 법칙성을 명백히 밝히는 학문이다. 본래 미학은 플라톤에서 비롯되었지만, 오늘날처럼 미학이 독립된 학문으로 불린 것은 18세기 중엽 독일의 알렉산더 고틀리프 바움가르텐(Alexander Gottlieb Baumgarten)의 저서 『미학』에서 시작된다. 바움가르텐은 '미(美)'란 감성적 인식의 완전한 것으로, 감성적 인식의 학문은 미의 학문이라고 생각했다. 여기서 근대 미학의 방향이 개척되었다.

미학에 대한 연구는 심리학·사회학·철학 등 다양한 각도에서 시도할 수 있다. 또한 미적 사실을 어떻게 보느냐에 따라서 미학의 성향도 달라지며, ＿＿＿＿＿＿＿＿＿＿＿＿＿＿＿＿＿＿＿＿＿

예컨대 고전 미학은 영원히 변하지 않는 초감각적 존재로서의 미의 이념을 추구하고, 근대 미학은 감성적 인식 때문에 포착된 현상으로서 미적인 것을 대상으로 한다. 여기서 미적인 것은 우리들의 인식에 비치는 아름다움을 말한다.

미학을 연구하는 사람들은 이러한 미적 의식 및 예술의 관계를 해명하는 것을 주된 과제로 삼는다. 그들에게 '아름다움'을 성립시키는 주관적 원리는 가장 중요한 것으로 미학은 우리에게 즐거움과 기쁨을 안겨주며, 인생을 충실하고 행복하게 해준다. 더 나아가 오늘날에는 이러한 미적 현상의 해명에 사회학적 방법을 적용하려는 '사회학적 미학'이나, 분석 철학의 언어 분석 방법을 미학에 적용하려고 하는 '분석미학' 등 다채로운 연구 분야가 개척되고 있다.

① 최근에는 미학의 새로운 분야를 개척하고 있다.
② 근대 미학은 고전 미학의 개념에서 부분적으로 응용한 것이다.
③ 따라서 미학은 이분법적인 원리로 적용할 수 없다.
④ 다른 학문과 달리 미학의 경계는 모호하다.
⑤ 추구하는 이념과 대상도 시대에 따라 다르다.

54

자율주행차란 운전자가 핸들과 가속페달, 브레이크 등을 조작하지 않아도 정밀한 지도, 위성항법시스템(GPS) 등 차량의 각종 센서로 상황을 파악해 스스로 목적지까지 찾아가는 자동차를 말한다. 국토교통부는 자율주행차의 상용화를 위해 '부분자율주행차(레벨 3)' 안전기준을 세계 최초로 도입했다고 밝혔다. 이에 따라 7월부터는 자동으로 차로를 유지하는 기능이 탑재된 레벨 3 자율주행차의 출시와 판매가 가능해진다. 국토부가 마련한 안전기준에 따르면 레벨 3 부분자율주행차는 운전자 탑승이 확인된 후에만 작동할 수 있다. 자동 차로 유지기능은 운전자가 직접 운전하지 않아도 자율주행시스템이 차선을 유지하면서 주행하고 긴급 상황 등에 대응하는 기능이다. 기존 '레벨 2'는 차로 유지기능을 작동했을 때 차량이 차선을 이탈하면 경고 알람이 울리는 정도여서 운전자가 직접 운전을 해야 했지만, 레벨 3 안전기준이 도입되면 지정된 작동영역 안에서는 자율주행차의 책임 아래

① 운전자가 탑승하지 않더라도 자율주행이 가능해진다.
② 운전자가 직접 조작하지 않더라도 자동으로 속도 조절이 가능해진다.
③ 운전자가 운전대에서 손을 떼고도 차로를 유지하며 자율주행이 가능해진다.
④ 운전자가 직접 조작하지 않더라도 차량 간 일정한 거리 유지가 가능해진다.
⑤ 운전자가 차선을 이탈할 경우 경고 알람이 울리므로 운전자의 집중이 요구된다.

55

사회가 변하면 사람들은 그때까지의 생활을 그대로 수긍하지 못한다. 새로운 생활에 맞는 새로운 언어를 필요로 하게 된다. 그 언어가 자연스럽게 육성되기를 기다릴 수도 있지만, 사람들은 대개 외국으로부터 그러한 개념의 언어를 빌려오려고 한다. 돈이나 기술을 빌리는 것에 비하면 언어는 대가 없이 빌려 쓸 수 있으므로 대개는 제한 없이 외래어를 빌린다. 특히 _____ _____ 광복 이후 우리 사회에서 외래어가 넘쳐나는 것은 그간 우리나라의 고도성장 과 절대 무관하지 않다.

① 외래어의 증가는 사회의 팽창과 함께 진행된다.
② 새로운 언어는 사회의 변화를 선도하기도 한다.
③ 외래어가 증가하면 범람한다는 비판을 받게 된다.
④ 새로운 언어는 인간의 욕망을 적절히 표현해 준다.
⑤ 새로운 언어는 필연적으로 외국의 개념을 빌릴 수밖에 없다.

56

힐링(Healing)은 사회적 압박과 스트레스 등으로 손상된 몸과 마음을 치유하는 방법을 포괄적으로 일컫는 말이다. 우리보다 먼저 힐링이 정착된 서구에서는 질병 치유의 대체 요법 또는 영적·심리적 치료 요법 등을 지칭하고 있다. 국내에서도 최근 힐링과 관련된 갖가지 상품이 유행하고 있다. 간단한 인터넷 검색을 통해 수천 가지의 상품을 확인할 수 있을 정도이다. 종교적 명상, 자연 요법, 운동 요법 등 다양한 형태의 힐링 상품이 존재한다. 심지어 고가의 힐링 여행이나 힐링 주택 등의 상품도 나오고 있다. 그러나 _____ 우선 명상이나 기도 등을 통해 내면에 눈뜨고, 필라테스나 요가를 통해 육체적 건강을 회복하여 자신감을 얻는 것부터 출발할 수 있다.

① 힐링이 먼저 정착된 서구의 힐링 상품들을 참고해야 할 것이다.
② 많은 돈을 들이지 않고서도 쉽게 할 수 있는 일부터 찾는 것이 좋을 것이다.
③ 이러한 상품들의 값이 터무니없이 비싸다고 느껴지지는 않을 것이다.
④ 자신을 진정으로 사랑하는 법을 알아야 할 것이다.
⑤ 혼자만 할 수 있는 힐링 상품을 찾는 것보다는 다른 사람과 함께 하는 힐링 상품을 찾는 것이 좋을 것이다.

57

경기적 실업이란 경기 침체의 영향으로 기업 활동이 위축되고 이로 인해 노동에 대한 수요가 감소하여 고용량이 줄어들어 발생하는 실업이다. 다시 말해 경기적 실업은 노동 시장에서 노동의 수요와 공급이 균형을 이루고 있는 상태라고 가정할 때, 경기가 침체되어 물가가 하락하게 되면 _____ _____ 경기적 실업은 다른 종류의 실업에 비해 생산량 측면에서 경제적으로 큰 손실을 발생시킬 수 있기에 경제학자들은 이를 해결하기 위한 정부의 역할에 대해 다양한 의견을 제시한다.

① 기업은 생산량을 줄이게 되고 이로 인해 노동에 대한 공급이 감소하여 발생한다.
② 기업은 생산량을 늘리게 되고 이로 인해 노동에 대한 수요가 증가하여 발생한다.
③ 기업은 생산량을 늘리게 되고 이로 인해 노동에 대한 공급이 감소하여 발생한다.
④ 기업은 생산량을 줄이게 되고 이로 인해 노동에 대한 수요가 감소하여 발생한다.
⑤ 기업은 생산량을 줄이게 되고 이로 인해 노동에 대한 수요가 증가하여 발생한다.

58

무엇보다도 전통은 문화적 개념이다. 문화는 복합 생성을 그 본질로 한다. 그 복합은 질적으로 유사한 것끼리는 짧은 시간에 무리 없이 융합되지만, 이질적일수록 그 혼융의 역사적 기간과 길항이 오래 걸리는 것은 사실이다. 그러나 전통이 그 주류에 있어서 이질적인 것은 교체가 더디다 해서 전통을 단절된 것으로 볼 수는 없는 것이다. 오늘은 이미 하나의 문화적 전통을 이룬 서구의 전통도 희랍·로마 이래 장구한 역사로써 헬레니즘과 히브리즘의 이질적 전통이 융합된 것임은 이미 다 아는 상식 아닌가.

지금은 끊어졌다는 우리의 고대 이래의 전통도 알고 보면 샤머니즘에, 선교에, 불교에, 도교에, 유교에 실학파를 통해 받아들인 천주교적 전통까지 혼합된 것이고, 그것들 사이에는 유사한 것도 있었지만 상당히 이질적인 것이 교차하여 겯고 튼 끝에 이루어진 전통이요, 그것은 어느 것이나 '우리화'시켜 받아들임으로써 우리의 전통이 되었던 것이다. 이런 의미에서 보자면 오늘날 일시적 전통의 혼미를 전통의 단절로 속단하고 이를 전통 부정의 논거로 삼는 것은 허망된 논리이다. _____ _____ 그러므로 전통의 혼미란 곧 주체 의식의 혼미란 뜻에 지나지 않는다.

전통 탐구의 현대적 의의는 바로 문화의 기본적 주체 의식의 각성과 시대적 가치관의 검토, 이 양자의 관계에 대한 탐구의 요구에 다름 아니다.

① 끊어지고 바뀌고 붙고 녹는 것을 계속하면서 그것을 일관하는 것이 전통이란 것이다.
② 전통은 물론 과거로부터 이어 온 것을 말한다.
③ 전통은 대체로 그 사회 및 그 사회의 구성원인 개인의 몸에 배어 있는 것이다.
④ 우리 민족 문화의 전통은 부단한 창조 활동 속에서 이어 온 것이다.
⑤ 전통은 우리의 현실에 작용하는 경우가 있다.

59

우리의 생각과 판단은 언어에 의해 결정되는가 아니면 경험에 의해 결정되는가? 언어결정론자들은 우리의 생각과 판단이 언어를 반영하고 있고 실제로 언어에 의해 결정된다고 주장한다. 언어결정론자들의 주장에 따르면 에스키모인들은 눈에 관한 다양한 언어 표현을 갖고 있어서 눈이 올 때 우리가 미처 파악하지 못한 미묘한 차이점들을 찾아낼 수 있다. 또 언어결정론자들은 '노랗다', '샛노랗다', '누르스름하다' 등 노랑에 대한 다양한 우리말 표현들이 있어서 노란색들의 미묘한 차이가 구분되고 그 덕분에 색에 관한 우리의 인지 능력이 다른 언어 사용자들보다 뛰어나다고 본다. 이렇듯 언어결정론자들은 사용하는 언어에 의해서 우리의 사고 능력이 결정된다고 본다.
정말 그럴까? 모든 색은 명도와 채도에 따라 구성된 스펙트럼 속에 놓이고, 각각의 색은 여러 언어로 표현될 수 있다. 이러한 사실에 비추어보면 우리말이 다른 언어에 비해 보다 풍부한 표현을 갖고 있다고 볼 수 없다. 나아가 _____ 따라서 우리의 생각과 판단은 언어가 아닌 경험에 의해 결정된다고 보는 쪽이 더 설득력이 있다.

① 개개인의 언어습득능력과 속도는 모두 다르기 때문에 인지능력에 대한 언어의 영향도 제각기 다르다.
② 경험이 언어에 미치는 영향과 경험이 언어에 미치는 영향을 계량화하여 비교하기는 곤란한 일이다.
③ 어떤 것을 가리키는 단어가 있을 때에만 우리는 그 단어에 대하여 사고할 수 있다.
④ 더 풍부한 표현을 가진 언어를 사용함에도 불구하고 인지능력이 뛰어나지 못한 경우들도 있다.
⑤ 언어나 경험 말고도 우리의 인지능력을 결정하는 요인들이 더 존재할 가능성이 있다.

60

질병(疾病)이란 유기체의 신체적, 정신적 기능이 비정상으로 된 상태를 일컫는다. 인간에게 있어 질병이란 넓은 의미에서는 극도의 고통을 비롯하여 스트레스, 사회적인 문제, 신체기관의 기능 장애와 죽음까지를 포괄하며, 크게는 개인에서 벗어나 사회적인 맥락에서 이해되기도 한다.
하지만 다분히 진화 생물학적 관점에서, 질병은 인간의 몸 안에서 일어나는 정교하고도 합리적인 자기조절 과정이다. 질병은 정상적인 기능을 할 수 없는 상태임과 동시에, 진화의 역사 속에서 획득한 자기 치료 과정이 _____ 이기도 하다. 가령, 기침을 하고, 열이 나고, 통증을 느끼고, 염증이 생기는 것 따위는 자기 조절과 방어 시스템이 작동하는 과정인 것이다.

① 문제를 일으킨 상태
② 비일상적인 특이 상태
③ 정상적으로 가동하고 있는 상태
④ 인구의 개체 변이를 도모하는 상태
⑤ 보다 새로운 정보를 습득하려는 상태

CHAPTER 02 언어추리 핵심이론

1. 연역 추론

이미 알고 있는 판단(전제)을 근거로 새로운 판단(결론)을 유도하는 추론이다. 연역 추론은 진리일 가능성을 따지는 귀납 추론과는 달리, 명제 간의 관계와 논리적 타당성을 따진다. 즉, 연역 추론은 전제들로부터 절대적인 필연성을 가진 결론을 이끌어내는 추론이다.

(1) 직접 추론 : 한 개의 전제로부터 중간적 매개 없이 새로운 결론을 이끌어내는 추론이며, 대우 명제가 그 대표적인 예이다.

> • 한국인은 모두 황인종이다. (전제)
> • 그러므로 황인종이 아닌 사람은 모두 한국인이 아니다. (결론 1)
> • 그러므로 황인종 중에는 한국인이 아닌 사람도 있다. (결론 2)

(2) 간접 추론 : 둘 이상의 전제로부터 새로운 결론을 이끌어내는 추론이다. 삼단논법이 가장 대표적인 예이다.

① **정언 삼단논법** : 세 개의 정언명제로 구성된 간접추론 방식이다. 세 개의 명제 가운데 두 개의 명제는 전제이고, 나머지 한 개의 명제는 결론이다. 세 명제의 주어와 술어는 세 개의 서로 다른 개념을 표현한다. (P는 대개념, S는 소개념, M은 매개념이다)

> • 모든 곤충은 다리가 여섯이다. M은 P이다. (대전제)
> • 모든 개미는 곤충이다. S는 M이다. (소전제)
> • 그러므로 모든 개미는 다리가 여섯이다. S는 P이다. (결론)

② **가언 삼단논법** : 가언명제로 이루어진 삼단논법을 말한다. 가언명제란 두 개의 정언명제가 '만일 ~이라면'이라는 접속사에 의해 결합된 복합명제이다. 여기서 '만일'에 의해 이끌리는 명제를 전건이라고 하고, 그 뒤의 명제를 후건이라고 한다. 가언 삼단논법의 종류로는 혼합가언 삼단논법과 순수가언 삼단논법이 있다.

㉠ **혼합가언 삼단논법** : 대전제만 가언명제로 구성된 삼단논법이다. 긍정식과 부정식 두 가지가 있으며, 긍정식은 'A면 B다. A다. 그러므로 B다.'이고, 부정식은 'A면 B다. B가 아니다. 그러므로 A가 아니다.'이다.

> • 만약 A라면 B다.
> • B가 아니다.
> • 그러므로 A가 아니다.

ⓛ 순수가언 삼단논법 : 대전제와 소전제 및 결론까지 모두 가언명제들로 구성된 삼단논법이다.

> • 만약 A라면 B다.
> • 만약 B라면 C다.
> • 그러므로 만약 A라면 C다.

③ 선언 삼단논법 : '∼이거나 ∼이다.'의 형식으로 표현되며 전제 속에 선언 명제를 포함하고 있는 삼단 논법이다.

> • 내일은 비가 오거나 눈이 온다.　　　　　　　　　　　　　A 또는 B이다.
> • 내일은 비가 오지 않는다.　　　　　　　　　　　　　　　　A가 아니다.
> • 그러므로 내일은 눈이 온다.　　　　　　　　　　　　　　그러므로 B다.

④ 딜레마 논법 : 대전제는 두 개의 가언명제로, 소전제는 하나의 선언명제로 이루어진 삼단논법으로, 양도추론이라고도 한다.

> • 만일 네가 거짓말을 하면, 신이 미워할 것이다.　　　　　　　　(대전제)
> • 만일 네가 거짓말을 하지 않으면, 사람들이 미워할 것이다.　　　(대전제)
> • 너는 거짓말을 하거나, 거짓말을 하지 않을 것이다.　　　　　　(소전제)
> • 그러므로 너는 미움을 받게 될 것이다.　　　　　　　　　　　　(결론)

2. 귀납 추론

특수한 또는 개별적인 사실로부터 일반적인 결론을 이끌어 내는 추론을 말한다. 귀납 추론은 구체적 사실들을 기반으로 하여 결론을 이끌어 내기 때문에 필연성을 따지기보다는 개연성과 유관성, 표본성 등을 중시하게 된다. 여기서 개연성이란, 관찰된 어떤 사실이 같은 조건하에서 앞으로도 관찰될 수 있는가 하는 가능성을 말하고, 유관성은 추론에 사용된 자료가 관찰하려는 사실과 관련되어야 하는 것을 일컬으며, 표본성은 추론을 위한 자료의 표본 추출이 공정하게 이루어져야 하는 것을 가리킨다. 이러한 귀납 추론은 일상생활 속에서 많이 사용하고, 우리가 알고 있는 과학적 사실도 이와 같은 방법으로 밝혀졌다.

> • 히틀러는 사람이고 죽었다.
> • 스탈린도 사람이고 죽었다.
> • 그러므로 모든 사람은 죽는다.

그러나 전제들이 참이어도 결론이 항상 참인 것은 아니다. 단 하나의 예외로 인하여 결론이 거짓이 될 수 있다.

> • 성냥불은 뜨겁다.
> • 연탄불도 뜨겁다.
> • 그러므로 모든 불은 뜨겁다.

위 예문에서 '성냥불이나 연탄불이 뜨거우므로 모든 불은 뜨겁다.'라는 결론이 나왔는데, 반딧불은 뜨겁지 않으므로 '모든 불이 뜨겁다.'라는 결론은 거짓이 된다.

(1) 완전 귀납 추론

관찰하고자 하는 집합의 전체를 다 검증함으로써 대상의 공통 특질을 밝혀내는 방법이다. 이는 예외 없는 진실을 발견할 수 있다는 장점은 있으나, 집합의 규모가 크고 속성의 변화가 다양할 경우에는 적용하기 어려운 단점이 있다.

例 1부터 10까지의 수를 다 더하여 그 합이 55임을 밝혀내는 방법

(2) 통계적 귀납 추론

통계적 귀납 추론은 관찰하고자 하는 집합의 일부에서 발견한 몇 가지 사실을 열거함으로써 그 공통점을 결론으로 이끌어 내려는 방식을 가리킨다. 관찰하려는 집합의 규모가 클 때 그 일부를 표본으로 추출하여 조사하는 방식이 이에 해당하며, 표본 추출의 기준이 얼마나 적합하고 공정한가에 따라 그 결과에 대한 신뢰도가 달라진다는 단점이 있다.

例 여론조사에서 일부 국민에 대한 설문 내용을 바탕으로, 이를 전체 국민의 여론으로 제시하는 것

(3) 인과적 귀납 추론

관찰하고자 하는 집합의 일부 원소들이 지닌 인과 관계를 인식하여 그 원인이나 결과를 이끌어 내려는 방식을 말한다.

① 일치법 : 공통적인 현상을 지닌 몇 가지 사실 중에서 각기 지닌 요소 중 어느 한 가지만 일치한다면 이 요소가 공통 현상의 원인이라고 판단

例 마을 잔칫집에서 돼지고기를 먹은 사람들이 집단 식중독을 일으켰다. 따라서 식중독의 원인은 상한 돼지고기가 아닌가 생각한다.

② 차이법 : 어떤 현상이 나타나는 경우와 나타나지 않은 경우를 놓고 보았을 때, 각 경우의 여러 조건 중 단 하나만이 차이를 보인다면 그 차이를 보이는 조건이 원인이 된다고 판단

例 현수와 승재는 둘 다 지능이나 학습 시간, 학습 환경 등이 비슷한데 공부하는 태도에는 약간의 차이가 있다.
따라서 둘의 성적이 차이를 보이는 것은 학습 태도의 차이 때문으로 생각된다.

③ 일치·차이 병용법 : 몇 개의 공통 현상이 나타나는 경우와 몇 개의 그렇지 않은 경우를 놓고 일치법과 차이법을 병용하여 적용함으로써 그 원인을 판단

例 학업 능력 정도가 비슷한 두 아동 집단에 대해 처음에는 같은 분량의 과제를 부여하고 나중에는 각기 다른 분량의 과제를 부여한 결과, 많이 부여한 집단의 성적이 훨씬 높게 나타났다. 이로 보아, 과제를 많이 부여하는 것이 적게 부여하는 것보다 학생의 학업 성적 향상에 도움이 된다고 판단할 수 있다.

④ 공변법 : 관찰하는 어떤 사실의 변화에 따라 현상의 변화가 일어날 때 그 변화의 원인이 무엇인지 판단

例 담배를 피우는 양이 각기 다른 사람들의 집단을 조사한 결과, 담배를 많이 피울수록 폐암에 걸릴 확률이 높다는 사실이 발견되었다.

⑤ 잉여법 : 앞의 몇 가지 현상이 뒤의 몇 가지 현상의 원인이며, 선행 현상의 일부분이 후행 현상의 일부분이라면, 선행 현상의 나머지 부분이 후행 현상의 나머지 부분의 원인임을 판단

例 어젯밤 일어난 사건의 혐의자는 정은이와 규민이 두 사람인데, 정은이는 알리바이가 성립되어 혐의 사실이 없는 것으로 밝혀졌다. 따라서 그 사건의 범인은 규민이일 가능성이 높다.

3. 유비 추론

두 개의 대상 사이에 일련의 속성이 동일하다는 사실에 근거하여 그것들의 나머지 속성도 동일하리라는 결론을 이끌어내는 추론, 즉 이미 알고 있는 것에서 다른 유사한 점을 찾아내는 추론을 말한다. 그렇기 때문에 유비 추론은 기준이 되는 사물이나 현상이 있어야 한다. 유비 추론은 가설을 세우는 데 유용하다. 이미 알고 있는 사례로부터 아직 알지 못하는 것을 생각해 봄으로써 쉽게 가설을 세울 수 있다. 이때 유의할 점은 이미 알고 있는 사례와 이제 알고자 하는 사례가 매우 유사하다는 확신과 증거가 있어야 한다. 그렇지 않은 상태에서 유비 추론에 의해 결론을 이끌어 내면, 그것은 개연성이 거의 없고 잘못된 결론이 될 수도 있다.

• 지구에는 공기, 물, 흙, 햇빛이 있다.	A는 a, b, c, d의 속성을 가지고 있다.
• 화성에는 공기, 물, 흙, 햇빛이 있다.	B는 a, b, c, d의 속성을 가지고 있다.
• 지구에 생물이 살고 있다.	A는 e의 속성을 가지고 있다.
• 그러므로 화성에도 생물이 살고 있을 것이다.	그러므로 B도 e의 속성을 가지고 있을 것이다.

핵심예제

※ 다음 제시문을 읽고 각 문장이 항상 참이면 ①, 거짓이면 ②, 알 수 없으면 ③을 고르시오.
[1~2]

- 5층짜리 아파트에 A ~ E가 살고 있다.
- A는 2층에 살고 있다.
- B는 A보다 위층에 살고 있다.
- C와 D는 이웃한 층에 살고 있다.

01 E는 1층에 살고 있다.

① 참   ② 거짓   ③ 알 수 없음

> |해설| B는 A보다 위층에 살고 있고, C와 D가 이웃한 층에 살고 있으려면 3 ~ 5층 중에 두 층을 차지해야 하므로 1층에 사는 것은 E이다.
>
> 정답 ①

02 B는 4층에 살고 있다.

① 참   ② 거짓   ③ 알 수 없음

> |해설| B가 4층에 살면 C와 D가 이웃한 층에 살 수 없다. 따라서 B는 4층에 살 수 없다.
>
> 정답 ②

대표유형 1	명제

주어진 명제가 모두 참일 때, 다음 중 바르게 유추한 것은?

- 정직한 사람은 이웃이 많을 것이다.
- 성실한 사람은 외롭지 않을 것이다.
- 이웃이 많은 사람은 외롭지 않을 것이다.

① 이웃이 많은 사람은 성실할 것이다.
② 성실한 사람은 정직할 것이다.
③ 정직한 사람은 외롭지 않을 것이다.
④ 외롭지 않은 사람은 정직할 것이다.
⑤ 외로운 사람은 이웃이 많지 않지만 성실하다.

| **해설** | 정직한 사람은 이웃이 많고, 이웃이 많은 사람은 외롭지 않을 것이다. 따라서 정직한 사람은 외롭지 않을 것이다.

정답 ①

※ 주어진 명제가 모두 참일 때, 다음 중 바르게 유추한 것을 고르시오. [1~22]

01

- 늦잠을 자지 않으면 부지런하다.
- 늦잠을 자면 건강하지 않다.
- 비타민을 챙겨먹으면 건강하다.

① 비타민을 챙겨먹으면 부지런하다.
② 부지런하면 비타민을 챙겨먹는다.
③ 늦잠을 자면 비타민을 챙겨먹는다.
④ 부지런하면 늦잠을 자지 않는다.
⑤ 부지런하면 건강하다.

02

> • 가장 큰 B종 공룡보다 A종 공룡은 모두 크다.
> • 일부의 C종 공룡은 가장 큰 B종 공룡보다 작다.
> • 가장 큰 D종 공룡보다 B종 공룡은 모두 크다.

① 가장 작은 A종 공룡만 한 D종 공룡이 있다.
② 가장 작은 C종 공룡만 한 D종 공룡이 있다.
③ 어떤 C종 공룡은 가장 작은 A종 공룡보다 작다.
④ 어떤 A종 공룡은 가장 큰 C종 공룡보다 작다.
⑤ 어떤 D종 공룡은 가장 작은 B종 공룡보다 클 수 있다.

03

> • 어떤 안경은 바다를 좋아한다.
> • 바다를 좋아하는 것은 유리로 되어 있다.
> • 모든 유리로 되어 있는 것은 열쇠이다.

① 모든 안경은 열쇠이다.
② 유리로 되어 있는 어떤 것 중 안경이 있다.
③ 바다를 좋아하는 모든 것은 안경이다.
④ 바다를 좋아하는 어떤 것은 유리로 되어 있지 않다.
⑤ 안경이 아닌 것은 바다를 좋아하지 않는다.

04

> • 착한 사람은 거짓말을 하지 않는다.
> • 성실한 사람은 모두가 좋아한다.
> • 거짓말을 하지 않는 사람은 모두가 좋아한다.

① 착한 사람은 모두가 좋아한다.
② 거짓말을 하지 않는 사람은 성실한 사람이다.
③ 모두가 좋아하는 사람은 착한 사람이다.
④ 성실한 사람은 착한 사람이다.
⑤ 성실하지 않은 사람은 거짓말을 한다.

05

- 어떤 학생은 음악을 즐긴다.
- 모든 음악을 즐기는 것은 나무로 되어 있다.
- 나무로 되어 있는 것은 모두 악기다.

① 어떤 학생은 악기다.
② 모든 학생은 악기다.
③ 모든 음악을 즐기는 것은 학생이다.
④ 어떤 음악을 즐기는 것은 나무로 되어 있지 않다.
⑤ 모든 악기는 학생이다.

06

- 사과를 좋아하면 배를 좋아하지 않는다.
- 귤을 좋아하면 배를 좋아한다.
- 귤을 좋아하지 않으면 오이를 좋아한다.

① 사과를 좋아하면 오이를 좋아하지 않는다.
② 배를 좋아하면 오이를 좋아한다.
③ 귤을 좋아하면 사과를 좋아한다.
④ 배를 좋아하지 않으면 사과를 좋아한다.
⑤ 사과를 좋아하면 오이를 좋아한다.

Easy

07

- 에스파를 좋아하는 사람은 스테이씨를 좋아한다.
- 르세라핌을 좋아하는 사람은 뉴진스를 좋아한다.
- 스테이씨를 좋아하는 사람은 아이브를 좋아한다.
- 진수는 르세라핌을 좋아한다.

① 르세라핌을 좋아하는 사람은 에스파를 좋아한다.
② 스테이씨를 좋아하는 사람은 르세라핌을 좋아한다.
③ 진수는 뉴진스를 좋아한다.
④ 에스파를 좋아하는 사람은 뉴진스를 좋아한다.
⑤ 아이브를 좋아하는 사람은 르세라핌을 좋아한다.

08

> • 경철이는 윤호보다 바둑을 못 둔다.
> • 윤호는 정래보다 바둑을 못 둔다.
> • 혜미는 윤호보다 바둑을 잘 둔다.

① 정래는 혜미보다 바둑을 잘 둔다.
② 바둑을 가장 잘 두는 사람은 혜미다.
③ 혜미는 경철이보다 바둑을 잘 둔다.
④ 경철이가 정래보다 바둑을 잘 둔다.
⑤ 윤호는 혜미보다 바둑을 잘 둔다.

09

> • 어떤 ♣는 산을 좋아한다.
> • 산을 좋아하는 것은 여행으로 되어 있다.
> • 모든 여행으로 되어 있는 것은 자유이다.

① 어떤 ♣는 자유이다.
② 여행으로 되어 있는 것은 ♣이다.
③ 산을 좋아하는 모든 것은 ♣이다.
④ 산을 좋아하는 어떤 것은 여행으로 되어 있지 않다.
⑤ 모든 ♣는 여행으로 되어 있다.

10

> • 노란 상자는 초록 상자에 들어간다.
> • 파란 상자는 빨간 상자에 들어간다.
> • 빨간 상자와 노란 상자가 같은 크기이다.

① 파란 상자는 초록 상자에 들어가지 않는다.
② 초록 상자는 빨간 상자에 들어간다.
③ 초록 상자는 파란 상자에 들어가지 않는다.
④ 노란 상자는 빨간 상자에 들어간다.
⑤ 노란 상자에 초록 상자와 빨간 상자 모두 들어간다.

11

> • 모든 선생님은 공부를 좋아한다.
> • 어떤 학생은 운동을 좋아한다.

① 모든 학생은 운동을 좋아한다.
② 모든 학생은 공부를 좋아한다.
③ 어떤 학생은 공부를 좋아한다.
④ 어떤 선생님은 공부를 좋아한다.
⑤ 모든 선생님은 운동을 좋아한다.

12

> • 인디 음악을 좋아하는 사람은 독립영화를 좋아한다.
> • 클래식을 좋아하는 사람은 재즈 밴드를 좋아한다.
> • 독립영화를 좋아하지 않는 사람은 재즈 밴드를 좋아하지 않는다.

① 인디음악을 좋아하지 않는 사람은 재즈 밴드를 좋아한다.
② 독립영화를 좋아하는 사람은 재즈 밴드를 좋아하지 않는다.
③ 재즈 밴드를 좋아하는 사람은 인디 음악을 좋아하지 않는다.
④ 클래식을 좋아하는 사람은 독립영화를 좋아한다.
⑤ 클래식을 좋아하는 사람은 인디 음악을 좋아하지 않는다.

13

> • 은지는 정주보다 빠르다.
> • 경순이는 정주보다 느리다.
> • 민경이는 은지보다 빠르다.

① 경순이가 가장 느리다.
② 정주가 가장 느리다.
③ 은지는 민경이 보다 빠르다.
④ 정주는 민경이 보다 빠르다.
⑤ 민경이는 정주보다는 느리지만, 경순이 보다는 빠르다.

14

> • 마포역 부근의 어떤 정형외과는 토요일이 휴진이다.
> • 공덕역 부근의 어떤 치과는 토요일이 휴진이다.
> • 공덕역 부근의 모든 치과는 화요일이 휴진이다.

① 마포역 부근의 어떤 정형외과는 화요일이 휴진이다.
② 마포역 부근의 모든 정형외과는 화요일이 휴진이 아니다.
③ 마포역 부근의 어떤 정형외과는 토요일과 화요일 모두 휴진이다.
④ 모든 공덕역 부근의 치과는 토요일이 휴진이 아니다.
⑤ 공덕역 부근의 어떤 치과는 토요일과 화요일이 모두 휴진이다.

`Hard`
15

> • 커피를 마시면 치즈케이크도 먹는다.
> • 마카롱을 먹으면 요거트를 먹지 않는다.
> • 요거트를 먹지 않으면 커피를 마신다.
> • 치즈케이크를 먹으면 초코케이크를 먹지 않는다.
> • 아이스크림을 먹지 않으면 초코케이크를 먹는다.

① 마카롱을 먹으면 아이스크림을 먹는다.
② 요거트를 먹지 않으면 초코케이크를 먹는다.
③ 아이스크림을 먹으면 치즈케이크를 먹는다.
④ 커피를 마시지 않으면 초코케이크를 먹는다.
⑤ 치즈케이크를 먹지 않으면 마카롱을 먹는다.

16

> • 지훈이는 이번 주 워크숍에 참여하며, 다음 주에는 체육대회에 참가할 예정이다.
> • 영훈이는 다음 주 체육대회와 창립기념일 행사에만 참여할 예정이다.

① 지훈이는 다음 주 창립기념일 행사에 참여한다.
② 영훈이는 이번 주 워크숍에 참여한다.
③ 지훈이와 영훈이는 이번 주 체육대회에 참가한다.
④ 지훈이와 영훈이는 다음 주 체육대회에 참가한다.
⑤ 영훈이는 창립기념일 행사보다 체육대회에 먼저 참가한다.

17

> • 화단의 나팔꽃은 봉숭아꽃보다 먼저 핀다.
> • 화단의 장미꽃은 봉숭아꽃보다 늦게 핀다.

① 장미꽃이 가장 먼저 핀다.
② 봉숭아꽃이 가장 늦게 핀다.
③ 장미꽃이 나팔꽃보다 먼저 핀다.
④ 나팔꽃이 장미꽃보다 먼저 핀다.
⑤ 장미꽃과 나팔꽃이 봉숭아꽃보다 먼저 핀다.

18

> • 현수는 주현이보다 일찍 일어난다.
> • 주현이는 수현이보다 늦게 일어난다.

① 현수가 가장 먼저 일어난다.
② 수현이가 가장 먼저 일어난다.
③ 주현이가 가장 늦게 일어난다.
④ 수현이는 현수보다 먼저 일어난다.
⑤ 수현이는 현수보다 늦게 일어난다.

19

> • 지후의 키는 178cm이다.
> • 시후는 지후보다 3cm 더 크다.
> • 재호는 시후보다 5cm 더 작다.

① 지후의 키가 가장 크다.
② 재호의 키가 가장 크다.
③ 시후의 키가 가장 작다.
④ 재호의 키는 176cm이다.
⑤ 지후와 재호의 키는 같다.

20

> • 바나나의 열량은 방울토마토의 열량보다 높다.
> • 딸기의 열량은 사과의 열량보다 낮다.
> • 사과의 열량은 바나나의 열량보다 낮다.

① 딸기의 열량이 가장 낮다.
② 방울토마토의 열량이 가장 낮다.
③ 사과의 열량이 가장 높다.
④ 바나나의 열량이 가장 높다.
⑤ 방울토마토는 딸기보다 열량이 높다.

21

> • 바둑이는 점박이보다 먼저 태어났다.
> • 얼룩이는 바둑이보다 늦게 태어났다.
> • 깜둥이는 네 형제 중 가장 먼저 태어났다.

① 점박이는 네 형제 중 막내다.
② 얼룩이는 네 형제 중 막내다.
③ 바둑이는 네 형제 중 둘째다.
④ 점박이는 얼룩이보다 먼저 태어났다.
⑤ 점박이와 얼룩이는 쌍둥이이다.

22

> • 수진이는 어제 밤 10시에 자서 오늘 아침 7시에 일어났다.
> • 지은이는 어제 수진이보다 30분 늦게 자서 오늘 아침 7시가 되기 10분 전에 일어났다.
> • 혜진이는 항상 9시에 자고, 8시간의 수면 시간을 지킨다.
> • 정은이는 어제 수진이보다 10분 늦게 잤고, 혜진이보다 30분 늦게 일어났다.

① 지은이는 가장 먼저 일어났다.
② 정은이는 가장 늦게 일어났다.
③ 혜진이의 수면 시간이 가장 짧다.
④ 수진이의 수면 시간이 가장 길다.
⑤ 수진, 지은, 혜진, 정은 모두 수면 시간이 8시간 이상이다.

다음 중 〈조건〉에 따라 순위를 바르게 표시한 것은?

조건

- 결승선에 민수가 철수보다 늦게 들어왔다.
- 결승선에 영희가 민수보다 먼저 들어왔다.
- 결승선에 영희가 철수보다 늦게 들어왔다.

① 철수 – 영희 – 민수
② 영희 – 민수 – 철수
③ 영희 – 철수 – 민수
④ 철수 – 민수 – 영희
⑤ 민수 – 영희 – 철수

| **해설** | 철수가 민수보다, 영희가 민수보다, 철수가 영희보다 결승선에 먼저 들어왔다. 따라서 철수 – 영희 – 민수 순으로 결승선에 들어왔다.

정답 ①

23 20대 남녀, 30대 남녀, 40대 남녀 6명이 뮤지컬 관람을 위해 공연장을 찾았다. 다음 명제들이 모두 참일 때, 항상 참이 되는 것은?

- 양 끝자리에는 다른 성별이 앉는다.
- 40대 남성은 왼쪽에서 두 번째 자리에 앉는다.
- 30대 남녀는 서로 인접하여 앉지 않는다.
- 30대와 40대는 인접하여 앉지 않는다.
- 30대 남성은 맨 오른쪽 끝자리에 앉는다.
- 40대 여성은 가장자리에 앉는다.

[뮤지컬 관람석]

① 20대 남녀는 왼쪽에서 첫 번째 자리에 앉을 수 없다.
② 20대 남녀는 서로 인접하여 앉는다.
③ 40대 남녀는 서로 인접하여 앉지 않는다.
④ 20대 남성은 40대 여성과 인접하여 앉는다.
⑤ 30대 남성은 20대 여성과 인접하여 앉지 않는다.

24 Y기업의 직원인 A ~ E 5명이 자신들의 직급에 대하여 이야기하고 있다. 이들은 각각 사원, 대리, 과장, 차장, 부장이다. 1명의 말만 진실이고 나머지 사람들의 말은 모두 거짓이라고 할 때, 다음 중 진실을 말한 사람은?(단, 직급은 사원 − 대리 − 과장 − 차장 − 부장 순이며, 모든 사람은 진실 또는 거짓만 말한다)

- A : 나는 사원이고, D는 사원보다 직급이 높아.
- B : E가 차장이고, 나는 차장보다 낮은 직급이지.
- C : A는 과장이 아니고, 사원이야.
- D : E보다 직급이 높은 사람은 없어.
- E : C는 부장이고, B는 사원이야.

① A   ② B
③ C   ④ D
⑤ E

25 Y사의 사내 체육대회에서 A ~ F 여섯 명은 키가 큰 순서에 따라 두 명씩 1팀, 2팀, 3팀으로 나뉘어 배치된다. 다음 〈조건〉에 따라 배치된다고 할 때 키가 가장 큰 사람은?

조건
- A, B, C, D, E, F의 키는 서로 다르다.
- 2팀의 B는 A보다 키가 작다.
- D보다 키가 작은 사람은 4명이다.
- A는 1팀에 배치되지 않는다.
- E와 F는 한 팀에 배치된다.

① A   ② B
③ C   ④ D
⑤ E

Hard

26 Y사의 기획부서에는 사원 A ~ D와 대리 E ~ G가 소속되어 있으며, 이들 중 4명이 해외 진출 사업을 진행하기 위해 베트남으로 출장을 갈 예정이다. 다음 〈조건〉을 따를 때, 항상 참이 되는 것은?

> **조건**
> • 사원 중 적어도 한 사람은 출장을 간다.
> • 대리 중 적어도 한 사람은 출장을 가지 않는다.
> • A사원과 B사원 중 적어도 한 사람이 출장을 가면, D사원은 출장을 간다.
> • C사원이 출장을 가면, E대리와 F대리는 출장을 가지 않는다.
> • D사원이 출장을 가면, G대리도 출장을 간다.
> • G대리가 출장을 가면, E대리도 출장을 간다.

① A사원은 출장을 간다.
② B사원은 출장을 간다.
③ C사원은 출장을 가지 않는다.
④ D사원은 출장을 가지 않는다.
⑤ G사원은 출장을 가지 않는다.

27 남학생 A ~ D와 여학생 W ~ Z 총 8명이 있다. 입사 시험을 본 뒤, 이 8명의 득점을 알아보았더니, 남녀 모두 1명씩 짝을 이루어 동점을 받았다. 다음 〈조건〉을 모두 만족할 때, 옳은 것은?

> **조건**
> • 여학생 X는 남학생 B 또는 C와 동점이다.
> • 여학생 Y는 남학생 A 또는 B와 동점이다.
> • 여학생 Z는 남학생 A 또는 C와 동점이다.
> • 남학생 B는 여학생 W 또는 Y와 동점이다.

① 여학생 W는 남학생 C와 동점이다.
② 여학생 X와 남학생 B가 동점이다.
③ 여학생 Z와 남학생 C는 동점이다.
④ 여학생 Y는 남학생 A와 동점이다.
⑤ 남학생 D와 여학생 W는 동점이다.

28 Y회사에서는 근무 연수가 1년씩 높아질수록 사용할 수 있는 여름휴가 일수가 하루씩 늘어난다. Y회사에 근무하는 A ~ E사원은 각각 서로 다른 해에 입사하였고, 최대 근무 연수가 4년을 넘지 않는다고 할 때, 다음 내용을 바탕으로 올바르게 추론한 것은?

- 올해로 3년 차인 A사원은 여름휴가일로 최대 4일을 사용할 수 있다.
- B사원은 올해 여름휴가로 5일을 모두 사용하였다.
- C사원이 사용할 수 있는 여름휴가 일수는 A사원의 휴가 일수보다 짧다.
- 올해 입사한 D사원은 1일을 여름휴가일로 사용할 수 있다.
- E사원의 여름휴가 일수는 D사원보다 길다.

① E사원은 C사원보다 늦게 입사하였다.
② 근무한 지 1년이 채 되지 않으면 여름휴가를 사용할 수 없다.
③ C사원의 올해 근무 연수는 2년이다.
④ B사원의 올해 근무 연수는 4년이다.
⑤ 근무 연수가 높은 순서대로 나열하면 'B − A − C − E − D'이다.

Easy

29 수영, 슬기, 경애, 정서, 민경의 머리 길이가 서로 다르다고 할 때, 다음을 읽고 바르게 추론한 것은?

- 수영이는 단발머리로 슬기와 경애의 머리보다 짧다.
- 정서의 머리는 수영보다 길지만, 슬기보다는 짧다.
- 경애의 머리는 정서보다 길지만, 슬기보다는 짧다.
- 민경의 머리는 경애보다 길지만, 다섯 명 중에 가장 길지는 않다.

① 경애는 단발머리이다.
② 슬기의 머리가 가장 길다.
③ 민경의 머리는 슬기보다 길다.
④ 수영의 머리가 다섯 명 중 가장 짧지는 않다.
⑤ 머리가 긴 순서대로 나열하면 '슬기 − 정서 − 민경 − 경애 − 수영'이다.

30 월요일부터 일요일까지 4형제가 돌아가면서 어머니 병간호를 하기로 했다. 주어진 〈조건〉이 항상 참일 때, 다음 중 옳지 않은 것을 고르면?

> **조건**
> - 첫째, 둘째, 셋째는 이틀씩, 넷째는 하루를 병간호하기로 했다.
> - 어머니가 혼자 계시도록 두는 날은 없다.
> - 첫째는 화요일과 목요일에 병간호할 수 없다.
> - 둘째는 평일에 하루, 주말에 하루 병간호하기로 했다.
> - 셋째는 일요일과 평일에 병간호하기로 했다.
> - 넷째는 수요일에 병간호하기로 했다.

① 첫째는 월요일과 금요일에 병간호한다.
② 넷째는 수요일에 하루만 병간호한다.
③ 셋째는 화요일과 일요일에 병간호한다.
④ 둘째 화요일에 병간호를 할 수도, 하지 않을 수도 있다.
⑤ 둘째는 토요일과 평일에 하루 병간호한다.

31 수빈, 인성, 성민, 지헌, 기열, 지혜가 달리기 시합을 하고 난 뒤 대화를 나눴다. 다음 중 항상 참이 아닌 것은?

> 수빈 : 성민이와 지혜가 내 앞에서 결승선에 들어가는 걸 봤어.
> 인성 : 지헌이는 간발의 차로 바로 내 앞에서 결승선에 들어갔어.
> 성민 : 나는 지헌이보다는 빨랐는데, 1등은 아니야.
> 지헌 : 성민이 말이 맞아. 정확히 기억은 안 나는데 나는 3등 아니면 4등이었어.
> 기열 : 내가 결승선에 들어오고, 나중에 지헌이가 들어왔어.
> 지혜 : 나는 1등은 아니지만 꼴등도 아니었어.

① 제일 먼저 결승선에 들어온 사람은 기열이다.
② 제일 나중에 결승선에 들어온 사람은 수빈이다.
③ 성민이는 지혜보다 순위가 높다.
④ 인성이는 성민이보다 순위가 낮다.
⑤ 지헌이가 3등이면 지혜는 5등이다.

32 A ~ F 여섯 사람으로 구성된 부서에서 주말 당직을 정하는데 다음의 〈조건〉을 모두 지켜야 한다. 당직을 맡을 수 있는 사람을 바르게 짝지은 것은?

조건

- A와 B가 당직을 하면 C도 당직을 한다.
- C와 D 중 한 명이라도 당직을 하면 E도 당직을 한다.
- E가 당직을 하면 A와 F도 당직을 한다.
- F가 당직을 하면 E는 당직을 하지 않는다.
- A가 당직을 하면 E도 당직을 한다.

① A, B

② A, E

③ B, F

④ C, E

⑤ D, F

33 어느 도시에 있는 병원의 공휴일 진료 현황은 다음과 같다. 공휴일에 진료하는 병원의 수는?

- 만약 B병원이 진료를 하지 않으면, A병원은 진료를 한다.
- 만약 B병원이 진료를 하면, D병원은 진료를 하지 않는다.
- 만약 A병원이 진료를 하면, C병원은 진료를 하지 않는다.
- 만약 C병원이 진료를 하지 않으면, E병원이 진료를 한다.
- E병원은 공휴일에 진료를 하지 않는다.

① 1곳

② 2곳

③ 3곳

④ 4곳

⑤ 5곳

34 지영이의 생일을 맞이하여 민지, 재은, 영재, 정호는 함께 생일을 축하하고, 생일 케이크를 나눠 먹기로 하였다. 지영이가 다섯 조각으로 자른 케이크의 크기는 서로 다르며 각자 케이크 한 조각씩 을 먹었다고 할 때, 케이크의 크기를 작은 순서로 나열한 것은?

- 생일 주인공이 가장 큰 조각의 케이크를 먹었다.
- 민지의 케이크 조각은 가장 작지도 않고, 두 번째로 작지도 않다.
- 재은이의 케이크 조각은 지영이의 케이크 조각보다 작지만, 민지의 케이크 조각보다는 크다.
- 정호의 케이크 조각은 민지의 케이크 조각보다는 작지만, 영재의 케이크 조각보다는 크다.

① 지영 – 재은 – 민지 – 영재 – 정호
② 정호 – 재은 – 민지 – 영재 – 지영
③ 영재 – 정호 – 민지 – 재은 – 지영
④ 영재 – 재은 – 민지 – 정호 – 지영
⑤ 영재 – 정호 – 재은 – 민지 – 지영

35 Y회사 1층의 커피숍에서는 모든 음료를 주문할 때마다 음료의 수에 따라 쿠폰에 도장을 찍어준다. 10개의 도장을 모두 채울 경우 한 잔의 음료를 무료로 받을 수 있다고 할 때, 다음을 읽고 바르게 추론한 것은?(단, 서로 다른 2장의 쿠폰은 1장의 쿠폰으로 합칠 수 있으며, 음료를 무료로 받을 때 쿠폰은 반납해야 한다)

- A사원은 B사원보다 2개의 도장을 더 모았다.
- C사원은 A사원보다 1개의 도장을 더 모았으나, 무료 음료를 받기엔 2개의 도장이 모자라다.
- D사원은 오늘 무료 음료 한 잔을 포함하여 총 3잔을 주문하였다.
- E사원은 D사원보다 6개의 도장을 더 모았다.

① A사원의 쿠폰과 D사원의 쿠폰을 합치면 무료 음료 한 잔을 받을 수 있다.
② A사원은 4개의 도장을 더 모아야 무료 음료 한 잔을 받을 수 있다.
③ C사원과 E사원이 모은 도장 개수는 서로 같다.
④ D사원이 오늘 모은 도장 개수는 B사원보다 많다.
⑤ 도장을 많이 모은 순서대로 나열하면 'C – E – A – B – D'이다.

제시된 내용을 바탕으로 내린 A, B의 결론에 대한 판단으로 옳은 것은?

- 주현이는 수지의 바로 오른쪽에 있다.
- 지은이와 지영이는 진리의 옆에 있지 않다.
- 지영이와 지은이는 주현이의 옆에 있지 않다.
- 지은이와 진리는 수지의 옆에 있지 않다.

A : 수지가 몇 번째로 서 있는지는 정확히 알 수 없다.
B : 지영이는 수지 옆에 있지 않다.

① A만 옳다.
② B만 옳다.
③ A, B 모두 옳다.
④ A, B 모두 틀리다.
⑤ A, B 모두 옳은지 틀린지 판단할 수 없다.

| 해설 | 조건에 따라 배열하면 '지은, 지영, 수지, 주현, 진리'의 순서대로 서 있다. 따라서 수지가 4번째로 서 있음을 알 수 있고, 지영이는 수지 옆에 있으므로 A와 B 모두 틀리다.

정답 ④

※ 제시된 내용을 바탕으로 내린 A, B의 결론에 대한 판단으로 옳은 것을 고르시오. [36~47]

Easy

36

- 시계, 귀걸이, 목걸이, 반지 4가지 물건의 가격은 자연수이다.
- 시계의 가격은 귀걸이와 5,000원 차이가 난다.
- 반지는 귀걸이보다 3,000원 싸다.
- 목걸이의 가격은 반지 가격의 두 배이다.

A : 목걸이가 12,000원일 때 시계는 14,000원이다.
B : 반지가 3,000원일 때 귀걸이와 목걸이의 가격은 서로 같다.

① A만 옳다.
② B만 옳다.
③ A, B 모두 옳다.
④ A, B 모두 틀리다.
⑤ A, B 모두 옳은지 틀린지 판단할 수 없다.

37

- 학교에서 우이동으로 2박 3일 MT를 간다.
- 경제학과는 경영학과보다 하루 일찍 MT를 간다.
- 국문학과는 경영학과보다 3일 늦게 MT를 간다.
- 영문학과는 경영학과보다는 늦게, 국문학과보다는 빨리 MT를 간다.

A : 경제학과와 영문학과는 우이동에서 만날 것이다.
B : 영문학과와 국문학과는 우이동에서 만날 것이다.

① A만 옳다.
② B만 옳다.
③ A, B 모두 옳다.
④ A, B 모두 틀리다.
⑤ A, B 모두 옳은지 틀린지 판단할 수 없다.

38

- 서준, 민선, 연호, 승원이 달리기를 하고 있다.
- 민선이 승원보다 빠르다.
- 서준은 민선과 연호 사이에 있다.
- 연호가 같은 시간동안 가장 멀리 갔다.

A : 서준이 민선보다 빠르다.
B : 4등이 누구인지는 알 수 없다.

① A만 옳다.
② B만 옳다.
③ A, B 모두 옳다.
④ A, B 모두 틀리다.
⑤ A, B 모두 옳은지 틀린지 판단할 수 없다.

39

- 월요일부터 금요일까지 초등학생 방과 후 교실 도우미(1 ~ 5)를 배치할 계획이다.
- 도우미 1은 화요일 또는 수요일에 배치한다.
- 도우미 2는 도우미 3이 배치된 다음 날에 배치한다.
- 도우미 5는 목요일에 배치한다.

A : 도우미 4는 금요일에 배치된다.
B : 도우미 2는 화요일에 배치된다.

① A만 옳다.
② B만 옳다.
③ A, B 모두 옳다.
④ A, B 모두 틀리다.
⑤ A, B 모두 옳은지 틀린지 판단할 수 없다.

40

- 어느 반의 남학생과 여학생 수의 합은 20명이다.
- 학생들은 체육복이나 교복을 입고 있다.
- 체육복을 입은 학생은 9명이다.
- 교복을 입은 남학생은 4명이다.
- 체육복을 입은 남학생 수와 체육복을 입은 여학생 수의 차이는 3명이다.

A : 교복을 입은 여학생은 7명이다.
B : 여학생은 교복을 입은 학생보다 체육복을 입은 학생이 더 많다.

① A만 옳다.
② B만 옳다.
③ A, B 모두 옳다.
④ A, B 모두 틀리다.
⑤ A, B 모두 옳은지 틀린지 판단할 수 없다.

41

- 어느 카페에서는 커피, 주스, 샌드위치, 와플을 판매한다.
- 가장 많이 팔리는 것은 커피이다.
- 매출액이 가장 높은 것은 샌드위치인데, 팔린 개수는 가장 적다.
- 커피와 주스의 가격은 같다.
- 와플의 단가는 가장 낮고, 팔린 개수는 두 번째로 적다.

A : 주스는 매출액이 세 번째로 높다.
B : 커피와 주스의 매출액은 같다.

① A만 옳다.
② B만 옳다.
③ A, B 모두 옳다.
④ A, B 모두 틀리다.
⑤ A, B 모두 옳은지 틀린지 판단할 수 없다.

42

- Y회사의 직원 A, B, C, D의 휴가 기간은 3일이고, 주말은 휴가 일수에 포함되지 않는다.
- A는 B보다 하루 일찍 휴가를 떠난다.
- C는 B보다 이틀 늦게 휴가를 떠난다.
- D는 C보다 하루 일찍 휴가를 떠난다.
- B는 화요일에 휴가를 떠난다.

A : C는 금요일까지 휴가이다.
B : D는 금요일까지 휴가이다.

① A만 옳다.
② B만 옳다.
③ A, B 모두 옳다.
④ A, B 모두 틀리다.
⑤ A, B 모두 옳은지 틀린지 판단할 수 없다.

Hard

43

- 병이 4개 놓여 있고, 그 중 3개에는 독약이 들어 있다.
- 독약이 든 병에는 거짓이 적힌 쪽지가, 독약이 없는 병에는 진실이 적힌 쪽지가 붙어 있다.
- 빨간색 병 : 주황색 병은 독약이다.
- 주황색 병 : 이 병은 독약이 아니다.
- 노란색 병 : 노란색 병 또는 초록색 병 중 하나는 독약이 아니다.
- 초록색 병 : 노란색 병에 붙은 쪽지는 진실이다.

A : 빨간색 병은 독약이다.
B : 주황색 병은 독약이다.

① A만 옳다.
② B만 옳다.
③ A, B 모두 옳다.
④ A, B 모두 틀리다.
⑤ A, B 모두 옳은지 틀린지 판단할 수 없다.

44

- 왼쪽부터 차례대로 1, 2, 3, 4, 5, 6번 방이 있고, 한 방에 한 명씩 들어간다.
- A와 B 사이에는 두 명이 있고, B가 항상 A의 오른편에 있다.
- C는 D의 바로 왼쪽 방에 있다.
- E는 5번 방에 있다.

A : F는 6번 방에 있다.
B : E는 항상 F의 옆방에 있다.

① A만 옳다.
② B만 옳다.
③ A, B 모두 옳다.
④ A, B 모두 틀리다.
⑤ A, B 모두 옳은지 틀린지 판단할 수 없다.

45

- 진구는 공을 2개 가지고 있다.
- 유천이는 공을 5개 가지고 있다.
- 상우는 공이 진구보다 많고 유천이보다 적다.
- 종현이는 진구보다 공이 많다.

A : 상우는 3개 이상의 공을 가지고 있다.
B : 종현이는 유천이보다 공이 적다.

① A만 옳다.
② B만 옳다.
③ A, B 모두 옳다.
④ A, B 모두 틀리다.
⑤ A, B 모두 옳은지 틀린지 판단할 수 없다.

• 신영이는 혜수보다 생일이 느리다.
• 지연이는 혜수보다 생일이 빠르다.
• 은실이는 지연이보다 생일이 느리다.

A : 지연이는 신영이보다 생일이 빠르다.
B : 신영이는 생일이 가장 느리다.

① A만 옳다.
② B만 옳다.
③ A, B 모두 옳다.
④ A, B 모두 틀리다.
⑤ A, B 모두 옳은지 틀린지 판단할 수 없다.

47

• 4명의 친구가 5층 건물에 각각 한 명씩 다른 층에 살고 있다.
• 갑은 1층에 살고 있다.
• 병은 을보다 아래층에 살고 있다.
• 정은 을보다 위층에 살고 있다.

A : 을은 3층에 살고 있다.
B : 정은 4층이나 5층에 살고 있다.

① A만 옳다.
② B만 옳다.
③ A, B 모두 옳다.
④ A, B 모두 틀리다.
⑤ A, B 모두 옳은지 틀린지 판단할 수 없다.

제시된 명제가 모두 참일 때, 빈칸에 들어갈 명제로 가장 적절한 것은?

> • 어떤 음식은 식물성이다.
> • 모든 식물은 음식이다.
> • 그러므로 _____

① 어떤 식물성인 것은 음식이다.
② 모든 음식은 식물성이다.
③ 식물이 아닌 것은 음식이 아니다.
④ 어떤 식물은 음식이 아니다.
⑤ 식물성이 아닌 음식은 없다.

> **| 해설 |** '어떤 음식은 식물성이다.'는 '식물성인 것 중에는 음식이 있다.'와 같은 말이다. 따라서 이를 바꾸어 표현
> 하면 '어떤 식물성인 것은 음식이다.'
>
> **정답 ①**

※ 제시된 명제가 모두 참일 때, 빈칸에 들어갈 명제로 가장 적절한 것을 고르시오. **[48~60]**

48

> • 케이크를 좋아하는 사람은 마카롱을 좋아하지 않는다.
> • _____
> • 케이크를 좋아하는 사람은 머핀을 좋아한다.

① 마카롱을 좋아하지 않으면, 머핀을 좋아하지 않는다.
② 마카롱을 좋아하지 않으면, 머핀을 좋아한다.
③ 머핀을 좋아하지 않으면, 케이크를 좋아하지 않는다.
④ 머핀을 좋아하면, 케이크를 좋아하지 않는다.
⑤ 케이크를 좋아하지 않으면, 마카롱을 좋하하지 않는다.

49

> - 하얀 화분에는 노란 꽃을 심는다.
> - 하얀 화분 외의 화분에는 빨간 꽃을 심는다.
> - 그러므로 _____

① 하얀 화분에는 빨간 꽃을 심는다.
② 빨간 꽃을 심은 화분은 하얀 화분이다.
③ 노란 꽃을 심은 화분은 하얀 화분이 아니다.
④ 빨간 꽃을 심지 않으면 노란 꽃을 심는다.
⑤ 빨간 꽃을 심지 않은 화분은 하얀 화분이 아니다.

50

> - 비가 오지 않으면 개구리가 울지 않는다.
> - 비가 오지 않으면 제비가 낮게 날지 않는다.
> - _____

① 비가 오면 제비가 낮게 난다.
② 제비가 낮게 날지 않는 날에는 비가 오지 않는다.
③ 개구리가 울지 않으면 제비가 낮게 날지 않는다.
④ 제비가 낮게 나는 날에는 개구리가 울지 않는다.
⑤ 제비가 낮게 나는 어떤 날은 비가 온다.

51

> - 경찰에 잡히지 않으면 도둑질을 하지 않은 것이다.
> - _____
> - 그러므로 감옥에 안 가면 도둑질을 하지 않은 것이다.

① 도둑질을 하면 감옥에 가지 않는다.
② 감옥에 가면 도둑질을 한다.
③ 도둑질을 하면 경찰에 잡힌다.
④ 경찰에 잡히면 감옥에 간다.
⑤ 경찰은 도둑질을 하지 않는다.

52

- 서로를 사랑하면 세계에 평화가 찾아온다.
- _____
- 그러므로 타인을 사랑하면 세계에 평화가 찾아온다.

① 서로를 사랑하지 않는다는 것은 타인을 사랑하지 않는다는 것이다.
② 세계가 평화롭지 않으면 서로를 싫어한다는 것이다.
③ 서로를 사랑하면 타인을 사랑하지 않게 된다.
④ 세계에 평화가 찾아오면 서로를 사랑하게 된다.
⑤ 세계에 평화가 찾아오면 서로를 미워하게 된다.

53

- 음악을 좋아하는 사람은 미술을 좋아한다.
- 사회를 좋아하는 사람은 음악을 좋아한다.
- _____

① 음악을 좋아하는 사람은 사회를 좋아한다.
② 미술을 좋아하지 않는 사람은 사회를 좋아하지 않는다.
③ 미술을 좋아하는 사람은 사회를 좋아하지 않는다.
④ 사회를 좋아하지 않는 사람은 미술을 좋아한다.
⑤ 미술을 좋아하지 않는 사람은 사회를 좋아한다.

54

- A세포가 있는 동물은 물체의 상을 감지할 수 없다.
- B세포가 없는 동물은 물체의 상을 감지할 수 있다.
- _____
- A세포가 있는 동물은 빛의 유무를 감지할 수 있다.

① 빛의 유무를 감지할 수 있는 동물은 B세포가 있다.
② B세포가 없는 동물은 빛의 유무를 감지할 수 없다.
③ B세포가 있는 동물은 빛의 유무를 감지할 수 있다.
④ 물체의 상을 감지할 수 있는 동물은 빛의 유무를 감지할 수 있다.
⑤ 빛의 유무를 감지할 수 없는 동물은 물체의 상을 감지할 수 없다.

55

- 낡은 것을 버려야 새로운 것을 채울 수 있다.
- _____
- 새로운 것을 채우지 않는다면 더 많은 세계를 경험할 수 없다.

① 새로운 것을 채운다면 낡은 것을 버릴 수 있다.
② 낡은 것을 버리지 않는다면 새로운 것을 채울 수 없다.
③ 새로운 것을 채운다면 더 많은 세계를 경험할 수 있다.
④ 낡은 것을 버리지 않는다면 더 많은 세계를 경험할 수 없다.
⑤ 더 많은 세계를 경험하지 못한다면 새로운 것을 채울 수 없다.

56

- 회계팀의 팀원은 모두 회계 관련 자격증을 가지고 있다.
- _____
- 돈 계산이 빠르지 않은 사람은 회계팀이 아니다.

① 회계팀이 아닌 사람은 돈 계산이 빠르다.
② 돈 계산이 빠른 사람은 회계 관련 자격증을 가지고 있다.
③ 회계팀이 아닌 사람은 회계 관련 자격증을 가지고 있지 않다.
④ 돈 계산이 빠르지 않은 사람은 회계 관련 자격증을 가지고 있다.
⑤ 돈 계산이 빠르지 않은 사람은 회계 관련 자격증을 가지고 있지 않다.

57

- 포유류는 새끼를 낳아 키운다.
- 고양이는 포유류이다.
- _____

① 포유류는 고양이이다.
② 고양이는 새끼를 낳아 키운다.
③ 새끼를 낳아 키우는 것은 고양이이다.
④ 새끼를 낳아 키우는 것은 포유류가 아니다.
⑤ 고양이가 아니면 포유류가 아니다.

58

- 광물은 매우 규칙적인 원자 배열을 가지고 있다.
- 다이아몬드는 광물이다.
- _____

① 다이아몬드는 매우 규칙적인 원자 배열을 가지고 있다.
② 광물이 아니면 규칙적인 원자 배열을 가지고 있지 않다.
③ 다이아몬드가 아니면 광물이 아니다.
④ 광물은 다이아몬드이다.
⑤ 광물이 아니면 다이아몬드이다.

59

- 회사원은 야근을 한다.
- _____
- 늦잠을 자지 않는 사람은 회사원이 아니다.

① 회사원이 아니면 야근을 하지 않는다.
② 늦잠을 자면 회사원이다.
③ 야근을 하지 않는 사람은 늦잠을 잔다.
④ 야근을 하는 사람은 늦잠을 잔다.
⑤ 회사원이면 늦잠을 자지 않는다.

60

- 홍보실은 워크숍에 간다.
- _____
- 출장을 가지 않으면 워크숍에 간다.

① 홍보실이 아니면 워크숍에 가지 않는다.
② 출장을 가면 워크숍에 가지 않는다.
③ 출장을 가면 홍보실이 아니다.
④ 워크숍에 가지 않으면 출장을 가지 않는다.
⑤ 홍보실이 아니면 출장을 간다.

(1) 꺾은선(절선)그래프

① 시간적 추이(시계열 변화)를 표시하는 데 적합하다.

　예 연도별 매출액 추이 변화 등

② 경과·비교·분포를 비롯하여 상관관계 등을 나타낼 때 사용한다.

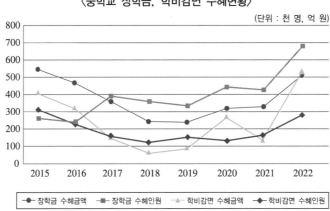

〈중학교 장학금, 학비감면 수혜현황〉

(2) 막대그래프

① 비교하고자 하는 수량을 막대 길이로 표시하고, 그 길이를 비교하여 각 수량 간의 대소 관계를 나타내는 데 적합하다.

　예 영업소별 매출액, 성적별 인원분포 등

② 가장 간단한 형태로 내역·비교·경과·도수 등을 표시하는 용도로 사용한다.

〈연도별 암 발생 추이〉

(3) 원그래프

① 내역이나 내용의 구성비를 분할하여 나타내는 데 적합하다.

　예 제품별 매출액 구성비 등

② 원그래프를 정교하게 작성할 때는 수치를 각도로 환산해야 한다.

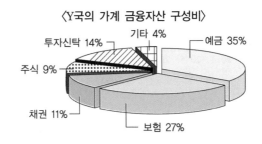

〈Y국의 가계 금융자산 구성비〉

기타 4%
투자신탁 14%
예금 35%
주식 9%
채권 11%
보험 27%

(4) 점그래프

① 지역분포를 비롯하여 도시, 지방, 기업, 상품 등의 평가나 위치, 성격을 표시하는 데 적합하다.

　예 광고비율과 이익률의 관계 등

② 종축과 횡축에 두 요소를 두고, 보고자 하는 것이 어떤 위치에 있는가를 알고자 할 때 사용한다.

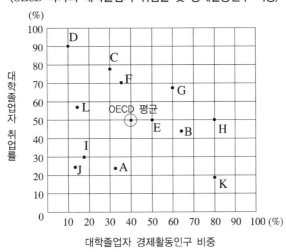

〈OECD 국가의 대학졸업자 취업률 및 경제활동인구 비중〉

(5) 층별그래프

① 합계와 각 부분의 크기를 백분율로 나타내고 시간적 변화를 보는 데 적합하다.

② 합계와 각 부분의 크기를 실수로 나타내고 시간적 변화를 보는 데 적합하다.

　예 상품별 매출액 추이 등

③ 선의 움직임보다는 선과 선 사이의 크기로써 데이터 변화를 나타내는 그래프이다.

〈우리나라 세계유산 현황〉

(6) 레이더 차트(거미줄그래프)
① 다양한 요소를 비교할 때, 경과를 나타내는 데 적합하다.
　예 매출액의 계절변동 등
② 비교하는 수량을 직경, 또는 반경으로 나누어 원의 중심에서의 거리에 따라 각 수량의 관계를 나타내는 그래프이다.

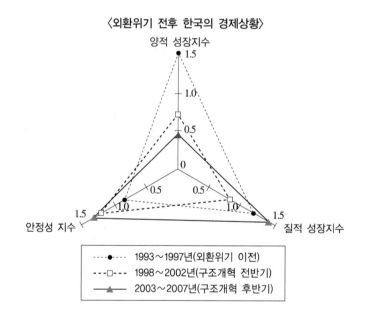

〈외환위기 전후 한국의 경제상황〉

다음은 2022년도 관측지점별 기상 평년값을 나타낸 자료이다. 관측지점 중 최고 기온이 17℃ 이상이며, 최저 기온이 7℃ 이상인 지점의 강수량의 합은?

〈관측지점별 기상 평년값〉

(단위 : ℃, mm)

구분	평균 기온	최고 기온	최저 기온	강수량
속초	12.2	16.2	8.5	1,402
철원	10.2	16.2	4.7	1,391
춘천	11.1	17.2	5.9	1,347
강릉	13.1	17.5	9.2	1,464
동해	12.6	16.8	8.6	1,278
충주	11.2	17.7	5.9	1,212
서산	11.9	17.3	7.2	1,285

① 3,027mm
② 2,955mm
③ 2,834mm
④ 2,749mm
⑤ 2,676mm

|**해설**| 최고 기온이 17℃ 이상인 지점은 춘천, 강릉, 충주, 서산이다. 이 중 최저 기온이 7℃ 이상인 지점은 강릉과 서산으로 두 관측지점의 강수량을 합하면 1,464+1,285=2,749mm이다.

정답 ④

PART 1

| 대표유형 | 자료해석 |

다음은 성별 국민연금 가입자 현황을 나타낸 표이다. 이에 대한 설명으로 옳은 것은?

〈성별 국민연금 가입자 수〉

(단위 : 명)

구분	사업장 가입자	지역 가입자	임의 가입자	임의계속 가입자	합계
남성	8,059,994	3,861,478	50,353	166,499	12,138,324
여성	5,775,011	3,448,700	284,127	296,644	9,804,482
합계	13,835,005	7,310,178	334,480	463,143	21,942,806

① 남성 사업장 가입자 수는 남성 지역 가입자 수의 2배 미만이다.
② 여성 사업장 가입자 수는 나머지 여성 가입자 수를 모두 합친 것보다 적다.
③ 전체 지역 가입자 수는 전체 사업장 가입자 수의 50% 미만이다.
④ 전체 가입자 중 여성 가입자 수의 비율은 40% 이상이다.
⑤ 가입자 수가 많은 순서대로 나열하면 '사업장 가입자 – 지역 가입자 – 임의 가입자 – 임의계속 가입자' 순서이다.

| 해설 | 전체 가입자 중 여성 가입자 수의 비율은 $\frac{9,804,482}{21,942,806} \times 100 ≒ 44.7\%$이다.

오답분석
① 남성 사업장 가입자 수는 8,059,994명으로 남성 지역 가입자 수의 2배인 $3,861,478 \times 2 =$ 7,722,956명보다 많다.
② 여성 가입자 전체 수인 9,804,482명에서 여성 사업장 가입자 수인 5,775,011명을 빼면 4,029,471 명이므로 여성 사업장 가입자 수가 나머지 여성 가입자 수를 모두 합친 것보다 많다.
③ 전체 지역 가입자 수는 전체 사업장 가입자 수의 $\frac{7,310,178}{13,835,005} \times 100 ≒ 52.8\%$이다.
⑤ 가입자 수가 많은 집단 순서는 '사업장 가입자 – 지역 가입자 – 임의계속 가입자 – 임의 가입자' 순서 이다.

정답 ④

01 다음은 의료보장별 심사실적에 관한 자료이다. 전년 동기 대비 2022년 상반기 보훈분야의 전체 청구건수의 감소율은?

〈의료보장별 심사실적〉

(단위 : 천 건, 억 원)

구분		2021년 상반기		2022년 상반기	
		청구건수	진료비	청구건수	진료비
건강보험	입원	7,056	101,662	7,571	111,809
	외래	690,999	185,574	704,721	200,886
의료급여	입원	1,212	15,914	1,271	17,055
	외래	35,634	13,319	38,988	15,366
보훈	입원	35	728	17	418
	외래	1,865	1,250	1,370	940
자동차 보험	입원	466	4,984	479	5,159
	외래	6,508	2,528	7,280	3,036

① 21% ② 23%

③ 25% ④ 27%

⑤ 29%

02 다음은 시도별 인구변동 현황에 대한 자료이다. 이에 대한 설명으로 적절한 것을 〈보기〉에서 모두 고르면?

〈시도별 인구변동 현황〉

(단위 : 천 명)

구분	2016년	2017년	2018년	2019년	2020년	2021년	2022년
전체	49,582	49,782	49,990	50,269	50,540	50,773	51,515
서울	10,173	10,167	10,181	10,193	10,201	10,208	10,312
부산	3,666	3,638	3,612	3,587	3,565	3,543	3,568
대구	2,525	2,511	2,496	2,493	2,491	2,489	2,512
인천	2,579	2,600	2,624	2,665	2,693	2,710	2,758
광주	1,401	1,402	1,408	1,413	1,423	1,433	1,455
대전	1,443	1,455	1,466	1,476	1,481	1,484	1,504
울산	1,081	1,088	1,092	1,100	1,112	1,114	1,126
경기	10,463	10,697	10,906	11,106	11,292	11,460	11,787

보기

㉠ 서울인구와 경기인구의 차이는 2016년에 비해 2022년에 더 커졌다.
㉡ 2016년과 비교했을 때, 2022년 인구가 감소한 지역은 부산뿐이다.
㉢ 전년 대비 증가한 인구수를 비교했을 때, 광주는 2022년에 가장 많이 증가했다.
㉣ 대구는 전년 대비 2018년부터 인구가 꾸준히 감소했다.

① ㉠, ㉡
② ㉠, ㉢
③ ㉡, ㉢
④ ㉡, ㉣
⑤ ㉠, ㉡, ㉢

03 다음은 Y사의 지역별 매장 수 증감과 관련한 표이다. 2019년에 매장이 두 번째로 많은 지역의 매장 개수는?

〈지역별 매장 수 증감〉

(단위 : 개)

지역	2019년 대비 2020년 증감 수	2020년 대비 2021년 증감 수	2021년 대비 2022년 증감 수	2022년 매장 수
서울	2	2	−2	17
경기	2	1	−2	14
인천	−1	2	−5	10
부산	−2	−4	3	10

① 10개
② 12개
③ 14개
④ 16개
⑤ 18개

04 다음은 5월 7일부터 5월 13일까지 A제품의 도매가와 일주일간 평균 도매가를 정리한 자료이다. 5월 10일의 도매가는?

구분	5/7	5/8	5/9	5/10	5/11	5/12	5/13	평균
가격(원)	400	500	300	( )	400	550	300	400

① 300원 ② 350원
③ 400원 ④ 450원
⑤ 500원

05 2019년부터 2022년까지 전년 대비 가장 크게 증가한 범죄의 발생 건수 비율과 체포 건수 비율의 증가량 차이를 구한 것은?

〈범죄유형별 발생 건수 비율〉

(단위 : %)

구분	2019년	2020년	2021년	2022년
흉악범죄	2.2	1.7	0.8	1.0
조폭범죄	2.6	1.6	1.4	1.3
절도죄	57.3	76.0	81.7	88.0
지능범죄	9.7	2.9	7.8	3.4
기타	28.2	17.8	8.3	6.3

〈범죄유형별 체포 건수 비율〉

(단위 : %)

구분	2019년	2020년	2021년	2022년
흉악범죄	3.1	3.3	3.5	4.7
조폭범죄	3.6	3.5	4.6	5.7
절도죄	49.4	56.3	56.4	57.5
지능범죄	7.4	3.1	8.3	5.9
기타	36.5	33.8	27.2	26.2

① 11.7%p ② 11.8%p
③ 12.9%p ④ 13.0%p
⑤ 13.1%p

06 다음은 10대 무역수지 흑자국에 대한 자료이다. 미국의 2020년 대비 2022년의 흑자액 증가율은?
(단, 소수점 둘째 자리에서 반올림한다)

〈10대 무역수지 흑자국〉

(단위 : 백만 달러)

순번	2020년		2021년		2022년	
	국가명	금액	국가명	금액	국가명	금액
1	중국	32,457	중국	45,264	중국	47,779
2	홍콩	18,174	홍콩	23,348	홍콩	28,659
3	마샬군도	9,632	미국	9,413	싱가포르	11,890
4	미국	8,610	싱가포르	7,395	미국	11,635
5	멕시코	6,161	멕시코	7,325	베트남	8,466
6	싱가포르	5,745	베트남	6,321	멕시코	7,413
7	라이베리아	4,884	인도	5,760	라이베리아	7,344
8	베트남	4,780	라이베리아	5,401	마샬군도	6,991
9	폴란드	3,913	마샬군도	4,686	브라질	5,484
10	인도	3,872	슬로바키아	4,325	인도	4,793

① 35.1%
② 37.8%
③ 39.9%
④ 41.5%
⑤ 42.3%

07 다음은 1,000명을 대상으로 5개 제조사 타이어 제품에 대한 소비자 선호도 조사 결과에 관한 자료이다. 1차 선택 후, 일주일간 사용하고 다시 2차 선택을 하였다. 다음 두 가지 질문에 대한 답을 순서대로 짝지은 것은?

〈5개 제조사 타이어 제품에 대한 소비자 선호도 조사 결과〉

1차 선택 \ 2차 선택	A사	B사	C사	D사	E사	합계
A사	120	17	15	23	10	185
B사	22	89	11	(가)	14	168
C사	17	11	135	13	12	188
D사	15	34	21	111	21	202
E사	11	18	13	15	200	257
합계	185	169	195	194	157	1,000

- (가)에 들어갈 수는?
- 1차에서 D사를 선택하고, 2차에서 C사를 선택한 소비자 수와 1차에서 E사를 선택하고 2차에서 B사를 선택한 소비자 수의 차이는?

① 32, 3
② 32, 6
③ 12, 11
④ 12, 3
⑤ 24, 3

08 다음은 우리나라의 연도별 5대 범죄 발생과 검거에 관한 자료이다. 빈칸에 들어갈 값으로 적절한 것은?

〈우리나라의 연도별 5대 범죄 발생 건수와 검거 건수〉

(단위 : 건)

구분		2017년	2018년	2019년	2020년	2021년	2022년
살인	발생	941	1,051	957	998	1,084	1,061
	검거	955	1,076	994	1,038	1,041	1,023
강도	발생	5,461	5,692	5,906	7,292	5,834	5,172
	검거	4,524	4,670	5,957	7,165	4,941	4,021
강간	발생	6,855	6,751	6,119	6,531	6,959	7,323
	검거	6,139	6,021	5,522	5,899	6,322	6,443
절도	발생	173,876	180,704	175,457	187,352	155,393	
	검거	68,564	78,777	125,593	114,920	80,570	80,785
폭력	발생	333,630	338,045	283,930	294,893	286,570	285,331
	검거	304,905	306,341	262,293	270,097	270,563	261,817

① 159,434

② 154,278

③ 154,936

④ 152,117

⑤ 150,395

09 2020년부터 2022년까지 Y사 신입사원 중 여성은 매년 30명씩 증가했다. 2022년의 신입사원 총원이 500명일 때, 남녀의 성비는?(단, 남녀 성비는 여자 100명당 남자 수이고, 소수점 둘째 자리에서 반올림한다)

(단위 : 명)

구분	2020년	2021년	2022년
남자	210	200	
여자	230	260	
합계	440	460	500

① 71.0

② 72.4

③ 72.8

④ 73.1

⑤ 73.4

10 다음은 Y기업 지원자의 인턴 및 해외연수 경험과 합격여부에 관한 자료이다. 이에 대한 설명으로 옳은 것을 〈보기〉에서 모두 고르면?

〈Y기업 지원자의 인턴 및 해외연수 경험과 합격여부〉

(단위 : 명, %)

인턴 경험	해외연수 경험	합격여부		합격률
		합격	불합격	
있음	있음	53	414	11.3
	없음	11	37	22.9
없음	있음	0	16	0.0
	없음	4	139	2.8

※ 합격률(%)$=\dfrac{\text{합격자 수}}{\text{합격자 수}+\text{불합격자 수}}\times100$

※ 합격률은 소수점 아래 둘째 자리에서 반올림한 값임

보기

㉠ 해외연수 경험이 있는 지원자가 해외연수 경험이 없는 지원자보다 합격률이 높다.

㉡ 인턴 경험이 있는 지원자가 인턴 경험이 없는 지원자보다 합격률이 높다.

㉢ 인턴 경험과 해외연수 경험이 모두 있는 지원자 합격률은 인턴 경험만 있는 지원자 합격률의 2배 이상이다.

㉣ 인턴 경험과 해외연수 경험이 모두 없는 지원자와 인턴 경험만 있는 지원자 간 합격률 차이는 30%p보다 크다.

① ㉠, ㉡ ② ㉠, ㉢

③ ㉡, ㉢ ④ ㉠, ㉡, ㉣

⑤ ㉡, ㉢, ㉣

11 다음은 경제활동 참가율을 정리한 자료이다. 이에 대한 설명으로 적절하지 않은 것은?

〈경제활동 참가율〉

(단위 : %)

| 구분 | 2017년 | 2018년 | 2019년 | 2020년 | 2021년 | | | | | 2022년 |
					연간	1분기	2분기	3분기	4분기	1분기
경제활동 참가율	61.8	61.5	60.8	61.0	61.1	59.9	62.0	61.5	61.1	60.1
남성	74.0	73.5	73.1	73.0	73.1	72.2	73.8	73.3	73.2	72.3
여성	50.2	50.0	49.2	49.4	49.7	48.1	50.8	50.1	49.6	48.5

① 2022년 1분기 경제활동 참가율은 60.1%로 전년 동기 대비 0.2%p 상승했다.

② 2022년 1분기 여성경제활동 참가율은 남성에 비해 낮은 수준이나, 전년 동기에 비해 0.4%p 상승했다.

③ 남녀 경제활동 참가율의 합이 가장 높았던 때는 2021년 2분기이다.

④ 조사기간 중 경제활동 참가율이 가장 낮은 때는 여성경제활동 참가율이 가장 낮은 때이다.

⑤ 남녀 모두 경제활동 참가율이 가장 높았던 때와 가장 낮았던 때의 차이는 2%p 이하이다.

12 다음은 특정 기업 47개를 대상으로 제품전략, 기술개발 종류 및 기업형태별 기업 수에 관해 조사한 자료이다. 이에 대한 설명으로 적절한 것은?

〈제품전략, 기술개발 종류 및 기업형태별 기업 수〉

(단위 : 개)

| 제품전략 | 기술개발 종류 | 기업형태 | |
		벤처기업	대기업
시장견인	존속성 기술	3	9
	와해성 기술	7	8
기술추동	존속성 기술	5	7
	와해성 기술	5	3

※ 각 기업은 한 가지 제품전략을 취하고 한 가지 종류의 기술을 개발함

① 와해성 기술을 개발하는 기업 중에는 벤처기업의 비율이 대기업의 비율보다 낮다.

② 기술추동전략을 취하는 기업 중에는 존속성 기술을 개발하는 비율이 와해성 기술을 개발하는 비율보다 낮다.

③ 존속성 기술을 개발하는 기업의 비율이 와해성 기술을 개발하는 기업의 비율보다 높다.

④ 벤처기업 중에서 기술추동전략을 취하는 비율은 시장견인전략을 취하는 비율보다 높다.

⑤ 대기업 중에서 시장견인전략을 취하는 비율은 기술추동전략을 취하는 비율보다 낮다.

13 다음은 Y사의 구성원을 대상으로 한 2022년 전·후로 가장 선호하는 언론매체에 대한 설문조사 결과 자료이다. 이에 대한 설명으로 적절한 것은?

〈2022년 전·후로 선호하는 언론매체별 Y사의 구성원 수〉

(단위 : 명)

2022년 이전 \ 2022년 이후	TV	인터넷	라디오	신문
TV	40	55	15	10
인터넷	50	30	10	10
라디오	40	40	15	15
신문	35	20	20	15

① 2022년 이후에 인터넷을 선호하는 구성원 모두 2022년 이전에도 인터넷을 선호했다.
② 2022년 전·후로 가장 인기 없는 매체는 라디오이다.
③ 2022년 이후에 가장 선호하는 언론매체는 인터넷이다.
④ 2022년 이후에 가장 선호하는 언론매체를 신문에서 인터넷으로 바꾼 구성원은 20명이다.
⑤ TV에서 라디오를 선호하게 된 구성원 수는 인터넷에서 라디오를 선호하게 된 구성원 수와 같다.

14 다음은 청소년의 경제의식에 대한 설문조사 결과를 정리한 자료이다. 이에 대한 설명으로 적절한 것은?

〈청소년의 경제의식에 대한 설문조사 결과〉

(단위 : %)

설문 내용	구분	전체	성별		학교별	
			남	여	중학교	고등학교
용돈을 받는지 여부	예	84.2	82.9	85.4	87.6	80.8
	아니오	15.8	17.1	14.6	12.4	19.2
월간 용돈 금액	5만 원 미만	75.2	73.9	76.5	89.4	60
	5만 원 이상	24.8	26.1	23.5	10.6	40
금전출납부 기록 여부	기록한다.	30	22.8	35.8	31	27.5
	기록 안 한다.	70	77.2	64.2	69.0	72.5

① 용돈을 받는 남학생의 비율이 용돈을 받는 여학생의 비율보다 높다.
② 월간 용돈을 5만 원 미만으로 받는 비율은 중학생이 고등학생보다 높다.
③ 고등학생 전체 인원을 100명이라 한다면, 월간 용돈을 5만 원 이상 받는 학생은 40명이다.
④ 금전출납부는 기록하는 비율이 기록 안 하는 비율보다 높다.
⑤ 용돈을 받지 않는 중학생 비율이 용돈을 받지 않는 고등학생 비율보다 높다.

15 다음은 세계 주요 터널 화재 사고 A ~ F에 관한 자료이다. 이에 대한 설명으로 옳은 것은?

〈세계 주요 터널 화재 사고 통계〉

사고	터널길이(km)	화재규모(MW)	복구비용(억 원)	복구기간(개월)	사망자(명)
A	50.5	350	4,200	6	1
B	11.6	40	3,276	36	39
C	6.4	120	72	3	12
D	16.9	150	312	2	11
E	0.2	100	570	10	192
F	1.0	20	18	8	0

※ (사고비용)=(복구비용)+{(사망자 수)×5억 원}

① 터널길이가 길수록 사망자가 많다.
② 화재규모가 클수록 복구기간이 길다.
③ 사고 A를 제외하면 복구기간이 길수록 복구비용이 크다.
④ 사망자가 가장 많은 사고 E는 사고비용도 가장 크다.
⑤ 사망자가 30명 이상인 사고를 제외하면 화재규모가 클수록 복구비용이 크다.

16 다음은 우편 매출액에 관한 자료이다. 이에 대한 설명으로 옳지 않은 것은?

〈우편매출액〉

(단위 : 만 원)

구분	2018년	2019년	2020년	2021년	2022년				
					소계	1분기	2분기	3분기	4분기
일반통상	11,373	11,152	10,793	11,107	10,899	2,665	2,581	2,641	3,012
특수통상	5,418	5,766	6,081	6,023	5,946	1,406	1,556	1,461	1,523
소포우편	3,390	3,869	4,254	4,592	5,017	1,283	1,070	1,292	1,372
합계	20,181	20,787	21,128	21,722	21,862	5,354	5,207	5,394	5,907

① 매년 매출액이 가장 높은 분야는 일반통상 분야이다.
② 1년 집계를 기준으로 매년 매출액이 꾸준히 증가하고 있는 분야는 소포우편 분야뿐이다.
③ 2022년 1분기 특수통상 분야의 매출액이 차지하고 있는 비율은 20% 이상이다.
④ 2022년 소포우편 분야의 2018년 대비 매출액 증가율은 70% 이상이다.
⑤ 2021년에는 일반통상 분야의 매출액이 전체의 50% 이상을 차지하고 있다.

17 다음은 2018 ~ 2022년 4종목의 스포츠 경기에 대한 경기 수를 나타낸 자료이다. 이에 대한 설명으로 옳지 않은 것은?

〈국내 연도별 스포츠 경기 수〉

(단위 : 회)

구분	2018년	2019년	2020년	2021년	2022년
농구	413	403	403	403	410
야구	432	442	425	433	432
배구	226	226	227	230	230
축구	228	230	231	233	233

① 농구의 경기 수는 2019년 전년 대비 감소율이 2022년 전년 대비 증가율보다 높다.

② 2018년 농구와 배구 경기 수 차이는 야구와 축구 경기 수 차이의 90% 이상이다.

③ 2018년부터 2022년까지 야구 평균 경기 수는 축구 평균 경기 수의 2배 이하이다.

④ 2019년부터 2021년까지 경기 수가 증가하는 스포츠는 1종목이다.

⑤ 2022년 경기 수가 5년 동안의 각 종목별 평균 경기 수보다 적은 스포츠는 1종목이다.

18 다음은 연도별 평균 기온 추이를 나타낸 자료이다. 이에 대한 설명으로 옳지 않은 것은?(단, 각 계절의 날짜 수는 모두 같다고 가정한다)

〈연도별 평균 기온 추이〉

(단위 : ℃)

구분	2018년	2019년	2020년	2021년	2022년
연평균	13.3	12.9	12.5	12.4	12.4
봄	12.5	12.6	10.8	10.7	12.2
여름	23.7	23.3	24.9	24.0	24.7
가을	15.2	14.8	14.5	15.3	13.7
겨울	1.9	0.7	−0.4	−	−1.0

① 2022년 봄의 평균 기온은 2020년보다 1.4℃ 상승했다.

② 2022년에 가을 평균 기온이 전년 대비 감소한 정도는 여름 평균 기온이 전년 대비 상승한 정도를 초과한다.

③ 연평균 기온은 2021년까지 감소하는 추이를 보이고 있다.

④ 가을의 평균 기온은 계속해서 감소하고 있다.

⑤ 2021년 겨울의 평균 기온은 −0.4℃이다.

19 다음은 1년 동안 Y병원을 찾은 당뇨병 환자에 대한 자료이다. 이에 대한 설명으로 옳지 않은 것은?

⟨당뇨병 환자 수⟩

(단위 : 명)

나이 \ 당뇨병	경증		중증	
	여성	남성	여성	남성
50세 미만	9	13	8	10
50세 이상	10	18	8	24

① 여성 환자 중 중증 환자의 비율은 45% 이상이다.

② 경증 환자 중 남성 환자의 비율은 중증 환자 중 남자 환자의 비율보다 높다.

③ 50세 이상 환자 수는 50세 미만 환자 수의 1.5배이다.

④ 중증 여성 환자의 비율은 전체 당뇨병 환자의 16%이다.

⑤ 50세 미만 남성 중 경증 환자 비율은 50세 이상 여성 중 경증 환자 비율보다 높다.

20 다음 중 자료에 대한 설명으로 옳지 않은 것은?(단, 증감률은 전년 대비 수치이다)

⟨천연가스 생산·내수·수출 현황⟩

(단위 : TOE, %)

구분		2018년	2019년	2020년	2021년	2022년
생산	생산량	4,086,308	3,826,682	3,512,926	4,271,741	4,657,094
	증감률	6.4	−6.4	−8.2	21.6	9.0
내수	생산량	1,219,335	1,154,483	1,394,000	1,465,426	1,474,637
	증감률	4.7	−5.3	20.7	5.1	0.6
수출	생산량	2,847,138	2,683,965	2,148,862	2,772,107	3,151,708
	증감률	7.5	−5.7	−19.9	29.0	13.7

① 2018년에는 전년 대비 생산, 내수, 수출이 모두 증가했다.

② 내수가 가장 큰 폭으로 증가한 해에는 생산과 수출이 모두 감소했다.

③ 수출이 증가했던 해는 생산과 내수도 증가했다.

④ 생산이 증가한 해에도 내수나 수출이 감소한 해가 있다.

⑤ 수출이 가장 큰 폭으로 증가한 해에는 생산도 가장 큰 폭으로 증가했다.

※ 다음은 어린이보호구역 지정현황을 나타낸 자료이다. 이어지는 물음에 답하시오. [21~22]

〈어린이보호구역 지정현황〉

(단위 : 개소)

구분	2017년	2018년	2019년	2020년	2021년	2022년
초등학교	5,365	5,526	5,654	5,850	5,917	5,946
유치원	2,369	2,602	2,781	5,476	6,766	6,735
특수학교	76	93	107	126	131	131
보육시설	619	778	1,042	1,755	2,107	2,313
학원	5	7	8	10	11	11

21 다음 중 2020년과 2022년의 전체 어린이보호구역 수의 차는?

① 1,748개소
② 1,819개소
③ 1,828개소
④ 1,839개소
⑤ 1,919개소

22 다음 중 학원을 제외한 어린이보호구역 시설 중 2019년에 전년 대비 증가율이 가장 높은 시설은?

① 초등학교
② 유치원
③ 특수학교
④ 보육시설
⑤ 학원

※ 다음은 A, B, C사의 농기계(트랙터, 이앙기, 경운기)에 대한 직원들의 평가를 나타낸 자료이다. 이어지는 물음에 답하시오. [23~25]

<A, B, C사 트랙터 만족도>

(단위 : 점)

구분	가격	성능	안전성	디자인	연비	사후관리
A사	5	4	5	4	2	4
B사	4	5	3	4	3	4
C사	4	4	4	4	3	5

<A, B, C사 이앙기 만족도>

(단위 : 점)

구분	가격	성능	안전성	디자인	연비	사후관리
A사	4	3	5	4	3	4
B사	5	5	4	4	2	4
C사	4	5	4	5	4	5

<A, B, C사 경운기 만족도>

(단위 : 점)

구분	가격	성능	안전성	디자인	연비	사후관리
A사	3	3	5	5	4	4
B사	4	4	3	4	4	4
C사	5	4	3	4	3	5

※ 모든 항목의 만족도는 5점(최상) ~ 1점(최하)으로 1점 단위로 평가한다.

23 다음 중 세 가지 농기계의 평가를 모두 고려했을 때, 직원들이 가장 선호하는 회사와 만족도 점수는?(단, 만족도 비교는 해당 점수의 총합으로 한다)

① A사, 71점

② B사, 70점

③ B사, 73점

④ C사, 72점

⑤ C사, 75점

24 다음 중 가격과 성능만을 고려하여 세 가지 농기계를 한 회사에서 구입하려고 할 때, 해당 회사와 만족도 점수는?(단, 만족도 비교는 해당 점수의 총합으로 한다)

① A사, 22점

② B사, 27점

③ C사, 26점

④ B사, 28점

⑤ C사, 25점

25 다음 중 안전성과 연비만을 고려하여 세 가지 농기계를 한 회사에서 구입하려고 할 때, 해당 회사와 만족도 점수는?(단, 만족도 비교는 해당 점수의 총합으로 한다)

① A사, 24점

② B사, 15점

③ A사, 21점

④ B사, 27점

⑤ C사, 26점

※ 다음 자료는 지식재산권 심판청구 현황에 관한 자료이다. 이어지는 물음에 답하시오. [26~27]

〈지식재산권 심판청구 현황〉

(단위 : 건, 개월)

구분		2019년	2020년	2021년	2022년
심판청구 건수	합계	20,990	17,124	15,188	15,883
	특허	12,238	10,561	9,270	9,664
	실용신안	906	828	559	473
	디자인	806	677	691	439
	상표	7,040	5,058	4,668	5,307
심판처리 건수	합계	19,473	16,728	15,552	16,554
	특허	10,737	9,882	9,632	9,854
	실용신안	855	748	650	635
	디자인	670	697	677	638
	상표	7,211	5,401	4,593	5,427
심판처리 기간	특허 · 실용신안	5.9	8.0	10.6	10.2
	디자인 · 상표	5.6	8.0	9.1	8.2

26 다음 중 자료를 보고 판단한 내용으로 올바르지 않은 것은?

① 2019년부터 2022년까지 수치가 계속 증가한 항목은 하나도 없다.

② 심판청구 건수보다 심판처리 건수가 더 많은 해도 있다.

③ 2019년부터 2022년까지 건수가 지속적으로 감소한 항목은 2개이다.

④ 2022년에는 특허 · 실용신안의 심판처리 기간이 2019년에 비해 70% 이상 더 길어졌다.

⑤ 2021년에는 모든 항목에서 다른 해보다 건수가 적고 기간이 짧다.

27 다음 중 2019년 대비 2022년 실용신안 심판청구 건수 감소율은?

① 약 45.6%   ② 약 47.8%

③ 약 49.7%   ④ 약 52.0%

⑤ 약 53.4%

※ 다음은 연령별 국민연금 가입자 현황에 대한 자료이다. 이어지는 물음에 답하시오. **[28~29]**

〈연령별 국민연금 가입자 현황〉

(단위 : 명)

구분	사업장가입자	지역가입자	임의가입자	임의계속가입자	합계
30세 미만	2,520,056	1,354,303	9,444	–	–
30 ~ 39세	3,811,399	1,434,786	33,254	–	–
40 ~ 49세	4,093,968	1,874,997	106,191	–	–
50 ~ 59세	3,409,582	2,646,088	185,591	–	–
60세 이상	–	4	–	–	463,147
합계	–	7,310,178	–	463,143	

※ '–'로 표시한 항목은 가입자 수가 명확하지 않은 경우이다.

28 다음 중 자료에 대한 설명으로 옳지 않은 것은?

① 전체 지역가입자 수는 전체 임의계속가입자 수의 15배 이상이다.

② 60세 이상을 제외한 전체 임의가입자에서 50대 가입자 수는 50% 이상을 차지한다.

③ 임의계속가입자를 제외하고 모든 가입자 집단에서 연령대가 증가할수록 가입자 수가 증가한다.

④ 임의계속가입자를 제외하고 50대 가입자 수가 많은 순서대로 나열하면 사업장가입자 – 지역가입자 – 임의가입자 순서이다.

⑤ 30세 미만부터 40대까지 연령대별 가입자 수는 지역가입자 수가 임의가입자 수보다 더 많다.

29 전체 임의계속가입자 수의 25%가 50대라고 할 때, 50대 임의계속가입자 수는 몇 명인가?(단, 소수점 첫째 자리에서 반올림한다)

① 69,471명   ② 92,629명

③ 115,786명   ④ 138,943명

⑤ 162,100명

※ 다음은 인구 고령화 추이를 나타낸 자료이다. 이어지는 물음에 답하시오. **[30~32]**

〈인구 고령화 추이〉

(단위 : %)

구분	2002년	2007년	2012년	2017년	2022년
노인부양비	5.2	7.0	11.3	15.6	22.1
고령화지수	19.7	27.6	43.1	69.9	107.1

※ 노인부양비(%)＝(65세 이상 인구)÷(15 ~ 64세 인구)×100
※ 고령화지수(%)＝(65세 이상 인구)÷(0 ~ 14세 인구)×100

30 2002년 0 ~ 14세 인구가 50,000명이었을 때, 2002년 65세 이상 인구는 몇 명인가?

① 8,650명   ② 8,750명

③ 9,850명   ④ 9,950명

⑤ 10,650명

31 2022년 고령화지수는 2017년 대비 약 몇 % 증가하였는가?(단, 소수점 첫째 자리에서 반올림한다)

① 약 45%   ② 약 49%

③ 약 53%   ④ 약 57%

⑤ 약 61%

Hard

32 자료에 대한 설명으로 옳은 것을 〈보기〉에서 모두 고르면?

> **보기**
> ㉠ 노인부양비 추이는 5년 단위로 계속 증가하고 있다.
> ㉡ 고령화지수 추이는 5년 단위로 같은 비율로 증가하고 있다.
> ㉢ 2012년의 2007년 대비 노인부양비 증가폭은 4.3%p이다.
> ㉣ 5년 단위의 고령화지수 증가폭은 2022년의 2017년 대비 증가폭이 가장 크다.

① ㉠, ㉡   ② ㉠, ㉢

③ ㉠, ㉡, ㉢   ④ ㉠, ㉢, ㉣

⑤ ㉠, ㉡, ㉢, ㉣

33 다음은 연도별 제주도 감귤 생산량과 수확 면적을 나타낸 그래프이다. 2018년부터 2022년 동안 전년도에 비해 감귤 생산량의 감소량이 가장 많은 연도의 수확 면적은?

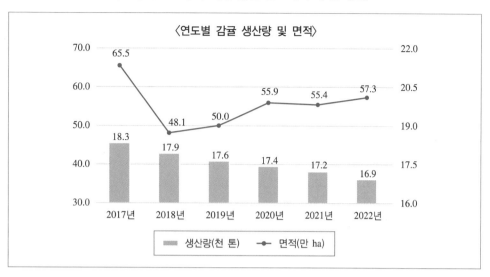

① 65.5만 ha
② 55.9만 ha
③ 50.0만 ha
④ 48.1만 ha
⑤ 57.3만 ha

34 다음은 보건복지부에서 발표한 국민연금 수급자 급여실적이다. 2017년 대비 2022년의 노령연금 증가율은?(단, 소수점 둘째 자리에서 반올림한다)

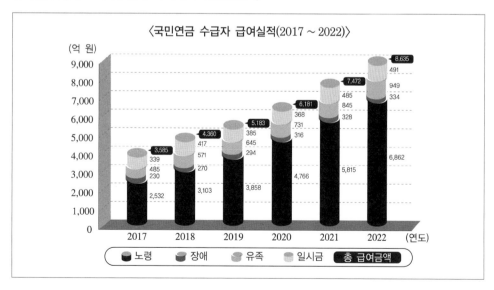

① 132.6%
② 143.7%
③ 154.4%
④ 161.3%
⑤ 171.0%

35 다음은 연도별 출생아 수 및 합계 출산율을 나타낸 그래프이다. 이에 대한 설명으로 적절한 것은?

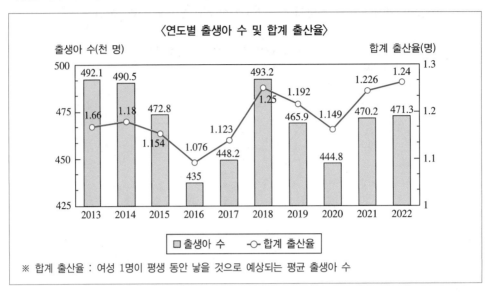

① 2016년의 출생아 수는 2014년에 비해 약 0.6배로 감소하였다.

② 우리나라의 합계 출산율은 지속적으로 상승하고 있다.

③ 한 여성이 평생 동안 낳을 것으로 예상되는 평균 출생아 수는 2016년에 가장 낮다.

④ 2021년에 비해 2022년에는 합계 출산율이 0.024명 증가했다.

⑤ 2020년 이후 합계 출산율이 상승하고 있으므로 2023년에도 전년보다 증가할 것이다.

36 다음은 X고등학교, Y고등학교의 A ~ E대학 진학률을 나타낸 자료이다. 이에 대한 설명으로 적절하지 않은 것은?(단, 소수점은 버림한다)

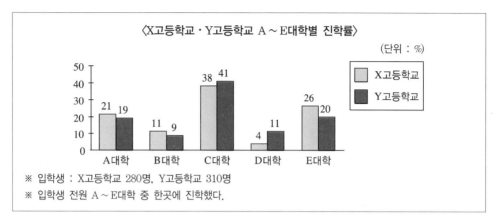

① X고등학교와 Y고등학교의 진학률 1위 대학은 동일하다.
② X고등학교와 Y고등학교의 진학률 5위 대학은 다르다.
③ X고등학교가 Y고등학교에 비해 진학률이 낮은 대학은 C대학뿐이다.
④ X고등학교와 Y고등학교의 E대학교 진학률 차이는 10%p 미만이다.
⑤ Y고등학교 대학 진학률 중 가장 높은 대학의 진학률과 가장 낮은 대학의 진학률 차이는 30%p 이상이다.

37 다음은 계절별 강수량 추이에 대한 자료이다. 이에 대한 설명으로 적절한 것은?

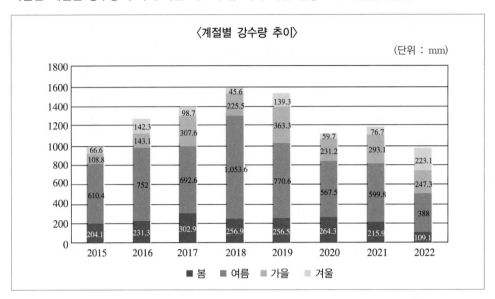

① 2015년부터 2022년까지 가을철 평균 강수량은 210mm 미만이다.

② 우리나라 여름철 강수량은 그해 강수량의 50% 이상을 차지한다.

③ 강수량이 제일 낮은 해에 우리나라는 가뭄이었다.

④ 전년 대비 강수량의 변화가 가장 큰 때는 2020년이다.

⑤ 여름철 강수량이 두 번째로 높았던 해의 가을·겨울철 강수량의 합은 봄철 강수량의 2배이다.

38 다음 자료에 대한 설명으로 적절한 것은?

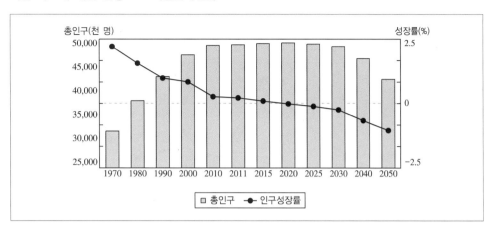

① 인구성장률은 2025년에 잠시 성장하다가 다시 감소할 것이다.

② 2011년부터 총인구는 감소할 것이다.

③ 2000 ~ 2010년 기간보다 2025 ~ 2030년 기간의 인구증가가 덜할 것이다.

④ 2040년에 총인구는 1990년 인구보다 적을 것이다.

⑤ 총인구는 2000년부터 계속해서 감소하는 모습을 보이고 있다.

39 다음은 Y사 영업부에서 작년 분기별 영업 실적을 나타낸 그래프이다. 작년 전체 실적에서 1・2분기와 3・4분기가 각각 차지하는 비중을 바르게 나열한 것은?(단, 비중은 소수점 둘째 자리에서 반올림한다)

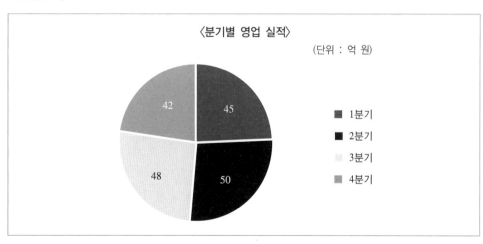

	1・2분기	3・4분기		1・2분기	3・4분기
①	48.6%	51.4%	②	50.1%	46.8%
③	51.4%	48.6%	④	46.8%	50.1%
⑤	50.0%	50.0%			

40 다음은 2013 ~ 2022년 주택전세가격 동향에 대한 자료이다. 이에 대한 설명으로 옳지 않은 것은?

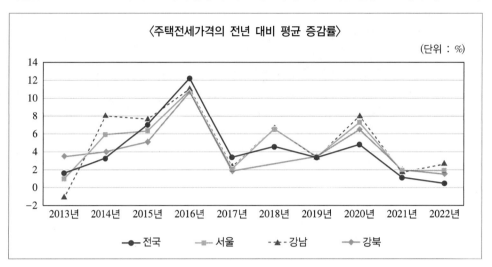

〈주택전세가격의 전년 대비 평균 증감률〉

(단위 : %)

① 전국 주택전세가격은 2013년부터 2022년까지 매년 증가하고 있다.

② 2016년 강북의 주택전세가격은 2014년과 비교해 20% 이상 증가했다.

③ 2019년 이후 서울의 주택전세가격 증가율은 전국 평균 증가율보다 높다.

④ 강남 지역 주택전세가격의 전년 대비 증가율이 가장 높은 시기는 2016년이다.

⑤ 2013년부터 2022년까지 주택전세가격이 전년 대비 감소한 적이 있는 지역은 한 곳뿐이다.

41 다음은 와이파이 공유기의 전체 판매량과 수출량의 변화 추이를 나타낸 그래프이다. 이에 대한 설명으로 옳은 것은?

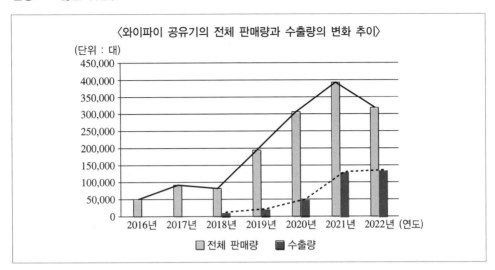

① 전체 판매량은 2018년에서 2022년까지 매년 증가하였다.

② 전체 판매량 중 수출량은 2018년에서 2021년까지 매년 증가하였다.

③ 2019년에서 2020년 사이 수출량의 증가폭이 가장 컸다.

④ 전체 판매량이 가장 많은 해는 2022년이다.

⑤ 수출량은 2016년부터 계속 증가하였다.

※ 다음은 벼농사 및 밭농사 작업 과정의 기계화에 대한 비율을 나타낸 그래프이다. 이어지는 물음에 답하시오. [42~43]

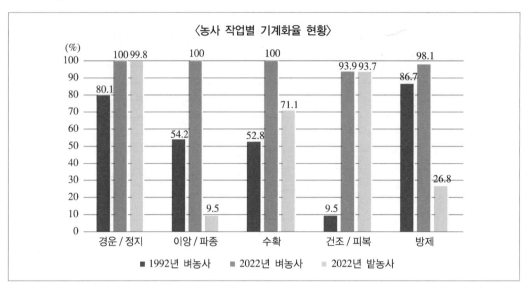

〈농사 작업별 기계화율 현황〉

42 벼농사 작업 과정에서 1992년 대비 2022년 기계화율이 가장 크게 증가한 작업과 가장 낮게 증가한 작업의 증가량 차이는 얼마인가?

① 62%p
② 73%p
③ 80%p
④ 86%p
⑤ 91%p

43 2022년 밭농사의 5가지 작업 과정의 기계화율 평균은 얼마인가?

① 56.15%
② 58.22%
③ 60.18%
④ 62.59%
⑤ 64.38%

※ 다음은 목적지별 거리와 차종별 연비, 그리고 분기별 연료 공급가를 나타낸 자료이다. 이어지는 물음에 답하시오. [44~45]

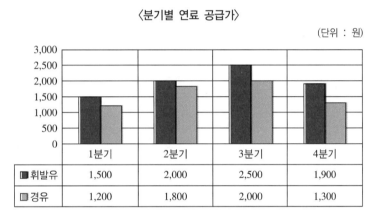

〈목적지별 거리와 차종별 연비〉

목적지	거리	차종	연비
본사 - A사	25km	001(휘발유)	20km/L
A사 - B사	30km	002(휘발유)	15km/L
B사 - C사	25km	003(휘발유)	15km/L
C사 - D사	40km	004(경유)	10km/L
D사 - E사	30km	005(경유)	10km/L
E사 - F사	50km	006(경유)	25km/L

※ (유류비)=(총 주행거리)÷(차종별 연비)×(분기별 연료 공급가)

〈분기별 연료 공급가〉

(단위 : 원)

	1분기	2분기	3분기	4분기
■ 휘발유	1,500	2,000	2,500	1,900
□ 경유	1,200	1,800	2,000	1,300

44 1분기에 본사에서 F사까지 차례대로 순회할 때 003 차종을 이용했다면 유류비는 얼마인가?

① 12,000원
② 15,000원
③ 17,000원
④ 20,000원
⑤ 23,000원

45 3분기에 경유 차종으로 거래처를 순회한다면 10만 원의 예산으로 주행할 수 있는 가장 긴 거리는 몇 km인가?

① 1,210km
② 1,220km
③ 1,230km
④ 1,240km
⑤ 1,250km

CHAPTER 04 창의수리 핵심이론

01 방정식의 활용

1. 날짜 · 요일 · 시계에 관한 문제

(1) 날짜, 요일

① 1일＝24시간＝1,440분＝86,400초

② 날짜, 요일 관련 문제는 대부분 나머지를 이용해 계산한다.

핵심예제

2월 5일이 수요일이라고 할 때, 8월 15일은 무슨 요일인가?(단, 2월은 29일까지이다)

① 토요일 　　　　　　　　　　② 일요일

③ 월요일 　　　　　　　　　　④ 화요일

⑤ 수요일

> **| 해설 |** 2월 5일에서 8월 15일까지는 총 24＋31＋30＋31＋30＋31＋15＝192일이다. 이를 7로 나누면 192÷7
> ＝27 … 3이므로 8월 15일은 토요일이다.
>
> 정답 ①

(2) 시계

① 시침이 1시간 동안 이동하는 각도 : 30°
② 시침이 1분 동안 이동하는 각도 : 0.5°
③ 분침이 1분 동안 이동하는 각도 : 6°

핵심예제

시계 광고에서 시계는 항상 10시 10분을 가리킨다. 그 이유는 이 시각이 회사 로고가 가장 잘 보이며 시계 바늘이 이루는 각도도 가장 안정적이기 때문이다. 시계가 10시 10분을 가리킬 때 시침과 분침이 이루는 작은 쪽의 각도는?

① 115°   ② 145°
③ 175°   ④ 205°
⑤ 215°

| **해설** | 10시 10분일 때 시침과 분침의 각도를 구하면 다음과 같다.
  · 10시 10분일 때 12시 정각에서부터 시침의 각도 : $30° \times 10 + 0.5° \times 10 = 305°$
  · 10시 10분일 때 12시 정각에서부터 분침의 각도 : $6° \times 10 = 60°$
따라서 시침과 분침이 이루는 작은 쪽의 각도는 $(360-305)° + 60° = 115°$이다.

정답 ①

2. 시간 · 거리 · 속력에 관한 문제

$시간 = \dfrac{거리}{속력}$, $거리 = 속력 \times 시간$, $속력 = \dfrac{거리}{시간}$

핵심예제

영희는 집에서 50km 떨어진 할머니 댁에 가는데, 시속 90km로 버스를 타고 가다가 내려서 시속 5km로 걸어갔더니, 총 1시간 30분이 걸렸다. 영희가 걸어간 거리는?

① 5km

② 10km

③ 13km

④ 20km

⑤ 22km

| **해설** | 영희가 걸어간 거리를 $x$km라고 하고, 버스를 타고 간 거리를 $y$km라고 하면

$x + y = 50$

$\dfrac{x}{5} + \dfrac{y}{90} = \dfrac{3}{2}$

$\therefore\ x = 5,\ y = 45$

따라서 영희가 걸어간 거리는 5km이다.

정답 ①

---

3. 나이 · 개수에 관한 문제

구하고자 하는 것을 미지수로 놓고 식을 세운다. 동물의 경우 다리의 개수에 유의해야 한다.

핵심예제

할머니와 지수의 나이 차는 55세이고, 아버지와 지수의 나이 차는 20세이다. 지수의 나이가 11세이면 할머니와 아버지 나이의 합은?

① 96세

② 97세

③ 98세

④ 99세

⑤ 100세

| **해설** | • 할머니의 나이 : $55 + 11 = 66$세
• 아버지의 나이 : $20 + 11 = 31$세
따라서 할아버지와 아버지 나이의 합은 97세이다.

정답 ②

4. 원가 · 정가에 관한 문제

(1) 정가＝원가＋이익, 이익＝정가－원가

(2) a원에서 $b\%$ 할인한 가격 : $a \times \left(1 - \dfrac{b}{100}\right)$

핵심예제

가방의 원가에 40%의 이익을 붙여서 정가를 정한 후, 이벤트로 정가의 25%를 할인하여 물건을 판매하면 1,000원의 이익이 남는다. 이 가방의 원가는?

① 16,000원   ② 18,000원

③ 20,000원   ④ 22,000원

⑤ 24,000원

┃해설┃ 가방의 원가를 x원이라고 하면 정가는 $1.40x$원이고, 할인 판매가는 $1.40x \times 0.75 = 1.05x$원이다.

$1.05x - x = 1,000 \rightarrow 0.05x = 1,000$

$\therefore x = 20,000$

따라서 가방의 원가는 20,000원이다.

정답 ③

5. 일·톱니바퀴에 관한 문제

(1) 일

전체 일의 양을 1로 놓고, 시간 동안 한 일의 양을 미지수로 놓고 식을 세운다.

핵심예제

Y사에 재직 중인 A사원이 혼자 보험안내 자료를 정리하는 데 15일이 걸리고 B사원과 같이 하면 6일 만에 끝낼 수 있다. 이때 B사원 혼자 자료를 정리하는 데 걸리는 시간은?

① 8일   ② 9일

③ 10일   ④ 11일

⑤ 12일

> **|해설|** 전체 일의 양을 1이라고 하면 A사원이 혼자 일을 끝내는 데 걸리는 시간은 15일, A, B사원이 같이 할 때는 6일이 걸린다. B사원이 혼자 일하는 데 걸리는 시간을 b일이라고 하면,
>
> $$\frac{1}{15}+\frac{1}{b}=\frac{1}{6} \rightarrow \frac{b+15}{15b}=\frac{1}{6} \rightarrow 6b+6\times15=15b \rightarrow 9b=90$$
>
> $\therefore b=10$
>
> 따라서 B사원 혼자 자료를 정리하는 데 걸리는 시간은 10일이다.
>
> **정답** ③

---

(2) 톱니바퀴

톱니 수×회전수=총 톱니 수

즉, A, B 두 톱니에 대하여, A의 톱니 수×A의 회전수=B의 톱니 수×B의 회전수가 성립한다.

핵심예제

세 개의 톱니바퀴 A～C가 서로 맞물려 돌아가고 있다. A바퀴가 1분에 5회전할 때 C바퀴는 1분에 몇 회전하는가?(단, 각 바퀴의 반지름은 A＝14cm, B＝9cm, C＝7cm이다)

① 7회전   ② 8회전

③ 9회전   ④ 10회전

⑤ 11회전

> **|해설|** A가 5회전을 하게 되면 총 이동 거리는 반지름 14cm에 대해 5회전 한 거리만큼 움직이게 되는데, C의 경우는 A의 반지름의 절반이고 맞물린 A와 총 이동 거리는 같아야 하므로 회전수는 2배가 되어야 한다. 따라서 10회전 하게 된다.
>
> **정답** ④

6. 농도에 관한 문제

(1) 농도 $=\dfrac{\text{용질의 양}}{\text{용액의 양}} \times 100$

(2) 용질의 양 $=\dfrac{\text{농도}}{100} \times \text{용액의 양}$

핵심예제

농도를 알 수 없는 설탕물 500g에 3%의 설탕물 200g을 온전히 섞었더니 섞은 설탕물의 농도는 7%가 되었다. 처음 500g의 설탕물에 녹아있던 설탕은 몇 g인가?

① 40g

② 41g

③ 42g

④ 43g

⑤ 44g

| **해설** | 500g의 설탕물에 녹아있는 설탕의 양은 xg이라고 하면 3%의 설탕물 200g에 들어있는 설탕의 양은

$\dfrac{3}{100} \times 200 = 6$g이다.

$\dfrac{x+6}{500+200} \times 100 = 7 \rightarrow x+6 = 49$

$\therefore x = 43$

따라서 500g의 설탕에 녹아있는 설탕의 양은 43g이다.

정답 ④

7. 수에 관한 문제(I)

(1) 연속하는 세 자연수 : $x-1$, x, $x+1$

(2) 연속하는 세 짝수(홀수) : $x-2$, x, $x+2$

핵심예제

연속하는 세 자연수를 모두 더하면 129일 때, 가장 큰 자연수는?

① 41

② 42

③ 43

④ 44

⑤ 45

> **| 해설 |** 연속하는 세 자연수를 각각 $x-1$, x, $x+1$이라고 하면,
> $(x-1)+x+(x+1)=129 \rightarrow 3x=129$
> $\therefore x=43$
> 따라서 가장 큰 자연수는 44이다.
>
> **정답** ④

8. 수에 관한 문제(II)

(1) 십의 자릿수가 x, 일의 자릿수가 y인 두 자리 자연수 : $10x + y$

이 수에 대해, 십의 자리와 일의 자리를 바꾼 수 : $10y + x$

(2) 백의 자릿수가 x, 십의 자릿수가 y, 일의 자릿수가 z인 세 자리 자연수 : $100x + 10y + z$

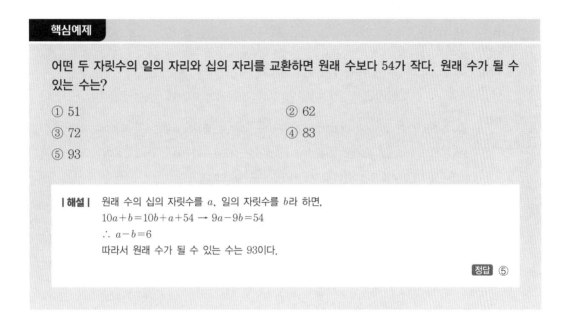

핵심예제

어떤 두 자릿수의 일의 자리와 십의 자리를 교환하면 원래 수보다 54가 작다. 원래 수가 될 수 있는 수는?

① 51 ② 62

③ 72 ④ 83

⑤ 93

| 해설 | 원래 수의 십의 자릿수를 a, 일의 자릿수를 b라 하면,

$10a + b = 10b + a + 54 \rightarrow 9a - 9b = 54$

$\therefore a - b = 6$

따라서 원래 수가 될 수 있는 수는 93이다.

정답 ⑤

9. 열차와 터널에 관한 문제

열차가 이동한 거리＝터널의 길이＋열차의 길이

핵심예제

길이가 50m인 열차가 250m의 터널을 통과하는데 10초가 걸렸다. 이 열차가 310m인 터널을 통과하는 데 걸리는 시간은?

① 10초　　　　　　　　　　　② 11초

③ 12초　　　　　　　　　　　④ 13초

⑤ 14초

| 해설 | 열차의 이동거리는 250＋50＝300이고, (속력)＝$\dfrac{(거리)}{(시간)}$이므로, 열차의 속력은 $\dfrac{300}{10}$＝30이다.

길이가 310m인 터널을 통과한다고 하였으므로, 총 이동 거리는 310＋50＝360이고, 속력은 30이다.

따라서 열차가 터널을 통과하는데 걸리는 시간은 $\dfrac{360}{30}$＝12초이다.

정답 ③

10. 증가 · 감소에 관한 문제

(1) x가 $a\%$ 증가하면, $\left(1+\dfrac{a}{100}\right)x$

(2) x가 $a\%$ 감소하면, $\left(1-\dfrac{a}{100}\right)x$

핵심예제

A고등학교의 작년 중국어 수강생은 전체 학생의 20%이다. 올해 전체 학생 수가 1% 증가하고 중국어 수강생이 2% 감소했다면, 올해 중국어 수강생은 전체 학생의 몇 %인가?

① 약 19%   ② 약 19.2%

③ 약 19.4%   ④ 약 19.6%

⑤ 약 19.8%

| 해설 | 작년 전체 학생 수를 x명이라 하면, 중국어 수강생의 수는 $\dfrac{1}{5}x$명이다.

따라서 올해 1% 증가한 전체 학생 수는 $\dfrac{101}{100}x$명, 2% 감소한 중국어 수강생의 수는 $\dfrac{1}{5}x \times \dfrac{98}{100} = \dfrac{98}{500}x$

명이므로, 올해 중국어 수강생의 비율은 $\dfrac{\frac{98}{500}x}{\frac{101}{100}x} \times 100 ≒ 19.4\%$이다.

 정답 ③

11. 그 외의 방정식 활용문제

혜민이는 가로 9m, 세로 11m인 집을 넓히려고 한다. 세로는 1m 이상 늘릴 수가 없는 상황에서, 가로를 최소 얼마나 늘려야 면적이 10평만큼 늘어나는 효과를 볼 수 있겠는가?(단, 1평$=3.3\text{m}^2$ 이다)

① 1m

② 2m

③ 3m

④ 4m

⑤ 5m

| **해설** | 원래 면적에서 늘어난 면적은 $10 \times 3.3 = 33\text{m}^2$ 이다.

나중 면적$-$원래 면적$=33\text{m}^2$이므로, 늘려야 할 가로 길이를 xm라 하면,

$(9+x) \times (11+1) - 9 \times 11 = 33 \rightarrow 12x + 108 - 99 = 33 \rightarrow 12x = 24$

$\therefore x = 2$

따라서 가로의 길이는 2m 늘려야 한다.

정답 ②

02 부등식의 활용

문제에 '이상', '이하', '최대', '최소' 등이 들어간 경우로 방정식의 활용과 해법이 비슷하다.

핵심예제

A회사는 10분에 5개의 인형을 만들고, B회사는 1시간에 1대의 인형 뽑는 기계를 만든다. 이 두 회사가 40시간 동안 일을 하면 최대 몇 대의 인형이 들어있는 인형 뽑는 기계를 완성할 수 있는 가?(단, 인형 뽑는 기계 하나에는 적어도 40개의 인형이 들어가야 한다)

① 30대   ② 35대
③ 40대   ④ 45대
⑤ 50대

| **해설** | A회사는 10분에 5개의 인형을 만드므로 1시간에 30개의 인형을 만든다. 따라서 40시간에 인형은 1,200 개를 만들고, 인형 뽑는 기계는 40대를 만든다. 기계 하나당 적어도 40개의 인형이 들어가야 하므로 최대 30대의 인형이 들어있는 인형 뽑는 기계를 만들 수 있다.

정답 ①

A가게에서는 감자 한 박스에 10,000원이고 배송비는 무료이며, B가게에서는 한 박스에 8,000원 이고 배송비는 3,000원이라고 할 때, 최소한 몇 박스를 사야 B가게에서 사는 것이 A가게에서 사는 것보다 저렴한가?

① 2박스   ② 3박스
③ 4박스   ④ 5박스
⑤ 6박스

| **해설** | 감자 x박스를 산다고 하자.
•A가게에서 드는 돈 : $10,000x$원
•B가게에서 드는 돈 : $(8,000x+3,000)$원
$10,000x>8,000x+3,000$
$\therefore x>1.5$
따라서 최소한 2박스를 사야 B가게에서 사는 것이 A가게에서 사는 것보다 저렴하다.

정답 ①

1. 경우의 수

(1) 경우의 수

어떤 사건이 일어날 수 있는 모든 가짓수

㉖ 주사위 한 개를 던졌을 때, 나올 수 있는 모든 경우의 수는 6가지이다.

(2) 합의 법칙

① 두 사건 A, B가 동시에 일어나지 않을 때, A가 일어나는 경우의 수를 m, B가 일어나는 경우의 수를 n이라고 하면, 사건 A 또는 B가 일어나는 경우의 수는 $m+n$이다.

② '또는', '~이거나'라는 말이 나오면 합의 법칙을 사용한다.

㉖ 한 식당의 점심 메뉴는 김밥 3종류, 라면 2종류, 우동 1종류가 있다. 이 중 한 가지의 메뉴를 고르는 경우의 수는 $3+2+1=6$가지이다.

(3) 곱의 법칙

① A가 일어나는 경우의 수를 m, B가 일어나는 경우의 수를 n이라고 하면, 사건 A와 B가 동시에 일어나는 경우의 수는 $m \times n$이다.

② '그리고', '동시에'라는 말이 나오면 곱의 법칙을 사용한다.

㉖ 집에서 학교를 가는 방법 수는 2가지, 학교에서 집으로 오는 방법 수는 3가지이다. 집에서 학교까지 갔다가 오는 경우의 수는 $2 \times 3 = 6$가지이다.

(4) 여러 가지 경우의 수

① 동전 n개를 던졌을 때, 경우의 수 : 2^n

② 주사위 n개를 던졌을 때, 경우의 수 : 6^n

③ 동전 n개와 주사위 m개를 던졌을 때, 경우의 수 : $2^n \times 6^m$

㉖ 동전 3개와 주사위 2개를 던졌을 때, 경우의 수는 $2^3 \times 6^2 = 288$가지

④ n명을 한 줄로 세우는 경우의 수 : $n! = n \times (n-1) \times (n-2) \times \cdots \times 2 \times 1$

⑤ n명 중, m명을 뽑아 한 줄로 세우는 경우의 수 : $_n\mathrm{P}_m = n \times (n-1) \times \cdots \times (n-m+1)$

㉖ 5명을 한 줄로 세우는 경우의 수는 $5 \times 4 \times 3 \times 2 \times 1 = 120$가지, 5명 중 3명을 뽑아 한 줄로 세우는 경우의 수는 $5 \times 4 \times 3 = 60$가지

⑥ n명을 한 줄로 세울 때, m명을 이웃하여 세우는 경우의 수 : $(n-m+1)! \times m!$

㉖ 갑, 을, 병, 정, 무 5명을 한 줄로 세우는데, 을, 병이 이웃하여 서는 경우의 수는 $4! \times 2! = 4 \times 3 \times 2 \times 1 \times 2 \times 1 = 48$가지

⑦ 0이 아닌 서로 다른 한 자리 숫자가 적힌 n장의 카드에서, m장을 뽑아 만들 수 있는 m자리 정수의 개수 : $_n\mathrm{P}_m$

㉖ 0이 아닌 서로 다른 한 자리 숫자가 적힌 4장의 카드에서, 3장을 뽑아 만들 수 있는 3자리 정수의 개수는 $_4\mathrm{P}_3 = 4 \times 3 \times 2 = 24$가지

⑧ 0을 포함한 서로 다른 한 자리 숫자가 적힌 n장의 카드에서, m장을 뽑아 만들 수 있는 m자리 정수의 개수 : $(n-1) \times {}_{n-1}P_{m-1}$

　　예 0을 포함한 서로 다른 한 자리 숫자가 적힌 6장의 카드에서, 3장을 뽑아 만들 수 있는 3자리 정수의 개수는 $5 \times {}_5P_2 = 5 \times 5 \times 4 = 100$가지

⑨ n명 중 자격이 다른 m명을 뽑는 경우의 수 : ${}_nP_m$

　　예 5명의 학생 중 반장 1명, 부반장 1명을 뽑는 경우의 수는 ${}_5P_2 = 5 \times 4 = 20$가지

⑩ n명 중 자격이 같은 m명을 뽑는 경우의 수 : ${}_nC_m = \dfrac{{}_nP_m}{m!}$

　　예 5명의 학생 중 부반장 2명을 뽑는 경우의 수는 ${}_5C_2 = \dfrac{{}_5P_2}{2!} = \dfrac{5 \times 4}{2 \times 1} = 10$가지

⑪ 원형 모양의 탁자에 n명을 앉히는 경우의 수 : $(n-1)!$

　　예 원형 모양의 탁자에 5명을 앉히는 경우의 수는 $4! = 4 \times 3 \times 2 \times 1 = 24$가지

(5) 최단거리 문제

A와 B 사이에 P가 주어져 있다면, A와 P의 거리, B와 P의 거리를 각각 구하여 곱한다.

핵심예제

Y사에서 파견 근무를 나갈 10명을 뽑아 팀을 구성하려 한다. 새로운 팀 내에서 팀장 한 명과 회계 담당 2명을 뽑으려고 하는데, 이 인원을 뽑는 경우의 수는?

① 300가지　　　　　　　　　　② 320가지

③ 348가지　　　　　　　　　　④ 360가지

⑤ 396가지

| 해설 | • 팀장 한 명을 뽑는 경우의 수 : ${}_{10}C_1 = 10$

　　　• 회계 담당 2명을 뽑는 경우의 수 : ${}_9C_2 = \dfrac{9 \times 8}{2!} = 36$

　　따라서 $10 \times 36 = 360$가지이다.

정답 ④

2. 확률

(1) 확률

사건 A가 일어날 확률$=\dfrac{\text{사건 A가 일어나는 경우의 수}}{\text{모든 경우의 수}}$

예 주사위 1개를 던졌을 때, 3 또는 5가 나올 확률은 $\dfrac{2}{6}=\dfrac{1}{3}$

(2) 여사건의 확률

① 사건 A가 일어날 확률이 p일 때, 사건 A가 일어나지 않을 확률은 $1-p$이다.

② '적어도'라는 말이 나오면 주로 사용한다.

(3) 확률의 계산

① 확률의 덧셈

두 사건 A, B가 동시에 일어나지 않을 때, A가 일어날 확률을 p, B가 일어날 확률을 q라고 하면, 사건 A 또는 B가 일어날 확률은 $p+q$이다.

② 확률의 곱셈

A가 일어날 확률을 p, B가 일어날 확률을 q라고 하면, 사건 A와 B가 동시에 일어날 확률은 $p\times q$이다.

(4) 여러 가지 확률

① 연속하여 뽑을 때, 꺼낸 것을 다시 넣고 뽑는 경우 : 처음과 나중의 모든 경우의 수는 같다.

예 자루에 흰 구슬 4개와 검은 구슬 5개가 들어 있다. 연속하여 2번을 뽑을 때, 처음에는 흰 구슬, 두 번째는 검은 구슬을 뽑을 확률은?(단, 꺼낸 것은 다시 넣는다)

→ 처음에 흰 구슬을 뽑을 확률은 $\dfrac{4}{9}$이고, 꺼낸 것은 다시 넣는다고 하였으므로 두 번째에 검은 구슬을 뽑을 확률은 $\dfrac{5}{9}$이다. 즉, $\dfrac{4}{9}\times\dfrac{5}{9}=\dfrac{20}{81}$

② 연속하여 뽑을 때, 꺼낸 것을 다시 넣지 않고 뽑는 경우 : 나중의 모든 경우의 수는 처음의 모든 경우의 수보다 1만큼 작다.

예 자루에 흰 구슬 4개와 검은 구슬 5개가 들어 있다. 연속하여 2번을 뽑을 때, 처음에는 흰 구슬, 두 번째는 검은 구슬을 뽑을 확률은?(단, 꺼낸 것은 다시 넣지 않는다)

→ 처음에 흰 구슬을 뽑을 확률은 $\dfrac{4}{9}$이고, 꺼낸 것은 다시 넣지 않는다고 하였으므로 자루에는 흰 구슬 3개, 검은 구슬 5개가 남아 있다. 따라서 두 번째에 검은 구슬을 뽑을 확률은 $\dfrac{5}{8}$이므로, $\dfrac{4}{9}\times\dfrac{5}{8}=\dfrac{5}{18}$

③ 도형에서의 확률$=\dfrac{\text{해당하는 부분의 넓이}}{\text{전체 넓이}}$

1부터 10까지 적힌 공 중에서 첫 번째는 2의 배수, 두 번째는 3의 배수가 나오도록 공을 뽑을 확률은?(단, 뽑은 공은 다시 넣는다)

① $\dfrac{5}{18}$

② $\dfrac{3}{20}$

③ $\dfrac{1}{7}$

④ $\dfrac{5}{24}$

⑤ $\dfrac{5}{20}$

| 해설 |
- 첫 번째에 2의 배수(2, 4, 6, 8, 10)가 적힌 공을 뽑을 확률 : $\dfrac{5}{10} = \dfrac{1}{2}$

- 두 번째에 3의 배수(3, 6, 9)가 적힌 공을 뽑을 확률 : $\dfrac{3}{10}$ (∵ 뽑은 공은 다시 넣음)

따라서 확률은 $\dfrac{1}{2} \times \dfrac{3}{10} = \dfrac{3}{20}$ 이다.

정답 ②

(1) 등차수열 : 앞의 항에 일정한 수를 더해 이루어지는 수열

(2) 등비수열 : 앞의 항에 일정한 수를 곱해 이루어지는 수열

(3) 계차수열 : 앞의 항과의 차가 일정하게 증가하는 수열

핵심예제

일정한 규칙으로 수를 나열할 때, 다음 중 빈칸에 들어갈 알맞은 수는?

1	2	4	7	8	10	13	14	( )	19

① 14.5   ② 15

③ 15.5   ④ 16

⑤ 16.5

| 해설 | 앞의 항에 +1, +2, +3을 반복해서 더하는 수열이다.

정답 ④

(4) 피보나치수열 : 앞의 두 항의 합이 그 다음 항의 수가 되는 수열

$$a_n = a_{n-1} + a_{n-2} \ (n \geq 3, \ a_1 = 1, \ a_2 = 1)$$

예 $1 \quad 1 \quad \underset{1+1}{2} \quad \underset{1+2}{3} \quad \underset{2+3}{5} \quad \underset{3+5}{8} \quad \underset{5+8}{13} \quad \underset{8+13}{21}$

(5) 건너뛰기 수열 : 두 개 이상의 수열이 일정한 간격을 두고 번갈아가며 나타나는 수열

예 $1 \quad 1 \quad 3 \quad 7 \quad 5 \quad 13 \quad 7 \quad 19$

• 홀수 항 : $1 \underset{+2}{\frown} 3 \underset{+2}{\frown} 5 \underset{+2}{\frown} 7$

• 짝수 항 : $1 \underset{+6}{\frown} 7 \underset{+6}{\frown} 13 \underset{+6}{\frown} 19$

(6) 군수열 : 일정한 규칙성으로 몇 항씩 묶어 나눈 수열

예 • $1 \quad 1 \quad 2 \quad 1 \quad 2 \quad 3 \quad 1 \quad 2 \quad 3 \quad 4$

$\Rightarrow \underline{1} \quad \underline{1 \ 2} \quad \underline{1 \ 2 \ 3} \quad \underline{1 \ 2 \ 3 \ 4}$

• $1 \quad 3 \quad 4 \quad 6 \quad 5 \quad 11 \quad 2 \quad 6 \quad 8 \quad 9 \quad 3 \quad 12$

$\Rightarrow \underset{1+3=4}{\underline{1 \ 3 \ 4}} \quad \underset{6+5=11}{\underline{6 \ 5 \ 11}} \quad \underset{2+6=8}{\underline{2 \ 6 \ 8}} \quad \underset{9+3=12}{\underline{9 \ 3 \ 12}}$

• $1 \quad 3 \quad 3 \quad 2 \quad 4 \quad 8 \quad 5 \quad 6 \quad 30 \quad 7 \quad 2 \quad 14$

$\Rightarrow \underset{1 \times 3=3}{\underline{1 \ 3 \ 3}} \quad \underset{2 \times 4=8}{\underline{2 \ 4 \ 8}} \quad \underset{5 \times 6=30}{\underline{5 \ 6 \ 30}} \quad \underset{7 \times 2=14}{\underline{7 \ 2 \ 14}}$

핵심예제

일정한 규칙으로 수를 나열할 때, 다음 중 빈칸에 들어갈 알맞은 수는?

$$\underline{2 \quad 5 \quad 7} \qquad \underline{3 \quad 6 \quad 9} \qquad \underline{4 \quad 7 \quad (\quad)}$$

① 13 ② 28

③ 11 ④ 24

⑤ 9

| 해설 | $\underline{A \ B \ C} \rightarrow A + B = C$

정답 ③

정답 및 해설 p.022

대표유형 1 날짜·요일·시계

8월 19일이 수요일이라면 30일 후는 무슨 요일인가?

① 수요일　　　　　　　　　　　　② 목요일
③ 금요일　　　　　　　　　　　　④ 토요일
⑤ 일요일

| 해설 | 일주일은 7일이므로, 30÷7=4…2
　　　따라서 수요일에서 2일 후인 금요일이 된다.

정답 ③

---

01 시계가 4시 20분을 가리킬 때, 시침과 분침이 이루는 작은 각의 각도는?

① 5°　　　　　　　　　　　　　② 10°
③ 15°　　　　　　　　　　　　　④ 20°
⑤ 25°

02 Y사는 신입사원들을 대상으로 3개월 동안 의무적으로 강연을 듣게 하였다. 강연은 월요일과 수요일에 1회씩 열리고 금요일에는 격주로 1회씩 열린다고 할 때, 8월 1일 월요일에 처음 강연을 들은 신입사원이 13번째 강연을 듣는 날은 언제인가?(단, 첫 주 금요일 강연은 열리지 않았다)

① 8월 31일　　　　　　　　　　② 9월 2일
③ 9월 5일　　　　　　　　　　　④ 9월 7일
⑤ 9월 9일

03 두 사람이 이번 주 토요일에 함께 미용실을 가기로 약속했다. 두 사람이 약속한 토요일에 함께 미용실에 다녀온 후에는 한 명은 20일마다, 한 명은 15일마다 미용실에 간다. 처음으로 다시 두 사람이 함께 미용실에 가게 되는 날은 무슨 요일인가?

① 월요일 　　　　　　　　　　　　② 화요일
③ 수요일 　　　　　　　　　　　　④ 목요일
⑤ 금요일

04 현재 시각은 오후 2시 40분 00초이다. 현재 시각 이후 분침과 초침이 처음으로 일치하는 시간은 언제인가?

① 2시 40분 $\dfrac{2,400}{59}$ 초 　　　　　② 2시 41분 $\dfrac{2,400}{59}$ 초

③ 2시 40분 $\dfrac{3,100}{59}$ 초 　　　　　④ 2시 41분 $\dfrac{3,100}{59}$ 초

⑤ 2시 40분 $\dfrac{4,200}{59}$ 초

05 같은 공원에서 A는 강아지와 함께 2일마다 한 번 산책하고, B는 혼자 3일마다 산책한다. A는 월요일에 산책했고, B는 그다음 날에 산책했다면 처음으로 A와 B가 만나는 날은 무슨 요일인가?

① 수요일 　　　　　　　　　　　　② 목요일
③ 금요일 　　　　　　　　　　　　④ 토요일
⑤ 일요일

06 A ~ C 세 사람은 주기적으로 집 청소를 한다. A는 6일마다, B는 8일마다, C는 9일마다 청소할 때, 세 명이 9월 10일에 모두 같이 청소를 했다면 그 다음으로 세 사람이 같이 청소하는 날은 언제인가?

① 11월 5일 　　　　　　　　　　　② 11월 12일
③ 11월 16일 　　　　　　　　　　④ 11월 21일
⑤ 11월 29일

07 철수는 매일 1,000원씩, 영희는 800원씩 저금하기로 했다. 며칠 후 정산을 해보니 철수의 저금액이 영희의 2배가 되어 있었다. 영희가 철수보다 3일 후에 저금하기 시작했다면, 정산은 며칠 후에 한 것인가?

① 7일   ② 8일

③ 9일   ④ 10일

⑤ 11일

08 A회사와 B회사의 휴무 간격은 각각 5일, 7일이다. 일요일인 오늘 두 회사가 함께 휴일을 맞았다면, 앞으로 4번째로 함께하는 휴일은 무슨 요일인가?

① 수요일   ② 목요일

③ 금요일   ④ 토요일

⑤ 일요일

09 12시 이후 처음으로 시침과 분침의 각도가 $55°$가 되는 시각은 12시 몇 분인가?

① 10분   ② 11분

③ 12분   ④ 13분

⑤ 14분

A가 시속 40km/h로 30km 가는 데 45분 걸렸고, B가 시속 30km/h로 $x$km만큼 갔을 때, B는 A보다 5분 덜 걸렸다. B가 이동한 거리는?

① 15km

② 20km

③ 25km

④ 30km

⑤ 35km

| 해설 | B는 시속 30km/h로 $x$km의 거리를 45−5=40분 만에 갔으므로 B가 이동한 거리는 $30 \times \dfrac{40}{60} = 20$km 이다.

정답 ②

10　용민이와 효린이가 호수를 같은 방향으로 도는데 용민이는 7km/h, 효린이는 3km/h로 걷는다고 한다. 두 사람이 다시 만났을 때, 7시간이 지나 있었다면 호수의 둘레는?

① 24km

② 26km

③ 28km

④ 30km

⑤ 32km

11　민석이는 기숙사에서 회사까지 2km 거리를 자전거를 타고 시속 4km으로 출근한다. 민석이가 회사에 도착하는 데 걸리는 시간은?

① 10분

② 20분

③ 30분

④ 40분

⑤ 50분

12　은총이가 학교로 출발한 지 5분 후, 동생이 따라 나왔다. 동생은 매분 100m의 속력으로 걷고 은총이는 매분 80m의 속력으로 걷는다면, 두 사람은 동생이 출발한 뒤 몇 분 후에 만나는가?

① 15분

② 20분

③ 25분

④ 30분

⑤ 35분

13 두 지점 A, B 사이를 자동차로 왕복하는데 갈 때는 시속 80km, 올 때는 시속 60km로 달렸더니 올 때는 갈 때보다 시간이 30분 더 걸렸다. 두 지점 A, B 사이의 거리는?

① 100km

② 110km

③ 120km

④ 130km

⑤ 140km

14 둘레가 2km인 호수를 같은 지점에서 A는 뛰어가고 B는 걸어간다고 한다. 다른 방향으로 가면 5분 만에 다시 만나고, 같은 방향으로 가면 10분 만에 다시 만날 때 A의 속력은?(단, A는 B보다 빠르다)

① 200m/min

② 300m/min

③ 400m/min

④ 500m/min

⑤ 600m/min

15 일정한 속력으로 달리는 기차가 400m 길이의 터널을 완전히 통과하는 데 10초, 800m 길이의 터널을 완전히 통과하는 데 18초가 걸렸다. 이 기차의 속력은?

① 50m/s

② 55m/s

③ 60m/s

④ 75m/s

⑤ 100m/s

16 효진이는 4km 떨어진 회사를 150m/min의 속도로 자전거를 타고 가다가 중간에 내려 나머지 거리는 50m/min의 속도로 걸어갔다. 집에서 회사까지 도착하는 데 30분이 걸렸을 때, 효진이가 걸어간 시간은?

① 5분   ② 7분

③ 10분   ④ 15분

⑤ 17분

17 Y사에 근무하는 은영이는 오전에 A사로 외근을 갔다. 일을 마치고 시속 3km로 걸어서 회사로 가는 반대 방향으로 1km 떨어진 우체국에 들렸다가 회사로 복귀하는 데 1시간 40분이 걸렸다. A사부터 Y사까지 거리는?

① 1km   ② 2km

③ 3km   ④ 4km

⑤ 5km

18 신영이는 제주도로 여행을 갔다. 호텔에서 공원까지 거리는 지도상에서 10cm이고, 지도의 축척은 1 : 50,000이다. 신영이가 30km/h의 속력으로 자전거를 타고 갈 때, 호텔에서 출발하여 공원에 도착하는 데까지 걸리는 시간은?

① 10분   ② 15분

③ 20분   ④ 25분

⑤ 30분

현재 아버지와 아들의 나이의 차는 25세이고, 3년 후 아버지 나이는 아들 나이의 2배보다 7살 더 많다. 현재 아버지의 나이는?

① 40세   ② 42세

③ 44세   ④ 46세

⑤ 48세

| 해설 | x세, y세를 각각 아버지, 아들의 현재 나이라고 할 때, 둘의 나이에 관한 방정식을 구하면 다음과 같다.

$x-y=25 \cdots \boxdot$

$x+3=2(y+3)+7 \cdots \boxdot$

$\boxdot$과 $\boxdot$을 연립하면 $x=40$, $y=15$

따라서 현재 아버지의 나이는 40세이다.

정답 ①

19 연경이와 혜정이의 현재 연령 비는 3 : 1이고, 5년 후의 연령 비는 7 : 4가 된다고 한다. 연경이와 혜정이의 현재 나이는?

	연경	혜정
①	9살	3살
②	6살	2살
③	3살	9살
④	2살	6살
⑤	4살	12살

Easy

20 종대와 종인이의 나이 차이는 3살이다. 아버지의 나이는 종대와 종인이의 나이의 합보다 1.6배 많다. 종대의 나이가 14살이면 아버지의 나이는?(단, 종대가 형이고, 종인이가 동생이다)

① 38세   ② 39세

③ 40세   ④ 41세

⑤ 42세

21 올해 Y사 지원부서원 25명의 평균 나이가 38세이다. 다음 달에 52세의 팀원이 퇴사하고 27세의 신입사원이 입사할 예정일 때, 내년 지원부서원 25명의 평균 나이는?(단, 주어진 조건 외에 다른 인사이동은 없다)

① 35세   ② 36세

③ 37세   ④ 38세

⑤ 39세

22 가로 240m, 세로 400m인 부지에 정사각형으로 구역을 나누어 경작을 하려고 한다. 구역을 최소로 나눈다고 할 때, 구역은 총 몇 개가 되는가?(단, 남겨지는 땅은 없다)

① 14개   ② 15개

③ 16개   ④ 17개

⑤ 18개

23 아이들에게 과자를 1인당 8개씩 나누어 주려고 한다. 10개씩 들어 있는 과자 17상자를 준비하였더니 과자가 남았고, 남은 과자를 1인당 1개씩 더 나누어 주려고 하니 부족했다. 만일 지금보다 9명이 더 늘어난다면 과자 6상자를 추가해야 모두에게 1인당 8개 이상씩 나누어 줄 수 있다고 할 때, 처음 아이들 수는?

① 18명   ② 19명

③ 20명   ④ 21명

⑤ 22명

24 가로의 길이가 95cm, 세로의 길이가 38cm인 직사각형 모양의 변두리에 나무를 심고자 한다. 네 변의 꼭짓점에는 반드시 나무가 심어져 있어야 하고 네 변 모두 같은 간격으로 나무를 심고자 할 때, 최소한으로 필요한 나무의 수는?

① 11그루   ② 12그루

③ 13그루   ④ 14그루

⑤ 15그루

25 등산 동아리 회원들은 경주로 놀러가기 위해 숙소를 예약하였다. 방 하나에 회원을 6명씩 배정하면 12명이 남으며, 7명씩 배정하면 한 개의 방에는 6명이 배정되고 2개의 방이 남는다. 등산 동아리에서 예약한 방의 총 개수는?

① 25개   ② 26개
③ 27개   ④ 28개
⑤ 29개

26 Y대학교에 지원한 지원자의 남학생과 여학생의 비율은 3 : 2이었다. 지원자 중 합격자의 남녀 비율은 5 : 2이고, 불합격자 남녀 비율은 4 : 3이라고 한다. 전체 합격자 수가 280명일 때, 지원자 중 여학생의 인원수는?

① 440명   ② 480명
③ 540명   ④ 560명
⑤ 640명

27 하나에 700원짜리 무와 1,200원짜리 감자를 섞어서 15개를 샀다. 지불한 총금액이 14,500원일 때, 구입한 무의 개수는?

① 6개   ② 7개
③ 8개   ④ 9개
⑤ 10개

대표유형 4 금액

원가가 a원인 물품에 30% 이익을 예상하고 정가를 붙였지만 팔리지 않아 결국 정가의 20%를 할인하여 팔았다고 한다. 이때, 이익은 얼마인가?

① 0.03a원   ② 0.04a원

③ 0.05a원   ④ 0.06a원

⑤ 0.07a원

| 해설 | (정가)−(원가)=(이익)이므로 $a×(1+0.3)×(1-0.2)=1.04a$
따라서 이익은 $1.04a-a=0.04a$원이다.

정답 ②

28 지난 달 A대리의 휴대폰 요금과 B과장의 휴대폰 요금을 합한 금액은 14만 원이었다. 이번 달의 휴대폰 요금은 지난달에 비하여 A대리는 10% 감소하고, B과장은 20% 증가하여 두 사람의 휴대폰 요금은 같아졌다. 이번 달 B과장의 휴대폰 요금은?

① 65,000원   ② 72,000원

③ 75,000원   ④ 81,000원

⑤ 83,000원

29 종욱이는 25,000원짜리 피자 두 판과 8,000원짜리 샐러드 세 개를 주문했다. 멤버십 혜택으로 피자는 15%, 샐러드는 25%, 이벤트로 나머지 금액의 10%를 추가 할인을 받았다. 종욱이가 총 할인받은 금액은?

① 12,150원   ② 13,500원

③ 18,600원   ④ 19,550원

⑤ 20,850원

30 Y사에서 신제품 출시로 인한 이벤트를 다음과 같이 진행할 때, 이월 상품은 원래 가격에서 얼마나 할인된 가격으로 판매되는가?

〈이벤트〉

- 전 품목 20% 할인
- 이월상품 추가 10% 할인

① 27% ② 28%

③ 29% ④ 30%

⑤ 31%

31 어느 가정의 1월과 6월의 난방요금 비율이 7 : 3이다. 1월의 난방요금에서 2만 원을 뺄 경우에 그 비율이 2 : 1이면, 1월의 난방요금은?

① 10만 원 ② 12만 원

③ 14만 원 ④ 16만 원

⑤ 18만 원

32 새롭게 오픈한 한 게임방은 1인당 입장료가 5,000원이며, 5명이 입장하면 추가 1명이 무료로 입장할 수 있는 이벤트를 진행하려고 한다. A씨가 친구들 53명과 함께 게임방에 들어가고자 할 때, 할인금액은 총 얼마인가?

① 2만 원 ② 3만 원

③ 4만 원 ④ 5만 원

⑤ 6만원

33 조각 케이크 1조각을 정가로 팔면 3,000원의 이익을 얻는다. 만일, 장사가 되지 않아 정가보다 20%를 할인하여 5개 팔았을 때 순이익과 조각 케이크 1개당 정가에서 2,000원씩 할인하여 4개를 팔았을 때의 매출액이 같다면 이 상품의 정가는?

① 4,000원 ② 4,100원

③ 4,300원 ④ 4,400원

⑤ 4,600원

34 총무부에서 사무용품을 구매 하려고 한다. 매번 구매해 온 문구점의 연필 한 자루는 1,000원인데, 거래처 특별할인으로 한 타를 사면 20%를 할인해준다. 한 타를 사는 것이 낱개로 살 때보다 얼마 더 저렴한가?(단, 한 타는 12자루이다)

① 2,000원
② 2,200원
③ 2,400원
④ 2,600원
⑤ 2,800원

35 A사원은 평상시에 지하철을 이용하여 출퇴근한다. 그러다 프로젝트를 맡게 되면 출퇴근 시간이 일정치 않아, 프로젝트 기간에는 자동차를 탄다. 이번 달에는 프로젝트 없이 업무가 진행됐지만, 다음 달에는 5일간 프로젝트 업무를 진행할 예정이다. 지하철을 이용하여 출퇴근하면 왕복으로 3,000원이 들고, 자동차를 이용할 경우 기름값이 1일 5,000원, 톨게이트 이용료가 1회 2,000원이 든다. A사원이 이번 달에 사용한 교통비와 다음 달에 사용할 교통비의 차액은 얼마인가?(단, 한 달에 20일을 출근하며, 톨게이트는 출퇴근 시 각각 1번씩 지난다)

① 2만 원
② 3만 원
③ 5만 원
④ 6만 원
⑤ 9만 원

Hard

36 500개의 달걀을 개당 10원으로 매입하였다. 그중 10%가 깨져도 전체적으로 10% 이상의 이익을 올리려면 개당 정가를 적어도 얼마로 해야 하는가?

① 13원
② 14원
③ 15원
④ 16원
⑤ 17원

Y사는 창립일을 맞이하여 초대장을 준비하려고 한다. VIP 초대장을 완성하는데 혼자서 만들 경우 A대리는 6일, B사원은 12일이 걸린다. A대리와 B사원이 함께 VIP 초대장을 만들 경우, 완료할 때까지 걸리는 시간은?

① 5일

② 4일

③ 3일

④ 2일

⑤ 1일

| 해설 | VIP 초대장을 만드는 일의 양을 1이라고 가정하자. 혼자서 만들 때 걸리는 기간은 A대리는 6일, B사원은 12일이므로 각각 하루에 끝낼 수 있는 일의 양은 $\frac{1}{6}$, $\frac{1}{12}$ 이다. 두 사람이 함께 일하면 하루에 끝내는 양은 $\frac{1}{6} + \frac{1}{12} = \frac{3}{12} = \frac{1}{4}$ 이다.

따라서 A대리와 B사원이 함께 초대장을 만들면 하루에 할 수 있는 일의 양은 $\frac{1}{4}$ 이므로 완료하는 데 걸리는 시간은 4일이다.

 정답 ②

37 서로 맞물려 도는 두 톱니바퀴 A, B가 있다. A의 톱니 수는 30개, B의 톱니 수는 20개이다. A가 4회 회전할 때, B는 몇 회 회전하는가?

① 4회

② 5회

③ 6회

④ 7회

⑤ 8회

38 서로 맞물려 도는 두 톱니바퀴 A, B가 있다. A의 톱니 수는 54개, B의 톱니 수는 78개이다. 두 톱니바퀴가 같은 톱니에서 출발하여 다시 처음으로 같은 톱니끼리 맞물리는 것은 B톱니바퀴가 몇 회전한 후인가?

① 8회전

② 9회전

③ 10회전

④ 11회전

⑤ 12회전

39 지름이 15cm인 톱니바퀴와 지름이 27cm인 톱니바퀴가 서로 맞물려 돌아가고 있다. 큰 톱니바퀴가 분당 10바퀴를 돌았다면, 작은 톱니바퀴는 분당 몇 바퀴를 돌았겠는가?

① 16바퀴   ② 17바퀴

③ 18바퀴   ④ 19바퀴

⑤ 20바퀴

Easy

40 A가 혼자 하면 4일, B가 혼자 하면 6일 걸리는 일이 있다. A가 먼저 2일 동안 일을 하고 남은 양을 B가 끝마치려 한다. B는 며칠 동안 일을 해야 하는가?

① 2일   ② 3일

③ 4일   ④ 5일

⑤ 6일

41 A와 B가 같이 일을 하면 12일이 걸리고, B와 C가 같이 일을 하면 6일, C와 A가 같이 일을 하면 18일이 걸리는 일이 있다. 만약 A ~ C 모두 함께 72일 동안 일을 하면 기존에 했던 일의 몇 배의 일을 할 수 있는가?

① 9배   ② 10배

③ 11배   ④ 12배

⑤ 13배

42 A, B는 오후 1시부터 오후 6시까지 근무를 한다. A는 310개의 제품을 포장하는 데 1시간이 걸리고, B는 작업속도가 1시간마다 바로 전 시간의 2배가 된다. 두 사람이 받는 하루 임금이 같다고 할 때, B는 처음 시작하는 1시간 동안에 몇 개의 제품을 포장하는가?(단, 일급은 그날 포장한 제품의 개수에 비례한다)

① 25개   ② 50개

③ 75개   ④ 100개

⑤ 125개

43 Y사에서는 A, B 두 제품을 주력 상품으로 제조하고 있다. A제품을 1개 만드는 데 재료비는 3,600원, 인건비는 1,600원이 들어간다. 또한 B제품을 1개 만드는 데 재료비는 1,200원, 인건비는 2,000원이 들어간다. 이 회사는 한 달 동안 두 제품을 합하여 40개를 생산하려고 한다. 재료비는 12만 원 이하, 인건비는 7만 원 이하가 되도록 하려고 할 때, A제품을 최대로 생산하면 몇 개를 만들 수 있는가?

① 25개
② 26개
③ 28개
④ 30개
⑤ 31개

44 가영이는 찬형이에게 2시간 뒤에 돌아올 때까지 2,400L의 물이 들어가는 수영장에 물을 가득 채워 달라고 했다. 찬형이는 1분에 20L의 물을 채우면 수영장이 2시간 안에 가득 채워지는 것을 알고, 1분에 20L의 물을 채우기 시작했다. 그런데 20분이 지난 후, 수영장 안을 살펴보니 금이 가 있어서 수영장의 $\frac{1}{12}$ 밖에 차지 않았다. 가영이가 돌아왔을 때 수영장에 물이 가득 차 있으려면 찬형이는 남은 시간 동안 1분에 최소 몇 L 이상의 물을 더 부어야 하는가?

① 28L
② 29L
③ 32L
④ 34L
⑤ 35L

45 반도체 부품을 만드는 공장이 있는데 이 공장에는 구형기계와 신형기계, 두 종류의 기계가 있다. 구형기계 3대와 신형기계 5대를 가동했을 때는 1시간에 부품을 4,200개, 구형기계 5대와 신형기계 3대를 가동했을 때는 1시간에 부품을 3,000개를 만들 수 있다. 구형기계와 신형기계를 각각 1대씩 가동했을 때는 1시간에 몇 개의 부품을 만들 수 있는가?

① 900개
② 1,000개
③ 1,100개
④ 1,200개
⑤ 1,300개

농도 4%의 소금물이 들어 있는 컵에 농도 10%의 소금물을 부었더니, 농도 8%의 소금물 600g이 만들어졌다. 처음 들어 있던 4%의 소금물의 양은?

① 160g

② 180g

③ 200g

④ 220g

⑤ 240g

| 해설 | 4%의 소금물의 양을 xg이라고 하면 10%의 소금물의 양은 $(600-x)$g이다.

$$\frac{4}{100}x + \frac{10}{100}(600-x) = \frac{8}{100} \times 600$$

양변에 100을 곱하면

$4x + 10(600-x) = 4,800$

$6x = 1,200$

$\therefore \ x = 200$

따라서 처음 컵에 들어있던 4%의 소금물의 양은 200g이다.

정답 ③

---

46 농도가 각각 10%, 6%인 설탕물을 섞어서 300g의 설탕물을 만들었다. 여기에 설탕 20g을 더 넣었더니 농도가 12%인 설탕물이 되었다면 6% 설탕물의 양은?

① 10g

② 20g

③ 280g

④ 290g

⑤ 320g

Hard

47 농도 12% 소금물 600g에서 소금물을 조금 퍼내고, 그 양만큼의 물을 다시 부었다. 그리고 여기에 농도 4% 소금물을 더 넣어 농도 5.5%의 소금물 800g을 만들었다면, 처음에 퍼낸 소금물의 양은?

① 100g

② 200g

③ 300g

④ 400g

⑤ 500g

48 농도 10%의 소금물 100g과 25%의 소금물 200g을 섞으면 몇 %의 소금물이 되겠는가?

① 15%
② 20%
③ 25%
④ 30%
⑤ 35%

49 농도 9%의 소금물 800g이 있다. 이 소금물을 증발시켜 16%의 소금물을 만들려면 몇 g을 증발시켜야 하는가?

① 300g
② 325g
③ 350g
④ 375g
⑤ 400g

50 농도 8%의 소금물 600g이 있다. 여기에 소금을 더 넣어 18%의 소금물을 만들려고 한다. 필요한 소금의 양은?(단, 소수점 둘째 자리에서 반올림한다)

① 72.7g
② 73.2g
③ 73.8g
④ 74.2g
⑤ 74.5g

51 농도를 알 수 없는 설탕물 500g에 3%의 설탕물 200g을 온전히 섞었더니 설탕물의 농도는 7%가 되었다. 처음 500g의 설탕물에 녹아있던 설탕은 몇 g인가?

① 40g
② 41g
③ 42g
④ 43g
⑤ 44g

52 농도가 5%인 100g의 설탕물을 증발시켜 농도가 10%인 설탕물이 되게 하려고 한다. 한 시간에 2g씩 증발된다고 할 때, 몇 시간이 걸리겠는가?

① 22시간   ② 23시간

③ 24시간   ④ 25시간

⑤ 26시간

53 6%의 설탕물 100g을 10%의 설탕물이 되게 하려면 몇 g의 설탕을 더 넣어야 하는가?

① $\dfrac{36}{9}$ g   ② $\dfrac{37}{9}$ g

③ $\dfrac{38}{9}$ g   ④ $\dfrac{39}{9}$ g

⑤ $\dfrac{40}{9}$ g

54 현수는 비커에 소금물 200g을 가지고 있었다. 물 50g을 증발시킨 후 소금 5g을 더 녹였더니 처음 농도의 3배인 소금물이 되었다. 현수가 처음 가진 소금물의 농도는?(단, 소수점 둘째 자리에서 반올림한다)

① 약 1.0%   ② 약 1.3%

③ 약 1.6%   ④ 약 1.9%

⑤ 약 2.0%

주사위 세 개를 던졌을 때, 나오는 눈의 합이 4가 되는 경우의 수는?

① 1가지   ② 3가지

③ 5가지   ④ 7가지

⑤ 9가지

| 해설 | 주사위 세 개를 던졌을 때 나오는 눈의 합이 4가 되는 경우를 순서쌍으로 나타내면
(1, 1, 2), (1, 2, 1), (2, 1, 1)
따라서 나오는 눈의 합이 4가 되는 경우의 수는 3가지이다.

정답 ②

55 서경이는 흰색 깃발과 검은색 깃발을 하나씩 갖고 있는데, 깃발을 총 5번 들어 신호를 표시하려고 한다. 같은 깃발은 4번까지만 사용하여 신호를 표시한다면, 만들 수 있는 신호는 총 몇 가지인가?

① 14가지   ② 16가지

③ 30가지   ④ 32가지

⑤ 36가지

56 A와 B는 함께 자격증 시험에 도전하였다. A가 불합격할 확률이 $\frac{2}{3}$ 이고 B가 합격할 확률이 60%일 때 A, B 둘 다 합격할 확률은?

① 20%   ② 30%

③ 40%   ④ 50%

⑤ 60%

57 6장의 서로 다른 쿠폰이 있는데 처음 오는 손님에게는 1장, 두 번째 오는 손님에게는 2장, 세 번째 오는 손님에게는 3장을 주는 경우의 수는?

① 32가지   ② 48가지

③ 51가지   ④ 58가지

⑤ 60가지

58 빨강, 파랑, 노랑, 검정의 4가지 색을 다음 ㄱ, ㄴ, ㄷ, ㄹ에 칠하려고 한다. 같은 색을 여러 번 사용해도 상관없으나, 같은 색을 이웃하여 칠하면 안 된다. 색칠하는 전체 경우의 수는?

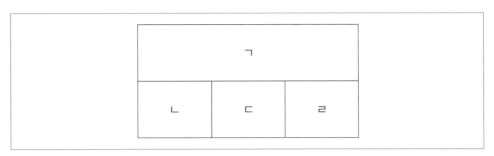

① 24가지
② 48가지
③ 64가지
④ 72가지
⑤ 84가지

59 주머니에 1부터 40까지의 자연수가 하나씩 적힌 40개의 공이 들어 있다. 이 주머니에서 공을 1개 꺼냈을 때, 꺼낸 공에 적힌 수가 40의 약수 또는 3의 배수인 경우의 수는?

① 13가지
② 15가지
③ 17가지
④ 19가지
⑤ 21가지

60 흰 구슬 3개, 검은 구슬 5개가 들어있는 주머니에서 연속해서 3개의 구슬을 뽑으려고 한다. 이때 흰 구슬 2개, 검은 구슬 1개가 나올 확률은?(단, 꺼낸 구슬은 다시 집어넣지 않는다)

① $\dfrac{11}{56}$
② $\dfrac{15}{56}$
③ $\dfrac{17}{56}$
④ $\dfrac{23}{56}$
⑤ $\dfrac{35}{56}$

61 A~F를 한 줄로 세울 때, A와 B가 나란히 서 있을 확률은?

① $\dfrac{1}{6}$ ② $\dfrac{1}{3}$

③ $\dfrac{1}{2}$ ④ $\dfrac{2}{3}$

⑤ $\dfrac{5}{6}$

62 30명의 남학생 중에서 16명, 20명의 여학생 중에서 14명이 수학여행으로 국외를 선호하였다. 전체 50명의 학생 중 임의로 선택한 한 명이 국내 여행을 선호하는 학생일 때, 이 학생이 남학생일 확률은?

① $\dfrac{3}{5}$ ② $\dfrac{7}{10}$

③ $\dfrac{4}{5}$ ④ $\dfrac{9}{10}$

⑤ $\dfrac{5}{13}$

63 A~C 세 사람이 동시에 같은 문제를 풀려고 한다. A가 문제를 풀 확률은 $\dfrac{1}{4}$, B가 문제를 풀 확률은 $\dfrac{1}{3}$, C가 문제를 풀 확률은 $\dfrac{1}{2}$일 때, 한 사람만 문제를 풀 확률은?

① $\dfrac{2}{9}$ ② $\dfrac{1}{4}$

③ $\dfrac{5}{12}$ ④ $\dfrac{11}{24}$

⑤ $\dfrac{6}{7}$

일정한 규칙으로 수를 나열할 때, 다음 중 빈칸에 들어갈 알맞은 수는?

8	9	10	12	( )	15	14	18	

① 11   ② 12

③ 14   ④ 15

⑤ 16

| 해설 | 홀수 항은 +2, 짝수 항은 +3씩 반복되는 수열이다.

정답 ②

※ 일정한 규칙으로 수를 나열할 때, 다음 중 빈칸에 들어갈 알맞은 수를 고르시오. [64~80]

64

3	10	24	( )	73	108

① 45   ② 50

③ 55   ④ 60

⑤ 65

65

27	15	13.5	30	( )	60	3.375

① 6.45   ② 6.75

③ 45   ④ 50

⑤ 55

	19	29	20	( )	22	26	25	23

① 25　　　　　　　　　　　② 26

③ 27　　　　　　　　　　　④ 28

⑤ 29

	3	4	0	16	−5	36	−12	( )

① −36　　　　　　　　　　② 64

③ 72　　　　　　　　　　　④ 121

⑤ 125

Hard

	$\dfrac{2}{3}$	$\dfrac{1}{2}$	$\dfrac{1}{3}$	( )	$\dfrac{1}{21}$

① $\dfrac{1}{18}$　　　　　　　　② $\dfrac{1}{6}$

③ $\dfrac{1}{36}$　　　　　　　　④ $\dfrac{1}{21}$

⑤ $\dfrac{1}{4}$

	$\dfrac{1}{1}$	$\dfrac{1}{2}$	$\dfrac{2}{2}$	$\dfrac{1}{3}$	$\dfrac{2}{3}$	$\dfrac{3}{3}$	( )

① $\dfrac{4}{3}$　　　　　　　　② $\dfrac{1}{4}$

③ $\dfrac{2}{4}$　　　　　　　　④ $\dfrac{1}{5}$

⑤ $\dfrac{2}{5}$

70

$$\frac{2}{5} \quad \frac{16}{25} \quad (\quad) \quad \frac{44}{625} \quad \frac{58}{3,125} \quad \frac{72}{15,625}$$

① $\frac{30}{125}$　　　　　　　　　　② $\frac{25}{125}$

③ $\frac{30}{120}$　　　　　　　　　　④ $\frac{25}{120}$

⑤ $\frac{20}{125}$

PART 1

71

$$12.3 \quad 15 \quad 7.5 \quad 10.2 \quad (\quad) \quad 7.8 \quad 3.9$$

① 4.2　　　　　　　　　　② 5.1

③ 6.3　　　　　　　　　　④ 7.2

⑤ 8.1

72

$$1 \quad 2 \quad 3 \quad \frac{5}{2} \quad 9 \quad 3 \quad (\quad)$$

① $\frac{7}{2}$　　　　　　　　　　② 7

③ $\frac{27}{2}$　　　　　　　　　　④ 27

⑤ $\frac{37}{2}$

73

| | 25 | 250 | 62.5 | 625 | 156.25 | ( ) |

① 1,262.5

② 12,625

③ 1,562.5

④ 15,625

⑤ 1,862.5

74

$$\frac{1}{2} \quad 1 \quad \frac{1}{3} \quad \frac{13}{12} \quad (\ ) \quad \frac{67}{60}$$

① $\dfrac{7}{6}$

② $\dfrac{5}{6}$

③ $\dfrac{13}{24}$

④ $\dfrac{5}{8}$

⑤ $\dfrac{17}{60}$

75

$$2 \quad 3 \quad 1 \quad -0.7 \quad (\ ) \quad -4.9 \quad \frac{1}{4} \quad -9.6$$

① $\dfrac{1}{2}$

② -1

③ -2.5

④ -3

⑤ $\dfrac{1}{3}$

76

$$0.4 \quad 0.5 \quad 0.65 \quad 0.85 \quad 1.1 \quad (\ )$$

① 1.35

② 1.4

③ 1.45

④ 1.5

⑤ 1.55

77

| 92 103 107 115 ( ) 127 |

① 110
② 112
③ 118
④ 121
⑤ 122

78

| 18 13 10.5 9.25 ( ) |

① 6.5
② 8.5
③ 8.625
④ 9.625
⑤ 10.5

79

| 2 2 8 -1 3 4 2 3 10 2 4 ( ) |

① 10
② 11
③ 12
④ 13
⑤ 14

80

| 2 ( ) 10 4 -3 -10 -5 2 -8 |

① 4
② 6
③ 8
④ 12
⑤ 14

훌륭한 가정만한 학교가 없고,
덕이 있는 부모만한 스승은 없다.

- 마하트마 간디 -

PART

2

최종점검
모의고사

제1회 최종점검 모의고사
제2회 최종점검 모의고사

☑ 응시시간 : 60분　☑ 문항 수 : 80문항　　　　　　정답 및 해설 p.032

01　언어이해

01　다음 글의 중심 내용으로 가장 적절한 것은?

> 신문이 진실을 보도해야 한다는 것은 새삼스러운 설명이 필요 없는 당연한 이야기이다. 정확한 보도를 하기 위해서는 문제를 전체적으로 보아야 하고, 역사적으로 새로운 가치의 편에서 봐야 하며, 무엇이 근거이고, 무엇이 조건인가를 명확히 해야 한다. 그런데 이러한 준칙을 강조하는 것은 기자들의 기사 작성 기술이 미숙하기 때문이 아니라, 이해관계에 따라 특정 보도의 내용이 달라지기 때문이다. 자신들에게 유리하도록 기사가 보도되게 하려는 외부 세력이 있으므로 진실 보도는 일반적으로 수난의 길을 걷게 마련이다. 신문은 스스로 자신들의 임무가 '사실 보도'라고 말한다. 그 임무를 다하기 위해 신문은 자신들의 이해관계에 따라 진실을 왜곡하려는 권력과 이익 집단, 그 구속과 억압의 논리로부터 자유로워야 한다.

① 신문의 임무는 '사실 보도'이나, 진실 보도는 수난의 길을 걷는다.

② 자신들에게 유리하도록 기사가 보도되게 하는 외부 세력이 있다.

③ 진실 보도를 위하여 구속과 억압의 논리로부터 자유로워야 한다.

④ 정확한 보도를 하기 위하여 전체적 시각을 가져야 한다.

⑤ 신문 보도에 있어 준칙을 강조하는 것은, 기자들의 기사 작성 기술이 미숙하기 때문이다.

02　다음 글을 통해서 알 수 있는 것이 아닌 것은?

> 참여예산제는 예산 편성의 단계에서 시민들의 참여를 가능하게 하는 제도이다. 행정부의 독점적인 예산 편성은 계층제적 권위에 의한 참여의 부족을 불러와 비효율성의 또 다른 원인이 될 수 있기 때문에, 참여예산제의 시행은 재정 민주주의의 실현을 위해서 뿐만 아니라 예산 배분의 효율성 제고를 위해서도 필요한 것이라 할 수 있다. 그러나 참여가 형식에 그치게 되거나 예기치 못한 형태의 주민 간 갈등이 나타날 수 있다는 문제점이 존재한다. 또 인기 영합적 예산 편성과 예산 수요의 증가 및 행정부 의사 결정의 곤란과 같은 문제점도 지적된다.

① 참여예산제의 시행은 민주성의 실현이라는 의의가 있다.

② 참여예산제의 시행은 예산 편성상의 효율성을 제고할 것이다.

③ 참여예산제는 주민들의 다양한 이익을 반영할 수 있을 것이다.

④ 참여예산제는 재정 상태를 악화시킬 것이다.

⑤ 참여예산제의 시행은 행정부의 권위주의를 견제하기 위해서 필요할 것이다.

03

> 엘리스에 따르면, 인간의 심리적 문제는 개인의 비합리적인 신념의 산물이다. 엘리스가 말하는 비합리적 신념의 공통적 특성은 다음과 같다. 첫째, 당위적 사고이다. 이러한 사고방식은 스스로에게 너무나 많은 것을 요구하게 하고, 세상이 자신의 당위에서 조금만 벗어나 있어도 그것을 참지 못하는 경직된 사고를 유발하게 된다. 둘째, 지나친 과장이다. 이는 문제 상황을 지나치게 과장함으로써 문제에 대한 차분하고 객관적인 접근을 가로막는다. 셋째, 자기 비하이다. 이러한 사고방식은, 자신의 부정적인 한 측면을 기초로 자신의 인격 전체를 폄하하는 부정적 사고방식을 낳게 된다.

① 당위적 사고는 경직된 사고를 유발한다.
② 지나친 과장은 객관적 사고를 가로막는다.
③ 비합리적 신념에는 공통적 특징들이 존재한다.
④ 심리적 문제가 비합리적인 신념의 원인이 된다.
⑤ 자기 비하는 자신의 인격 전체를 폄하하는 부정적 사고방식을 낳게 된다.

04

> 조금 예민한 문제이지만 외몽고와 내몽고라는 용어도 문제가 있다. 외몽고는 중국을 중심으로 바깥쪽이라는 뜻이고, 내몽고는 중국의 안쪽에 있다는 말이다. 이러한 영토 내지는 귀속 의식을 벗어나서 객관적으로 표현한다면 북몽골, 남몽골로 구분하는 것이 더 낫다. 그러나 이렇게 하면 중국과의 불화는 불을 보듯이 뻔하다. 중국의 신강도 '새 영토'라는 뜻이므로 지나치게 중화주의적이다. 그곳에 사는 사람들의 고유 전통을 완전히 무시한 것이기도 하다. 미국과 캐나다, 그리고 호주의 원주민 보호 구역 역시 '보호'라는 의미를 충족하지 못한다. 수용 지역이라고 하는 것이 더욱 객관적이다. 그러나 그렇게 한다면 외교적인 부담을 피할 길이 없다. 이처럼 예민한 지명 문제는 학계 목소리로 남겨 두는 것이 좋다.

① 정부는 외몽고를 북몽골로 불러야 한다.
② 지명 문제로 외교 마찰을 빚는 것은 바람직하지 않다.
③ 외몽고, 내몽고, 신강 등과 같은 표현은 객관적인 표현이라 할 수 없다.
④ 외교적 마찰이 예상되는 지명 문제에 대해서는 학계에서 논의하는 것이 좋다.
⑤ 중국이 '신강'과 같은 원리로 이름을 붙이는 것은, 지나치게 중화주의적인 태도이다.

05 다음 글의 내용으로 가장 적절한 것은?

> 우리 속담에 '울다가도 웃을 일이다.'라는 말이 있듯이 슬픔의 아름다움과 해학의 아름다움이 함께 존재한다면 이것은 우리네의 곡절 많은 역사 속에 밴 미덕의 하나라고 할 만하다. 울다가도 웃을 일이라는 말은 물론 어처구니가 없을 때 하는 말이기도 하지만 애수가 아름다울 수 있고 또 익살이 세련되어 아름다울 수 있다면 그 사회의 서정과 조형미에 나타나는 표현에도 의당 이러한 것이 반영되어 있어야 한다.
>
> 이러한 고요의 아름다움과 슬픔의 아름다움이 조형 작품 위에 옮겨질 수 있다면 이것은 바로 예술에서 말하는 적조미의 세계이며, 익살의 아름다움이 조형 위에 구현된다면 물론 이것은 해학미의 세계일 것이다.

① 익살은 우리 민족만이 지닌 특성이다.
② 익살은 풍속화에서 가장 잘 표현된다.
③ 익살이 조형 위에 구현된다면 적조미이다.
④ 익살은 우리 민족의 삶의 정서를 반영한다.
⑤ 익살은 예술 작품을 통해서만 표현될 수 있다.

06 다음 A의 주장에 효과적으로 반박할 수 있는 진술은?

> A : 우리나라는 경제 성장과 국민 소득의 향상으로 매년 전력소비가 증가하고 있습니다. 이런 와중에 환경문제를 이유로 발전소를 없앤다는 것은 말도 안 되는 소리입니다. 반드시 발전소를 증설하여 경제 성장을 촉진해야 합니다.
> B : 하지만 최근 경제 성장 속도에 비해 전력소비량의 증가가 둔화되고 있는 것도 사실입니다. 더구나 전력소비에 대한 시민의식도 점차 바뀌어가고 있으므로 전력소비량 관련 캠페인을 실시하여 소비량을 줄인다면 발전소를 증설하지 않아도 됩니다.
> A : 의식의 문제는 결국 개인에게 기대하는 것이고, 희망적인 결과만을 생각한 것입니다. 확실한 것은 앞으로 우리나라 경제 성장에 있어 더욱더 많은 전력이 필요할 것이라는 겁니다.

① 친환경 발전으로 환경과 경제 문제를 동시에 해결할 수 있다.
② 경제 성장을 하면서도 전력소비량이 감소한 선진국의 사례도 있다.
③ 최근 국제 유가의 하락으로 발전비용이 저렴해졌다.
④ 발전소의 증설이 건설경제의 선순환 구조를 이룩할 수 있는 것이 아니다.
⑤ 우리나라 시민들의 전기소비량에 대한 인식조사를 해야 한다.

07 다음 글 뒤에 이어질 내용으로 가장 적절한 것은?

태초의 자연은 인간과 동등한 위치에서 상호 소통할 수 있는 균형적인 관계였다. 그러나 기술의 획기적인 발달로 인해 자연과 인간사회 사이에 힘의 불균형이 초래되었다. 자연과 인간의 공생은 힘의 균형을 전제로 한다. 균형적 상태에서 자연과 인간은 긴장감을 유지하지만 한쪽에 의한 폭력적 관계가 아니기에 소통이 원활히 발생한다. 또한 일방적인 관계에서는 한쪽의 희생이 필수적이지만 균형적 관계에서는 상호 호혜적인 거래가 발생한다. 이때의 거래란 단순히 경제적인 효율을 의미하는 것이 아니다. 대자연의 환경에서 각 개체와 그 후손들의 생존은 상호 관련성을 지닌다. 이에 따라 자연은 인간에게 먹거리를 제공하고 인간은 자연을 위한 의식을 행함으로써 상호 이해와 화해를 도모하게 된다. 인간에게 자연이란 정복의 대상이 아닌 존중받아야 할 거래 대상인 것이다. 결국 대칭적인 관계로의 회복을 위해서는 힘의 균형이 전제되어야 한다.

① 인간과 자연이 힘의 균형을 회복하기 위한 방법
② 인간과 자연이 거래하는 방법
③ 태초의 자연이 인간을 억압해온 사례
④ 인간 사회에서 소통의 중요성
⑤ 경제적인 효율을 극대화하기 위한 방법

08 다음 제시된 글 뒤에 이어질 내용을 논리적 순서대로 바르게 나열한 것은?

텔레비전 앞에 앉아 있으면 우리는 침묵한다. 수줍은 소녀가 된다. 텔레비전은 세상의 그 무엇에 대해서도 다 이야기한다.

㉠ 하지만 텔레비전은 내 사적인 질문 따위는 거들떠보지도 않는다.
㉡ 심지어 텔레비전은 자기 자신에 관해서도 이야기한다.
㉢ 남 앞에서 자기에 관해 말하는 것을 몹시 불편해하는 나로서는 존경하고 싶을 지경이다.

① ㉠－㉡－㉢
② ㉡－㉢－㉠
③ ㉠－㉢－㉡
④ ㉢－㉡－㉠
⑤ ㉢－㉠－㉡

09 다음 중 제시된 문장을 논리적 순서대로 바르게 나열한 것은?

> (가) 1970년 이후 적정기술을 기반으로 많은 제품이 개발되어 현지에 보급되어 왔지만, 그 성과에 대해서는 여전히 논란이 있다.
> (나) 적정기술은 새로운 기술이 아닌 우리가 알고 있는 여러 기술 중의 하나로, 어떤 지역의 직면한 문제를 해결하는 데 적절하게 사용된 기술이다.
> (다) 빈곤 지역의 문제 해결을 위해서는 기술 개발 이외에도 지역 문화에 대한 이해와 현지인의 교육까지도 필요하다.
> (라) 이는 기술의 보급만으로는 특정 지역의 빈곤 탈출과 경제적 자립을 이룰 수 없기 때문이다.

① (가) – (나) – (다) – (라)
② (가) – (라) – (나) – (다)
③ (나) – (가) – (라) – (다)
④ (나) – (다) – (라) – (가)
⑤ (다) – (라) – (나) – (가)

10 다음 글의 주제로 가장 적절한 것은?

> 멸균이란 곰팡이, 세균, 박테리아, 바이러스 등 모든 미생물을 사멸시켜 무균 상태로 만드는 것을 의미한다. 멸균 방법에는 물리적, 화학적 방법이 있으며, 멸균 대상의 특성에 따라 적절한 멸균 방법을 선택하여 실시할 수 있다. 먼저 물리적 멸균법에는 열이나 화학약품을 사용하지 않고 여과기를 이용하여 세균을 제거하는 여과법, 병원체를 불에 태워 없애는 소각법, 100℃에서 10 ~ 20분간 물품을 끓이는 자비소독법, 미생물을 자외선에 직접 노출시키는 자외선 소독법, 160 ~ 170℃의 열에서 1 ~ 2시간 동안 건열 멸균기를 사용하는 건열법, 포화된 고압증기 형태의 습열로 미생물을 파괴시키는 고압증기 멸균법 등이 있다. 다음으로 화학적 멸균법은 화학약품이나 가스를 사용하여 미생물을 파괴하거나 성장을 억제하는 방법을 말한다. 여기에는 E.O 가스, 알코올, 염소 등 여러 가지 화학약품이 사용된다.

① 멸균의 중요성
② 뛰어난 멸균 효과
③ 다양한 멸균 방법
④ 멸균 시 발생할 수 있는 부작용
⑤ 실생활에서 사용되는 멸균

11 다음 중 빈칸에 들어갈 내용으로 가장 적절한 것은?

> 인간의 손가락처럼 움직이는 로봇 H가 개발되었다. 공압식 손가락 로봇인 H에는 정교한 촉각과 미끄러짐을 감지하는 감각 시스템이 내장돼 있어 물건을 적절한 압력으로 섬세하게 쥐는 인간의 능력을 모방할 수 있다. H는 크기와 모양이 불규칙하거나 작고 연약한 물체를 다루는 데 어려움을 겪는 농업 및 물류 자동화 분야에서 가치를 발휘할 것으로 예상된다.
>
> 물류 자동화에 보편적으로 사용되는 관절 로봇은 복합적인 '움켜쥐기 알고리즘' 및 엔드 이펙터(손가락)의 정확한 배치와 물건을 쥐기 위한 고가의 센서 기기 및 시각 센서 등을 필요로 한다. 공기압을 통해 제어되는 H의 손가락은 구부리거나 힘을 가할 수 있으며, 각 손가락의 촉각 센서에 따라 개별적으로 제어된다. 따라서 H의 손가락은 _____ 인간의 손이 물건을 쥘 때와 마찬가지로 우선 손가락이 물건에 닿을 때까지 다가가 위치를 파악하고 해당 위치에 맞게 손가락 위치를 조정하여 물건을 쥐는 것이다. 이때 물건이 떨어지면 이를 즉각적으로 인식할 수 있으며, 물건이 미끄러지는 것을 감지하면 스스로 손가락의 힘을 더 높일 수 있다. 여기서 한걸음 더 나아가 기존 로봇이 쥐거나 포장할 수 있었던 물건의 종류와 수도 확대되었다.
>
> 실리콘 재질로 만들어진 H의 내부는 비어있으며, 새롭게 적용된 센서들이 손가락 모양의 실리콘 성형 과정에서 내장되고 공기 실(Air Chamber)이 중심을 지나간다. H의 유연한 손가락 표면은 식품을 만져도 안전하며, 쉽게 세척이 가능하다. 또한 손가락이 손상되거나 마모되더라도 저렴한 비용으로 교체할 수 있도록 개발됐다.
>
> 로봇 개발 업체 관계자는 "집품 및 포장 작업으로 인력에 크게 의존하는 물류산업은 항상 직원의 고용 및 부족 문제를 겪고 있다. 물류 체인의 집품 및 포장 자동화가 대규모 자동화보다 뒤떨어진 상황에서 H의 감각 시스템은 물체 선별 작업이나 자동화 주문을 처음부터 끝까지 이행할 수 있도록 하는 물류 산업 분야의 혁명이 될 것이다."라고 말했다.

① 고가의 센서 기기를 필요로 한다.

② 기존 관절 로봇보다 쉽게 구부러질 수 있다.

③ 밀리미터 단위의 정확한 위치 지정을 필요로 하지 않는다.

④ 가까운 곳에 위치한 물건을 멀리 있는 물건보다 더 쉽게 잡을 수 있다.

⑤ 무거운 물건도 간단하게 잡을 수 있다.

12 다음 글에 나타난 필자의 의도를 바르게 파악한 것은?

> 세상은 수많은 뉴스로 넘쳐난다. 어떤 뉴스는 사람들에게 유용한 지식과 정보를 제공하고, 살아가는 데 힘이 된다. 하지만 또 어떤 뉴스는 사람들에게 거짓 정보를 흘려 현실을 왜곡하거나 잘못된 정보와 의도로 우리를 현혹하기도 한다. 우리는 흔히 뉴스를 볼 때 우리가 선택하고 이용한다고 생각하지만, 사실은 뉴스가 보여주거나 알려주는 것만을 볼 수밖에 없다. 더구나 뉴스로 선택된 것들은 기자와 언론사의 판단을 통해 해석되고 재구성되는 과정을 거치기 마련이다. 아무리 객관적인 보도라 할지라도 해당 매체의 가치 판단을 거친 결과라는 말이다. 더군다나 스마트폰과 소셜미디어로 대표되는 인터넷을 통한 뉴스 이용은 언론사라는 뉴스 유통 단계를 거치지 않고 곧바로 독자에게 전달되어 가짜 뉴스와 같은 문제를 일으키기도 한다.
> 2016년 미국 대통령 선거에서 떠들썩했던 가짜 뉴스 사례는 가짜 뉴스의 영향력과 심각성이 얼마나 대단한지를 보여 준다. 당시 가짜 뉴스는 소셜미디어를 통해 확산되었다. 소셜 미디어를 통한 뉴스 이용은 개인적인 차원에서 이루어져 뉴스가 제공하는 정보의 형태와 출처가 뒤섞이거나, 지인의 영향력에 의해 뉴스의 신뢰도가 결정되는 등의 부작용을 낳는다.

① 뉴스의 가치는 다양성에 있다.
② 뉴스는 생산자에 따라 다양하게 구성된다.
③ 뉴스는 이용자의 특성에 따라 다양하게 구성된다.
④ 뉴스는 생산자의 특성과 가치를 포함한다.
⑤ 뉴스 이용자의 올바른 이해와 판단이 필요하다.

※ 다음 글을 바탕으로 한 추론으로 가장 적절한 것을 고르시오. [13~14]

13

노모포비아는 '휴대 전화가 없을 때(No mobile) 느끼는 불안과 공포증(Phobia)'이라는 의미의 신조어이다. 영국의 인터넷 보안업체 시큐어엔보이는 2012년 3월 영국인 1,000명을 대상으로 설문 조사한 결과 응답자의 66%가 노모포비아, 즉 휴대 전화를 소지하지 않았을 때 공포를 느낀다고 발표했다. 노모포비아는 특히 스마트폰을 많이 쓰는 젊은 나이일수록 그 증상이 심하다. 18~24세 응답자의 경우 노모포비아 응답률이 77%나 됐다. 전문가들은 이 증상이 불안감, 자기회의감 증가, 책임전가와 같은 정신적인 스트레스를 넘어 육체적 고통도 상당한 수준이라고 이야기한다. 휴대 전화에 집중하느라 계단에서 구르거나 난간에서 떨어지는 경미한 사고부터 심각한 차 사고까지 그 피해는 광범위하다.

① 노모포비아는 젊은 나이의 휴대 전화 보유자에게서 나타난다.
② 노모포비아는 스마트폰을 사용하는 경우에 무조건 나타난다.
③ 정신적인 스트레스만 발생시킨다.
④ 휴대 전화를 사용하지 않는 사람에게서는 노모포비아 증상이 나타나지 않는다.
⑤ 모든 젊은이들에게서 노모포비아 증상이 나타난다.

`Hard`

14

비자발적인 행위는 강제나 무지에서 비롯된 행위이다. 반면에 자발적인 행위는 그것의 실마리가 행위자 자신 안에 있다. 행위자 자신 안에 행위의 실마리가 있는 경우에는 행위를 할 것인지 말 것인지가 행위자 자신에게 달려 있다.

욕망이나 분노에서 비롯된 행위들을 모두 비자발적이라고 할 수는 없다. 그것들이 모두 비자발적이라면 인간 아닌 동물 중 어떤 것도 자발적으로 행위를 하는 게 아닐 것이며, 아이들조차 그럴 것이기 때문이다. 우리가 욕망하는 것 중에는 마땅히 욕망해야 할 것이 있는데, 그러한 욕망에 따른 행위는 비자발적이라고 할 수 없다. 실제로 우리는 어떤 것들에 대해서는 마땅히 화를 내야 하며, 건강이나 배움과 같은 것은 마땅히 욕망해야 한다. 따라서 욕망이나 분노에서 비롯된 행위를 모두 비자발적인 것으로 보아서는 안 된다.

합리적 선택에 따르는 행위는 모두 자발적인 행위지만 자발적인 행위의 범위는 더 넓다. 왜냐하면 아이들이나 동물들도 자발적으로 행위를 하긴 하지만 합리적 선택에 따라 행위를 하지는 못하기 때문이다. 또한 욕망이나 분노에서 비롯된 행위는 어떤 것도 합리적 선택을 따르는 행위가 아니다. 이성이 없는 존재는 욕망이나 분노에 따라 행위를 할 수 있지만, 합리적 선택에 따라 행위를 할 수는 없기 때문이다. 또 자제력이 없는 사람은 욕망 때문에 행위를 하지만 합리적 선택에 따라 행위를 하지는 않는다. 반대로 자제력이 있는 사람은 합리적 선택에 따라 행위를 하지, 욕망 때문에 행위를 하지는 않는다.

① 욕망에 따른 행위는 모두 자발적인 것이다.
② 자제력이 있는 사람은 자발적으로 행위를 한다.
③ 자제력이 없는 사람은 비자발적으로 행위를 한다.
④ 자발적인 행위는 모두 합리적 선택에 따른 것이다.
⑤ 마땅히 욕망해야 할 것을 하는 행위는 모두 합리적 선택에 따른 것이다.

행동경제학은 기존의 경제학과 다른 시선으로 인간을 바라본다. 기존의 경제학은 인간을 철저하게 합리적이고 이기적인 존재로 상정(想定)하여, 인간은 시간과 공간에 관계없이 일관된 선호를 보이며 효용을 극대화하는 방향으로 선택을 한다고 본다. 그래서 기존의 경제학자들은 인간의 행동이 예측 가능하다는 것을 전제(前提)로 경제이론을 발전시켜 왔다. 반면 행동경제학에서는 인간이 제한적으로 합리적이고 감성적인 존재라고 보며, 처한 상황에 따라 선호가 바뀌기 때문에 그 행동을 예측하기 어렵다고 생각한다. 또한 인간은 효용을 극대화하기보다는 어느 정도 만족하는 선에서 선택을 한다고 본다. 행동경제학은 기존의 경제학이 가정하는 인간관을 지나치게 이상적이고 비현실적이라고 비판한다. 그래서 행동경제학은 인간이 때로는 이타적인 행동을 하고 비합리적인 행동을 하는 존재라는 점을 인정하며, 현실에 실재(實在)하는 인간을 연구 대상으로 한다.

행동경제학에서 사용하는 용어인 '휴리스틱'은 인간의 제한된 합리성을 잘 보여준다. 휴리스틱은 사람들이 판단을 내리거나 결정을 할 때 사용하는 주먹구구식의 어림짐작을 말한다. 휴리스틱에는 다양한 종류가 있는데, 그중 하나가 ㉠ 기준점 휴리스틱이다. 이것은 외부에서 기준점이 제시되면 사람들은 그것을 중심으로 제한된 판단을 하게 되는 것을 뜻한다. 가령 '폭탄 세일! 단, 1인당 5개 이내'라는 광고 문구를 내세워 한 사람의 구입 한도를 5개로 제한하면 1개를 사려고 했던 소비자도 충동구매를 하게 되는 경우가 많다. 이것은 5라는 숫자가 기준점으로 작용했기 때문이다. 감정 휴리스틱은 이성이 아닌 감성이 선택에 영향을 미치는 경향을 뜻한다. 수많은 제품에 'New, Gold, 프리미엄'과 같은 수식어를 붙이는 이유는, 사람들의 감성을 자극하는 감정 휴리스틱을 활용한 마케팅과 관련이 있다.

사람들은 불확실한 일에 대해 의사 결정을 할 때 대개 위험을 회피하려는 경향을 보인다. 행동경제학에서는 이를 '손실 회피성'으로 설명한다. 손실 회피성은 사람들이 이익과 손실의 크기가 같더라도, 이익에서 얻는 효용보다 손실에서 느끼는 비효용을 더 크게 생각하여 손실을 피하려고 하는 성향을 말한다. 예를 들어, 천 원이 오르거나 내릴 확률이 비슷한 주식이 있을 경우, 많은 사람은 이것을 사려 하지 않는다고 한다. 천 원을 얻는 만족보다 천 원을 잃는 고통을 더 크게 느끼기 때문이다. 이런 심리로 인해 사람들은 손실을 능가하는 충분한 이익이 없는 한, 현재 상태를 유지하는 쪽으로 편향(偏向)된 선택을 한다고 한다. 실험 결과에 따르면, 사람들이 손실에서 느끼는 불만족은 이익에서 얻는 만족보다 2배 이상 크다고 한다.

행동경제학자들의 연구는 심리학적 관점에서 인간의 경제 행위를 분석함으로써, 인간의 본성을 거스르지 않는 의사 결정을 하게 하는 좋은 단서(端緒)를 제공할 수 있을 것으로 기대된다.

15 다음 중 윗글의 내용에 대한 이해로 적절하지 않은 것은?

① 사람들은 불확실한 일에 대해 의사 결정을 할 때 손실 회피성을 보인다.
② 휴리스틱은 인간의 경제 행위를 예측하기 어렵게 하는 요인 중 하나이다.
③ 사람들은 손실보다 이익이 크지 않으면 현재 상태를 유지하려는 경향을 보인다.
④ 행동경제학은 심리학과 경제학을 접목하여 현실에 실재하는 인간을 연구하는 학문이다.
⑤ 사람들은 이익과 손실의 크기가 같더라도 손실보다 이익을 2배 이상 크게 생각하는 성향이 있다.

16 다음 중 ㉠을 활용한 사례로 가장 적절한 것은?

① 신제품에 기존의 제품과 유사한 상표명을 사용하여 소비자가 쉽게 제품을 연상하게 하는 경우

② 친숙하고 호감도가 높은 유명 연예인을 내세운 광고로 소비자가 그 제품을 쉽게 수용하게 하는 경우

③ 시장에 일찍 진입하여 인지도가 높은 제품을 소비자가 그 업종을 대표하는 제품이라고 인식하게 하는 경우

④ 정가와 판매 가격을 같이 제시하여 소비자가 제품을 정가에 비해 상대적으로 싼 판매 가격으로 샀다고 느끼게 하는 경우

⑤ 제품을 구입할 의사가 없던 소비자에게 일정 기간 동안 사용할 기회를 준 다음에 제품의 구입 여부를 선택하게 하는 경우

17 다음 글이 비판의 대상으로 삼는 주장으로 가장 적절한 것은?

경제 문제는 대개 해결이 가능하다. 대부분의 경제 문제에는 몇 개의 해결책이 있다. 그러나 모든 해결책은 누군가가 상당한 손실을 반드시 감수해야 한다는 특징을 갖고 있다. 하지만 누구도 이 손실을 자발적으로 감수하고자 하지 않으며, 우리의 정치제도는 누구에게도 이 짐을 짊어지라고 강요할 수 없다. 우리의 정치적·경제적 구조로는 실질적으로 제로섬(Zero-sum)적인 요소를 지니는 경제 문제에 전혀 대처할 수 없기 때문이다.

대개의 경제적 해결책은 대규모의 제로섬적인 요소를 갖기 때문에 큰 손실을 수반한다. 모든 제로섬 게임에는 승자가 있다면 반드시 패자가 있으며, 패자가 존재해야만 승자가 존재할 수 있다. 경제적 이득이 경제적 손실을 초과할 수도 있지만, 손실의 주체에게 손실의 의미란 상당한 크기의 경제적 이득을 부정할 수 있을 만큼 매우 중요하다. 어떤 해결책으로 인해 평균적으로 사회는 더 잘살게 될 수도 있지만, 이 평균이 훨씬 더 잘살게 된 수많은 사람과 훨씬 더 못살게 된 수많은 사람을 감춘다. 만약 당신이 더 못살게 된 사람 중 하나라면 내 수입이 줄어든 것보다 다른 누군가의 수입이 더 많이 늘었다고 해서 위안을 얻지는 않을 것이다. 결국 우리는 우리 자신의 수입을 보호하기 위해 경제적 변화가 일어나는 것을 막거나 혹은 사회가 우리에게 손해를 입히는 공공정책이 강제로 시행되는 것을 막기 위해 싸울 것이다.

① 빈부격차를 해소하는 것만큼 중요한 정책은 없다.

② 사회의 총생산량이 많아지게 하는 정책이 좋은 정책이다.

③ 경제문제에서 모두가 만족하는 해결책은 존재하지 않는다.

④ 경제적 변화에 대응하는 정치제도의 기능에는 한계가 존재한다.

⑤ 경제정책의 효율성을 높이는 방법은 일관성을 유지하는 것이다.

※ 다음은 건강과 관련된 주간지에 게시된 기사이다. 이를 읽고 이어지는 물음에 답하시오. [18~19]

(가) 대부분의 실험 참가자들은 청소년기에 부모에게서 많은 칭찬과 보상을 받으며 원만한 관계를 맺음으로써 성인기에 코르티솔 수치가 높아진 것으로 나타났다. 코르티솔 수치가 높다는 것은 주의에 집중하고 민첩하며 재빠른 상황 판단과 대처를 할 수 있다는 의미로, 이는 원만한 인간관계로 이어져 개인의 삶에 좋은 영향을 미친다고 볼 수 있다. 인간관계에서 벌어지는 미묘한 문제를 잘 알아채고 세부적인 사항들에 좀 더 주목할 수 있기 때문이다.

(나) 부모와 긍정적인 관계를 형성한 청소년은 성인이 되고 나서도 원만한 인간관계 등을 통해 개인의 삶에 긍정적인 영향을 주는 것으로 나타났다. 미국 아이오와 대학교 연구팀은 미국 시애틀 거주자를 대상으로 이에 대한 연구를 진행했다. 우선 실험 참가자들이 청소년일 때 부모와의 관계를 확인하고, 이후 부모와의 긍정적인 관계가 성인이 된 후 어떠한 영향을 미쳤는지 살폈다.

(다) 그런데 일부 실험 참가자는 다른 양상이 나타났다. 청소년기에 시작된 부모의 칭찬과 보상이 코르티솔 수치에 별다른 영향을 미치지 않은 것이다. 이는 어릴 때부터 범죄, 가정 문제 등에 노출되는 일이 많았던 경우로 이 경우 이미 스스로를 보호하고 경계하면서 자랐기 때문일 것으로 분석된다. 즉, 부모와의 관계가 자녀의 삶에 영향을 미치지만, 외부 환경이 끼치는 영향 역시 무시할 수 없다는 의미로 해석될 수 있는 것이다.

(라) 5년이 지난 뒤 19 ~ 22세 사이의 성인이 된 실험 참가자들에게서 타액 샘플을 채취한 다음 코르티솔 수치를 살폈다. 코르티솔은 스트레스에 반응하여 분비되는 호르몬으로, 자연스럽게 인간관계를 형성하면서 나타나는 호르몬으로도 볼 수 있다. 성별, 수입 상태, 수면 습관 등 다양한 변인을 통제한 상태에서 분석해본 결과, 부모와 청소년의 관계는 코르티솔 수치와 연관성을 보였다.

18 다음 중 위 기사를 읽고 각 문단을 논리적 순서대로 바르게 나열한 것은?

① (나) – (라) – (가) – (다)
② (가) – (다) – (라) – (나)
③ (나) – (라) – (다) – (가)
④ (가) – (나) – (라) – (다)
⑤ (나) – (가) – (다) – (라)

19 다음 중 위 기사의 제목으로 가장 적절한 것은?

① 대인관계 형성, 인종별로 다르게 나타나
② 코르티솔로 나타나는 부모와 자식의 관계
③ 부모와의 좋은 관계, 개인의 삶에 영향 미쳐
④ 외부환경으로 나타나는 자녀의 스트레스
⑤ 격려와 적절한 보상의 효과성 검증

20 다음 의견에 대한 반대 측의 논거로 가장 적절한 것은?

> 인터넷 신조어를 국어사전에 당연히 올려야 한다고 생각합니다. 사전의 역할은 모르는 말이 나올 때, 그 뜻이 무엇인지 쉽게 찾을 수 있도록 하는 것입니다. '안습', '멘붕' 같은 말은 널리 쓰이고 있음에도 불구하고 국어사전에 없기 때문에 어른들이나 우리말을 배우는 외국인들이 큰 불편을 겪고 있습니다.

① '멘붕'이나 '안습' 같은 신조어는 이미 널리 쓰이고 있다. 급격한 변화를 특징으로 하는 정보화 시대에 많은 사람이 사용하는 말이라면 표준어로 인정해야 한다.

② 영국의 권위 있는 사전인 '옥스퍼드 영어 대사전'은 최근 인터넷 용어로 쓰이던 'OMG(어머나)', 'LOL(크게 웃다)' 등과 같은 말을 정식 단어로 인정하였다.

③ 언어의 창조성 측면에서 우리말이 현재보다 더욱 풍부해질 수 있으므로 가능하면 더 많은 말을 사전에 등재하는 것이 바람직하다.

④ '멘붕'이나 '안습' 같은 말들은 갑자기 생긴 말로 오랜 시간 언중 사이에서 사용되지 않고 한때 유행하다가 사라질 가능성이 있는 말이다.

⑤ 인터넷 신조어의 등장은 시대에 따라 변한 언어의 한 종류로 자연스러운 언어 현상 중 하나이다.

※ 다음 중 제시된 명제들을 통해 얻을 수 있는 결론으로 타당한 것을 고르시오. [1~3]

01

- 연필을 좋아하는 사람은 지우개를 좋아한다.
- 볼펜을 좋아하는 사람은 수정테이프를 좋아한다.
- 지우개를 좋아하는 사람은 샤프를 좋아한다.
- 성준이는 볼펜을 좋아한다.

① 볼펜을 좋아하는 사람은 연필을 좋아한다.
② 지우개를 좋아하는 사람은 볼펜을 좋아한다.
③ 성준이는 수정테이프를 좋아한다.
④ 연필을 좋아하는 사람은 수정테이프를 좋아한다.
⑤ 샤프를 좋아하는 사람은 볼펜을 좋아한다.

02

- 모든 1과 사원은 가장 실적이 많은 2과 사원보다 실적이 많다.
- 가장 실적이 많은 4과 사원은 모든 3과 사원보다 실적이 적다.
- 3과 사원 중 일부는 가장 실적이 많은 2과 사원보다 실적이 적다.

① 1과 사원 중 가장 적은 실적을 올린 사원과 같은 실적을 올린 사원이 4과에 있다.
② 3과 사원 중 가장 적은 실적을 올린 사원과 같은 실적을 올린 사원이 4과에 있다.
③ 모든 2과 사원은 4과 사원 중 일부보다 실적이 적다.
④ 어떤 1과 사원은 가장 실적이 많은 3과 사원보다 실적이 적다.
⑤ 어떤 3과 사원은 가장 실적이 적은 1과 사원보다 실적이 적다.

03

- 수박을 사면 감자를 산다.
- 귤을 사면 고구마를 사지 않는다.
- 사과를 사면 배도 산다.
- 배를 사면 수박과 귤 중 하나를 산다.
- 고구마를 사지 않으면 감자를 산다.

① 사과를 사면 수박과 귤 모두 산다.
② 수박을 사지 않으면 고구마를 산다.
③ 배를 사지 않으면 수박과 귤 모두 산다.
④ 귤을 사면 감자도 같이 산다.
⑤ 수박을 사면 귤을 산다.

※ 제시된 명제가 모두 참일 때, 다음 중 빈칸에 들어갈 명제로 가장 적절한 것을 고르시오. [4~6]

04

- 보상을 받는다면 노력했다는 것이다.
- _____
- 호야는 보상을 받지 못했다.

① 호야는 노력하지 않았다.
② 보상을 받았다는 것은 곧 노력했다는 의미다.
③ 호야는 보상을 받았다.
④ 호야는 노력하고 있다.
⑤ 보상을 받았다는 것이 곧 노력했다는 의미는 아니다.

05

- 환율이 하락하면 국가 경쟁력이 떨어졌다는 것이다.
- _____
- 수출이 감소했다는 것은 GDP가 감소했다는 것이다.
- 수출이 감소하면 국가 경쟁력이 떨어진다.

① 국가 경쟁력이 떨어지면 수출이 감소했다는 것이다.
② GDP가 감소해도 국가 경쟁력은 떨어지지 않는다.
③ 환율이 상승하면 GDP가 증가한다.
④ 환율이 하락해도 GDP는 감소하지 않는다.
⑤ 수출이 증가했다는 것은 GDP가 증가했다는 것이다.

06

- 술을 많이 마시면 간에 무리가 간다.
- _____
- 스트레스를 많이 받으면 술을 많이 마신다.
- 그러므로 운동을 꾸준히 하지 않으면 간에 무리가 간다.

① 운동을 꾸준히 하지 않아도 술을 끊을 수 있다.
② 간이 건강하다면 술을 마실 수 있다.
③ 술을 마시지 않는다는 것은 스트레스를 주지 않는다는 것이다.
④ 스트레스를 많이 받지 않는다는 것은 운동을 꾸준히 했다는 것이다.
⑤ 운동을 꾸준히 한다고 해도 스트레스를 많이 받지 않는다는 것은 아니다.

※ 제시된 내용을 바탕으로 내린 A, B의 결론에 대한 판단으로 항상 옳은 것을 고르시오. [7~8]

07

- 현진, 유미, 윤수, 영주, 태희, 선우가 키를 쟀다.
- 현진은 태희보다 작다.
- 윤수는 영주보다 크며 태희보다 작다.
- 영주는 가장 작다.
- 현진은 윤수보다 크며 유미보다 작다.
- 유미는 태희보다 작고 현진보다 크다.
- 선우는 태희보다 크다.

A : 현진은 선우보다 크다.
B : 유미는 선우보다 크다.

① A만 옳다.
② B만 옳다.
③ A, B 모두 옳다.
④ A, B 모두 틀리다.
⑤ A, B 모두 옳은지 틀린지 판단할 수 없다.

08

- 딸기는 바나나보다 비싸다.
- 바나나는 참외보다 비싸다.
- 키위는 참외보다 비싸다.

A : 딸기가 제일 비싸다.
B : 딸기는 참외보다 비싸다.

① A만 옳다.
② B만 옳다.
③ A, B 모두 옳다.
④ A, B 모두 틀리다.
⑤ A, B 모두 옳은지 틀린지 판단할 수 없다.

※ 다음 제시문을 읽고 각 문장이 항상 참이면 ①, 거짓이면 ②, 알 수 없으면 ③을 고르시오. [9~10]

- 자동차는 마차보다 빠르다.
- 비행기는 자동차보다 빠르다.
- 자동차는 마차보다 무겁다.

09 비행기가 가장 무겁다.

① 참 　　　　　　　② 거짓 　　　　　　　③ 알 수 없음

10 비행기, 자동차, 마차 순으로 속도가 빠르다.

① 참 　　　　　　　② 거짓 　　　　　　　③ 알 수 없음

11 제시된 명제가 모두 참이라고 할 때, 다음 중 반드시 참이라고 할 수 없는 것은?

- 모든 사람은 자신에 대해서 호의적인 사람에게 호의적이다.
- 어느 누구도 자신을 비방한 사람에게 호의적이지 않다.
- 다른 사람을 절대 비방하지 않는 사람이 있다.
- 어느 누구도 자기 자신에 대해서 호의적이지도 않고 자기 자신을 비방하지도 않는다.

① 두 사람이 서로 호의적이라면, 그 두 사람은 서로 비방한 적이 없다.

② 두 사람이 서로 비방한 적이 없다면, 그 두 사람은 서로 호의적이다.

③ 어떤 사람이 다른 모든 사람을 비방한다면, 그 사람에 대해 호의적인 사람은 없다.

④ A라는 사람이 다른 모든 사람을 비방한다면, A에게 호의적이지 않지만 A를 비방하지 않는 사람이 있다.

⑤ 모든 사람이 자신을 비방하지 않는 사람에게 호의적이라면, 모든 사람에게는 각자가 호의적으로 대하는 사람이 적어도 하나는 있다.

12 다음 진술이 모두 참일 때 만일 서희가 서울 사람이 아니라면, 다음 중 참인지 거짓인지 알 수 없는 것은?

> • 철수 말이 참이라면 영희와 서희는 서울 사람이다.
> • 철수 말이 거짓이라면 창수와 기수는 서울 사람이다.

① 철수 말은 거짓이다.
② 창수는 서울 사람이다.
③ 기수는 서울 사람이다.
④ 영희는 서울 사람일 수도 아닐 수도 있다.
⑤ 영희는 서울 사람이다.

13 다음 글을 읽고 착한 사람을 모두 고르면?(단, 5명은 착한 사람 아니면 나쁜 사람이며, 중간적인 성향은 없다)

> • 두준 : 나는 착한 사람이다.
> • 요섭 : 두준이가 착한 사람이면 준형이도 착한 사람이다.
> • 기광 : 준형이가 나쁜 사람이면 두준이도 나쁜 사람이다.
> • 준형 : 두준이가 착한 사람이면 동운이도 착한 사람이다.
> • 동운 : 두준이는 나쁜 사람이다.

> A : 5명 중 3명은 항상 진실만을 말하는 착한 사람이고, 2명은 항상 거짓말만 하는 나쁜 사람이야. 위의 얘기만 봐도 누가 착한 사람이고, 누가 나쁜 사람인지 알 수 있지.
> B : 위 얘기만 봐서는 알 수 없는 거 아냐? 아 잠시만. 알았다. 위 얘기만 봤을 때, 모순되지 않으면서 착한 사람이 3명일 수 있는 경우는 하나밖에 없구나.
> A : 그걸 바로 알아차리다니 대단한데?

① 요섭, 기광, 동운   ② 요섭, 기광, 준형
③ 두준, 요섭, 기광   ④ 요섭, 준형, 동운
⑤ 두준, 준형, 동운

14 A ～ E는 한국사 시험에 함께 응시하였다. 다음과 같이 시험 도중 부정행위가 일어났다고 할 때 부정행위를 한 사람을 모두 고르면?

- 2명이 부정행위를 저질렀다.
- B와 C는 같이 부정행위를 하거나 같이 부정행위를 하지 않았다.
- B나 E가 부정행위를 했다면, A도 부정행위를 했다.
- C가 부정행위를 했다면, D도 부정행위를 했다.
- E가 부정행위를 하지 않았으면, D도 부정행위를 하지 않았다.

① B, C   ② A, B
③ A, E   ④ C, D
⑤ D, E

15 A ～ E사원이 강남, 여의도, 상암, 잠실, 광화문 다섯 지역에 각각 출장을 간다. 다음 대화에서 A ～ E 중 한 명은 거짓말을 하고 나머지 네 명은 진실을 말하고 있을 때, 항상 거짓인 것은?

- A : B는 상암으로 출장을 가지 않는다.
- B : D는 강남으로 출장을 간다.
- C : B는 진실을 말하고 있다.
- D : C는 거짓말을 하고 있다.
- E : C는 여의도, A는 잠실로 출장을 간다.

① A는 광화문으로 출장을 가지 않는다.
② B는 여의도로 출장을 가지 않는다.
③ C는 강남으로 출장을 가지 않는다.
④ D는 잠실로 출장을 가지 않는다.
⑤ E는 상암으로 출장을 가지 않는다.

16 다음은 서로 다른 밝기 등급(1~5등급)을 가진 A~E 별의 밝기를 측정한 결과이다. 이에 근거하여 바르게 추론한 것은?(단, 1등급이 가장 밝은 밝기 등급이다)

- A별은 가장 밝지도 않고, 두 번째로 밝지도 않다.
- B별은 C별보다 밝고, E별보다 어둡다.
- C별은 D별보다 밝고, A별보다 어둡다.
- E별은 A별보다 밝다.

① A별의 밝기 등급은 4등급이다.
② A~E 별 중 B별이 가장 밝다.
③ 어느 별이 가장 어두운지 확인할 수 없다.
④ 어느 별이 가장 밝은지 확인할 수 없다.
⑤ 별의 밝기 등급에 따라 순서대로 나열하면 'E-B-A-C-D'이다.

17 다음은 같은 반 학생인 A~E의 영어 단어 시험 결과이다. 이에 근거하여 바르게 추론한 것은?

- A는 이번 시험에서 1문제의 답을 틀렸다.
- B는 이번 시험에서 10문제의 답을 맞혔다.
- C만 유일하게 이번 시험에서 20문제의 답을 다 맞혔다.
- D는 이번 시험에서 B보다 많은 문제의 답을 틀렸다.
- E는 지난 시험에서 15문제의 답을 맞혔고, 이번 시험에서는 지난 시험보다 더 많은 문제의 답을 맞혔다.

① A는 E보다 많은 문제의 답을 틀렸다.
② C는 가장 많이 답을 맞혔고, B는 가장 많이 답을 틀렸다.
③ B는 D보다 많은 문제의 답을 맞혔지만, E보다는 적게 답을 맞혔다.
④ D는 E보다 많은 문제의 답을 맞혔다.
⑤ E는 이번 시험에서 5문제 이상의 답을 틀렸다.

18 회사원 Y씨는 건강을 위해 평일에 다양한 영양제를 먹고 있다. 요일별로 비타민 B, 비타민 C, 비타민 D, 칼슘, 마그네슘을 하나씩 먹는다고 할 때, 다음에 근거하여 바르게 추론한 것은?

> • 비타민 C는 월요일에 먹지 않으며, 수요일에도 먹지 않는다.
> • 비타민 D는 월요일에 먹지 않으며, 화요일에도 먹지 않는다.
> • 비타민 B는 수요일에 먹지 않으며, 목요일에도 먹지 않는다.
> • 칼슘은 비타민 C와 비타민 D보다 먼저 먹는다.
> • 마그네슘은 비타민 D보다 늦게 먹고, 비타민 B보다는 먼저 먹는다.

① 비타민 C는 금요일에 먹는다.
② 마그네슘은 수요일에 먹는다.
③ 칼슘은 비타민 C보다 먼저 먹지만, 마그네슘보다는 늦게 먹는다.
④ 마그네슘은 비타민 C보다 먼저 먹는다.
⑤ 월요일에는 칼슘, 금요일에는 비타민 B를 먹는다.

※ A ~ F가 함께 다트 게임을 하였고, 10점 만점에서 서로 다른 점수를 기록하였다. 다음을 참고하여 이어지는 물음에 답하시오. **[19~20]**

> • A는 꼴찌로 3점을 기록했다.
> • B는 8점을 기록하여 3등을 차지했다.
> • C는 D보다 높은 등수를 차지했다.
> • E는 F보다 높은 등수를 차지했다.

19 다음 중 참이 아닌 것은?

① C가 1등이라면 D는 9점 이하의 점수를 기록하였을 것이다.
② D가 2등이라면 C는 10점의 점수를 기록하였을 것이다.
③ F가 5등이라면 E는 4등일 것이다.
④ E가 4등이라면 F는 5등 이하일 것이다.
⑤ E가 B보다 높은 점수를 기록했다면 E가 1등일 것이다.

20 C가 E보다 높은 점수를 기록했을 때, 다음 중 반드시 참인 것은?

① D는 2등을 했다.
② E는 2등을 했다.
③ C와 B의 점수 차이는 2점이다.
④ E와 A의 점수 차이는 6점이다.
⑤ D는 F보다 높은 점수를 기록했다.

01 중소기업의 생산 관리팀에서 근무하고 있는 귀하는 총 생산 비용의 감소율을 30%로 설정하려고 한다. 1단위 생산 시 단계별 부품 단가가 다음 자료와 같을 때 ⓐ+ⓑ의 값으로 적절한 것은?

(단위 : 원)

단계	부품 1단위 생산 시 투입비용	
	개선 전	개선 후
1단계	4,000	3,000
2단계	6,000	ⓐ
3단계	11,500	ⓑ
4단계	8,500	7,000
5단계	10,000	8,000

① 4,000원   ② 6,000원
③ 8,000원   ④ 10,000원
⑤ 12,000원

02 다음은 Y제철소에서 생산한 철강의 출하량을 분야별로 기록한 표이다. 2022년도에 세 번째로 많은 생산을 했던 분야에서 2020년 대비 2021년의 변화율을 바르게 표시한 것은?

〈Y제철소 철강 출하량〉

(단위 : 천 톤)

구분	자동차	선박	토목 / 건설	일반기계	기타
2020년	5,230	3,210	6,720	4,370	3,280
2021년	6,140	2,390	5,370	4,020	4,590
2022년	7,570	2,450	6,350	5,730	4,650

① 약 10% 증가하였다.   ② 약 10% 감소하였다.
③ 약 8% 증가하였다.   ④ 약 8% 감소하였다.
⑤ 변동 없다.

03 다음은 농구 경기에서 갑 ~ 정 4개 팀의 월별 득점에 대한 자료이다. 빈칸에 들어갈 수치로 가장 적절한 것은?(단, 각 수치는 매월 일정한 규칙으로 변화한다)

〈월별 득점 현황〉

(단위 : 점)

구분	1월	2월	3월	4월	5월	6월	7월	8월	9월	10월
갑	1,024	1,266	1,156	1,245	1,410	1,545	1,205	1,365	1,875	2,012
을	1,352	1,702	2,000	1,655	1,320	1,307	1,232	1,786	1,745	2,100
병	1,078	1,423		1,298	1,188	1,241	1,357	1,693	2,041	1,988
정	1,298	1,545	1,658	1,602	1,542	1,611	1,080	1,458	1,579	2,124

① 1,358   ② 1,397

③ 1,450   ④ 1,498

⑤ 1,540

04 매일의 날씨 자료를 수집 및 분석한 결과, 전날의 날씨를 기준으로 그 다음 날의 날씨가 변할 확률은 다음과 같았다. 만약 내일 날씨가 화창하다면, 사흘 뒤에 비가 올 확률은?

전날 날씨	다음 날 날씨	확률
화창	화창	25%
화창	비	30%
비	화창	40%
비	비	15%

※ 날씨는 '화창'과 '비'로만 구분하여 분석함

① 12%   ② 14%

③ 15%   ④ 11%

⑤ 10%

A사원이 회사 근처로 이사를 하고 처음으로 수도세 고지서를 받은 결과, 한 달 동안 사용한 수도량의 요금이 17,000원이었다. 다음 수도 사용요금 요율표를 참고할 때, A사원이 한 달 동안 사용한 수도량은?(단, 구간 누적요금을 적용한다)

〈수도 사용요금 요율표〉

(단위 : 원)

구분	사용 구분(m³)	m³당 단가
수도	0 ~ 30 이하	300
	30 초과 50 이하	500
	50 초과	700
기본료		2,000

① 22m³

② 32m³

③ 42m³

④ 52m³

⑤ 62m³

06 다음은 A ~ C 세 사람의 신장과 체중을 비교한 자료이다. 이에 대한 설명으로 옳은 것은?

〈A, B, C 세 사람의 신장·체중 비교표〉

(단위 : cm, kg)

구분	2014년		2019년		2022년	
	신장	체중	신장	체중	신장	체중
A	136	41	152	47	158	52
B	142	45	155	51	163	49
C	138	42	153	48	166	55

① 세 사람 모두 신장과 체중은 계속 증가하였다.

② 세 사람의 신장 순위는 2014년과 2022년이 동일하다.

③ B는 세 사람 중 가장 키가 크다.

④ 2014년 대비 2022년 신장이 가장 많이 증가한 사람은 C이다.

⑤ 2014년 대비 2019년 체중이 가장 많이 증가한 사람은 B이다.

07 다음은 A씨가 1월부터 4월까지 지출한 외식비이다. 1월부터 5월까지의 평균 외식비가 120,000원 이상 130,000원 이하가 되게 하려고 할 때, A씨가 5월에 최대로 사용할 수 있는 외식비는?

〈월별 외식비〉

(단위 : 원)

1월	2월	3월	4월	5월
110,000	180,000	50,000	120,000	

① 14만 원
② 15만 원
③ 18만 원
④ 19만 원
⑤ 22만 원

08 다음은 OECD 주요 국가별 삶의 만족도 및 관련 지표를 나타낸 자료이다. 이에 대한 설명으로 옳지 않은 것은?

〈OECD 주요 국가별 삶의 만족도 및 관련 지표〉

(단위 : 점, %, 시간)

구분	삶의 만족도	장시간 근로자 비율	여가·개인 돌봄 시간
덴마크	7.6	2.1	16.1
아이슬란드	7.5	13.7	14.6
호주	7.4	14.2	14.4
멕시코	7.4	28.8	13.9
미국	7.0	11.4	14.3
영국	6.9	12.3	14.8
프랑스	6.7	8.7	15.3
이탈리아	6.0	5.4	15.0
일본	6.0	22.6	14.9
한국	6.0	28.1	14.9
에스토니아	5.4	3.6	15.1
포르투갈	5.2	9.3	15.0
헝가리	4.9	2.7	15.0

※ 장시간 근로자 비율은 전체 근로자 중 주 50시간 이상 근무한 근로자의 비율임

① 삶의 만족도가 가장 높은 국가는 장시간 근로자 비율이 가장 낮다.
② 한국의 장시간 근로자 비율은 삶의 만족도가 가장 낮은 국가의 장시간 근로자 비율의 10배 이상이다.
③ 삶의 만족도가 한국보다 낮은 국가들의 장시간 근로자 비율 산술평균은 이탈리아의 장시간 근로자 비율보다 높다.
④ 여가·개인 돌봄 시간이 가장 긴 국가와 가장 짧은 국가의 삶의 만족도 차이는 0.3점 이하이다.
⑤ 장시간 근로자 비율이 미국보다 낮은 국가의 여가·개인 돌봄 시간은 모두 미국의 여가·개인 돌봄 시간보다 길다.

09 다음은 Y마트의 과자 종류에 따른 가격을 나타낸 표이다. Y마트는 A, B, C과자에 기획 상품 할인을 적용하여 팔고 있다. A ~ C과자를 정상가로 각각 2봉지씩 구매할 수 있는 금액을 가지고 각각 2봉지씩 할인된 가격으로 구매 후 A과자를 더 산다고 할 때, A과자를 몇 봉지를 더 살 수 있는가?

〈과자별 가격 및 할인율〉

구분	A	B	C
정상가	1,500원	1,200원	2,000원
할인율	20%		40%

① 5봉지 ② 4봉지

③ 3봉지 ④ 2봉지

⑤ 1봉지

10 다음은 수도권 지역의 기상실황표이다. 이에 대한 설명으로 옳지 않은 것은?

〈기상실황표〉

구분	시정(km)	현재기온(℃)	이슬점 온도(℃)	불쾌지수	습도(%)	풍향	풍속(m/s)	기압(hPa)
서울	6.9	23.4	14.6	70	58	동	1.8	1012.7
백령도	0.4	16.1	15.2	61	95	동남동	4.4	1012.6
인천	10	21.3	15.3	68	69	서남서	3.8	1012.9
수원	7.7	23.8	16.8	72	65	남서	1.8	1012.9
동두천	10.1	23.6	14.5	71	57	남남서	1.5	1012.6
파주	20	20.9	14.7	68	68	남남서	1.5	1013.1
강화	4.2	20.7	14.8	67	67	남동	1.7	1013.3
양평	6.6	22.7	14.5	70	60	동남동	1.4	1013
이천	8.4	23.7	13.8	70	54	동북동	1.4	1012.8

① 시정이 가장 좋은 곳은 파주이다.

② 이슬점 온도가 가장 높은 지역은 불쾌지수 또한 가장 높다.

③ 불쾌지수가 70을 초과한 지역은 2곳이다.

④ 현재기온이 가장 높은 지역은 이슬점 온도와 습도 또한 가장 높다.

⑤ 시정이 가장 좋지 않은 지역은 풍속이 가장 강하다.

11 다음은 A, B작업장의 작업 환경 유해 요인에 관한 자료이다. 이에 대한 설명으로 옳은 것은?

〈A, B작업장의 작업 환경 유해 요인〉

구분	작업 환경 유해 요인	사례 수		
		A작업장	B작업장	합계
1	소음	3	1	4
2	분진	1	2	3
3	진동	3	0	3
4	바이러스	0	5	5
5	부자연스러운 자세	5	3	8
합계		12	11	23

※ 물리적 요인 : 소음, 진동, 고열, 조명, 유해광선, 방사선 등
※ 화학적 요인 : 독성, 부식성, 분진, 미스트, 흄, 증기 등
※ 생물학적 요인 : 세균, 곰팡이, 각종 바이러스 등
※ 인간 공학적 요인 : 작업 방법, 작업 자세, 작업 시간, 사용공구 등

보기

ㄱ. A작업장에서 발생하는 작업 환경 유해 사례는 화학적 요인으로 인해서 가장 많이 발생되었다.
ㄴ. B작업장에서 발생하는 작업 환경 유해 사례는 생물학적 요인으로 인해서 가장 많이 발생되었다.
ㄷ. A와 B작업장에서 화학적 요인으로 발생되는 작업 환경의 유해 요인은 집진 장치를 설치하여 예방할 수 있다.

① ㄱ   ② ㄴ
③ ㄱ, ㄷ   ④ ㄴ, ㄷ
⑤ ㄱ, ㄴ, ㄷ

12 다음은 Y사의 사내전화 평균 통화시간을 조사한 자료이다. 평균 통화시간이 6 ~ 9분인 여자의 수는 12분 이상인 남자의 수에 비해 몇 배 많은가?

〈Y사의 사내전화 평균 통화시간〉

평균 통화시간	남자	여자
3분 이하	33%	26%
3 ~ 6분	25%	21%
6 ~ 9분	18%	18%
9 ~ 12분	14%	16%
12분 이상	10%	19%
조사 인원수	600명	400명

① 1.1배　　　　　　　　　　② 1.2배

③ 1.3배　　　　　　　　　　④ 1.4배

⑤ 1.5배

13 다음은 Y사진관이 올해 찍은 사진의 용량 및 개수를 나타낸 자료이다. 올해 찍은 사진을 모두 모아서 한 개의 USB에 저장하려고 할 때, 최소 몇 GB의 USB가 필요한가?[단, 1MB＝1,000KB, 1GB＝1,000MB이며, 합계 파일 용량(GB)은 소수점 첫째 자리에서 버림한다]

〈올해 사진 자료〉

구분	크기(cm)	용량	개수
반명함	3×4	150KB	8,000개
신분증	3.5×4.5	180KB	6,000개
여권	5×5	200KB	7,500개
단체사진	10×10	250KB	5,000개

① 3.0GB　　　　　　　　　　② 3.5GB

③ 4.0GB　　　　　　　　　　④ 4.5GB

⑤ 5.0GB

14 다음은 A국의 치료감호소 수용자 현황에 관한 자료이다. 빈칸(가) ~ (라)에 해당하는 수를 모두 더한 값은?

〈치료감호소 수용자 현황〉

(단위 : 명)

구분	약물	성폭력	심신장애자	합계
2017년	89	77	520	686
2018년	(가)	76	551	723
2019년	145	(나)	579	824
2020년	137	131	(다)	887
2021년	114	146	688	(라)
2022년	88	174	688	950

① 1,524
② 1,639
③ 1,751
④ 1,763
⑤ 1,770

15 다음은 노인 취업률 추이에 대한 그래프이다. 조사한 직전 연도 대비 노인 취업률의 변화율이 가장 큰 연도는?

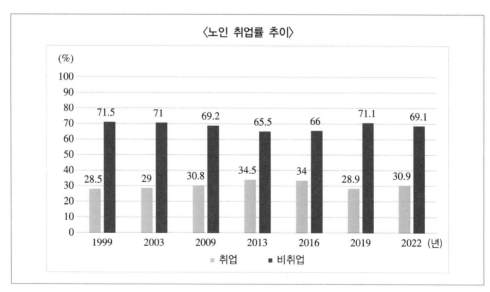

〈노인 취업률 추이〉

① 2003년
② 2013년
③ 2016년
④ 2019년
⑤ 2022년

※ 다음은 외국인 직접투자의 투자건수 비율과 투자금액 비율을 투자규모별로 나타낸 자료이다. 이어지는 물음에 답하시오. [16~17]

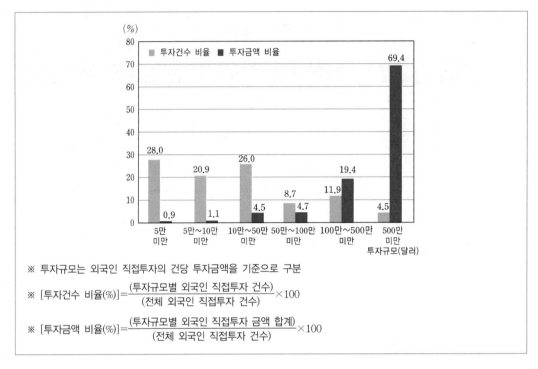

※ 투자규모는 외국인 직접투자의 건당 투자금액을 기준으로 구분

※ [투자건수 비율(%)]=$\dfrac{(투자규모별 \ 외국인 \ 직접투자 \ 건수)}{(전체 \ 외국인 \ 직접투자 \ 건수)}×100$

※ [투자금액 비율(%)]=$\dfrac{(투자규모별 \ 외국인 \ 직접투자 \ 금액 \ 합계)}{(전체 \ 외국인 \ 직접투자 \ 건수)}×100$

16 다음 중 투자규모가 50만 달러 미만인 투자건수 비율은?

① 83.6% ② 74.9%

③ 68.6% ④ 62.8%

⑤ 55.3%

17 다음 중 100만 달러 이상의 투자건수 비율은?

① 16.4% ② 19.6%

③ 23.5% ④ 26.1%

⑤ 30.7%

※ 다음은 한 사람이 하루에 받는 스팸 수신량을 그래프로 나타낸 것이다. 이어지는 물음에 답하시오.
[18~20]

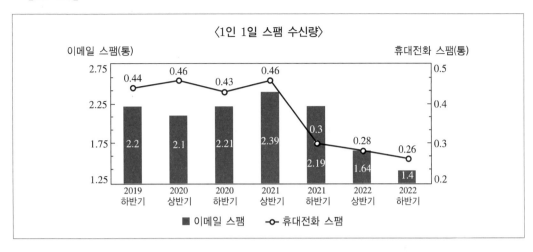

18 총 스팸이 가장 많은 때와 가장 적은 때의 차이는 얼마인가?

① 1.09통
② 1.18통
③ 1.19통
④ 1.28통
⑤ 1.29통

19 2022년 하반기에는 2022년 상반기에 비해 이메일 스팸이 몇 % 감소하였는가?(단, 소수점 둘째 자리에서 반올림한다)

① 12.6%
② 13.6%
③ 14.6%
④ 15.6%
⑤ 16.6%

20 다음 중 자료에 대한 설명으로 옳지 않은 것은?

① 2020년 하반기 한 사람이 하루에 받은 이메일 스팸은 2.21통을 기록했다.
② 2022년 하반기에 이메일 스팸은 2019년 하반기보다 0.8통 감소했다.
③ 2020년 하반기부터 1인 1일 스팸 수신량은 계속해서 감소하고 있다.
④ 2019년 하반기 휴대전화를 통한 1인 1일 스팸 수신량은 2022년 하반기보다 약 1.69배 높았다.
⑤ 한 사람이 하루에 받은 이메일 스팸이 가장 적은 해와 휴대전화 스팸이 가장 적은 해는 동일하다.

01 농도가 14%로 오염된 물 50g이 있다. 깨끗한 물을 채워서 오염농도를 4%p 줄이기 위해 넣어야 하는 깨끗한 물의 양은?

① 5g ② 10g
③ 15g ④ 20g
⑤ 25g

02 길이가 800m인 다리에 기차가 진입하는 순간부터 다리를 완전히 벗어날 때까지 걸린 시간이 36초였을 때, 기차의 속력은?(단, 기차의 길이는 100m이다)

① 50km/h ② 60km/h
③ 70km/h ④ 80km/h
⑤ 90km/h

03 열차가 50m의 터널을 통과하는 데 10초, 200m의 터널을 통과하는 데 25초가 걸릴 때, 열차의 길이는?

① 35m ② 40m
③ 45m ④ 50m
⑤ 55m

04 테니스 동아리에서 테니스장 사용료를 내려고 한다. 모두 같은 금액으로 한 명당 5,500원씩 내면 3,000원이 남고 5,200원씩 내면 300원이 부족할 때, 테니스장 사용료는?

① 37,500원 ② 47,500원
③ 57,500원 ④ 67,500원
⑤ 77,500원

05 흰 공 3개, 검은 공 2개가 들어 있는 상자에서 1개의 공을 꺼냈을 때, 흰 공이면 동전 3번, 검은 공이면 동전 4번을 던진다고 한다. 앞면이 3번 나올 확률은?

① $\dfrac{3}{20}$

② $\dfrac{7}{40}$

③ $\dfrac{1}{5}$

④ $\dfrac{9}{40}$

⑤ $\dfrac{1}{4}$

06 A사원은 퇴근 후 취미생활로 목재공방에서 직육면체 모양의 정리함을 만드는 수업을 수강한다. 완성될 정리함의 크기는 가로 28cm이고, 세로 길이와 높이의 합은 27cm이다. 부피가 5,040cm^3 일 때, 정리함의 세로 길이는?(단, 높이가 세로 길이보다 길다)

① 12cm

② 13cm

③ 14cm

④ 15cm

⑤ 16cm

07 평균연령이 30살인 팀에 25살 신입이 들어와서 팀 평균연령이 한 살 어려졌다. 신입이 들어오기 전의 팀원 수는?

① 3명

② 4명

③ 5명

④ 6명

⑤ 7명

08 육상선수 갑, 을, 병이 운동장을 각각 8분에 4바퀴, 9분에 3바퀴, 4분에 1바퀴를 돈다. 세 사람이 4시 30분에 같은 방향으로 동시에 출발하였다면, 출발점에서 다시 만나는 시각은?

① 4시 39분

② 4시 40분

③ 4시 41분

④ 4시 42분

⑤ 4시 43분

09 갑은 곰 인형 100개를 만드는 데 4시간, 을은 25개를 만드는 데 10시간이 걸린다. 이들이 함께 일을 하면 각각 원래 능력보다 20% 효율이 떨어진다. 이들이 함께 곰 인형 132개를 만드는 데 걸리는 시간은?

① 5시간   ② 6시간

③ 7시간   ④ 8시간

⑤ 9시간

10 연예인에 대한 선호도 조사를 실시한 결과 A사이트에서는 평균 4.5점을 B사이트에서는 평균 6.5점을 기록하였다. 전체 평균점수는 5.1점이고 설문에 참여한 총인원이 2,100명일 때, A사이트에 참여한 인원수는?(단, A, B사이트의 참여자 중 중복은 없다)

① 1,320명   ② 1,370명

③ 1,420명   ④ 1,470명

⑤ 1,520명

※ 일정한 규칙으로 수를 나열할 때, 다음 중 빈칸에 들어갈 알맞은 수를 고르시오. [11~20]

11

| 51 | 58 | 42 | 49 | ( ) | 40 | 24 |

① 39   ② 36

③ 35   ④ 33

⑤ 31

12

| 40 | 31 | 22 | ( ) | 4 |

① 13   ② 14

③ 15   ④ 16

⑤ 17

13

		156	( )	210	240	272	306	342	

① 168   ② 172
③ 178   ④ 182
⑤ 194

14

	17	−68	( )	−1,088	4,352

① 162   ② 272
③ 352   ④ 482
⑤ 522

15

	11	18	31	50	75	106	( )

① 98   ② 110
③ 133   ④ 143
⑤ 150

16

$$\frac{36}{2} \quad \frac{37}{4} \quad \frac{38}{8} \quad \frac{39}{16} \quad (\quad) \quad \frac{41}{64}$$

① $\frac{40}{32}$ ② $\frac{40}{36}$

③ $\frac{40}{48}$ ④ $\frac{40}{52}$

⑤ $\frac{40}{54}$

17

| ( ) | −76 | −58 | −4 | 158 | 644 |

① −80
② −82
③ −84
④ −86
⑤ −88

18

8　5　2　　7　( )　2　　10　3　6

① 6
② 5
③ 4
④ 3
⑤ 2

19

3　2　4　2　　6　4　7　17　　7　3　9　( )　　4　5　13　7

① 12
② 10
③ 8
④ 6
⑤ 4

20

2　11　16　　5　10　11　　7　12　( )

① 8
② 10
③ 13
④ 15
⑤ 17

제2회 최종점검 모의고사

도서 동형 온라인 실전연습 서비스

AOSZ-00000-D4256

☑ 응시시간 : 60분   ☑ 문항 수 : 80문항

정답 및 해설 p.41

PART 2

01   언어이해

01   다음 기사문의 제목으로 가장 적절한 것은?

> 정부는 「미세먼지 저감 및 관리에 관한 특별법(이하 미세먼지 특별법)」 제정·공포안이 의결돼 내년 2월부터 시행된다고 밝혔다. 미세먼지 특별법은 그동안 수도권 공공·행정기관을 대상으로 시범·시행한 '고농도 미세먼지 비상저감조치'의 법적 근거를 마련했다. 이로 인해 미세먼지 관련 정보와 통계의 신뢰도를 높이기 위해 국가미세먼지 정보센터를 설치하게 되고, 이에 따라 시·도지사는 미세먼지 농도가 비상저감조치 요건에 해당하면 자동차 운행을 제한하거나 대기오염물질 배출시설의 가동시간을 변경할 수 있다. 또한 비상저감조치를 시행할 때 관련 기관이나 사업자에 휴업, 탄력적 근무제도 등을 권고할 수 있게 되었다. 이와 함께 환경부 장관은 관계 중앙행정기관이나 지방자치단체의 장, 시설운영자에게 대기오염물질 배출시설의 가동률 조정을 요청할 수도 있다.
>
> 미세먼지 특별법으로 시·도지사, 시장, 군수, 구청장은 어린이나 노인 등이 이용하는 시설이 많은 지역을 '미세먼지 집중관리구역'으로 지정해 미세먼지 저감사업을 확대할 수 있게 되었다. 그리고 집중관리구역 내에서는 대기오염 상시측정망 설치, 어린이 통학차량의 친환경차 전환, 학교 공기정화시설 설치, 수목 식재, 공원 조성 등을 위한 지원이 우선적으로 이뤄지게 된다.
>
> 국무총리 소속의 '미세먼지 특별대책위원회'와 이를 지원하기 위한 '미세먼지 개선기획단'도 설치된다. 국무총리와 대통령이 지명한 민간위원장은 위원회의 공동위원장을 맡는다. 위원회와 기획단의 존속 기간은 5년으로 설정했으며 연장하려면 만료되기 1년 전에 그 실적을 평가해 국회에 보고하게 된다.
>
> 아울러 정부는 5년마다 미세먼지 저감 및 관리를 위한 종합계획을 수립하고 시·도지사는 이에 따른 시행계획을 수립하고 추진실적을 매년 보고하도록 했다. 또한 미세먼지 특별법은 입자의 지름이 $10\mu m$ 이하인 먼지는 '미세먼지', $2.5\mu m$ 이하인 먼지는 '초미세먼지'로 구분하기로 확정했다.

① 미세먼지와 초미세먼지 구분 방법

② 미세먼지 특별대책위원회의 역할

③ 미세먼지 집중관리구역 지정 방안

④ 미세먼지 저감을 위한 대기오염 상시측정망의 효과

⑤ 미세먼지 특별법의 제정과 시행

02 다음 기사의 주된 내용 전개 방식으로 가장 적절한 것은?

> 비만은 더 이상 개인의 문제가 아니다. 세계보건기구(WHO)는 비만을 질병으로 분류하고, 총 8종의 암(대장암·자궁내막암·난소암·전립선암·신장암·유방암·간암·담낭암)을 유발하는 주요 요인으로 제시하고 있다. 오늘날 기대수명이 늘어가는 상황에서 실질적인 삶의 질 향상을 위해서도 국가적으로 적극적인 비만관리가 필요해진 것이다.
>
> 이러한 비만을 예방하기 위한 국가적인 대책을 살펴보면, 우선 비만을 유발하는 과자, 빵, 탄산음료 등 고열량·저영양·고카페인 함유 식품의 판매 제한 모니터링이 강화되어야 하며, 또한 과음과 폭식 등 비만을 조장·유발하는 문화와 환경도 개선되어야 한다. 특히 과음은 식사량과 고열량 안주 섭취를 늘려 지방간, 간경화 등 건강 문제와 함께 복부 비만의 위험을 높이는 주요 요인이다. 따라서 회식과 접대 문화, 음주 행태 개선을 위한 가이드라인을 마련하고 음주 폐해 예방 캠페인을 추진하는 것도 하나의 방법이다.
>
> 다음으로 건강관리를 위해 운동을 권장하는 것도 중요하다. 수영, 스케이트, 볼링, 클라이밍 등 다양한 운동을 즐기는 문화를 조성하고, 특히 비만 환자의 경우 체계적인 체력 관리와 건강증진을 위한 운동프로그램이 요구된다.

① 다양한 관점들을 제시한 뒤, 예를 들어 설명하고 있다.
② 시간에 따른 현상의 변화과정에 대해 설명하고 있다.
③ 서로 다른 관점을 비교·분석하고 있다.
④ 주장을 제시하고, 여러 가지 근거를 들어 설득하고 있다.
⑤ 문제점을 제시하고, 그에 대한 해결방안을 제시하고 있다.

03 다음 글의 뒤에 이어질 내용으로 가장 적절한 것은?

> 책은 벗입니다. 먼 곳에서 찾아온 반가운 벗입니다. 배움과 벗에 관한 이야기는 『논어』의 첫 구절에도 있습니다. '배우고 때때로 익히니 어찌 기쁘지 않으랴. 벗이 먼 곳에서 찾아오니 어찌 즐겁지 않으랴.'가 그런 뜻입니다. 그러나 오늘 우리의 현실은 그렇지 못합니다. 인생의 가장 빛나는 시절을 수험 공부로 보내야 하는 학생들에게 독서는 결코 반가운 벗이 아닙니다. 가능하면 빨리 헤어지고 싶은 불행한 만남일 뿐입니다. 밑줄 그어 암기해야 하는 독서는 진정한 의미의 독서가 못 됩니다.

① 진정한 독서의 방법
② 친밀한 교우 관계의 중요성
③ 벗과 함께하는 독서의 즐거움
④ 반가운 벗과 반갑지 않은 벗의 구분
⑤ 현대인의 독서량 감소 원인

04 다음 중 제시된 문장을 논리적 순서대로 바르게 나열한 것은?

> (가) 초연결사회란 사람, 사물, 공간 등 모든 것들이 인터넷으로 서로 연결돼, 모든 것에 대한 정보가 생성 및 수집되고 공유·활용되는 것을 말한다. 즉, 모든 사물과 공간에 새로운 생명이 부여되고 이들의 소통으로 새로운 사회가 열리고 있는 것이다.
>
> (나) 최근 '초연결사회(Hyper Connected Society)'란 말을 주위에서 심심치 않게 들을 수 있다. 인터넷을 통해 사람 간의 연결은 물론 사람과 사물, 심지어 사물 간의 연결 등 말 그대로 '연결의 영역 초월'이 이뤄지고 있다.
>
> (다) 나아가 초연결사회는 단지 기존의 인터넷과 모바일 발전의 맥락이 아닌 우리가 살아가는 방식 전체, 즉 사회의 관점에서 미래사회의 새로운 패러다임으로 큰 변화를 가져올 전망이다.
>
> (라) 초연결사회에서는 인간 대 인간은 물론, 기기와 사물 같은 무생물 객체끼리도 네트워크를 바탕으로 상호 유기적인 소통이 가능해진다. 컴퓨터, 스마트폰으로 소통하던 과거와 달리 초연결 네트워크로 긴밀히 연결되어 오프라인과 온라인이 융합되고, 이를 통해 새로운 성장과 가치 창출의 기회가 증가할 것이다.

① (가) - (나) - (다) - (라)
② (가) - (나) - (라) - (다)
③ (나) - (가) - (다) - (라)
④ (나) - (가) - (라) - (다)
⑤ (다) - (나) - (가) - (라)

05 제시문에 이어질 문단을 논리적 순서대로 바르게 나열한 것은?

> 지난해 고금리, 고환율 그리고 고물가까지 겹치면서 경제적 부담이 커지자, 최후의 수단인 보험을 중도 해지한 사람들이 급증하고 있는 것으로 집계되었다.

> (가) 이는 통계 집계가 시작된 2000년 이후 최대에 해당하는 수치로, 글로벌 금융위기를 겪었던 2008년(22조 6,990억 원)보다도 훨씬 큰 규모로 나타났다.
>
> (나) 이에 해당하는 방법으로는 해지 전 보험료 부담은 낮추면서 보험계약은 지속할 수 있는 감액제도나 일정 한도 내에서 인출이 가능한 중도인출제도가 있고 그 밖에도 보험료를 납부하지 않는 대신 보장기간을 줄일 수 있는 연장정기보험제도나 보험 계약을 해지했다면 이를 다시 복구할 수 있는 계약부활제도가 있다.
>
> (다) 실제로 지난해 초부터 11월까지 집계된 생명보험 해지환급금은 38조 5,300억 원에 다다랐으며, 이는 전년도보다 10조 원 이상 증가한 것으로 나타났다.
>
> (라) 이처럼 보험계약 해지가 늘어나고 있는 반면, 반대로 신규 보험 가입자는 전년보다 100만 건가량 감소하고 있다. 이는 비교적 장기간 납부하여야 하는 보험료 특성상 경기가 어려울수록 수요가 감소할 수밖에 없기 때문이다. 다만 보험을 중도해지 시에는 계약자의 손실이 발생하기 때문에 다른 방법은 없는지 따져보는 것이 유리하다.

① (가) - (다) - (나) - (라)
② (가) - (다) - (라) - (나)
③ (가) - (라) - (다) - (나)
④ (다) - (가) - (나) - (라)
⑤ (다) - (가) - (라) - (나)

06 다음 글에서 〈보기〉의 문장이 들어갈 위치로 가장 적절한 곳은?

기억이 착오를 일으키는 프로세스는 인상적인 사물을 받아들이는 단계부터 이미 시작된다. (가) 감각적인 지각의 대부분은 무의식 중에 기록되고 오래 유지되지 않는다. (나) 대개는 수 시간 안에 사라져 버리며, 약간의 본질만이 남아 장기 기억이 된다. 무엇이 남을지는 선택에 의해서 그 사람의 견해에 따라서도 달라진다. (다) 분주하고 정신이 없는 장면을 보여 주고, 나중에 그 모습에 대해서 이야기하게 해 보자. (라) 어느 부분에 주목하고, 또 어떻게 그것을 해석했는지에 따라 즐겁기도 하고 무섭기도 하다. (마) 단순히 정신 사나운 장면으로만 보이는 경우도 있다. 기억이란 원래 일어난 일을 단순하게 기록하는 것이 아니다.

> **보기**
>
> 일어난 일에 대한 묘사는 본 사람이 무엇을 중요하게 판단하고, 무엇에 흥미를 가졌느냐에 따라 크게 다르다.

① (가) ② (나)
③ (다) ④ (라)
⑤ (마)

07

중세 이전에는 예술가와 장인의 경계가 분명치 않았다. 화가들도 당시에는 왕족과 귀족의 주문을 받아 제작하는 일종의 장인 취급을 받아왔다. 근대에 접어들면서 예술은 독창적인 창조 활동으로 존중받게 되었고, 아름다움의 가치를 만들어내는 예술가들의 독창성이 인정받게 된 것이다. 그리고 이 가치의 중심에 작가가 있다. 작가가 담으려 했던 의도, 그것이 바로 아름다움을 창조하는 예술의 가치인 셈이다. 예술작품은 작가의 의도를 담고 있고, 작가의 의도가 없다면 작품은 만들어질 수 없다. 이것이 작품에 포함된 작가의 권위를 인정해야 하는 이유이다.

또한 예술은 예술가가 표현하고자 하는 것을 창작해내는 그 과정 자체로 완성되는 것이지 독자의 해석으로 완성되는 게 아니다. 설사 작품을 감상하고 해석해 줄 독자가 없어도 예술은 그 자체로 가치 있는 법이다. 예술가는 독자를 위해 작품을 창작하는 것이 아니라 자신의 열정과 열망으로 표현하고자 하는 바를 표현해내는 것이다. 물론 예술작품을 해석하고 이해하는 데에 독자의 역할도 분명 존재하고 필요한 것이 사실이다. 하지만 그렇다고 해도 이는 예술적 가치가 있는 작품에서 파생된 2차적인 활동이지 작품을 새롭게 완성하는 창조적 활동이라고 보기 어렵다. 따라서 독자의 수용과 이해는 _____

① 독자가 가지고 있는 작품에 대한 사전 정보에 따라 다르게 나타날 것이다.
② 작품에 담긴 아름다움의 가치를 독자가 나름대로 해석하는 활동으로 볼 수 있다.
③ 권위가 높은 작가의 작품에서 더욱 다양하게 나타난다.
④ 작가의 의도와 작품을 왜곡하지 않는 범위에서 이루어져야 한다.
⑤ 작품이 만들어진 시대적 배경과 문화적 배경을 고려하여야 한다.

08

글을 쓰다 보면 어휘력이 부족하여 적당한 단어를 찾지 못하고 고민을 하는 경우가 많이 있다. 특히 사용 빈도가 낮은 단어들은 일상적인 회화 상황에서 자연스럽게 익힐 기회가 적다. 대개 글에서는 일상적인 회화에서 사용하는 것보다 훨씬 고급 수준의 단어를 많이 사용하게 되므로 이런 어휘력 습득은 광범위한 독서를 통해서 가능하다.

_____

① 그러므로 평소 국어사전을 활용하여 어휘력을 습득하는 습관이 필요하다.
② 그러므로 사용빈도가 낮은 단어들은 사용하지 않는 것이 좋다.
③ 그러므로 고급수준의 단어들을 사용하는 것보다는 평범한 단어를 사용하는 것이 의미전달을 분명히 한다.
④ 그러므로 평소에 수준 높은 좋은 책들을 많이 읽는 것이 필요하다.
⑤ 그러므로 독서보다는 자기 학습을 통해 어휘력을 습득해야 한다.

※ 다음 글을 읽고 추론한 내용으로 가장 적절한 것을 고르시오. [9~11]

09

세계대전이 끝난 후 미국의 비행기 산업이 급속도로 성장하기 시작하자 영국과 프랑스 정부는 미국을 견제하기 위해 초음속 여객기인 콩코드를 함께 개발하기로 결정했다. 양국의 지원을 받으며 탄생한 콩코드는 일반 비행기보다 2배 빠른 마하 2의 속도로 비행하면서 평균 8시간 걸리는 파리 ~ 뉴욕 구간을 3시간대에 주파할 수 있게 되었다. 그러나 콩코드의 낮은 수익성이 문제가 되었다. 콩코드는 일반 비행기에 비해 많은 연료가 필요했고, 몸체가 좁고 길어 좌석 수도 적었다. 일반 비행기에 300명 정도를 태울 수 있었다면 콩코드는 100명 정도만 태울 수 있었다. 연료 소비량은 많은데 태울 수 있는 승객 수는 적으니 당연히 항공권 가격은 비싸질 수밖에 없었다. 좁은 좌석임에도 불구하고 가격은 일반 항공편의 퍼스트클래스보다 3배 이상 비쌌고 이코노미석 가격의 15배에 달했다. 게다가 2000년 7월 파리발 뉴욕행 콩코드가 폭발하여 100명의 승객과 9명의 승무원 전원이 사망하면서 큰 위기가 찾아왔다. 수많은 고위층과 부자들이 한날한시에 유명을 달리함으로써 세계 언론의 관심이 쏠렸고 콩코드의 안정성에 대한 부정적인 시각이 팽창했다. 이후 어렵게 운항을 재개했지만, 승객 수는 좀처럼 늘지 않았다. 결국 유지비를 감당하지 못한 영국과 프랑스의 항공사는 27년 만에 운항을 중단하게 되었다.

① 영국과 프랑스는 전쟁에서 사용하기 위해 초음속 여객기 콩코드를 개발했다.
② 일반 비행기가 파리 ~ 뉴욕 구간을 1번 왕복하는 동안 콩코드는 최대 4번 왕복할 수 있다.
③ 콩코드의 탑승객 수가 늘어날수록 많은 연료가 필요했다.
④ 결국 빠른 비행 속도가 콩코드 폭발의 원인이 되었다.
⑤ 콩코드는 주로 돈이 많은 고위층이나 시간이 부족한 부유층이 이용했다.

10

미적인 것이란 내재적이고 선험적인 예술 작품의 특성을 밝히는 데서 더 나아가 삶의 풍부하고 생동적인 양상과 가치, 목표를 예술 형식으로 변환한 것이다. 미(美)는 어떤 맥락으로부터도 자율적이기도 하지만 타율적이기도 하다. 미에 대한 자율적 견해를 지닌 칸트도 일견 타당하지만, 미를 도덕이나 목적론과 연관시킨 톨스토이나 마르크스도 타당하다. 우리가 길을 지나다 이름 모를 곡을 듣고서 아름답다고 느끼는 것처럼 순수미의 영역이 없는 것은 아니다. 하지만 그 곡이 독재자를 열렬히 지지하기 위한 선전곡이었음을 안 다음부터 그 곡을 혐오하듯 미(美) 또한 사회 경제적, 문화적 맥락의 영향을 받기도 한다.

① 작품의 구조 자체에 주목하여 문학작품을 감상해야 한다는 절대주의적 관점은 칸트의 견해와 유사하다.
② 칸트는 현실과 동떨어진 작품보다 부조리한 사회 현실을 고발하는 작품의 가치를 더 높게 평가하였을 것이다.
③ 칸트의 견해에 따르면 예술 작품이 독자에게 어떠한 영향을 미치느냐에 따라 작품의 가치가 달라질 수 있다.
④ 톨스토이의 견해에 따라 시를 감상한다면 운율과 이미지, 시상 전개 등을 중심으로 감상해야 한다.
⑤ 톨스토이와 마르크스는 예술 작품이 내재하고 있는 고유한 특성이 감상에 중요하지 않다고 주장했을 것이다.

11

만약 어떠한 불쾌한 것을 인식한다고 하자. 우리가 불쾌한 것을 불쾌하게 인식하는 것은 그것이 불쾌해서가 아니라 우리의 형식이 그것을 불쾌하다고 규정짓기 때문이다.
이렇게 쾌와 불쾌는 대상에 내재하는 성질이 아니라 우리의 형식에 달려 있다. 우리는 대상 그 자체를 감각하는 것이 아니라, 대상의 현상을 우리의 형식에 따라 감각하는 것이다. 대상 그 자체는 감각될 수 없으며, 단지 사유될 수만 있다. 따라서 대상 그 자체가 갖는 성질을 논하는 것은 불가능하고 또한 필요 없는 행위이며, 실제 세계에서 나타나는 대상의 성질은 단지 우리의 형식에 의거하여 감각되므로, 감각 행위에서 중요한 것은 대상이 아니라, 바로 우리 자신이다.

① 감각의 근거는 오로지 대상에 내재한다.
② 불쾌한 것이 불쾌한 것은 그것이 불쾌함을 내재하기 때문이다.
③ 대상 그 자체의 성질을 논하여야 한다.
④ 감각 주체에 따라 감각 행위의 내용이 달라진다.
⑤ 감각 행위에서 중요한 것은 대상 그 자체이다.

12 다음 글을 통해 추론할 수 있는 내용으로 적절하지 않은 것은?

인류는 미래의 에너지로 청정하고 고갈될 염려가 없는 풍부한 에너지를 기대하며, 신재생에너지인 태양광에너지와 풍력에너지에 많은 기대를 걸고 있다. 그러나 태양광이나 풍력으로는 화력발전을 통해 생산되는 전력 공급량을 대체하기 어렵고, 기상 환경에 많은 영향을 받는다는 점에서 한계가 있다. 이에 대한 대안으로 많은 전문가들은 '핵융합에너지'에 기대를 걸고 있다.

핵융합발전은 핵융합 현상을 이용하는 발전 방식으로, 핵융합은 말 그대로 원자의 핵이 융합하는 것을 말한다. 우라늄의 원자핵이 분열하면서 방출되는 에너지를 이용하는 원자력발전과 달리, 핵융합발전은 수소 원자핵이 융합해 헬륨 원자핵으로 바뀌는 과정에서 방출되는 에너지를 이용해 물을 가열하고 수증기로 터빈을 돌려 전기를 생산한다.

핵융합발전이 다음 세대를 이끌어갈 전력 생산 방식이 될 수 있는 이유는 인류가 원하는 에너지원의 조건을 모두 갖추고 있기 때문이다. 우선 연료가 거의 무한대라고 할 수 있을 정도로 풍부하다. 핵융합발전에 사용되는 수소는 일반적인 수소가 아닌 수소의 동위원소로, 지구의 70%를 덮고 있는 바닷물을 이용해서 얼마든지 생산할 수 있다. 게다가 적은 연료로 원자력발전에 비해 훨씬 많은 에너지를 얻을 수 있다. 1g으로 석유 8t(톤)을 태워서 얻을 수 있는 전기를 생산할 수 있고, 원자력발전에 비하면 같은 양의 연료로 3~4배의 전기를 생산할 수 있다.

무엇보다 오염물질을 거의 배출하지 않는 점이 큰 장점이다. 미세먼지와 대기오염을 일으키는 오염물질은 전혀 나오지 않고 오직 헬륨만 배출된다. 약간의 방사선이 방출되지만, 원자력발전에서 배출되는 방사성 폐기물에 비하면 거의 없다고 볼 수 있을 정도다.

핵융합발전은 안전 문제에서도 자유롭다. 원자력발전은 수개월 혹은 1년 치 연료를 원자로에 넣고 연쇄적으로 핵분열 반응을 일으키는 방식이라 문제가 생겨도 당장 가동을 멈춰 사태가 악화되는 것을 막을 수 없다. 하지만 핵융합발전은 연료가 아주 조금 들어가기 때문에 문제가 생겨도 원자로가 녹아내리는 것과 같은 대형 재난으로 이어지지 않는다. 문제가 생기면 즉시 핵융합 반응이 중단되고 발전장치가 꺼져버린다. 핵융합 반응을 제어하는 일이 극도로 까다롭기 때문에 오히려 발전장치가 꺼지지 않도록 정밀하게 제어하는 것이 중요하다.

현재 세계 각국은 개별적으로 핵융합발전 기술을 개발하는 한편 프랑스 남부 카다라슈 지역에 '국제핵융합실험로(ITER)'를 건설해 공동으로 실증 실험을 할 준비를 진행하고 있다. 한국과 유럽연합(EU), 미국, 일본, 러시아, 중국, 인도 7개국이 참여해 구축하고 있는 ITER은 2025년 12월 완공될 예정이며, 2025년 이후에는 그동안 각국이 갈고 닦은 기술을 적용해 핵융합 반응을 일으켜 상용화 가능성을 검증하게 된다. 불과 10년 내로 세계 전력산업의 패러다임을 바꾸는 역사적인 핵융합 실험이 지구상에서 이뤄지게 되는 것이다.

① 핵융합발전이 태양열발전보다 더 많은 양의 전기를 생산할 수 있겠어.
② 핵융합발전과 원자력발전은 원자의 핵을 다르게 이용한다는 점에서 차이가 있군.
③ 같은 양의 전력 생산을 목표로 한다면 원자력발전의 연료비는 핵융합발전의 3배 이상이겠어.
④ 헬륨은 대기오염을 일으키는 오염물질에 해당하지 않는군.
⑤ 핵융합발전에는 발전장치를 제어하는 사람의 역할이 중요하겠어.

※ 다음 글에서 필자가 주장하는 내용으로 가장 적절한 것을 고르시오. [13~14]

13

80 대 20 법칙, 2 대 8 법칙으로 불리기도 하는 파레토 법칙은 전체 결과의 80%가 전체 원인의 20%에서 일어나는 현상을 가리킨다. 결국 크게 수익이 되는 것은 20%의 상품군, 그리고 20%의 구매자이기에 이들에게 많은 역량을 집중할 필요가 있다는 것으로, 이른바 선택과 집중이라는 경영학의 기본 개념으로 자리 잡아 왔다.

하지만 파레토 법칙은 현상에 붙은 이름일 뿐 법칙의 필연성을 설명하진 않으며, 그 적용이 쉬운만큼 내부의 개연성을 명확하게 파악하지 않으면 오용될 여지가 다분하다는 문제점을 지니고 있다. 예컨대 상위권 성적을 지닌 20%의 학생을 한 그룹으로 모아놓는다고 해서 그들의 80%가 갑작스레 공부를 중단하진 않을 것이며, 20%의 고객이 80%의 매출에 기여하므로 백화점 찾는 80%의 고객들을 홀대해도 된다는 비약으로 이어질 수 있기 때문이다.

① 파레토 법칙은 80%의 고객을 경원시하는 법칙이다.
② 파레토 법칙을 함부로 여러 사례에 적용해서는 안 된다.
③ 파레토 법칙은 20%의 주요 구매자를 찾아내는 데 유효한 법칙이다.
④ 파레토 법칙은 보다 효율적인 판매 전략을 세우는 데 도움을 준다.
⑤ 파레토 법칙을 제외하면 전반적인 사례를 분석하는 데 용이해진다.

14

프랜시스 베이컨은 사람을 거미와 같은 사람, 개미와 같은 사람, 꿀벌과 같은 사람의 세 종류로 나누어 보았다.

첫째, '거미'와 같은 사람이 있다. 거미는 벌레들이 자주 날아다니는 장소에 거미줄을 쳐놓고 숨어있다가, 벌레가 거미줄에 걸리면 슬그머니 나타나 잡아먹는다. 거미와 같은 사람은 땀 흘려 노력하지 않으며, 누군가 실수하기를 기다렸다가 그것을 약점으로 삼아 그 사람의 모든 것을 빼앗는다.

둘째, '개미'와 같은 사람이 있다. 개미는 부지런함의 상징이 되는 곤충이다. 더운 여름에도 쉬지 않고 땀을 흘리며 먹이를 물어다 굴속에 차곡차곡 저장한다. 그러나 그 개미는 먹이를 남에게 나누어 주지는 않는다. 개미와 같은 사람은 열심히 일하고 노력하여 돈과 재산을 많이 모으지만, 남을 돕는 일에는 아주 인색하여 주변 이웃의 불행을 모른 체하며 살아간다.

셋째, '꿀벌'과 같은 사람이 있다. 꿀벌은 꽃의 꿀을 따면서도 꽃에 상처를 남기지 않고, 이 꽃 저꽃으로 날아다니며 열매를 맺도록 도와준다. 만약 꿀벌이 없다면 많은 꽃은 열매를 맺지 못할 것이다. 꿀벌과 같은 사람은 책임감을 갖고 열심히 일하면서도 남에게 도움을 준다. 즉, 꿀벌과 같은 사람이야말로 우리 사회에 반드시 있어야 할 이타적 존재이다.

① 노력하지 않으면서 성공을 바라는 사람은 결코 성공할 수 없다.
② 다른 사람의 실수를 모른 체 넘어가 주는 배려를 해야 한다.
③ 자신의 일만 열심히 하다 보면 누군가는 반드시 알아본다.
④ 맡은 바 책임을 다하면서도 남을 돌볼 줄 아는 사람이 되어야 한다.
⑤ 자신의 삶보다 이웃의 삶을 소중하게 돌봐야 한다.

15 다음 글의 중심 내용으로 가장 적절한 것은?

쇼펜하우어에 따르면 우리가 살고 있는 세계의 진정한 본질은 의지이며, 그 속에 있는 모든 존재는 맹목적인 삶에의 의지에 의해서 지배당하고 있다. 쇼펜하우어는 우리가 일상적으로 또는 학문적으로 접근하는 세계는 단지 표상의 세계일 뿐이라고 주장하는데, 인간의 이성은 단지 이러한 표상의 세계만을 파악할 수 있을 뿐이다. 그에 따르면 존재하는 세계의 모든 사물들은 우선적으로 표상으로서 드러나게 된다. 시간과 공간 그리고 인과율에 의해서 파악되는 세계가 나의 표상인데, 이러한 표상의 세계는 오직 나에 의해서, 즉 인식하는 주관에 의해서만 파악되는 세계이다. 쇼펜하우어에 따르면 이러한 주관은 모든 현상의 세계, 즉 표상의 세계에서 주인의 역할을 하는 '나'이다.

이러한 주관을 이성이라고 부를 수도 있는데, 이성은 표상의 세계를 이끌어가는 주인공의 역할을 하는 것이다. 그러나 쇼펜하우어는 여기서 한발 더 나아가 표상의 세계에서 주인의 역할을 하는 주관 또는 이성은 의지의 지배를 받는다고 주장한다. 즉, 쇼펜하우어는 이성에 의해서 파악되는 세계의 뒤편에는 참된 본질적 세계인 의지의 세계가 있으므로 표상의 세계는 제한적이며 표면적인 세계일 뿐, 결코 이성에 의해서 또는 주관에 의해서 결코 파악될 수 없다고 주장한다. 오히려 그는 그동안 인간이 진리를 파악하는 데 최고의 도구로 칭송받던 이성이나 주관을 의지에 끌려 다니는 피지배자일 뿐이라고 비판한다.

① 세계의 본질로서 의지의 세계
② 표상 세계의 극복과 그 해결 방안
③ 의지의 세계와 표상의 세계 간의 차이
④ 세계의 주인으로서 주관의 표상 능력
⑤ 표상 세계 안에서의 이성의 역할과 한계

16 다음 중 글의 내용으로 적절하지 않은 것은?

'갑'이라는 사람이 있다고 하자. 이때 사회가 갑에게 강제적 힘을 행사하는 것이 정당화되는 근거는 무엇일까? 그것은 갑이 다른 사람에게 미치는 해악을 방지하려는 데 있다. 특정 행위가 갑에게 도움이 될 것이라든가, 이 행위가 갑을 더욱 행복하게 할 것이라든가 또는 이 행위가 현명하다든가 혹은 옳은 것이라든가 하는 이유를 들면서 갑에게 이 행위를 강제하는 것은 정당하지 않다. 이러한 이유는 갑에게 권고하거나 이치를 이해시키거나 무엇인가를 간청하거나 할 때는 충분한 이유가 된다. 그러나 갑에게 강제를 가하는 이유 혹은 어떤 처벌을 가할 이유는 되지 않는다. 이와 같은 사회적 간섭이 정당화되기 위해서는 갑이 행하려는 행위가 다른 어떤 이에게 해악을 끼칠 것이라는 점이 충분히 예측되어야 한다. 한 사람이 행하고자 하는 행위 중에서 그가 사회에 대해 책임을 져야 할 유일한 부분은 다른 사람에게 관계되는 부분이다.

① 개인에 대한 사회의 간섭은 어떤 조건이 필요하다.
② 행위 수행 혹은 행위 금지의 도덕적 이유와 법적 이유는 구분된다.
③ 한 사람의 행위는 타인에 대한 행위와 자신에 대한 행위로 구분된다.
④ 사회는 개인의 해악에 관해서는 관심이 있지만, 그 해악을 방지할 강제성의 근거는 가지고 있지 않다.
⑤ 타인과 관계되는 행위는 사회적 책임이 따른다.

※ 다음 글의 주장에 대한 비판으로 가장 적절한 것을 고르시오. [17~18]

17

> 고전적 귀납주의는 경험적 증거가 배제하지 않는 가설들 사이에서 선택을 가능하게 해 준다. 고전적 귀납주의는 특정 가설에 부합하는 경험적 증거가 많을수록 그 가설이 더욱 믿을 만하게 된다고 주장한다. 이에 따르면 우리는 관련된 경험적 증거 전체를 고려하여 가설을 선택할 수 있다. 예를 들어, 비슷한 효능이 기대되는 두 신약 중 어느 것을 건강보험 대상 약품으로 지정할 것인지를 결정하는 경우를 생각해 보자. 고전적 귀납주의는 우리가 두 신약에 대한 다양한 임상 시험 결과를 종합적으로 고려해서 긍정적 결과를 더 많이 얻은 신약을 선택해야 한다고 조언한다.

① 가설의 신뢰도가 높아지려면 가설에 부합하는 새로운 증거가 계속 등장해야 한다.
② 경험적 증거가 여러 가설에 부합하는 경우 아무런 도움이 되지 않는다.
③ 가설로부터 도출된 예측과 경험적 관찰이 모순되는 가설은 배제해야 한다.
④ 가설의 신뢰도가 경험적 증거로 인하여 얼마나 높아지는지를 정량적으로 판단할 수 없다.
⑤ 가설 검증을 통해서만 절대적 진리에 도달할 수 있다.

18

> 고대 그리스 시대의 사람들은 신에 의해 우주가 운행된다고 믿는 결정론적 세계관 속에서 신에 대한 두려움이나 신이 야기한다고 생각되는 자연재해나 천체 현상 등에 대한 두려움을 떨치지 못했다. 에피쿠로스는 당대의 사람들이 이러한 잘못된 믿음에서 벗어나도록 하는 것이 중요하다고 보았고, 이를 위해 인간이 행복에 이를 수 있도록 자연학을 바탕으로 자신의 사상을 전개하였다.
>
> 에피쿠로스는 신의 존재는 인정하나 신의 존재 방식이 인간이 생각하는 것과는 다르다고 보고, 신은 우주들 사이의 중간 세계에 살며 인간사에 개입하지 않는다는 이신론적(理神論的) 관점을 주장한다. 그는 불사하는 존재인 신이 최고로 행복한 상태이며, 다른 어떤 것에게도 고통을 주지 않고, 모든 고통은 물론 분노와 호의와 같은 것으로부터 자유롭다고 말한다. 따라서 에피쿠로스는 인간의 세계가 신에 의해 결정되지 않으며, 인간의 행복도 자율적 존재인 인간 자신에 의해 완성된다고 본다.
>
> 한편 에피쿠로스는 인간의 영혼도 육체와 마찬가지로 미세한 입자로 구성된다고 본다. 영혼은 육체와 함께 생겨나고 육체와 상호작용하며 육체가 상처를 입으면 영혼도 고통을 받는다. 더 나아가 육체가 소멸하면 영혼도 함께 소멸하게 되어 인간은 사후(死後)에 신의 심판을 받지 않으므로, 살아있는 동안 인간은 사후에 심판이 있다고 생각하여 두려워 할 필요가 없게 된다. 이러한 생각은 인간으로 하여금 죽음에 대한 모든 두려움에서 벗어나게 하는 근거가 된다.

① 신은 우리가 생각하는 것처럼 인간 세계에 대해 그다지 관심이 많지 않다.
② 인간은 신을 믿지 않기 때문에 두려움도 느끼지 않는다.
③ 신이 만든 인간의 육체와 영혼은 서로 분리될 수 없으므로 사후세계는 인간의 허상에 불과하다.
④ 신은 인간 세계에 개입하지 않으므로 신의 섭리에 따라 인간의 삶을 이해하려 해서는 안 된다.
⑤ 인간이 아픔 때문에 죽음에 대해 두려움을 느낀다면, 사후에 대한 두려움을 떨쳐버리는 것만으로 두려움은 해소될 수 없다.

※ 다음 글을 읽고 이어지는 물음에 답하시오. [19~20]

예술 작품에 대한 감상이나 판단은 주관적이라 할 수 있다. 그렇다고 하더라도 어떤 사람의 감상이나 판단은 다른 사람들보다 더 좋거나 나쁠 수도 있지 않을까? 혹은 덜 발달되었을 수도, 더 세련되었을 수도 있지 않을까? 이러한 의문과 관련하여 우리는 흄(D. Hume)의 설명을 참조할 수 있다.

흄은 예술적인 판단이란, 색이나 맛과 같은 지각 가능한 성질에 대한 판단과 유사하다고 하면서, ㉮『돈키호테』에 나오는 이야기를 소개한다. 마을 사람들이 포도주를 즐기고 있었는데 두 명의 '전문가'가 불평을 한다. 한 사람은 쇠 맛이 살짝 난다고 했고 또 다른 사람은 가죽 맛이 향을 망쳤다고 했다. 마을 사람들은 그들을 비웃었지만, 포도주 통 밑바닥에서 가죽끈에 묶인 녹슨 열쇠가 발견되었다. 이 전문가들은 마을 사람들이 느낄 수 없었던 포도주 맛의 요소들을 식별해낸 셈이다.

이는 예술적인 식별과 판단에서도 마찬가지다. 훈련받지 못한 사람은 서로 다른 악기의 소리나 화음의 구성을 구별해낼 수 없을 것이다. 또한 구도나 색 또는 명암의 대비, 중요한 암시를 알아내기 어려울 것이다. 이런 것들은 다양한 작품을 감상하고 세련된 감수성을 지닌 사람들의 말을 들음으로써, 또는 좋은 비평을 읽음으로써 계발될 수 있다. 그러나 이처럼 예술적 판단이나 식별이 계발될 수 있다 해도 의문은 남는다. 포도주의 맛을 알아챈 전문가들에게는 가죽끈에 녹슨 열쇠가 있었지만, 예술 비평가들의 판단이나 식별이 올바르다는 것은 어떻게 알 수 있는가?

이 질문에 답하기 위해 흄은 '진정한 판관(True Judge)'이라는 개념을 제안했다. 흄이 말한 진정한 판관은, 세련된 감수성과 섬세한 감각을 가졌으며 부단한 연습과 폭넓은 경험으로 식별력을 키운 사람이다. 그리고 편견이나 편애와 같은 작품 외적 요소들에서 벗어나 있으며, 당대의 일시적인 유행에도 거리를 두고 작품을 볼 수 있는 사람이다. 이러한 조건들을 갖추었을 때 그는 비로소 예술 작품을 식별하고 평가할 수 있는 자격을 얻게 된다. 또한 흄은 '시간의 테스트'를 넘어서, 즉 시간과 공간의 장벽을 가로질러 그 가치를 인정받는 작품들에 주목하였다. 다양한 시대와 문화, 태도들의 차이가 있음에도 불구하고, 그 작품들의 진정한 가치를 알아보고 그것에 매혹되어 온 최고의 비평가들이 있었다.

이처럼 예술 비평가들의 판단과 식별의 타당성은 이들이 갖춘 비평가로서의 자격, 이들이 알아보고 매혹된 위대한 작품들의 존재를 통해서 입증될 수 있다는 것이다. 이러한 흄의 생각은 분명 그럴듯한 점이 있다. 우리가 미켈란젤로와 카라바조, 고야, 렘브란트의 작품들이 창조된 지 수백 년이 지난 후에도 여전히 감상하고 있다는 사실은 그 작품이 지닌 힘과 위대함을 증명해준다.

그렇지만 또 하나의 의문이 여전히 남는다. ㉯ 자격을 갖춘 비평가들, 심지어는 최고라고 평가받는 비평가들에게서조차 비평의 불일치가 생겨난다는 점이다. 흄은 이러한 불일치를 낳는 두 개의 근원을 지적했는데, 비평가 개인의 성격적인 기질의 차이가 그 하나이다. 또한 자격을 갖춘 비평가라 할지라도 자기 시대의 특정한 믿음이나 태도, 가정들에서 완전히 자유로울 수는 없기 때문에 불일치가 생겨난다고 하였다. 이에 따르면 살아 있던 당시에는 갈채를 받았던 예술가의 작품이 시간이 흐르면서 왜 역사의 뒤안길로 사라지곤 하는지도 설명할 수 있다. 평범한 사람에게든 자격을 갖춘 비평가에게든, 그런 작품들이 당시의 사람들에게 가졌던 호소력은 그 시대에만 특별했던 태도나 가정에 의존했을 가능성이 크기 때문이다.

19 다음 중 제시된 글의 전개 방식에 대한 설명으로 가장 적절한 것은?

① 흄의 견해를 순차적으로 소개한 후 비판적으로 평가하고 있다.

② 의문들을 제기하면서 흄의 견해에 근거하여 순차적으로 답변하고 있다.

③ 제기된 의문들과 관련하여 흄의 견해가 변화해 가는 과정을 밝히고 있다.

④ 흄의 견해에 근거하여 통상적인 의문들에 내포된 문제점을 고찰하고 있다.

⑤ 흄의 견해에 근거하여 제기된 의문들에 대한 기존의 답변들을 비판하고 있다.

20 다음 중 ㉮에서 ㉯에 해당하는 내용으로 가장 적절한 것은?

① 마을 사람들은 전문가들의 진단을 비웃었다.

② 마을 사람들은 포도주 맛의 요소들을 식별하지 못했다.

③ 포도주 통 밑바닥에서 가죽끈에 묶인 녹슨 열쇠가 발견되었다.

④ 포도주의 이상한 맛에 대한 전문가들의 원인 진단이 서로 달랐다.

⑤ 마을 사람들과는 달리 전문가들은 포도주 맛에 대해 불평을 했다.

※ 다음 제시된 명제들을 통해 얻을 수 있는 결론으로 타당한 것을 고르시오. [1~3]

01

> - 현명한 사람은 거짓말을 하지 않는다.
> - 건방진 사람은 남의 말을 듣지 않는다.
> - 거짓말을 하지 않으면 다른 사람의 신뢰를 얻는다.
> - 남의 말을 듣지 않으면 친구가 없다.

① 현명한 사람은 다른 사람의 신뢰를 얻는다.
② 건방진 사람은 친구가 있다.
③ 거짓말을 하지 않으면 현명한 사람이다.
④ 다른 사람의 신뢰를 얻으면 거짓말을 하지 않는다.
⑤ 건방지지 않은 사람은 남의 말을 듣는다.

02

> - 철수의 성적은 영희보다 낮고, 수연이보다 높다.
> - 영희의 성적은 90점이고, 수연이의 성적은 85점이다.
> - 수연이와 윤수의 성적은 같다.

① 철수의 성적은 윤수보다 낮다.
② 철수의 성적은 90점 이상이다.
③ 철수의 성적은 85점 이하이다.
④ 철수의 성적은 86점 이상 89점 이하이다.
⑤ 영희의 성적은 수연이보다 낮다.

03

> - 민지, 진희, 아름이는 각자 가방을 가지고 있다.
> - 민지의 가방은 진희의 가방보다 2kg 무겁다.
> - 진희의 가방은 아름이의 가방보다 3kg 가볍다.

① 민지의 가방이 가장 무겁다.
② 아름이의 가방이 가장 무겁다.
③ 아름이의 가방이 가장 가볍다.
④ 민지와 아름이의 가방 무게는 서로 같다.
⑤ 아름이의 가방보다 민지의 가방이 더 무겁다.

※ 다음 제시문을 읽고 각 문장이 항상 참이면 ①, 거짓이면 ②, 알 수 없으면 ③을 고르시오. [4~5]

- Y대학교에는 필수 전공과목으로 건축학개론이 있다.
- 건축학개론 수업을 듣는 학생들은 대부분이 1학년이다.
- 졸업을 하기 위해서는 필수 전공과목 모두 B 이상의 학점을 받아야 한다.

04 건축학개론의 점수가 B라면 재수강을 할 수 없다.

① 참   ② 거짓   ③ 알 수 없음

05 2학년이 건축학개론을 듣게 되면, 1학년들과 수업을 들어야 한다.

① 참   ② 거짓   ③ 알 수 없음

※ 다음 제시문을 읽고 각 문장이 항상 참이면 ①, 거짓이면 ②, 알 수 없으면 ③을 고르시오. [6~7]

- 선화는 20,000원을 가지고 있다.
- 효성이는 50,000원을 가지고 있다.
- 은정이는 30,000원을 가지고 있다.
- 은정이와 현아는 10,000원 차이가 난다.

06 현아는 효성이보다 가진 돈이 적다.

① 참   ② 거짓   ③ 알 수 없음

07 돈을 가장 적게 가진 사람은 선화다.

① 참   ② 거짓   ③ 알 수 없음

08 테니스공, 축구공, 농구공, 배구공, 야구공, 럭비공을 각각 A, B, C상자에 넣으려고 한다. 한 상자에 공을 두 개까지 넣을 수 있고, 조건이 다음과 같다고 할 때, 항상 참이 될 수 없는 것은?

> **조건**
> • 테니스공과 축구공은 같은 상자에 넣는다.
> • 럭비공은 B상자에 넣는다.
> • 야구공은 C상자에 넣는다.

① 농구공을 C상자에 넣으면 배구공은 B상자에 들어가게 된다.
② 테니스공과 축구공은 반드시 A상자에 들어간다.
③ 배구공과 농구공은 같은 상자에 들어갈 수 없다.
④ B상자에 배구공을 넣으면 농구공은 야구공과 같은 상자에 들어가게 된다.
⑤ 럭비공은 반드시 배구공과 같은 상자에 들어간다.

09 다음 제시된 명제들이 모두 참일 때, 금요일에 도서관에 가는 사람은?

> • 정우는 금요일에 도서관에 간다.
> • 연우는 화요일과 목요일에 도서관에 간다.
> • 승우가 도서관에 가지 않으면 민우가 도서관에 간다.
> • 민우가 도서관에 가면 견우도 도서관에 간다.
> • 연우가 도서관에 가지 않으면 정우는 도서관에 간다.
> • 정우가 도서관에 가면 승우는 도서관에 가지 않는다.

① 정우, 민우, 견우　　　　　　　② 정우, 승우, 연우
③ 정우, 승우, 견우　　　　　　　④ 정우, 민우, 연우
⑤ 정우, 연우, 견우

10 경순, 민경, 정주는 여름휴가를 맞이하여 대만, 제주도, 일본 중 각각 한 곳으로 여행을 가는데, 게스트하우스 혹은 호텔에서 숙박한다. 다음 조건을 바탕으로 민경이의 여름휴가 장소와 숙박 장소를 올바르게 연결한 것은?(단, 세 사람 모두 이미 한번 다녀온 곳으로는 휴가를 가지 않는다)

> **조건**
> • 제주도의 호텔은 예약이 불가하여, 게스트하우스에서만 숙박할 수 있다.
> • 호텔이 아니면 잠을 못 자는 경순이는 호텔을 가장 먼저 예약했다.
> • 여행 갈 때마다 호텔에 숙박했던 정주는 이번 여행은 게스트하우스를 예약했다.
> • 대만으로 여행 가는 사람은 앱 할인으로 호텔에 숙박한다.
> • 작년에 정주는 제주도와 대만을 다녀왔다.

① 제주도 – 호텔
② 대만 – 게스트하우스
③ 제주도 – 게스트하우스
④ 일본 – 호텔
⑤ 대만 – 호텔

11 다음 제시된 명제가 모두 참일 때, 반드시 참인 명제는?

> • 정수, 영수, 영호, 재호, 경호 5명은 시력 검사를 하였다.
> • 정수의 시력은 1.2이다.
> • 정수의 시력은 영수의 시력보다 0.5 높다.
> • 영호의 시력은 정수보다 낮고 영수보다 높다.
> • 영호의 시력보다 낮은 재호의 시력은 0.6 ~ 0.8이다.
> • 경호의 시력은 0.6 미만으로 안경을 새로 맞춰야 한다.

① 영호의 시력은 1.0 이상이다.
② 경호의 시력이 가장 낮은 것은 아니다.
③ 정수의 시력이 가장 높다.
④ 재호의 시력은 영수의 시력보다 높다.
⑤ 시력이 높은 순으로 나열하면 '정수 – 영호 – 영수 – 재호 – 경호'이다.

12 8조각의 피자를 A ~ D 네 사람이 나눠 먹는다고 할 때, 다음 중 참이 아닌 것은?

> • 네 사람 중 피자를 한 조각도 먹지 않은 사람은 없다.
> • A는 피자 두 조각을 먹었다.
> • 피자를 가장 적게 먹은 사람은 B이다.
> • C는 D보다 피자 한 조각을 더 많이 먹었다.

① 피자 한 조각이 남는다.
② 두 명이 짝수 조각의 피자를 먹었다.
③ A와 D가 먹은 피자 조각 수는 같다.
④ C가 가장 많은 조각의 피자를 먹었다.
⑤ B는 D보다 피자 한 조각을 덜 먹었다.

13 다음 제시된 명제가 모두 참이라고 할 때, 다음 중 참이 아닌 것은?

> • 건강한 사람은 건강한 요리를 좋아한다.
> • 건강한 요리를 좋아하면 혈색이 좋다.
> • 건강하지 않은 사람은 인상이 좋지 않다.
> • 건강한 요리를 좋아하는 사람은 그렇지 않은 사람보다 콜레스테롤 수치가 낮다.

① 건강한 사람은 혈색이 좋다.
② 인상이 좋은 사람은 건강한 요리를 좋아한다.
③ 건강한 사람은 그렇지 않은 사람보다 콜레스테롤 수치가 낮다.
④ 인상이 좋은 사람은 그렇지 않은 사람보다 콜레스테롤 수치가 높다.
⑤ 혈색이 좋지 않으면 인상이 좋지 않다.

14

- 음악을 좋아하는 사람은 상상력이 풍부하다.
- 음악을 좋아하지 않는 사람은 노란색을 좋아하지 않는다.
- _____

① 노란색을 좋아하지 않는 사람은 음악을 좋아한다.
② 음악을 좋아하지 않는 사람은 상상력이 풍부하지 않다.
③ 상상력이 풍부한 사람은 노란색을 좋아하지 않는다.
④ 노란색을 좋아하는 사람은 상상력이 풍부하다.
⑤ 상상력이 풍부하지 않은 사람은 음악을 좋아한다.

15

- 오존층이 파괴되지 않으면 프레온 가스가 나오지 않는다.
- _____
- 지구 온난화가 진행되지 않았다면 오존층이 파괴되지 않는다.
- 지구 온난화가 진행되지 않았다면 에어컨을 과도하게 사용하지 않았다.

① 에어컨을 잘 쓰지 않으면 프레온 가스가 나오지 않는다.
② 프레온 가스가 나온다고 해도 오존층은 파괴되지 않는다.
③ 오존층을 파괴하면 지구 온난화가 진행된다.
④ 에어컨을 과도하게 쓰면 프레온 가스가 나온다.
⑤ 에어컨을 적게 써도 지구 온난화는 진행된다.

16

- 허리에 통증이 심하면 나쁜 자세로 공부했다는 것이다.
- 공부를 오래 하면 성적이 올라간다.
- _____
- 성적이 떨어졌다는 것은 나쁜 자세로 공부했다는 것이다.

① 성적이 올라갔다는 것은 좋은 자세로 공부했다는 것이다.
② 좋은 자세로 공부한다고 해도 허리의 통증은 그대로이다.
③ 성적이 떨어졌다는 것은 공부를 별로 하지 않았다는 증거다.
④ 좋은 자세로 공부한다고 해도 공부를 오래 하긴 힘들다.
⑤ 허리에 통증이 약하면 공부를 오래 할 수 있다.

17

- 세 개의 상자 안에 사탕이 총 20개 들어 있다.
- 상자 안에 들어 있는 사탕의 수는 서로 다르다.
- 사탕이 가장 많이 들어 있는 상자에는 가장 적게 들어 있는 상자의 4배가 들어 있다.

A : 사탕이 두 번째로 많이 들어 있는 상자에는 사탕이 5개 들어 있다.
B : 사탕이 가장 많이 들어 있는 상자와 가장 적게 들어 있는 사탕의 차이는 9개이다.

① A만 옳다.
② B만 옳다.
③ A, B 모두 옳다.
④ A, B 모두 틀리다.
⑤ A, B 모두 옳은지 틀린지 판단할 수 없다.

18

- 비가 오면 우산을 챙긴다.
- 눈이 오면 도서관에 간다.
- 내일 강수 확률은 40%이다.
- 내일 기온이 영하일 확률은 80%이다.

A : 내일 우산을 챙길 확률은 40%이다.
B : 내일 도서관에 갈 확률은 80%이다.

① A만 옳다.
② B만 옳다.
③ A, B 모두 옳다.
④ A, B 모두 틀리다.
⑤ A, B 모두 옳은지 틀린지 판단할 수 없다.

※ 정희, 민정, 미희, 진희, 소희는 볼링 게임을 하였고, 각자 서로 다른 개수의 볼링 핀을 쓰러뜨렸다. 다음을 참고하여 이어지는 물음에 답하시오. [19~20]

- 다섯 명 중 두 명 이상이 정희보다 많은 볼링 핀을 쓰러뜨렸다.
- 정희는 민정이보다 많은 볼링 핀을 쓰러뜨렸다.
- 미희는 진희보다 많은 볼링 핀을 쓰러뜨렸다.
- 다섯 명 중 두 명은 소희보다 적은 수의 볼링 핀을 쓰러뜨렸다.

---

19 다음 중 반드시 참인 것은?

① 미희가 볼링 게임에서 1등을 하였다.
② 민정이는 볼링 게임에서 4등을 하였다.
③ 진희는 볼링 게임에서 꼴찌를 하였다.
④ 민정이는 소희보다 많은 수의 볼링 핀을 쓰러뜨렸다.
⑤ 소희는 정희보다 적은 수의 볼링 핀을 쓰러뜨렸다.

20 소희가 10개의 볼링 핀 중 8개의 볼링 핀을 쓰러뜨렸다고 할 때, 다음 중 참이 아닌 것은?

① 미희는 모든 볼링 핀을 쓰러뜨렸다.
② 진희는 9개 이상의 볼링 핀을 쓰러뜨렸다.
③ 정희와 민정이가 쓰러뜨린 볼링 핀의 수를 합하면 13개 이하이다.
④ 정희는 6개의 볼링 핀을 쓰러뜨렸다.
⑤ 민정이는 6개 이하의 볼링 핀을 쓰러뜨렸다.

01 다음은 어느 나라의 2021년과 2022년의 노동 가능 인구구성의 변화를 나타낸 표이다. 2021년도와 비교한 2022년도의 상황을 바르게 설명한 것은?

〈노동 가능 인구구성의 변화〉

(단위 : %)

구분	취업자	실업자	비경제활동인구
2021년	55	25	20
2022년	43	27	30

① 제시된 자료를 통해 실업자의 수는 알 수 없다.
② 실업자의 비율은 감소하였다.
③ 경제활동인구는 증가하였다.
④ 취업자 비율의 증감폭이 실업자 비율의 증감폭보다 작다.
⑤ 비경제활동인구의 비율은 감소하였다.

02 다음은 최근 5개년 동안 아동의 비만율을 나타낸 표이다. 이에 대한 설명으로 옳은 것을 〈보기〉에서 모두 고르면?

〈연도별 아동 비만율〉

(단위 : %)

구분	2018년	2019년	2020년	2021년	2022년
유아(만 6세 미만)	11	10.80	10.20	7.40	5.80
어린이(만 6세 이상 만 13세 미만)	9.80	11.90	14.50	18.20	19.70
청소년(만 13세 이상 만 19세 미만)	18	19.20	21.50	24.70	26.10

보기

ㄱ. 모든 아동의 비만율은 전년 대비 증가하고 있다.
ㄴ. 어린이 비만율은 유아 비만율보다 크고, 청소년 비만율보다 작다.
ㄷ. 2018년 대비 2022년 청소년 비만율의 증가율은 45%이다.
ㄹ. 2022년과 2020년의 비만율 차이가 가장 큰 아동은 어린이이다.

---

① ㄱ, ㄷ   ② ㄱ, ㄹ
③ ㄴ, ㄷ   ④ ㄴ, ㄹ
⑤ ㄷ, ㄹ

03 연도별 1분기 A국립공원 방문객 수가 다음과 같을 때, 2022년 1분기 A국립공원 방문객 수와 방문객 수 비율을 바르게 짝지은 것은?(단, 방문객 수는 천의 자리 수에서 반올림하고, 방문객 수 비율은 소수점 이하는 버리며, 증감률은 소수점 둘째 자리에서 반올림한다)

〈연도별 1분기 A국립공원 방문객 수〉

(단위 : 명, %)

구분	방문객 수	방문객 수 비율	증감률
2018년	1,580,000	90	–
2019년	1,680,000	96	6.3
2020년	1,750,000	100	4.2
2021년	1,810,000	103	3.4
2022년			-2.8

※ 방문객 수 비율은 2020년을 100으로 한다.

① 방문객 수 : 1,760,000명 　　방문객 수 비율 : 103
② 방문객 수 : 1,760,000명 　　방문객 수 비율 : 101
③ 방문객 수 : 1,760,000명 　　방문객 수 비율 : 100
④ 방문객 수 : 1,780,000명 　　방문객 수 비율 : 101
⑤ 방문객 수 : 1,780,000명 　　방문객 수 비율 : 100

04 다음은 어느 해의 개최된 올림픽에 참가한 6개국의 성적이다. 이에 대한 설명으로 옳지 않은 것은?

〈국가별 올림픽 성적〉

(단위 : 명, 개)

국가	참가선수	금메달	은메달	동메달	메달 합계
A	240	4	28	57	89
B	261	2	35	68	105
C	323	0	41	108	149
D	274	1	37	74	112
E	248	3	32	64	99
F	229	5	19	60	84

① 획득한 금메달 수가 많은 국가일수록 은메달 수는 적었다.
② 금메달을 획득하지 못한 국가가 가장 많은 메달을 획득했다.
③ 참가선수의 수가 많은 국가일수록 획득한 동메달 수도 많았다.
④ 획득한 메달의 합계가 큰 국가일수록 참가선수의 수도 많았다.
⑤ 참가선수가 가장 적은 국가의 메달 합계는 전체 6위이다.

05 다음은 출생 및 사망 추이를 나타낸 표이다. 이에 대한 설명으로 옳지 않은 것은?

<table>
<tr><th colspan="2">구분</th><th>2016년</th><th>2017년</th><th>2018년</th><th>2019년</th><th>2020년</th><th>2021년</th><th>2022년</th></tr>
<tr><td colspan="2">출생아 수(명)</td><td>490,543</td><td>472,761</td><td>435,031</td><td>448,153</td><td>493,189</td><td>465,892</td><td>444,849</td></tr>
<tr><td colspan="2">사망자 수(명)</td><td>244,506</td><td>244,217</td><td>243,883</td><td>242,266</td><td>244,874</td><td>246,113</td><td>246,942</td></tr>
<tr><td colspan="2">기대수명(년)</td><td>77.44</td><td>78.04</td><td>78.63</td><td>79.18</td><td>79.56</td><td>80.08</td><td>80.55</td></tr>
<tr><td rowspan="2">수명(년)</td><td>남자</td><td>73.86</td><td>74.51</td><td>75.14</td><td>75.74</td><td>76.13</td><td>76.54</td><td>76.99</td></tr>
<tr><td>여자</td><td>80.81</td><td>81.35</td><td>81.89</td><td>82.36</td><td>82.73</td><td>83.29</td><td>83.77</td></tr>
</table>

〈출생 및 사망 추이〉

① 출생아 수는 2016년 이후 감소하다가 2019년, 2020년에 증가 이후 다시 감소하고 있다.

② 매년 기대수명은 증가하고 있다.

③ 남자와 여자의 수명은 매년 5년 이상의 차이를 보이고 있다.

④ 매년 출생아 수는 사망자 수보다 20만 명 이상 더 많으므로 매년 총 인구는 20만 명 이상씩 증가한다고 볼 수 있다.

⑤ 여자의 수명과 기대수명의 차이는 2020년이 가장 적다.

06 다음은 Y사의 모집단위별 지원자 수 및 합격자 수를 나타낸 표이다. 이에 대한 설명으로 옳지 않은 것은?

〈모집단위별 지원자 수 및 합격자 수〉

(단위 : 명)

모집단위	남성		여성		합계	
	합격자 수	지원자 수	합격자 수	지원자 수	모집정원	지원자 수
A	512	825	89	108	601	933
B	353	560	17	25	370	585
C	138	417	131	375	269	792
합계	1,003	1,802	237	508	1,240	2,310

※ (경쟁률)= $\dfrac{(지원자\ 수)}{(모집정원)}$

① 세 개의 모집단위 중, 총 지원자 수가 가장 많은 집단은 A이다.

② 세 개의 모집단위 중, 합격자 수가 가장 적은 집단은 C이다.

③ Y사의 남자 합격자 수는 여자 합격자 수의 5배 이상이다.

④ B집단의 경쟁률은 $\dfrac{117}{74}$ 이다.

⑤ C집단에서는 남성의 경쟁률이 여성의 경쟁률보다 높다.

07 다음은 연도별 아르바이트 소득에 관한 자료이다. 이에 대한 설명으로 옳은 것은?(단, 비율은 소수점 둘째 자리에서 반올림한다)

〈아르바이트 월 소득 및 시급〉

(단위 : 원, 시간)

구분	2018년	2019년	2020년	2021년	2022년
월평균 소득	669,000	728,000	733,000	765,000	788,000
평균 시급	6,030	6,470	7,530	8,350	8,590
주간 평균 근로시간	21.8	22.3	22.4	19.8	18.9

① 2019 ~ 2022년 동안 전년 대비 주간 평균 근로시간의 증감 추이는 월평균 소득의 증감 추이와 같다.

② 전년 대비 2020년 평균 시급 증가액은 전년 대비 2021년 증가액의 3배 이상이다.

③ 평균 시급이 높아질수록 주간 평균 근로시간은 줄어든다.

④ 2021년 대비 2022년 월평균 소득 증가율은 평균 시급 증가율보다 높다.

⑤ 2018 ~ 2022년 동안 주간 평균 근로시간에 대한 월평균 소득의 비율이 가장 높은 연도는 2019년이다.

08 다음은 영농자재 구매사업의 변화 양상에 대한 표이다. 이에 대한 설명으로 옳은 것은?

〈영농자재 구매사업의 변화 양상〉

(단위 : %)

연도	비료	농약	농기계	면세유류	종자 / 종묘	배합사료	일반자재	자동차	합계
1972년	74.1	12.6	5.4	–	3.7	2.5	1.7	–	100
1982년	59.7	10.8	8.6	–	0.5	12.3	8.1	–	100
1992년	48.5	12.7	19.6	0.3	0.2	7.1	11.6	–	100
2002년	30.6	9.4	7.3	7.8	0.7	31.6	12.6	–	100
2012년	31.1	12.2	8.5	13.0	–	19.2	16.0	–	100
2022년	23.6	11.0	4.2	29.7	–	20.5	10.9	0.1	100

① 일반자재는 10년 단위로 사용량이 증가하였다.

② 영농자재구매 중 비료는 항상 가장 높은 비율을 차지하였다.

③ 배합사료와 농기계는 조사연도마다 증가와 감소를 교대로 반복하였다.

④ 2022년 이후 자동차의 비율이 가장 크게 증가할 것이다.

⑤ 면세유류는 1972년부터 감소한 적이 없다.

09 다음은 암 발생률 추이에 관한 표이다. 이에 대한 설명으로 옳은 것은?

〈암 발생률 추이〉

(단위 : %)

구분	2016년	2017년	2018년	2019년	2020년	2021년	2022년
위암	31.5	30.6	28.8	25.5	23.9	24.0	24.3
간암	24.1	23.9	23.0	21.4	20.0	20.7	21.3
폐암	14.4	17.0	18.8	19.4	20.6	22.1	24.4
대장암	4.5	4.6	5.6	6.3	7.0	7.9	8.9
유방암	1.7	1.9	1.9	2.2	2.1	2.4	4.9
자궁암	7.8	7.5	7.0	6.1	5.6	5.6	5.6

① 위암의 발생률은 점차 감소하는 추세를 보이고 있다.
② 폐암의 경우 발생률이 계속적으로 증가하고 있으며, 전년 대비 2022년 암 발생률 증가폭이 다른 암에 비해서 가장 크다.
③ 2016년 대비 2022년에 발생률이 증가한 암은 폐암, 대장암, 유방암이다.
④ 2022년에 위암으로 죽은 사망자 수가 가장 많으며, 이러한 추세는 지속될 것으로 보인다.
⑤ 자궁암의 경우 발생 비율이 지속적으로 감소하는 추세를 보이고 있다.

10 다음은 2018 ~ 2022년 반려동물 신규등록 현황과 유실 및 유기동물 보호형태 현황에 대한 자료이다. 이에 대한 설명으로 옳지 않은 것을 〈보기〉에서 모두 고르면?

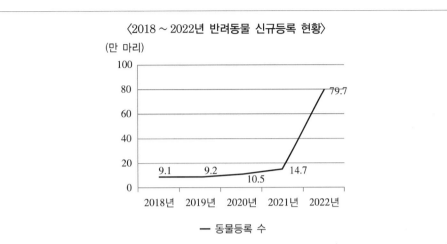

〈2018 ~ 2022년 반려동물 신규등록 현황〉

〈2018 ~ 2022년 유실 및 유기동물 보호형태 현황〉

(단위 : %)

처리방법	2018년	2019년	2020년	2021년	2022년
인도	14.6	15.2	14.5	13.0	12.1
분양	32.0	30.4	30.1	27.6	26.4
기증	1.2	1.6	1.9	1.8	1.4
자연사	22.7	25.0	27.1	23.9	24.8
안락사	20.0	19.9	20.2	20.2	21.8
기타	1.3	1.7	1.5	1.8	1.7
보호 중	8.2	6.2	4.7	11.7	11.8

보기

ㄱ. 조사기간 중 반려동물 신규등록 수의 전년 대비 증가율이 두 번째로 높은 연도는 2021년이다.

ㄴ. 유실 및 유기동물 중 분양된 동물의 수는 2018년부터 2022년까지 매년 감소하였다.

ㄷ. 2020년과 2021년의 유실 및 유기동물 중 보호 중인 동물의 수와 인도된 동물의 수의 합은 같은 해 분양된 동물의 수보다 많다.

ㄹ. 2018년 대비 2020년 반려동물 신규등록 건수의 증가율은 10%를 초과한다.

① ㄱ, ㄴ
② ㄱ, ㄷ
③ ㄴ, ㄷ
④ ㄴ, ㄹ
⑤ ㄷ, ㄹ

11 다음은 2018년부터 2022년까지 20대 남녀의 흡연율과 음주율에 대한 그래프이다. 이에 대한 설명으로 옳은 것을 〈보기〉에서 모두 고르면?

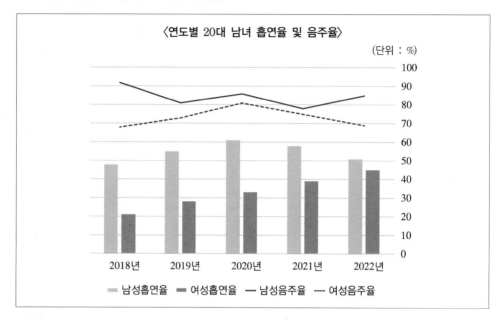

〈연도별 20대 남녀 흡연율 및 음주율〉

■ 남성흡연율 ■ 여성흡연율 ── 남성음주율 ---- 여성음주율

보기

ㄱ. 남성과 여성의 흡연율은 동일한 추이를 보인다.
ㄴ. 남성흡연율이 가장 낮은 연도와 여성흡연율이 가장 낮은 연도는 같다.
ㄷ. 남성은 음주율이 가장 낮은 해에 흡연율도 가장 낮다.
ㄹ. 2020년 남성과 여성의 음주율 차이는 10%p 이상이다.

① ㄱ   ② ㄴ
③ ㄷ, ㄹ   ④ ㄱ, ㄴ
⑤ ㄴ, ㄷ

12 다음은 2012 ~ 2022년 국내 5급 공무원과 7급 공무원 채용인원 현황에 대한 자료이다. 이에 대한 설명으로 옳은 것을 〈보기〉에서 모두 고르면?(단, 비율은 소수점 둘째 자리에서 반올림한다)

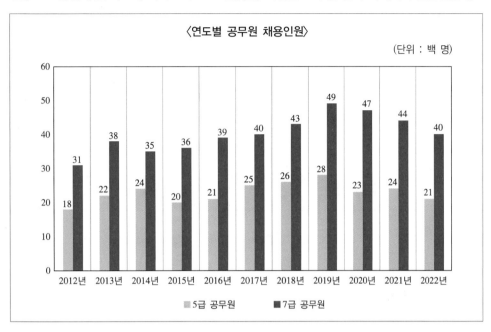

〈연도별 공무원 채용인원〉

(단위 : 백 명)

> **보기**
>
> ㄱ. 2015 ~ 2020년 동안 5급 공무원과 7급 공무원 채용인원의 증감추이는 동일하다.
> ㄴ. 2012 ~ 2022년 동안 채용인원이 가장 적은 해와 가장 많은 해의 인원 차이는 5급 공무원이 7급 공무원보다 많다.
> ㄷ. 2013 ~ 2022년 동안 전년 대비 채용인원의 증감량이 가장 많은 해는 5급 공무원과 7급 공무원 모두 동일하다.
> ㄹ. 2012 ~ 2022년 동안 매년 7급 공무원 채용인원이 5급 공무원 채용인원의 2배 미만이다.

① ㄱ
② ㄷ
③ ㄱ, ㄴ
④ ㄱ, ㄷ
⑤ ㄷ, ㄹ

13 다음은 4월 1일부터 10일까지 코로나 현황을 나타낸 자료이다. 이에 대한 설명으로 옳은 것을 〈보기〉에서 모두 고르면?(단, 평균은 소수점 첫째 자리에서 버림하며, 비율은 소수점 둘째 자리에서 반올림한다)

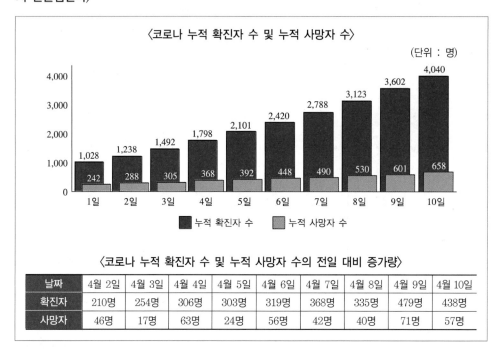

〈코로나 누적 확진자 수 및 누적 사망자 수〉
(단위 : 명)

〈코로나 누적 확진자 수 및 누적 사망자 수의 전일 대비 증가량〉

날짜	4월 2일	4월 3일	4월 4일	4월 5일	4월 6일	4월 7일	4월 8일	4월 9일	4월 10일
확진자	210명	254명	306명	303명	319명	368명	335명	479명	438명
사망자	46명	17명	63명	24명	56명	42명	40명	71명	57명

보기

ㄱ. 누적 확진자 수와 누적 사망자 수의 차이가 2,000명 이상인 날은 4월 6일 이후이다.

ㄴ. 4월 1일과 4월 10일의 누적 확진자 수 중 누적 사망자 수의 비율의 차이는 8%p보다 낮다.

ㄷ. 4월 2일부터 4월 10일까지 전일 대비 확진자 수와 사망자 수가 가장 많이 증가한 날은 각각 다른 날이다.

ㄹ. 4월 2일부터 4월 7일까지 전일 대비 사망자 수 증가량의 평균은 4월 8일부터 4월 10일까지의 전일 대비 사망자 수 증가량의 평균보다 낮다.

① ㄱ, ㄴ   ② ㄱ, ㄷ

③ ㄴ, ㄷ   ④ ㄴ, ㄹ

⑤ ㄷ, ㄹ

14 다음은 A중학교 재학생의 2013년과 2023년의 평균 신장 변화에 대한 표이다. 2013년 대비 2023년 신장 증가율이 큰 학년을 차례대로 나열한 것은?

〈A중학교 재학생 평균 신장 변화〉

(단위 : cm)

구분	2013년	2023년
1학년	160.2	162.5
2학년	163.5	168.7
3학년	168.7	171.5

① 1학년 − 2학년 − 3학년
② 1학년 − 3학년 − 2학년
③ 2학년 − 1학년 − 3학년
④ 2학년 − 3학년 − 1학년
⑤ 3학년 − 2학년 − 1학년

15 다음은 A매장을 방문한 손님 수를 월별로 나타낸 표이다. 남자 손님 수가 가장 많은 달은?

〈월별 A매장 방문 손님 수〉

(단위 : 명)

구분	1월	2월	3월	4월	5월
전체 손님 수	56	59	57	56	53
여자 손님 수	23	29	34	22	32

① 1월   ② 2월
③ 3월   ④ 4월
⑤ 5월

16 다음은 Y회사에 근무하는 김사원이 한 달 동안 작성한 업무관련 파일의 용량 및 개수를 나타낸 표이다. 이 파일들을 모두 USB에 저장하려고 할 때, 최소 몇 MB의 USB가 필요한가?(단, 1MB= 1,020KB이며, 합계 파일 용량(MB)은 소수점 둘째 자리에서 반올림한다)

<저장 파일 세부사항>

저장 파일 종류	용량	개수
한글	120KB	16개
	300KB	3개
엑셀	35KB	24개
PDF	2,500KB	10개
파워포인트	1,300KB	4개

① 33.2MB ② 33.5MB
③ 34.1MB ④ 34.4MB
⑤ 35.0MB

17 다음은 가 ~ 라 과일의 종류별 무게에 따른 가격표이다. 종류별 무게를 가중치로 적용하여 가격에 대한 가중평균을 구하면 42만 원일 때, 빈칸에 들어갈 가격으로 옳은 것은?

<과일 종류별 가격 및 무게>

(단위 : 만 원, kg)

구분	가	나	다	라
가격	25	40	60	( )
무게	40	15	25	20

① 40만 원 ② 45만 원
③ 50만 원 ④ 55만 원
⑤ 60만 원

18 다음은 Y사의 2022년 분기별 손익 현황에 대한 표이다. 이에 대한 설명으로 옳은 것을 〈보기〉에서 모두 고르면?

〈2022년 분기별 손익 현황〉

(단위 : 억 원)

구분		1분기	2분기	3분기	4분기
손익	매출액	9,332	9,350	8,364	9,192
	영업손실	278	491	1,052	998
	단기순손실	261	515	1,079	1,559

※ 영업이익률(%) $= \dfrac{[영업이익(손실)]}{(매출액)} \times 100$

보기

ㄱ. 2022년 3분기의 영업이익이 가장 높다.

ㄴ. 2022년 4분기의 영업이익률은 2022년 1분기보다 감소하였다.

ㄷ. 2022년 2 ~ 4분기 매출액은 직전 분기보다 증가하였다.

ㄹ. 2022년 3분기의 단기순손실은 직전 분기 대비 100% 이상 증가하였다.

① ㄱ, ㄴ 　　　　　　　② ㄱ, ㄷ

③ ㄴ, ㄷ 　　　　　　　④ ㄴ, ㄹ

⑤ ㄷ, ㄹ

※ 다음은 Y사에서 만드는 제품별 밀 소비량을 조사한 그래프이다. 이어지는 물음에 답하시오. [19~20]

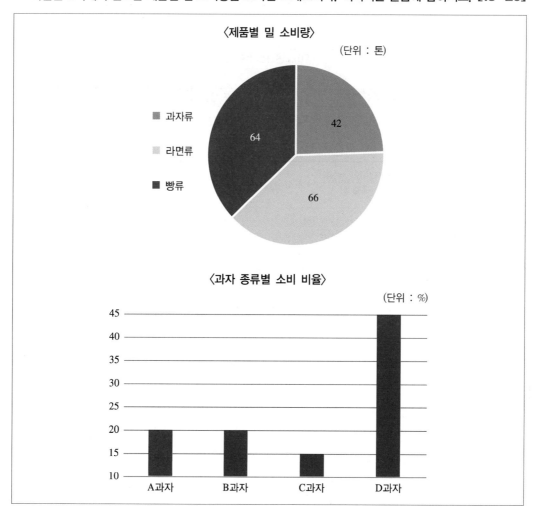

〈제품별 밀 소비량〉

(단위 : 톤)

■ 과자류
■ 라면류
■ 빵류

64
42
66

〈과자 종류별 소비 비율〉

(단위 : %)

19 Y사가 과자류에 밀 사용량을 늘리기로 결정하였다. 라면류와 빵류에 소비되는 밀 소비량의 각각 10%씩을 과자류에 사용한다면, 과자류에는 총 몇 톤의 밀을 사용하게 되는가?

① 45톤   ② 50톤

③ 55톤   ④ 60톤

⑤ 65톤

20 A ~ D과자 중 가장 많이 밀을 소비하는 과자와 가장 적게 소비하는 과자의 밀 소비량 차이는 몇 톤인가?(단, 제품별 밀 소비량 그래프의 과자류 밀 소비량 기준이다)

① 10.2톤   ② 11.5톤

③ 12.6톤   ④ 13톤

⑤ 14.4톤

01 Y사에서 새로운 역을 건설하려고 한다. 출발역과 도착역 간의 거리는 1,120km이며, 출발역과 출발역으로부터 350km, 840km 지점에 각각 역을 만들고, 도착역에도 역을 건설할 계획이다. 또한 모든 역 사이의 구간마다 일정한 간격으로 새로 역을 만들 때, 역은 최소 몇 개인가?

① 16개 　　　　　　　　　　　　② 17개

③ 20개 　　　　　　　　　　　　④ 23개

⑤ 28개

02 길이가 xm인 열차가 분속 500m의 속력으로 터널을 통과하는 데 10분이 걸렸다. 터널의 길이가 4.5km일 때, 열차의 길이는?

① 400m 　　　　　　　　　　　② 450m

③ 500m 　　　　　　　　　　　④ 550m

⑤ 600m

03 Y회사에는 속도가 다른 승강기 A, B가 있다. A승강기는 1초에 1층씩 움직이며, B엘리베이터는 1초에 2층씩 움직인다. 1층에서 A승강기를 타고 올라간 사람과 15층에서 B승강기를 타고 내려가는 사람이 동시에 엘리베이터에 탔다면 두 사람은 몇 층에서 같은 층이 되는가?

① 4층 　　　　　　　　　　　　② 5층

③ 6층 　　　　　　　　　　　　④ 7층

⑤ 8층

04 Y사는 작년 사원수가 500명이었고, 올해 남자 사원은 작년보다 10% 감소하고, 여자 사원은 40% 증가하였다. 전체 사원수가 작년보다 8% 늘어났다고 할 때, 작년 남자 사원수는?

① 280명 　　　　　　　　　　　② 300명

③ 315명 　　　　　　　　　　　④ 320명

⑤ 325명

05 10,000원으로 사과와 배를 사려고 한다. 사과 한 개의 가격은 300원, 배 한 개의 가격은 500원이다. 배를 3개 사려고 할 때, 살 수 있는 사과의 최대 개수는?

① 27개   ② 28개

③ 29개   ④ 30개

⑤ 31개

06 자연수 A로 30을 나누었을 때는 나머지가 0이고, 37을 나누었을 때는 나머지가 2가 나온다. 이때 자연수 A는?

① 5   ② 6

③ 7   ④ 8

⑤ 9

07 세 자연수 5, 6, 7로 나누어도 항상 나머지가 2가 되는 가장 작은 수를 A라고 했을 때, 1,000 이하 자연수 중 A 배수의 개수는?

① 3개   ② 4개

③ 5개   ④ 6개

⑤ 7개

08 가로, 세로의 길이가 각각 432m, 720m인 직사각형 모양의 공원에 나무를 심으려고 한다. 네 귀퉁이에는 반드시 나무를 심고 서로 간격이 일정하게 떨어지도록 심으려고 할 때, 최소 몇 그루를 심을 수 있는가?

① 16그루   ② 24그루

③ 36그루   ④ 48그루

⑤ 60그루

09 작년 A제품과 B제품의 총 판매량은 800개였다. 올해 A제품의 판매량은 50% 증가하였고, B제품의 판매량은 작년 A제품 판매량의 3배에 70개를 뺀 것과 같았다. 올해 총 판매량이 작년 대비 60%가 증가하였다면, 올해 B제품의 판매량은 작년 대비 몇 % 증가하였는가?

① 33% ② 44%

③ 55% ④ 66%

⑤ 77%

Hard

10 은탁이는 1, 1, 1, 2, 2, 3을 가지고 여섯 자릿수의 암호를 만들어야 한다. 이때 만들 수 있는 암호의 경우의 수는?

① 30가지 ② 42가지

③ 60가지 ④ 72가지

⑤ 84가지

11 Y사는 서로 같은 98개의 컨테이너를 자사 창고에 나눠 보관하려고 한다. 창고는 총 10개가 있으며 각 창고에는 10개의 컨테이너를 저장할 수 있다고 한다. 이때 보관할 수 있는 방법의 수는?

① 52가지 ② 53가지

③ 54가지 ④ 55가지

⑤ 56가지

12 예선 경기에서 우승한 8명의 선수들이 본선 경기를 진행하려고 한다. 경기 방식은 토너먼트이고 작년에 우승한 1 ~ 4위까지의 선수들이 첫 경기에서 만나지 않도록 대진표를 정한다. 이때 가능한 대진표의 경우의 수는?

① 56가지 ② 60가지

③ 64가지 ④ 68가지

⑤ 72가지

13 두 개의 정육면체 모양의 주사위를 굴려서 나온 눈의 합이 2 이하가 나오는 확률은?

① $\dfrac{1}{36}$ ② $\dfrac{2}{36}$

③ $\dfrac{3}{36}$ ④ $\dfrac{4}{36}$

⑤ $\dfrac{5}{36}$

14 주머니 A, B가 있는데 A주머니에는 흰 공 3개, 검은 공 2개가 들어있고, B주머니에는 흰 공 1개, 검은 공 4개가 들어있다. A, B주머니에서 순서대로 한 개씩 공을 꺼낼 때, 검은 공이 뽑힐 확률은?

① $\dfrac{16}{25}$ ② $\dfrac{18}{25}$

③ $\dfrac{20}{25}$ ④ $\dfrac{22}{25}$

⑤ $\dfrac{24}{25}$

※ 일정한 규칙으로 수를 나열할 때, 다음 중 빈칸에 들어갈 알맞은 수를 고르시오. [15~20]

15

| $\dfrac{3}{5}$ | $\dfrac{2}{5}$ | $-\dfrac{3}{5}$ | $-\dfrac{2}{5}$ | $-\dfrac{7}{5}$ | $-\dfrac{14}{15}$ | ( ) |

① $-\dfrac{29}{15}$ ② $-\dfrac{18}{15}$

③ $-\dfrac{21}{15}$ ④ $\dfrac{21}{15}$

⑤ $-\dfrac{23}{15}$

16

| 68 | 71 | ( ) | 70 | 73 | 68 | 82 | 65 |

① 6   ② 7

③ 69   ④ 34

⑤ 75

17

$$4 \quad 6 \quad 9 \quad 14 \quad 21 \quad 32 \quad (\ \ )$$

① 41   ② 45

③ 49   ④ 52

⑤ 57

18

$$\underline{5 \quad 1 \quad 2} \quad \underline{3 \quad 9 \quad 4} \quad \underline{8 \quad (\ \ ) \quad 6}$$

① 2   ② 7

③ 10   ④ 11

⑤ 12

19

$$\underline{32 \quad 22 \quad 16 \quad 6} \quad \underline{66 \quad 60 \quad 33 \quad 27} \quad \underline{72 \quad 67 \quad 31 \quad 26} \quad \underline{25 \quad 16 \quad (\ \ ) \quad 9}$$

① 12   ② 14

③ 16   ④ 18

⑤ 20

20

$$\underline{1 \quad 2 \quad 1 \quad 1} \quad \underline{3 \quad 7 \quad 20 \quad 1} \quad \underline{9 \quad 10 \quad 87 \quad 3} \quad \underline{4 \quad (\ \ ) \quad 10 \quad 2}$$

① 1   ② 3

③ 5   ④ 7

⑤ 9

인성검사

PART 3 인성검사

개인이 업무를 수행하면서 능률적인 성과물을 만들기 위해서는 개인의 능력과 경험 그리고 회사에서의 교육 및 훈련 등이 필요하지만, 개인의 성격이나 성향 역시 중요하다. 여러 직무분석 연구에서 나온 결과들에 따르면, 직무에서의 성공과 관련된 특성들 중 최고 70% 이상이 능력보다는 성격과 관련이 있다고 한다. 따라서 최근 기업들은 인성검사의 비중을 높이고 있는 추세이다.

현재 기업들은 인성검사를 KIRBS(한국행동과학연구소)나 SHR(에스에이치알) 등의 전문기관에 의뢰해서 시행하고 있다. 전문기관에 따라서 인성검사 방법에 차이가 있고, 보안을 위해서 인성검사를 의뢰한 기업을 공개하지 않아 특정 기업의 인성검사를 정확하게 판단할 수 없지만, 지원자들이 후기에 올린 문제를 통해 인성검사 유형을 예상할 수 있다.

이에 본서는 후기를 바탕으로 여천NCC의 인성검사와 수검요령 및 검사 시 유의사항에 대해 간략하게 정리하였다. 또한 인성검사 모의연습을 통해 실제 시험 유형을 확인할 수 있도록 하였다.

01 인성검사의 개요

여천NCC 인성검사는 여천NCC의 인재상과 적합한 인재인지 평가하는 테스트로, 지원자의 개인 성향이나 인성에 관한 질문으로 구성되어 있다.

여천NCC 인성검사는 총 309문항으로 50분간 진행된다. 유형은 한 문제당 3개의 문장이 나오며, 자신의 성향과 가까운 정도에 따라 1~7점을 부여한다(① 매우 그렇지 않다, ② 거의 그렇지 않다, ③ 조금 그렇지 않다, ④ 보통이다, ⑤ 조금 그렇다, ⑥ 거의 그렇다, ⑦ 매우 그렇다). 그리고 3개의 문장에서 자신과 가장 가까운 것과 가장 먼 것에 체크를 한다.

여천NCC 인성검사의 특징은 3문항 모두 좋은 내용이 나오거나 나쁜 내용이 나오기 때문에 가치관의 비교를 빠른 시간 안에 계속해야 한다는 것이다. 그렇기 때문에 막연히 좋은 문항은 높은 점수를, 나쁜 문항은 낮은 점수를 매기다보면 가치관이 불분명해지거나 일관성이 없어 보이며, 채용담당자에게 안 좋은 영향을 끼치게 된다.

좋은 문항의 예

문항군	응답 1							응답 2	
	전혀 아님	《	보통	》	매우 그러함			멀다	가깝다
A. 나는 일을 할 때 계획을 세워서 시작한다.	①	②	③	④	⑤	⑥	⑦	멀	가
B. 나는 사물의 의미를 다시 한 번 생각해 보려고 한다.	①	②	③	④	⑤	⑥	⑦	멀	가
C. 나는 사람들과 어울려서 일을 하면 성과물이 더 좋을 것이라 생각한다.	①	②	③	④	⑤	⑥	⑦	멀	가

나쁜 문항의 예

문항군	응답 1							응답 2	
	전혀 아님	《	보통	》	매우 그러함			멀다	가깝다
A. 나는 가끔 내가 가진 것을 다 잃어버릴 것 같은 기분이 든다.	①	②	③	④	⑤	⑥	⑦	멀	가
B. 나는 가끔 화가 나면 다른 사람들에게 괜히 화를 낸다.	①	②	③	④	⑤	⑥	⑦	멀	가
C. 나는 가끔 공허함을 느낀다.	①	②	③	④	⑤	⑥	⑦	멀	가

02 인성검사 시 유의사항

인성검사에 임하기 전에 미리 자신의 성향을 정확히 파악하고 결정해두면 실제 검사에서는 일관성 있게 대답할 수 있다.

예를 들어, 대인관계와 근면·성실 7점, 리더십·창의력·신뢰 6점, 추진력·결정력 5점, 소극적·성급함·우유부단 3점, 무책임·비관적·산만함 2점, 폭력성·자학성 1점 등과 같이 자신의 가치관을 그룹별로 나눠 점수를 매기고 우열을 가려둔다면 어느 정도 일관성 있게 답변할 수 있을 것이다.

다음 문항을 읽고, 자신의 성향과 가까운 정도에 따라 1 ~ 7점을 부여하시오(① 매우 그렇지 않다, ② 거의 그렇지 않다, ③ 조금 그렇지 않다, ④ 보통이다, ⑤ 조금 그렇다, ⑥ 거의 그렇다, ⑦ 매우 그렇다). 그리고 3개의 문장에서 자신과 가장 가까운 것과 가장 먼 것에 체크하시오.

문항군	응답 1							응답 2	
	전혀 아님	《	보통	》		매우 그러함		멀다	가깝다
A. 나는 팀원들과 함께 일하는 것을 좋아한다.	①	❷	③	④	⑤	⑥	⑦	●	㉮
B. 나는 새로운 방법을 시도하는 것을 선호한다.	①	②	③	④	❺	⑥	⑦	멀	㉮
C. 나는 수리적인 자료들을 제시하여 결론을 도출한다.	①	②	③	④	⑤	⑥	❼	멀	●

※ 다음 문항을 읽고, 자신의 성향과 가까운 정도에 따라 1 ~ 7점을 부여하시오(① 매우 그렇지 않다, ② 거의 그렇지 않다, ③ 조금 그렇지 않다, ④ 보통이다, ⑤ 조금 그렇다, ⑥ 거의 그렇다, ⑦ 매우 그렇다). 그리고 3개의 문장에서 자신과 가장 가까운 것과 가장 먼 것에 체크하시오. **[1~85]**

01

문항군	응답 1							응답 2	
	전혀 아님	《	보통	》		매우 그러함		멀다	가깝다
A. 사물을 신중하게 생각하는 편이라고 생각한다.	①	②	③	④	⑤	⑥	⑦	멀	㉮
B. 포기하지 않고 노력하는 것이 중요하다.	①	②	③	④	⑤	⑥	⑦	멀	㉮
C. 자신의 권리를 주장하는 편이다.	①	②	③	④	⑤	⑥	⑦	멀	㉮

02

문항군	응답 1							응답 2	
	전혀 아님	《	보통	》		매우 그러함		멀다	가깝다
A. 노력의 여하보다 결과가 중요하다.	①	②	③	④	⑤	⑥	⑦	멀	㉮
B. 자기주장이 강하다.	①	②	③	④	⑤	⑥	⑦	멀	㉮
C. 어떠한 일이 있어도 출세하고 싶다.	①	②	③	④	⑤	⑥	⑦	멀	㉮

03

문항군	응답 1							응답 2	
	전혀 아님	《	보통	》		매우 그러함		멀다	가깝다
A. 다른 사람의 일에 관심이 없다.	①	②	③	④	⑤	⑥	⑦	멀	㉮
B. 때로는 후회할 때도 있다.	①	②	③	④	⑤	⑥	⑦	멀	㉮
C. 진정으로 마음을 허락할 수 있는 사람은 없다.	①	②	③	④	⑤	⑥	⑦	멀	㉮

04

문항군	응답 1							응답 2	
	전혀 아님	<<	보통	>>	매우 그러함			멀다	가깝다
A. 한번 시작한 일은 반드시 끝을 맺는다.	①	②	③	④	⑤	⑥	⑦	멸	갞
B. 다른 사람들이 하지 못하는 일을 하고 싶다.	①	②	③	④	⑤	⑥	⑦	멸	갞
C. 좋은 생각이 떠올라도 실행하기 전에 여러모로 검토한다.	①	②	③	④	⑤	⑥	⑦	멸	갞

05

문항군	응답 1							응답 2	
	전혀 아님	<<	보통	>>	매우 그러함			멀다	가깝다
A. 다른 사람에게 항상 움직이고 있다는 말을 듣는다.	①	②	③	④	⑤	⑥	⑦	멸	갞
B. 옆에 사람이 있으면 싫다.	①	②	③	④	⑤	⑥	⑦	멸	갞
C. 친구들과 남의 이야기를 하는 것을 좋아한다.	①	②	③	④	⑤	⑥	⑦	멸	갞

06

문항군	응답 1							응답 2	
	전혀 아님	<<	보통	>>	매우 그러함			멀다	가깝다
A. 모두가 싫증을 내는 일에도 혼자서 열심히 한다.	①	②	③	④	⑤	⑥	⑦	멸	갞
B. 완성된 것보다 미완성인 것에 흥미가 있다.	①	②	③	④	⑤	⑥	⑦	멸	갞
C. 능력을 살릴 수 있는 일을 하고 싶다.	①	②	③	④	⑤	⑥	⑦	멸	갞

07

문항군	응답 1							응답 2	
	전혀 아님	<<	보통	>>	매우 그러함			멀다	가깝다
A. 번화한 곳에 외출하는 것을 좋아한다.	①	②	③	④	⑤	⑥	⑦	멸	갞
B. 다른 사람에게 자신이 소개되는 것을 좋아한다.	①	②	③	④	⑤	⑥	⑦	멸	갞
C. 다른 사람보다 쉽게 우쭐해진다.	①	②	③	④	⑤	⑥	⑦	멸	갞

08

문항군	응답 1							응답 2	
	전혀 아님	<<	보통	>>	매우 그러함			멀다	가깝다
A. 다른 사람의 감정에 민감하다.	①	②	③	④	⑤	⑥	⑦	멸	갞
B. 다른 사람들이 나에게 남을 배려하는 마음씨가 있다는 말을 한다.	①	②	③	④	⑤	⑥	⑦	멸	갞
C. 사소한 일로 우는 일이 많다.	①	②	③	④	⑤	⑥	⑦	멸	갞

09

문항군	응답 1							응답 2	
	전혀 아님	≪	보통	≫		매우 그러함		멀다	가깝다
A. 통찰력이 있다고 생각한다.	①	②	③	④	⑤	⑥	⑦	멸	㉮
B. 몸으로 부딪혀 도전하는 편이다.	①	②	③	④	⑤	⑥	⑦	멸	㉮
C. 감정적으로 될 때가 많다.	①	②	③	④	⑤	⑥	⑦	멸	㉮

10

문항군	응답 1							응답 2	
	전혀 아님	≪	보통	≫		매우 그러함		멀다	가깝다
A. 타인에게 간섭받는 것을 싫어한다.	①	②	③	④	⑤	⑥	⑦	멸	㉮
B. 신경이 예민한 편이라고 생각한다.	①	②	③	④	⑤	⑥	⑦	멸	㉮
C. 난관에 봉착해도 포기하지 않고 열심히 한다.	①	②	③	④	⑤	⑥	⑦	멸	㉮

11

문항군	응답 1							응답 2	
	전혀 아님	≪	보통	≫		매우 그러함		멀다	가깝다
A. 해야 할 일은 신속하게 처리한다.	①	②	③	④	⑤	⑥	⑦	멸	㉮
B. 매사에 느긋하고 차분하다.	①	②	③	④	⑤	⑥	⑦	멸	㉮
C. 끙끙거리며 생각할 때가 있다.	①	②	③	④	⑤	⑥	⑦	멸	㉮

12

문항군	응답 1							응답 2	
	전혀 아님	≪	보통	≫		매우 그러함		멀다	가깝다
A. 하나의 취미를 오래 지속하는 편이다.	①	②	③	④	⑤	⑥	⑦	멸	㉮
B. 낙천가라고 생각한다.	①	②	③	④	⑤	⑥	⑦	멸	㉮
C. 일주일의 예정을 만드는 것을 좋아한다.	①	②	③	④	⑤	⑥	⑦	멸	㉮

13

문항군	응답 1							응답 2	
	전혀 아님	≪	보통	≫		매우 그러함		멀다	가깝다
A. 자신의 의견을 상대에게 잘 주장하지 못한다.	①	②	③	④	⑤	⑥	⑦	멸	㉮
B. 좀처럼 결단하지 못하는 경우가 있다.	①	②	③	④	⑤	⑥	⑦	멸	㉮
C. 행동으로 옮기기까지 시간이 걸린다.	①	②	③	④	⑤	⑥	⑦	멸	㉮

14

문항군	응답 1							응답 2	
	전혀 아님	《	보통	》	매우 그러함			멀다	가깝다
A. 돌다리도 두드리며 건너는 타입이라고 생각한다.	①	②	③	④	⑤	⑥	⑦	멀	갸
B. 굳이 말하자면 시원시원하다.	①	②	③	④	⑤	⑥	⑦	멀	갸
C. 토론에서 이길 자신이 있다.	①	②	③	④	⑤	⑥	⑦	멀	갸

15

문항군	응답 1							응답 2	
	전혀 아님	《	보통	》	매우 그러함			멀다	가깝다
A. 쉽게 침울해진다.	①	②	③	④	⑤	⑥	⑦	멀	갸
B. 쉽게 싫증을 내는 편이다.	①	②	③	④	⑤	⑥	⑦	멀	갸
C. 도덕/윤리를 중시한다.	①	②	③	④	⑤	⑥	⑦	멀	갸

16

문항군	응답 1							응답 2	
	전혀 아님	《	보통	》	매우 그러함			멀다	가깝다
A. 매사에 신중한 편이라고 생각한다.	①	②	③	④	⑤	⑥	⑦	멀	갸
B. 실행하기 전에 재확인할 때가 많다.	①	②	③	④	⑤	⑥	⑦	멀	갸
C. 반대에 부딪혀도 자신의 의견을 바꾸는 일은 없다.	①	②	③	④	⑤	⑥	⑦	멀	갸

17

문항군	응답 1							응답 2	
	전혀 아님	《	보통	》	매우 그러함			멀다	가깝다
A. 전망을 세우고 행동할 때가 많다.	①	②	③	④	⑤	⑥	⑦	멀	갸
B. 일에는 결과가 중요하다고 생각한다.	①	②	③	④	⑤	⑥	⑦	멀	갸
C. 다른 사람으로부터 지적받는 것은 싫다.	①	②	③	④	⑤	⑥	⑦	멀	갸

18

문항군	응답 1							응답 2	
	전혀 아님	《	보통	》	매우 그러함			멀다	가깝다
A. 다른 사람에게 위해를 가할 것 같은 기분이 들 때가 있다.	①	②	③	④	⑤	⑥	⑦	멀	갸
B. 인간관계가 폐쇄적이라는 말을 듣는다.	①	②	③	④	⑤	⑥	⑦	멀	갸
C. 친구들로부터 줏대 없는 사람이라는 말을 듣는다.	①	②	③	④	⑤	⑥	⑦	멀	갸

19

문항군	응답 1							응답 2	
	전혀 아님	≪	보통	≫	매우 그러함			멀다	가깝다
A. 누구와도 편하게 이야기할 수 있다.	①	②	③	④	⑤	⑥	⑦	멀	가
B. 다른 사람을 싫어한 적은 한 번도 없다.	①	②	③	④	⑤	⑥	⑦	멀	가
C. 리더로서 인정을 받고 싶다.	①	②	③	④	⑤	⑥	⑦	멀	가

20

문항군	응답 1							응답 2	
	전혀 아님	≪	보통	≫	매우 그러함			멀다	가깝다
A. 기다리는 것에 짜증내는 편이다.	①	②	③	④	⑤	⑥	⑦	멀	가
B. 지루하면 마구 떠들고 싶어진다.	①	②	③	④	⑤	⑥	⑦	멀	가
C. 남과 친해지려면 용기가 필요하다.	①	②	③	④	⑤	⑥	⑦	멀	가

21

문항군	응답 1							응답 2	
	전혀 아님	≪	보통	≫	매우 그러함			멀다	가깝다
A. 사물을 과장해서 말한 적은 없다.	①	②	③	④	⑤	⑥	⑦	멀	가
B. 항상 천재지변을 당하지 않을까 걱정하고 있다.	①	②	③	④	⑤	⑥	⑦	멀	가
C. 어떤 일이 있어도 의욕을 가지고 열심히 하는 편이다.	①	②	③	④	⑤	⑥	⑦	멀	가

22

문항군	응답 1							응답 2	
	전혀 아님	≪	보통	≫	매우 그러함			멀다	가깝다
A. 그룹 내에서는 누군가의 주도하에 따라가는 경우가 많다.	①	②	③	④	⑤	⑥	⑦	멀	가
B. 내성적이라고 생각한다.	①	②	③	④	⑤	⑥	⑦	멀	가
C. 모르는 사람과 이야기하는 것은 용기가 필요하다.	①	②	③	④	⑤	⑥	⑦	멀	가

23

문항군	응답 1							응답 2	
	전혀 아님	≪	보통	≫	매우 그러함			멀다	가깝다
A. 집에서 가만히 있으면 기분이 우울해진다.	①	②	③	④	⑤	⑥	⑦	멀	가
B. 당황하면 갑자기 땀이 나서 신경 쓰일 때가 있다.	①	②	③	④	⑤	⑥	⑦	멀	가
C. 차분하다는 말을 듣는다.	①	②	③	④	⑤	⑥	⑦	멀	가

24

문항군	응답 1							응답 2	
	전혀 아님	<<	보통	>>	매우 그러함			멀다	가깝다
A. 어색해지면 입을 다무는 경우가 많다.	①	②	③	④	⑤	⑥	⑦	멀	가
B. 융통성이 없는 편이다.	①	②	③	④	⑤	⑥	⑦	멀	가
C. 이유도 없이 화가 치밀 때가 있다.	①	②	③	④	⑤	⑥	⑦	멀	가

25

문항군	응답 1							응답 2	
	전혀 아님	<<	보통	>>	매우 그러함			멀다	가깝다
A. 자질구레한 걱정이 많다.	①	②	③	④	⑤	⑥	⑦	멀	가
B. 다른 사람을 의심한 적이 한 번도 없다.	①	②	③	④	⑤	⑥	⑦	멀	가
C. 지금까지 후회를 한 적이 없다.	①	②	③	④	⑤	⑥	⑦	멀	가

26

문항군	응답 1							응답 2	
	전혀 아님	<<	보통	>>	매우 그러함			멀다	가깝다
A. 무슨 일이든 자신을 가지고 행동한다.	①	②	③	④	⑤	⑥	⑦	멀	가
B. 자주 깊은 생각에 잠긴다.	①	②	③	④	⑤	⑥	⑦	멀	가
C. 가만히 있지 못할 정도로 불안해질 때가 많다.	①	②	③	④	⑤	⑥	⑦	멀	가

27

문항군	응답 1							응답 2	
	전혀 아님	<<	보통	>>	매우 그러함			멀다	가깝다
A. 스포츠 선수가 되고 싶다고 생각한 적이 있다.	①	②	③	④	⑤	⑥	⑦	멀	가
B. 유명인과 서로 아는 사람이 되고 싶다.	①	②	③	④	⑤	⑥	⑦	멀	가
C. 연예인에 대해 동경한 적이 없다.	①	②	③	④	⑤	⑥	⑦	멀	가

28

문항군	응답 1							응답 2	
	전혀 아님	<<	보통	>>	매우 그러함			멀다	가깝다
A. 휴일은 세부적인 예정을 세우고 보낸다.	①	②	③	④	⑤	⑥	⑦	멀	가
B. 잘하지 못하는 것이라도 자진해서 한다.	①	②	③	④	⑤	⑥	⑦	멀	가
C. 이유도 없이 다른 사람과 부딪힐 때가 있다.	①	②	③	④	⑤	⑥	⑦	멀	가

29

문항군	응답 1							응답 2	
	전혀 아님	《	보통	》	매우 그러함			멀다	가깝다
A. 타인의 일에는 별로 관여하고 싶지 않다고 생각한다.	①	②	③	④	⑤	⑥	⑦	멀	㉮
B. 의견이 다른 사람과는 어울리지 않는다.	①	②	③	④	⑤	⑥	⑦	멀	㉮
C. 주위의 영향을 받기 쉽다.	①	②	③	④	⑤	⑥	⑦	멀	㉮

30

문항군	응답 1							응답 2	
	전혀 아님	《	보통	》	매우 그러함			멀다	가깝다
A. 지인을 발견해도 만나고 싶지 않을 때가 많다.	①	②	③	④	⑤	⑥	⑦	멀	㉮
B. 굳이 말하자면 자의식 과잉이다.	①	②	③	④	⑤	⑥	⑦	멀	㉮
C. 몸을 움직이는 것을 좋아한다.	①	②	③	④	⑤	⑥	⑦	멀	㉮

31

문항군	응답 1							응답 2	
	전혀 아님	《	보통	》	매우 그러함			멀다	가깝다
A. 무슨 일이든 생각해 보지 않으면 만족하지 못한다.	①	②	③	④	⑤	⑥	⑦	멀	㉮
B. 다수의 반대가 있더라도 자신의 생각대로 행동한다.	①	②	③	④	⑤	⑥	⑦	멀	㉮
C. 지금까지 다른 사람의 마음에 상처준 일이 없다.	①	②	③	④	⑤	⑥	⑦	멀	㉮

32

문항군	응답 1							응답 2	
	전혀 아님	《	보통	》	매우 그러함			멀다	가깝다
A. 실행하기 전에 재고하는 경우가 많다.	①	②	③	④	⑤	⑥	⑦	멀	㉮
B. 완고한 편이라고 생각한다.	①	②	③	④	⑤	⑥	⑦	멀	㉮
C. 작은 소리도 신경 쓰인다.	①	②	③	④	⑤	⑥	⑦	멀	㉮

33

문항군	응답 1							응답 2	
	전혀 아님	《	보통	》	매우 그러함			멀다	가깝다
A. 다소 무리를 하더라도 피로해지지 않는다.	①	②	③	④	⑤	⑥	⑦	멀	㉮
B. 다른 사람보다 고집이 세다.	①	②	③	④	⑤	⑥	⑦	멀	㉮
C. 성격이 밝다는 말을 듣는다.	①	②	③	④	⑤	⑥	⑦	멀	㉮

34

문항군	응답 1							응답 2	
	전혀 아님	《	보통	》	매우 그러함			멀다	가깝다
A. 다른 사람이 부럽다고 생각한 적이 한 번도 없다.	①	②	③	④	⑤	⑥	⑦	멀	갑
B. 자신의 페이스를 잃지 않는다.	①	②	③	④	⑤	⑥	⑦	멀	갑
C. 굳이 말하면 이상주의자다.	①	②	③	④	⑤	⑥	⑦	멀	갑

35

문항군	응답 1							응답 2	
	전혀 아님	《	보통	》	매우 그러함			멀다	가깝다
A. 가능성에 눈을 돌린다.	①	②	③	④	⑤	⑥	⑦	멀	갑
B. 튀는 것을 싫어한다.	①	②	③	④	⑤	⑥	⑦	멀	갑
C. 방법이 정해진 일은 안심할 수 있다.	①	②	③	④	⑤	⑥	⑦	멀	갑

36

문항군	응답 1							응답 2	
	전혀 아님	《	보통	》	매우 그러함			멀다	가깝다
A. 매사에 감정적으로 생각한다.	①	②	③	④	⑤	⑥	⑦	멀	갑
B. 스케줄을 짜고 행동하는 편이다.	①	②	③	④	⑤	⑥	⑦	멀	갑
C. 지나치게 합리적으로 결론짓는 것은 좋지 않다.	①	②	③	④	⑤	⑥	⑦	멀	갑

37

문항군	응답 1							응답 2	
	전혀 아님	《	보통	》	매우 그러함			멀다	가깝다
A. 다른 사람의 의견에 귀를 기울인다.	①	②	③	④	⑤	⑥	⑦	멀	갑
B. 사람들 앞에 잘 나서지 못한다.	①	②	③	④	⑤	⑥	⑦	멀	갑
C. 임기응변에 능하다.	①	②	③	④	⑤	⑥	⑦	멀	갑

38

문항군	응답 1							응답 2	
	전혀 아님	《	보통	》	매우 그러함			멀다	가깝다
A. 꿈을 가진 사람에게 끌린다.	①	②	③	④	⑤	⑥	⑦	멀	갑
B. 직감적으로 판단한다.	①	②	③	④	⑤	⑥	⑦	멀	갑
C. 틀에 박힌 일은 싫다.	①	②	③	④	⑤	⑥	⑦	멀	갑

39

문항군	응답 1							응답 2	
	전혀 아님	≪	보통	≫	매우 그러함			멀다	가깝다
A. 친구가 돈을 빌려달라고 하면 거절하지 못한다.	①	②	③	④	⑤	⑥	⑦	멀	갑
B. 어려움에 처한 사람을 보면 원인을 생각한다.	①	②	③	④	⑤	⑥	⑦	멀	갑
C. 매사에 이론적으로 생각한다.	①	②	③	④	⑤	⑥	⑦	멀	갑

40

문항군	응답 1							응답 2	
	전혀 아님	≪	보통	≫	매우 그러함			멀다	가깝다
A. 혼자 꾸준히 하는 것을 좋아한다.	①	②	③	④	⑤	⑥	⑦	멀	갑
B. 튀는 것을 좋아한다.	①	②	③	④	⑤	⑥	⑦	멀	갑
C. 굳이 말하자면 보수적이라 생각한다.	①	②	③	④	⑤	⑥	⑦	멀	갑

41

문항군	응답 1							응답 2	
	전혀 아님	≪	보통	≫	매우 그러함			멀다	가깝다
A. 다른 사람과 만났을 때 화제에 부족함이 없다.	①	②	③	④	⑤	⑥	⑦	멀	갑
B. 그때그때의 기분으로 행동하는 경우가 많다.	①	②	③	④	⑤	⑥	⑦	멀	갑
C. 현실적인 사람에게 끌린다.	①	②	③	④	⑤	⑥	⑦	멀	갑

42

문항군	응답 1							응답 2	
	전혀 아님	≪	보통	≫	매우 그러함			멀다	가깝다
A. 병이 아닌지 걱정이 들 때가 있다.	①	②	③	④	⑤	⑥	⑦	멀	갑
B. 자의식 과잉이라는 생각이 들 때가 있다.	①	②	③	④	⑤	⑥	⑦	멀	갑
C. 막무가내라는 말을 들을 때가 많다.	①	②	③	④	⑤	⑥	⑦	멀	갑

43

문항군	응답 1							응답 2	
	전혀 아님	≪	보통	≫	매우 그러함			멀다	가깝다
A. 푸념을 한 적이 없다.	①	②	③	④	⑤	⑥	⑦	멀	갑
B. 수다를 좋아한다.	①	②	③	④	⑤	⑥	⑦	멀	갑
C. 부모에게 불평을 한 적이 한 번도 없다.	①	②	③	④	⑤	⑥	⑦	멀	갑

44

문항군	응답 1							응답 2	
	전혀 아님	≪	보통	≫	매우 그러함			멀다	가깝다
A. 친구들이 나를 진지한 사람으로 생각하고 있다.	①	②	③	④	⑤	⑥	⑦	멀	㉮
B. 엉뚱한 생각을 잘한다.	①	②	③	④	⑤	⑥	⑦	멀	㉮
C. 이성적인 사람이라는 말을 듣고 싶다.	①	②	③	④	⑤	⑥	⑦	멀	㉮

45

문항군	응답 1							응답 2	
	전혀 아님	≪	보통	≫	매우 그러함			멀다	가깝다
A. 예정에 얽매이는 것을 싫어한다.	①	②	③	④	⑤	⑥	⑦	멀	㉮
B. 굳이 말하자면 장거리주자에 어울린다고 생각한다.	①	②	③	④	⑤	⑥	⑦	멀	㉮
C. 여행을 가기 전에는 세세한 계획을 세운다.	①	②	③	④	⑤	⑥	⑦	멀	㉮

46

문항군	응답 1							응답 2	
	전혀 아님	≪	보통	≫	매우 그러함			멀다	가깝다
A. 굳이 말하자면 기가 센 편이다.	①	②	③	④	⑤	⑥	⑦	멀	㉮
B. 신중하게 생각하는 편이다.	①	②	③	④	⑤	⑥	⑦	멀	㉮
C. 계획을 생각하기보다는 빨리 실행하고 싶어 한다.	①	②	③	④	⑤	⑥	⑦	멀	㉮

47

문항군	응답 1							응답 2	
	전혀 아님	≪	보통	≫	매우 그러함			멀다	가깝다
A. 자신을 쓸모없는 인간이라고 생각할 때가 있다.	①	②	③	④	⑤	⑥	⑦	멀	㉮
B. 아는 사람을 발견해도 피해버릴 때가 있다.	①	②	③	④	⑤	⑥	⑦	멀	㉮
C. 앞으로의 일을 생각하지 않으면 진정이 되지 않는다.	①	②	③	④	⑤	⑥	⑦	멀	㉮

48

문항군	응답 1							응답 2	
	전혀 아님	≪	보통	≫	매우 그러함			멀다	가깝다
A. 격렬한 운동도 그다지 힘들어하지 않는다.	①	②	③	④	⑤	⑥	⑦	멀	㉮
B. 무슨 일이든 먼저 해야 이긴다고 생각한다.	①	②	③	④	⑤	⑥	⑦	멀	㉮
C. 예정이 없는 상태를 싫어한다.	①	②	③	④	⑤	⑥	⑦	멀	㉮

49

문항군	응답 1							응답 2	
	전혀 아님	《	보통	》	매우 그러함			멀다	가깝다
A. 잘하지 못하는 게임은 하지 않으려고 한다.	①	②	③	④	⑤	⑥	⑦	멀	갸
B. 다른 사람에게 의존적이 될 때가 많다.	①	②	③	④	⑤	⑥	⑦	멀	갸
C. 대인관계가 귀찮다고 느낄 때가 있다.	①	②	③	④	⑤	⑥	⑦	멀	갸

50

문항군	응답 1							응답 2	
	전혀 아님	《	보통	》	매우 그러함			멀다	가깝다
A. 장래의 일을 생각하면 불안해질 때가 있다.	①	②	③	④	⑤	⑥	⑦	멀	갸
B. 가만히 있지 못할 정도로 침착하지 못할 때가 있다.	①	②	③	④	⑤	⑥	⑦	멀	갸
C. 침울해지면 아무것도 손에 잡히지 않는다.	①	②	③	④	⑤	⑥	⑦	멀	갸

51

문항군	응답 1							응답 2	
	전혀 아님	《	보통	》	매우 그러함			멀다	가깝다
A. 새로운 일에 처음 한 발을 좀처럼 떼지 못한다.	①	②	③	④	⑤	⑥	⑦	멀	갸
B. 다른 사람이 나를 어떻게 생각하는지 궁금할 때가 많다.	①	②	③	④	⑤	⑥	⑦	멀	갸
C. 미리 행동을 정해두는 경우가 많다.	①	②	③	④	⑤	⑥	⑦	멀	갸

52

문항군	응답 1							응답 2	
	전혀 아님	《	보통	》	매우 그러함			멀다	가깝다
A. 혼자 생각하는 것을 좋아한다.	①	②	③	④	⑤	⑥	⑦	멀	갸
B. 다른 사람과 대화하는 것을 좋아한다.	①	②	③	④	⑤	⑥	⑦	멀	갸
C. 하루의 행동을 반성하는 경우가 많다.	①	②	③	④	⑤	⑥	⑦	멀	갸

53

문항군	응답 1							응답 2	
	전혀 아님	《	보통	》	매우 그러함			멀다	가깝다
A. 어린 시절로 돌아가고 싶을 때가 있다.	①	②	③	④	⑤	⑥	⑦	멀	갸
B. 인생에서 중요한 것은 높은 목표를 갖는 것이다.	①	②	③	④	⑤	⑥	⑦	멀	갸
C. 커다란 일을 해보고 싶다.	①	②	③	④	⑤	⑥	⑦	멀	갸

54

문항군	응답 1							응답 2	
	전혀 아님	《	보통	》	매우 그러함			멀다	가깝다
A. 작은 일에 신경 쓰지 않는다.	①	②	③	④	⑤	⑥	⑦	멀	가
B. 동작이 기민한 편이다.	①	②	③	④	⑤	⑥	⑦	멀	가
C. 소외감을 느낄 때가 있다.	①	②	③	④	⑤	⑥	⑦	멀	가

55

문항군	응답 1							응답 2	
	전혀 아님	《	보통	》	매우 그러함			멀다	가깝다
A. 혼자 여행을 떠나고 싶을 때가 자주 있다.	①	②	③	④	⑤	⑥	⑦	멀	가
B. 눈을 뜨면 바로 일어난다.	①	②	③	④	⑤	⑥	⑦	멀	가
C. 항상 활력이 있다.	①	②	③	④	⑤	⑥	⑦	멀	가

56

문항군	응답 1							응답 2	
	전혀 아님	《	보통	》	매우 그러함			멀다	가깝다
A. 싸움을 한 적이 없다.	①	②	③	④	⑤	⑥	⑦	멀	가
B. 끈기가 강하다.	①	②	③	④	⑤	⑥	⑦	멀	가
C. 변화를 즐긴다.	①	②	③	④	⑤	⑥	⑦	멀	가

57

문항군	응답 1							응답 2	
	전혀 아님	《	보통	》	매우 그러함			멀다	가깝다
A. 굳이 말하자면 혁신적이라고 생각한다.	①	②	③	④	⑤	⑥	⑦	멀	가
B. 사람들 앞에 나서는 데 어려움이 없다.	①	②	③	④	⑤	⑥	⑦	멀	가
C. 스케줄을 짜지 않고 행동하는 편이다.	①	②	③	④	⑤	⑥	⑦	멀	가

58

문항군	응답 1							응답 2	
	전혀 아님	《	보통	》	매우 그러함			멀다	가깝다
A. 학구적이라는 인상을 주고 싶다.	①	②	③	④	⑤	⑥	⑦	멀	가
B. 조직 안에서는 우등생 타입이라고 생각한다.	①	②	③	④	⑤	⑥	⑦	멀	가
C. 이성적인 사람 밑에서 일하고 싶다.	①	②	③	④	⑤	⑥	⑦	멀	가

59

문항군	응답 1							응답 2	
	전혀 아님	《	보통	》	매우 그러함			멀다	가깝다
A. 정해진 절차에 따르는 것을 싫어한다.	①	②	③	④	⑤	⑥	⑦	멀	갸
B. 경험으로 판단한다.	①	②	③	④	⑤	⑥	⑦	멀	갸
C. 틀에 박힌 일을 싫어한다.	①	②	③	④	⑤	⑥	⑦	멀	갸

60

문항군	응답 1							응답 2	
	전혀 아님	《	보통	》	매우 그러함			멀다	가깝다
A. 그때그때의 기분으로 행동하는 경우가 많다.	①	②	③	④	⑤	⑥	⑦	멀	갸
B. 시간을 정확히 지키는 편이다.	①	②	③	④	⑤	⑥	⑦	멀	갸
C. 융통성이 있다.	①	②	③	④	⑤	⑥	⑦	멀	갸

61

문항군	응답 1							응답 2	
	전혀 아님	《	보통	》	매우 그러함			멀다	가깝다
A. 이야기하는 것을 좋아한다.	①	②	③	④	⑤	⑥	⑦	멀	갸
B. 회합에서는 소개를 받는 편이다.	①	②	③	④	⑤	⑥	⑦	멀	갸
C. 자신의 의견을 밀어붙인다.	①	②	③	④	⑤	⑥	⑦	멀	갸

62

문항군	응답 1							응답 2	
	전혀 아님	《	보통	》	매우 그러함			멀다	가깝다
A. 현실적이라는 이야기를 듣는다.	①	②	③	④	⑤	⑥	⑦	멀	갸
B. 계획적인 행동을 중요하게 여긴다.	①	②	③	④	⑤	⑥	⑦	멀	갸
C. 창의적인 일을 좋아한다.	①	②	③	④	⑤	⑥	⑦	멀	갸

63

문항군	응답 1							응답 2	
	전혀 아님	《	보통	》	매우 그러함			멀다	가깝다
A. 회합에서는 소개를 하는 편이다.	①	②	③	④	⑤	⑥	⑦	멀	갸
B. 조직 안에서는 독자적으로 움직이는 편이다.	①	②	③	④	⑤	⑥	⑦	멀	갸
C. 정해진 절차가 바뀌는 것을 싫어한다.	①	②	③	④	⑤	⑥	⑦	멀	갸

64

문항군	응답 1							응답 2	
	전혀 아님	《	보통	》	매우 그러함			멀다	가깝다
A. 일을 선택할 때에는 인간관계를 중시한다.	①	②	③	④	⑤	⑥	⑦	멀	갭
B. 굳이 말하자면 현실주의자이다.	①	②	③	④	⑤	⑥	⑦	멀	갭
C. 지나치게 온정을 표시하는 것은 좋지 않다고 생각한다.	①	②	③	④	⑤	⑥	⑦	멀	갭

65

문항군	응답 1							응답 2	
	전혀 아님	《	보통	》	매우 그러함			멀다	가깝다
A. 상상력이 있다는 말을 듣는다.	①	②	③	④	⑤	⑥	⑦	멀	갭
B. 틀에 박힌 일은 너무 딱딱해서 싫다.	①	②	③	④	⑤	⑥	⑦	멀	갭
C. 다른 사람이 나를 어떻게 생각하는지 신경 쓰인다.	①	②	③	④	⑤	⑥	⑦	멀	갭

66

문항군	응답 1							응답 2	
	전혀 아님	《	보통	》	매우 그러함			멀다	가깝다
A. 사람들 앞에서 잘 이야기하지 못한다.	①	②	③	④	⑤	⑥	⑦	멀	갭
B. 친절한 사람이라는 말을 듣고 싶다.	①	②	③	④	⑤	⑥	⑦	멀	갭
C. 일을 선택할 때에는 일의 보람을 중시한다.	①	②	③	④	⑤	⑥	⑦	멀	갭

67

문항군	응답 1							응답 2	
	전혀 아님	《	보통	》	매우 그러함			멀다	가깝다
A. 뉴스보다 신문을 많이 본다.	①	②	③	④	⑤	⑥	⑦	멀	갭
B. 시간을 분 단위로 나눠 쓴다.	①	②	③	④	⑤	⑥	⑦	멀	갭
C. 아이디어 회의 중 모든 의견은 존중되어야 한다.	①	②	③	④	⑤	⑥	⑦	멀	갭

68

문항군	응답 1							응답 2	
	전혀 아님	《	보통	》	매우 그러함			멀다	가깝다
A. 주위 사람에게 인사하는 것이 귀찮다.	①	②	③	④	⑤	⑥	⑦	멀	갭
B. 남의 의견을 절대 참고하지 않는다.	①	②	③	④	⑤	⑥	⑦	멀	갭
C. 남의 말을 호의적으로 받아들인다.	①	②	③	④	⑤	⑥	⑦	멀	갭

69

문항군	응답 1							응답 2	
	전혀 아님	≪	보통	≫		매우 그러함		멀다	가깝다
A. 광고를 보면 그 물건을 사고 싶다.	①	②	③	④	⑤	⑥	⑦	멀	갑
B. 컨디션에 따라 기분이 잘 변한다.	①	②	③	④	⑤	⑥	⑦	멀	갑
C. 많은 사람 앞에서 말하는 것이 서툴다.	①	②	③	④	⑤	⑥	⑦	멀	갑

70

문항군	응답 1							응답 2	
	전혀 아님	≪	보통	≫		매우 그러함		멀다	가깝다
A. 열등감으로 자주 고민한다.	①	②	③	④	⑤	⑥	⑦	멀	갑
B. 부모님에게 불만을 느낀다.	①	②	③	④	⑤	⑥	⑦	멀	갑
C. 칭찬도 나쁘게 받아들이는 편이다.	①	②	③	④	⑤	⑥	⑦	멀	갑

71

문항군	응답 1							응답 2	
	전혀 아님	≪	보통	≫		매우 그러함		멀다	가깝다
A. 친구 말을 듣는 편이다.	①	②	③	④	⑤	⑥	⑦	멀	갑
B. 자신의 입장을 잊어버릴 때가 있다.	①	②	③	④	⑤	⑥	⑦	멀	갑
C. 실패해도 또다시 도전한다.	①	②	③	④	⑤	⑥	⑦	멀	갑

72

문항군	응답 1							응답 2	
	전혀 아님	≪	보통	≫		매우 그러함		멀다	가깝다
A. 휴식시간에도 일하고 싶다.	①	②	③	④	⑤	⑥	⑦	멀	갑
B. 여간해서 흥분하지 않는 편이다.	①	②	③	④	⑤	⑥	⑦	멀	갑
C. 혼자 지내는 시간이 즐겁다.	①	②	③	④	⑤	⑥	⑦	멀	갑

73

문항군	응답 1							응답 2	
	전혀 아님	≪	보통	≫		매우 그러함		멀다	가깝다
A. 손재주는 비교적 있는 편이다.	①	②	③	④	⑤	⑥	⑦	멀	갑
B. 계산에 밝은 사람은 꺼려진다.	①	②	③	④	⑤	⑥	⑦	멀	갑
C. 공상이나 상상을 많이 하는 편이다.	①	②	③	④	⑤	⑥	⑦	멀	갑

74

문항군	응답 1							응답 2	
	전혀 아님	《	보통	》	매우 그러함			멀다	가깝다
A. 창조적인 일을 하고 싶다.	①	②	③	④	⑤	⑥	⑦	멀	갸
B. 규칙적인 것이 싫다.	①	②	③	④	⑤	⑥	⑦	멀	갸
C. 남을 지배하는 사람이 되고 싶다.	①	②	③	④	⑤	⑥	⑦	멀	갸

75

문항군	응답 1							응답 2	
	전혀 아님	《	보통	》	매우 그러함			멀다	가깝다
A. 새로운 변화를 싫어한다.	①	②	③	④	⑤	⑥	⑦	멀	갸
B. 급진적인 변화를 좋아한다.	①	②	③	④	⑤	⑥	⑦	멀	갸
C. 규칙을 잘 지킨다.	①	②	③	④	⑤	⑥	⑦	멀	갸

76

문항군	응답 1							응답 2	
	전혀 아님	《	보통	》	매우 그러함			멀다	가깝다
A. 스트레스 관리를 잘한다.	①	②	③	④	⑤	⑥	⑦	멀	갸
B. 스트레스를 받아도 화를 잘 참는다.	①	②	③	④	⑤	⑥	⑦	멀	갸
C. 틀리다고 생각하면 필사적으로 부정한다.	①	②	③	④	⑤	⑥	⑦	멀	갸

77

문항군	응답 1							응답 2	
	전혀 아님	《	보통	》	매우 그러함			멀다	가깝다
A. 스트레스를 받을 때 타인에게 화를 내지 않는다.	①	②	③	④	⑤	⑥	⑦	멀	갸
B. 자신을 비난하는 사람은 피하는 편이다.	①	②	③	④	⑤	⑥	⑦	멀	갸
C. 잘못된 부분을 보면 그냥 지나치지 못한다.	①	②	③	④	⑤	⑥	⑦	멀	갸

78

문항군	응답 1							응답 2	
	전혀 아님	《	보통	》	매우 그러함			멀다	가깝다
A. 귀찮은 일은 남에게 부탁하는 편이다.	①	②	③	④	⑤	⑥	⑦	멀	갸
B. 어머니의 친구 분을 대접하는 것이 귀찮다.	①	②	③	④	⑤	⑥	⑦	멀	갸
C. 마음에 걸리는 일은 머릿속에서 떠나지 않는다.	①	②	③	④	⑤	⑥	⑦	멀	갸

PART 3

79

문항군	응답 1							응답 2	
	전혀 아님	≪	보통	≫		매우 그러함		멀다	가깝다
A. 휴일에는 아무것도 하고 싶지 않다.	①	②	③	④	⑤	⑥	⑦	옐	㉮
B. 과거로 돌아가고 싶다는 생각이 강하다.	①	②	③	④	⑤	⑥	⑦	옐	㉮
C. 남들과 타협하기를 싫어하는 편이다.	①	②	③	④	⑤	⑥	⑦	옐	㉮

80

문항군	응답 1							응답 2	
	전혀 아님	≪	보통	≫		매우 그러함		멀다	가깝다
A. 친구와 싸우면 서먹서먹해진다.	①	②	③	④	⑤	⑥	⑦	옐	㉮
B. 아무것도 하지 않고 가만히 있을 수 있다.	①	②	③	④	⑤	⑥	⑦	옐	㉮
C. 내가 말한 것이 틀리면 정정할 수 있다.	①	②	③	④	⑤	⑥	⑦	옐	㉮

81

문항군	응답 1							응답 2	
	전혀 아님	≪	보통	≫		매우 그러함		멀다	가깝다
A. 남들이 나를 추켜올려 주면 기분이 좋다.	①	②	③	④	⑤	⑥	⑦	옐	㉮
B. 다른 사람들의 주목을 받는 게 좋다.	①	②	③	④	⑤	⑥	⑦	옐	㉮
C. 기분이 잘 바뀌는 편에 속한다.	①	②	③	④	⑤	⑥	⑦	옐	㉮

82

문항군	응답 1							응답 2	
	전혀 아님	≪	보통	≫		매우 그러함		멀다	가깝다
A. 공상 속의 친구가 있기도 한다.	①	②	③	④	⑤	⑥	⑦	옐	㉮
B. 주변 사람들이 칭찬해 주면 어색해 한다.	①	②	③	④	⑤	⑥	⑦	옐	㉮
C. 타인의 비난을 받으면 눈물을 잘 보인다.	①	②	③	④	⑤	⑥	⑦	옐	㉮

83

문항군	응답 1							응답 2	
	전혀 아님	≪	보통	≫		매우 그러함		멀다	가깝다
A. 한 번 시작한 일은 마무리를 꼭 한다.	①	②	③	④	⑤	⑥	⑦	옐	㉮
B. 아무도 찬성해 주지 않아도 내 의견을 말한다.	①	②	③	④	⑤	⑥	⑦	옐	㉮
C. 자신의 방법으로 혼자서 일을 하는 것을 좋아한다.	①	②	③	④	⑤	⑥	⑦	옐	㉮

84

문항군	응답 1							응답 2	
	전혀 아님	《	보통	》	매우 그러함			멀다	가깝다
A. 중요한 순간에 실패할까봐 불안하다.	①	②	③	④	⑤	⑥	⑦	멀	까
B. 가능하다면 내 자신을 많이 뜯어고치고 싶다.	①	②	③	④	⑤	⑥	⑦	멀	까
C. 운동을 하고 있을 때는 생기가 넘친다.	①	②	③	④	⑤	⑥	⑦	멀	까

85

문항군	응답 1							응답 2	
	전혀 아님	《	보통	》	매우 그러함			멀다	가깝다
A. 오랫동안 가만히 앉아 있는 것은 싫다.	①	②	③	④	⑤	⑥	⑦	멀	까
B. 신문을 읽을 때 슬픈 기사에만 눈길이 간다.	①	②	③	④	⑤	⑥	⑦	멀	까
C. 내 생각과 다른 사람이 있으면 불안하다.	①	②	③	④	⑤	⑥	⑦	멀	까

PART 3

배우기만 하고 생각하지 않으면 얻는 것이 없고,
생각만 하고 배우지 않으면 위태롭다.

- 공자 -

PART

4

면접

———

PART 4 면접

01 면접 주요사항

면접의 사전적 정의는 면접관이 지원자를 직접 만나보고 인품(人品)이나 언행(言行) 따위를 시험하는 일로, 흔히 필기시험 후에 최종적으로 심사하는 방법이다.

최근 주요 기업의 인사담당자들을 대상으로 채용 시 면접이 차지하는 비중을 설문조사했을 때, 50~80% 이상이라고 답한 사람이 전체 응답자의 80%를 넘었다. 이와 대조적으로 지원자들을 대상으로 취업 시험에서 면접을 준비하는 기간을 물었을 때, 대부분의 응답자가 2~3일 정도라고 대답했다.

지원자가 일정 수준의 스펙을 갖추기 위해 자격증 시험과 토익을 치르고 이력서와 자기소개서까지 쓰다 보면 면접까지 챙길 여유가 없는 것이 사실이다. 그리고 서류전형과 인적성검사를 통과해야만 면접을 볼 수 있기 때문에 자연스럽게 면접은 취업시험 과정에서 그 비중이 작아질 수밖에 없다. 하지만 아이러니하게도 실제 채용 과정에서 면접이 차지하는 비중은 절대적이라고 해도 과언이 아니다.

기업들은 채용 과정에서 토론 면접, 인성 면접, 프레젠테이션 면접, 역량 면접 등의 다양한 면접을 실시한다. 1차 커트라인이라고 할 수 있는 서류전형을 통과한 지원자들의 스펙이나 능력은 서로 엇비슷하다고 판단되기 때문에 서류상 보이는 자격증이나 토익 성적보다는 지원자의 인성을 파악하기 위해 면접을 더욱 강화하는 것이다. 일부 기업은 의도적으로 압박 면접을 실시하기도 한다. 지원자가 당황할 수 있는 질문을 던져서 그것에 대한 지원자의 반응을 살펴보는 것이다.

면접은 다르게 생각한다면 '나는 누구인가?'에 대한 물음에 해답을 줄 수 있는 가장 현실적이고 미래적인 경험이 될 수 있다. 취업난 속에서 자격증을 취득하고 토익 성적을 올리기 위해 앞만 보고 달려온 지원자들은 자신에 대해서 고민하고 탐구할 수 있는 시간을 평소 쉽게 가질 수 없었을 것이다. 자신을 잘 알고 있어야 자신에 대해서 자신감 있게 말할 수 있다. 대체로 사람들은 자신에게 관대한 편이기 때문에 자신에 대해서 어떤 기대와 환상을 가지고 있는 경우가 많다. 하지만 면접은 제삼자에 의해 개인의 능력을 객관적으로 평가받는 시험이다. 어떤 지원자들은 다른 사람에게 자신을 표현하는 것을 어려워한다. 평소에 잘 사용하지 않는 용어를 내뱉으면서 거창하게 자신을 포장하는 지원자도 많다. 면접에서 가장 기본은 자기 자신을 면접관에게 알기 쉽게 표현하는 것이다.

이러한 표현을 바탕으로 자신이 앞으로 하고자 하는 것과 그에 대한 이유를 설명해야 한다. 최근에는 자신감을 향상시키거나 말하는 능력을 높이는 학원도 많기 때문에 얼마든지 자신의 단점을 극복할 수 있다.

1. 자기소개의 기술

자기소개를 시키는 이유는 면접자가 지원자의 자기소개서를 압축해서 듣고, 지원자의 첫인상을 평가할 시간을 가질 수 있기 때문이다. 면접을 위한 워밍업이라고 할 수 있으며, 첫인상을 결정하는 과정이므로 매우 중요한 순간이다.

(1) 정해진 시간에 자기소개를 마쳐야 한다.

쉬워 보이지만 의외로 지원자들이 정해진 시간을 넘기거나 혹은 빨리 끝내서 면접관에게 지적을 받는 경우가 많다. 본인이 면접을 받는 마지막 지원자가 아닌 이상, 정해진 시간을 지키지 않는 것은 수많은 지원자를 상대하기에 바쁜 면접관과 대기 시간에 지친 다른 지원자들에게 불쾌감을 줄 수 있다.

또한 회사에서 시간관념은 절대적인 것이므로 반드시 자기소개 시간을 지켜야 한다. 말하기는 1분에 200자 원고지 2장 분량의 글을 읽는 만큼의 속도가 가장 적당하다. 이를 A4 용지에 10point 글자 크기로 작성하면 반 장 분량이 된다.

(2) 간단하지만 신선한 문구로 자기소개를 시작하자.

요즈음 많은 지원자가 이 방법을 사용하고 있기 때문에 웬만한 소재의 문구가 아니면 면접관의 관심을 받을 수 없다. 이러한 문구는 시대적으로 유행하는 광고 카피를 패러디하는 경우와 격언 등을 인용하는 경우, 그리고 지원한 회사의 IC나 경영이념, 인재상 등을 사용하는 경우 등이 있다. 지원자는 이러한 여러 문구 중에 자신의 첫인상을 북돋아 줄 수 있는 것을 선택해서 말해야 한다. 자신의 이름을 문구 속에 적절하게 넣어서 말한다면 좀 더 효과적인 자기소개가 될 것이다.

(3) 무엇을 먼저 말할 것인지 고민하자.

면접관이 많이 던지는 질문 중 하나가 지원동기이다. 그래서 성장기를 바로 건너뛰고, 지원한 회사에 들어오기 위해 대학에서 어떻게 준비했는지를 설명하는 자기소개가 대세이다.

(4) 면접관의 호기심을 자극해 관심을 불러일으킬 수 있게 말하라.

면접관에게 질문을 많이 받는 지원자의 합격률이 반드시 높은 것은 아니지만, 질문을 전혀 안 받는 것보다는 좋은 평가를 기대할 수 있다. 질문을 받기 위해 면접관의 호기심을 자극할 수 있는 가장 좋은 방법은 대학생활을 이야기하면서 자신의 장기를 잠깐 넣는 것이다.

지원한 분야와 관련된 수상 경력이나 프로젝트 등을 말하는 것도 좋다. 이는 지원자의 업무 능력과 직접 연결되는 것이므로 효과적인 자기 홍보가 될 수 있다. 일부 지원자들은 자신만의 특별한 경험을 이야기하는데, 이때는 그 경험이 보편적으로 사람들의 공감대를 얻을 수 있는 것인지 다시 생각해봐야 한다.

(5) 마지막 고개를 넘기가 가장 힘들다.

첫 단추도 중요하지만, 마지막 단추도 중요하다. 하지만 왠지 격식을 따지는 인사말은 지나가는 인사말 같고, 다르게 하자니 예의에 어긋나는 것 같은 기분이 든다. 이때는 처음에 했던 자신만의 문구를 다시 한 번 말하는 것도 좋은 방법이다. 자연스러운 끝맺음이 될 수 있도록 적절한 연습이 필요하다.

2. 1분 자기소개 시 주의사항

(1) 자기소개서와 자기소개가 똑같다면 감점일까?

아무리 자기소개서를 외워서 말한다 해도 자기소개가 자기소개서와 완전히 똑같을 수는 없다. 자기소개서의 분량이 더 많고 회사마다 요구하는 필수 항목들이 있기 때문에 굳이 고민할 필요는 없다. 오히려 자기소개서의 내용을 잘 정리한 자기소개가 더 좋은 결과를 만들 수 있다. 하지만 자기소개서와 상반된 내용을 말하는 것은 적절하지 않다. 지원자의 신뢰성이 떨어진다는 것은 곧 불합격을 의미하기 때문이다.

(2) 말하는 자세를 바르게 익혀라.

지원자가 자기소개를 하는 동안 면접관은 지원자의 동작 하나하나를 관찰한다. 그렇기 때문에 바른 자세가 중요하다는 것은 우리가 익히 알고 있다. 하지만 문제는 무의식적으로 나오는 습관 때문에 자세가 흐트러져 나쁜 인상을 줄 수 있다는 것이다. 이러한 습관을 고칠 수 있는 가장 좋은 방법은 캠코더 등으로 자신의 모습을 담는 것이다. 거울을 사용할 경우에는 시선이 자꾸 자기 눈과 마주치기 때문에 집중하기 힘들다. 하지만 촬영된 동영상은 제삼자의 입장에서 자신을 볼 수 있기 때문에 많은 도움이 된다.

(3) 정확한 발음과 억양으로 자신 있게 말하라.

지원자의 모양새가 아무리 뛰어나도, 목소리가 작고 발음이 부정확하면 큰 감점을 받는다. 이러한 모습은 지원자의 좋은 점에까지 악영향을 끼칠 수 있다. 직장을 흔히 사회생활의 시작이라고 말하는 시대적 정서에서 사람들과 의사소통을 하는 데 문제가 있다고 판단되는 지원자는 부적절한 인재로 평가될 수밖에 없다.

3. 대화법

전문가들이 말하는 대화법의 핵심은 '상대방을 배려하면서 이야기하라.'는 것이다. 대화는 나와 다른 사람의 소통이다. 내용에 대한 공감이나 이해가 없다면 대화는 더 진전되지 않는다.

『카네기 인간관계론』이라는 베스트셀러의 작가인 철학자 카네기가 말하는 최상의 대화법은 자신의 경험을 토대로 이야기하는 것이다. 즉, 살아오면서 직접 겪은 경험이 상대방의 관심을 끌 수 있는 가장 좋은 이야깃거리인 것이다. 특히, 어떤 일을 이루기 위해 노력하는 과정에서 겪은 실패나 희망에 대해 진솔하게 얘기한다면 상대방은 어느새 당신의 편에 서서 그 이야기에 동조할 것이다.

독일의 사업가이자, 동기부여 트레이너인 위르겐 힐러의 연설법 중 가장 유명한 것은 '시즐(Sizzle)'을 잡는 것이다. 시즐이란, 새우튀김이나 돈가스가 기름에서 지글지글 튀겨질 때 나는 소리이다. 즉, 자신의 말을 듣고 시즐처럼 반응하는 상대방의 감정에 적절하게 대응하라는 것이다.

말을 시작한 지 10 ~ 15초 안에 상대방의 '시즐'을 알아차려야 한다. 자신의 이야기에 대한 상대방의 첫 반응에 따라 말하기 전략도 달라져야 한다. 첫 이야기의 반응이 미지근하다면 가능한 한 그 이야기를 빨리 마무리하고 새로운 이야깃거리를 생각해내야 한다. 길지 않은 면접 시간 내에 몇 번 오지 않는 대답의 기회를 살리기 위해서 보다 전략적이고 냉철해야 하는 것이다.

4. 차림새

(1) 구두

면접에 어떤 옷을 입어야 할지를 며칠 동안 고민하면서 정작 구두는 면접 보는 날 현관을 나서면서 즉흥적으로 신고 가는 지원자들이 많다. 특히, 남자 지원자들이 이러한 실수를 많이 한다. 구두를 보면 그 사람의 됨됨이를 알 수 있다고 한다. 면접관 역시 이러한 것을 놓치지 않기 때문에 지원자는 자신의 구두에 더욱 신경을 써야 한다. 스타일의 마무리는 발끝에서 이루어지는 것이다. 아무리 멋진 옷을 입고 있어도 구두가 어울리지 않는다면 전체 스타일이 흐트러지기 때문이다.

정장용 구두는 디자인이 깔끔하고, 에나멜 가공처리를 하여 광택이 도는 페이턴트 가죽 소재 제품이 무난하다. 검정 계열 구두는 회색과 감색 정장에, 브라운 계열의 구두는 베이지나 갈색 정장에 어울린다. 참고로 구두는 오전에 사는 것보다 발이 충분히 부은 상태인 저녁에 사는 것이 좋다. 마지막으로 당연한 일이지만 반드시 면접을 보는 전날 구두 뒤축이 닳지는 않았는지 확인하고 구두에 광을 내 둔다.

(2) 양말

양말은 정장과 구두의 색상을 비교해서 골라야 한다. 특히 검정이나 감색의 진한 색상의 바지에 흰 양말을 신는 것은 시대에 뒤처지는 일이다. 일반적으로 양말의 색깔은 바지의 색깔과 같아야 한다. 또한 양말의 길이도 신경 써야 한다. 남성의 경우에 의자에 바르게 앉거나 다리를 꼬아서 앉을 때 다리털이 보여서는 안 된다. 반드시 긴 정장 양말을 신어야 한다.

(3) 정장

지원자는 평소에 정장을 입을 기회가 많지 않기 때문에 면접을 볼 때 본인 스스로도 옷을 어색하게 느끼는 경우가 많다. 옷을 불편하게 느끼기 때문에 자세마저 불안정한 지원자도 볼 수 있다. 그러므로 면접 전에 정장을 입고 생활해 보는 것도 나쁘지는 않다.

일반적으로 면접을 볼 때는 상대방에게 신뢰감을 줄 수 있는 남색 계열의 옷이나 어떤 계절이든 무난하고 깔끔해 보이는 회색 계열의 정장을 많이 입는다. 정장은 유행에 따라서 재킷의 디자인이나 버튼의 개수가 바뀌기 때문에 특히 남성 지원자의 경우, 너무 오래된 옷을 입어서 아버지 옷을 빌려 입고 나온 듯한 인상을 주어서는 안 된다.

(4) 헤어스타일과 메이크업

헤어스타일에 자신이 없다면 미용실에 다녀오는 것도 좋은 방법이다. 그리고 여성 지원자의 경우에는 자신에게 어울리는 메이크업을 하는 것도 괜찮다. 메이크업은 상대에 대한 예의를 갖추는 것이므로 지나치게 화려한 메이크업이 아니라면 보다 준비된 지원자처럼 보일 수 있다.

5. 첫인상

취업을 위해 성형수술을 받는 사람들에 대한 이야기는 더 이상 뉴스거리가 되지 않는다. 그만큼 많은 사람이 좁은 취업문을 뚫기 위해 이미지 향상에 신경을 쓰고 있다. 이는 면접관에게 좋은 첫인상을 주기 위한 것으로, 지원서에 올리는 증명사진을 이미지 프로그램을 통해 수정하는 이른바 '사이버 성형'이 유행하는 것과 같은 맥락이다. 실제로 외모가 채용 과정에서 영향을 끼치는가에 대한 설문조사에서도 60% 이상의 인사담당자들이 그렇다고 답변했다.

하지만 외모와 첫인상을 절대적인 관계로 이해하는 것은 잘못된 판단이다. 외모가 첫인상에서 많은 부분을 차지하지만, 외모 외에 다른 결점이 발견된다면 그로 인해 장점들이 가려질 수도 있다. 이러한 현상은 아래에서 다시 논하겠다.

첫인상은 말 그대로 한 번밖에 기회가 주어지지 않으며 몇 초 안에 결정된다. 첫인상을 결정짓는 요소 중 시각적인 요소가 80% 이상을 차지한다. 첫눈에 들어오는 생김새나 복장, 표정 등에 의해서 결정되는 것이다. 면접을 시작할 때 자기소개를 시키는 것도 지원자별로 첫인상을 평가하기 위해서이다. 첫인상이 중요한 이유는 만약 첫인상이 부정적으로 인지될 경우, 지원자의 다른 좋은 면까지 거부당하기 때문이다. 이러한 현상을 심리학에서는 초두효과(Primacy Effect)라고 한다.

한 번 형성된 첫인상은 여간해서 바꾸기 힘들다. 이는 첫인상이 나중에 들어오는 정보까지 영향을 주기 때문이다. 첫인상의 정보가 나중에 들어오는 정보 처리의 지침이 되는 것을 심리학에서는 맥락효과(Context Effect)라고 한다. 따라서 평소에 첫인상을 좋게 만들기 위한 노력을 꾸준히 해야만 하는 것이다.

좋은 첫인상이 반드시 외모에만 집중되는 것은 아니다. 오히려 깔끔한 옷차림과 부드러운 표정 그리고 말과 행동 등에 의해 전반적인 이미지가 만들어진다. 누구나 이러한 것 중에 한두 가지 단점을 가지고 있다. 요즈음은 이미지 컨설팅을 통해서 자신의 단점들을 보완하는 지원자도 있다. 특히, 표정이 밝지 않은 지원자는 평소 웃는 연습을 의식적으로 하여 면접을 받는 동안 계속해서 여유 있는 표정을 짓는 것이 중요하다. 성공한 사람들은 인상이 좋다는 것을 명심하자.

1. 면접의 유형

과거 천편일률적인 일대일 면접과 달리 면접에는 다양한 유형이 도입되어 현재는 "면접은 이렇게 보는 것이다."라고 말할 수 있는 정해진 유형이 없어졌다. 그러나 여천NCC 면접에서는 현재까지는 집단 면접과 다대일 면접이 진행되고 있으므로 어느 정도 유형을 파악하여 사전에 대비가 가능하다. 면접의 기본인 단독 면접부터, 다대일 면접, 집단 면접의 유형과 그 대책에 대해 알아보자.

(1) 단독 면접

단독 면접이란 응시자와 면접관이 일대일로 마주하는 형식을 말한다. 면접위원 한 사람과 응시자 한 사람이 마주 앉아 자유로운 화제를 가지고 질의응답을 되풀이하는 방식이다. 이 방식은 면접의 가장 기본적인 방법으로 소요시간은 10 ~ 20분 정도가 일반적이다.

① 장점

필기시험 등으로 판단할 수 없는 성품이나 능력을 알아내는 데 가장 적합하다고 평가받아 온 면접방식으로 응시자 한 사람 한 사람에 대해 여러 면에서 비교적 폭넓게 파악할 수 있다. 응시자의 입장에서는 한 사람의 면접관만을 대하는 것이므로 상대방에게 집중할 수 있으며, 긴장감도 다른 면접방식에 비해서는 적은 편이다.

② 단점

면접관의 주관이 강하게 작용해 객관성을 저해할 소지가 있으며, 면접 평가표를 활용한다 하더라도 일면적인 평가에 그칠 가능성을 배제할 수 없다. 또한 시간이 많이 소요되는 것도 단점이다.

> **단독 면접 준비 Point**
>
> 단독 면접에 대비하기 위해서는 평소 일대일로 논리 정연하게 대화를 나눌 수 있는 능력을 기르는 것이 중요하다. 그리고 면접장에서는 면접관을 선배나 선생님 혹은 아버지를 대하는 기분으로 면접에 임하는 것이 부담도 훨씬 적고 실력을 발휘할 수 있는 방법이 될 것이다.

(2) 다대일 면접

다대일 면접은 일반적으로 가장 많이 사용되는 면접방법으로 보통 2 ~ 5명의 면접관이 1명의 응시자에게 질문하는 형태의 면접방법이다. 면접관이 여러 명이므로 다각도에서 질문을 하여 응시자에 대한 정보를 많이 알아낼 수 있다는 점 때문에 선호하는 면접방법이다.

하지만 응시자의 입장에서는 질문도 면접관에 따라 각양각색이고 동료 응시자가 없으므로 숨 돌릴 틈도 없게 느껴진다. 또한 관찰하는 눈도 많아서 조그만 실수라도 지나치는 법이 없기 때문에 정신적 압박과 긴장감이 높은 면접방법이다. 따라서 응시자는 긴장을 풀고 한 시험관이 묻더라도 면접관 전원을 향해 대답한다는 기분으로 또박또박 대답하는 자세가 필요하다.

① 장점

면접관이 집중적인 질문과 다양한 관찰을 통해 응시자가 과연 조직에 필요한 인물인가를 완벽히 검증할 수 있다.

② 단점

면접시간이 보통 10 ~ 30분 정도로 조금 긴 편이고 응시자에게 지나친 긴장감을 조성하는 면접방법이다.

다대일 면접 준비 Point

질문을 들을 때 시선은 면접위원을 향하고 다른 데로 돌리지 말아야 하며, 대답할 때에도 고개를 숙이거나 입속에서 우물거리는 소극적인 태도는 피하도록 한다. 면접위원과 대등하다는 마음가짐으로 편안한 태도를 유지하면 대답도 자연스러운 상태에서 좀 더 충실히 할 수 있고, 이에 따라 면접위원이 받는 인상도 달라진다.

(3) 집단 면접

집단 면접은 다수의 면접관이 여러 명의 응시자를 한꺼번에 평가하는 방식으로 짧은 시간에 능률적으로 면접을 진행할 수 있다. 각 응시자에 대한 질문내용, 질문횟수, 시간배분이 똑같지는 않으며, 모두에게 같은 질문이 주어지기도 하고, 각각 다른 질문을 받기도 한다.

또한 어떤 응시자가 한 대답에 대한 의견을 묻는 등 그때그때의 분위기나 면접관의 의향에 따라 변수가 많다. 집단 면접은 응시자의 입장에서는 개별 면접에 비해 긴장감은 다소 덜한 반면에 다른 응시자들과의 비교가 확실하게 나타나므로 응시자는 몸가짐이나 표현력·논리성 등이 결여되지 않도록 자신의 생각이나 의견을 솔직하게 발표하여 집단 속에 묻히거나 밀려나지 않도록 주의해야 한다.

① 장점

집단 면접의 장점은 면접관이 응시자 한 사람에 대한 관찰시간이 상대적으로 길고, 비교 평가가 가능하기 때문에 결과적으로 평가의 객관성과 신뢰성을 높일 수 있다는 점이며, 응시자는 동료들과 함께 면접을 받기 때문에 긴장감이 다소 덜하다는 것을 들 수 있다. 또한 동료가 답변하는 것을 들으며, 자신의 답변 방식이나 자세를 조정할 수 있다는 것도 큰 이점이다.

② 단점

응답하는 순서에 따라 응시자마다 유리하고 불리한 점이 있고, 면접위원의 입장에서는 각각의 개인적인 문제를 깊게 다루기가 곤란하다는 것이 단점이다.

집단 면접 준비 Point

너무 자기 과시를 하지 않는 것이 좋다. 대답은 자신이 말하고 싶은 내용을 간단명료하게 말해야 한다. 내용이 없는 발언을 한다거나 대답을 질질 끄는 태도는 좋지 않다. 또 말하는 중에 내용이 주제에서 벗어나거나 자기중심적으로만 말하는 것도 피해야 한다. 집단 면접에 대비하기 위해서는 평소에 설득력을 지닌 자신의 논리력을 계발하는 데 힘써야 하며, 다른 사람 앞에서 자신의 의견을 조리 있게 개진할 수 있는 발표력을 갖추는 데에도 많은 노력을 기울여야 한다.
• 실력에는 큰 차이가 없다는 것을 기억하라.
• 동료 응시자들과 서로 협조하라.
• 답변하지 않을 때의 자세가 중요하다.
• 개성 표현은 좋지만 튀는 것은 위험하다.

(4) 집단 토론식 면접

집단 토론식 면접은 집단 면접과 형태는 유사하지만 질의응답이 아니라 응시자들끼리의 토론이 중심이 되는 면접방법으로 최근 들어 급증세를 보이고 있다. 이는 공통의 주제에 대해 다양한 견해들이 개진되고 결론을 도출하는 과정, 즉 토론을 통해 응시자의 다양한 면에 대한 평가가 가능하다는 집단 토론식 면접의 장점이 널리 확산된 데 따른 것으로 보인다. 사실 집단 토론식 면접을 활용하면 주제와 관련된 지식 정도와 이해력, 판단력, 설득력, 협동성은 물론 리더십, 조직 적응력, 적극성과 대인관계 능력 등을 쉽게 파악할 수 있다.

토론식 면접에서는 자신의 의견을 명확히 제시하면서도 상대방의 의견을 경청하는 토론의 기본자세가 필수적이며, 지나친 경쟁심이나 자기 과시욕은 접어두는 것이 좋다. 또한 집단 토론의 목적이 결론을 도출해 나가는 과정에 있다는 것을 감안하여 무리하게 자신의 주장을 관철시키기보다 오히려 토론의 질을 높이는 데 기여하는 것이 좋은 인상을 줄 수 있다는 점을 알아야 한다. 취업 희망자들은 토론식 면접이 급속도로 확산되는 추세임을 감안해 특히 철저한 준비를 해야 한다. 평소에 신문의 사설이나 매스컴 등의 토론 프로그램을 주의 깊게 보면서 논리 전개방식을 비롯한 토론 과정을 익히도록 하고, 친구들과 함께 간단한 주제를 놓고 토론을 진행해 볼 필요가 있다. 또한 사회·시사문제에 대해 자기 나름대로의 관점을 정립해두는 것도 꼭 필요하다.

> **집단 토론식 면접 준비 Point**
>
> - 토론은 정답이 없다는 것을 명심한다.
> - 내 주장을 강요하지 않는다.
> - 남이 말할 때 끼어들지 않는다.
> - 필기구를 준비하여 메모하면서 면접에 임한다.
> - 주제에 자신이 없다면 첫 번째 발언자가 되지 않는다.
> - 자신의 입장을 먼저 밝힌다.
> - 상대측의 사소한 발언에 집착하지 않고 전체적인 의미에 초점을 놓치지 않아야 한다.
> - 남의 의견을 경청한다.
> - 예상 밖의 반론에 당황스럽다 하더라도 유연함을 잃지 않아야 한다.

(5) PT 면접

PT 면접, 즉 프레젠테이션 면접은 최근 들어 집단 토론 면접과 더불어 그 활용도가 점차 커지고 있다. PT 면접은 기업마다 특성이 다르고 인재상이 다른 만큼 인성 면접만으로는 알 수 없는 지원자의 문제해결 능력, 전문성, 창의성, 기본 실무능력, 논리성 등을 관찰하는 데 중점을 두는 면접으로, 지원자 간의 변별력이 높아 대부분의 기업에서 적용하고 있으며, 확산되는 추세이다.

면접 시간은 기업별로 차이가 있지만, 전문지식, 시사성 관련 주제를 제시한 다음, 보통 20 ~ 50분 정도 준비하여 5분가량 발표할 시간을 준다. 면접관과 지원자의 단순한 질의응답식이 아닌, 주제에 대해 일정 시간 동안 지원자의 발언과 발표하는 모습 등을 관찰하게 된다. 정확한 답이나 지식보다는 논리적 사고와 의사표현력이 더 중시되기 때문에 자신의 생각을 어떻게 설명하느냐가 매우 중요하다.

PT 면접에서 같은 주제라도 직무별로 평가요소가 달리 나타난다. 예를 들어, 영업직은 설득력과 의사소통 능력에 중점을 둘 수 있겠고, 관리직은 신뢰성과 창의성 등을 더 중요하게 평가한다.

- 면접관의 관심과 주의를 집중시키고, 발표 태도에 유의한다.
- 모의 면접이나 거울 면접을 통해 미리 점검한다.
- PT 내용은 세 가지 정도로 정리해서 말한다.
- PT 내용에는 자신의 생각이 담겨 있어야 한다.
- 중간에 자문자답 방식을 활용한다.
- 평소 지원하는 업계의 동향이나 직무에 대한 전문지식을 쌓아둔다.
- 부적절한 용어 사용이나 무리한 주장 등은 하지 않는다.

2. 면접의 실전 대책

(1) 면접 대비사항

① 지원 회사에 대한 사전지식을 충분히 준비한다.

필기시험에서 합격 또는 서류전형에서의 합격통지가 온 후 면접시험 날짜가 정해지는 것이 보통이다. 이때 수험자는 면접시험을 대비해 사전에 자기가 지원한 계열사 또는 부서에 대해 폭넓은 지식을 준비할 필요가 있다.

지원 회사에 대해 알아두어야 할 사항

- 회사의 연혁
- 회장 또는 사장의 이름, 출신학교, 관심사
- 회장 또는 사장이 요구하는 신입사원의 인재상
- 회사의 사훈, 사시, 경영이념, 창업정신
- 회사의 대표적 상품, 특색
- 업종별 계열회사의 수
- 해외지사의 수와 그 위치
- 신 개발품에 대한 기획 여부
- 자기가 생각하는 회사의 장단점
- 회사의 잠재적 능력개발에 대한 제언

② 충분한 수면을 취한다.

충분한 수면으로 안정감을 유지하고 첫 출발의 상쾌한 마음가짐을 갖는다.

③ 얼굴을 생기 있게 한다.

첫인상은 면접에 있어서 가장 결정적인 당락요인이다. 면접관에게 좋은 인상을 줄 수 있도록 화장하는 것도 필요하다. 면접관들이 가장 좋아하는 인상은 얼굴에 생기가 있고 눈동자가 살아 있는 사람, 즉 기가 살아 있는 사람이다.

④ 아침에 인터넷 뉴스를 읽고 간다.

그날의 뉴스가 질문 대상에 오를 수가 있다. 특히 경제면, 정치면, 문화면 등을 유의해서 볼 필요가 있다.

(2) 면접 시 옷차림

면접에서 옷차림은 간결하고 단정한 느낌을 주는 것이 가장 중요하다. 색상과 디자인 면에서 지나치게 화려한 색상이나, 노출이 심한 디자인은 자칫 면접관의 눈살을 찌푸리게 할 수 있다. 단정한 차림을 유지하면서 자신만의 독특한 멋을 연출하는 것, 지원하는 회사의 분위기를 파악했다는 센스를 보여주는 것 또한 코디네이션의 포인트이다.

복장 점검

- 구두는 잘 닦여 있는가?
- 옷은 깨끗이 다려져 있으며 스커트 길이는 적당한가?
- 손톱은 길지 않고 깨끗한가?
- 머리는 흐트러짐 없이 단정한가?

(3) 면접요령

① 첫인상을 중요시한다.

상대에게 인상을 좋게 주지 않으면 어떠한 얘기를 해도 이쪽의 기분이 충분히 전달되지 않을 수 있다. 예를 들어, '저 친구는 표정이 없고 무엇을 생각하고 있는지 전혀 알 길이 없다.'처럼 생각되면 최악의 상태이다. 우선 청결한 복장, 바른 자세로 침착하게 들어가야 한다. 건강하고 신선한 이미지를 주어야 하기 때문이다.

② 좋은 표정을 짓는다.

얘기를 할 때의 표정은 중요한 사항의 하나다. 거울 앞에서 웃는 연습을 해본다. 웃는 얼굴은 상대를 편안하게 하고, 특히 면접 등 긴박한 분위기에서는 천금의 값이 있다 할 것이다. 그렇다고 하여 항상 웃고만 있어서는 안 된다. 자기의 할 얘기를 진정으로 전하고 싶을 때는 진지한 얼굴로 상대의 눈을 바라보며 얘기한다. 면접을 볼 때 눈을 감고 있으면 마이너스 이미지를 주게 된다.

③ 결론부터 이야기한다.

자기의 의사나 생각을 상대에게 정확하게 전달하기 위해서 먼저 무엇을 말하고자 하는가를 명확히 결정해 두어야 한다. 대답을 할 경우에는 결론을 먼저 이야기하고 나서 그에 따른 설명과 이유를 덧붙이면 논지(論旨)가 명확해지고 이야기가 깔끔하게 정리된다.

한 가지 사실을 이야기하거나 설명하는 데는 3분이면 충분하다. 복잡한 이야기라도 어느 정도의 길이로 요약해서 이야기하면 상대도 이해하기 쉽고 자기도 정리할 수 있다. 긴 이야기는 오히려 상대를 불쾌하게 할 수가 있다.

④ 질문의 요지를 파악한다.

면접 때의 이야기는 간결성만으로는 부족하다. 상대의 질문이나 이야기에 대해 적절하고 필요한 대답을 하지 않으면 대화는 끊어지고 자기의 생각도 제대로 표현하지 못하여 면접자로 하여금 수험생의 인품이나 사고방식 등을 명확히 파악할 수 없게 한다. 무엇을 묻고 있는지, 무슨 이야기를 하고 있는지 그 요점을 정확히 알아내야 한다.

면접에서 고득점을 받을 수 있는 성공요령

1. 자기 자신을 겸허하게 판단하라.
2. 지원한 회사에 대해 100% 이해하라.
3. 실전과 같은 연습으로 감각을 익히라.
4. 단답형 답변보다는 구체적으로 이야기를 풀어나가라.
5. 거짓말을 하지 말라.
6. 면접하는 동안 대화의 흐름을 유지하라.
7. 친밀감과 신뢰를 구축하라.
8. 상대방의 말을 성실하게 들으라.
9. 근로조건에 대한 이야기를 풀어나갈 준비를 하라.
10. 끝까지 긴장을 풀지 말라.

면접 전 마지막 체크 사항

• 기업이나 단체의 소재지(본사·지사·공장 등)를 정확히 알고 있다.
• 기업이나 단체의 정식 명칭(Full Name)을 알고 있다.
• 약속된 면접시간 10분 전에 도착하도록 스케줄을 짤 수 있다.
• 면접실에 들어가서 공손히 인사한 후 또렷한 목소리로 자기 수험번호와 성명을 말할 수 있다.
• 앉으라고 할 때까지는 의자에 앉지 않는다는 것을 알고 있다.
• 자신에 대해 3분간 이야기할 수 있는 준비가 되어 있다.
• 자신의 긍정적인 면을 상대방에게 바르게 전달할 수 있다.

앞선 정보 제공! 도서 업데이트

언제, 왜 업데이트될까?

도서의 학습 효율을 높이기 위해 자료를 추가로 제공할 때!
공기업 · 대기업 필기시험에 변동사항 발생 시 정보 공유를 위해!
공기업 · 대기업 채용 및 시험 관련 중요 이슈가 생겼을 때!

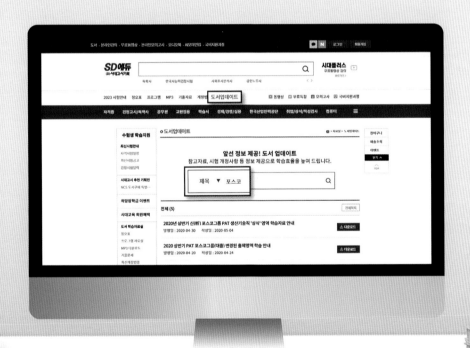

01 SD에듀 도서
www.sdedu.co.kr/book
홈페이지 접속

02 상단 카테고리
「도서업데이트」
클릭

03 해당
기업명으로
검색

참고자료, 시험 개정사항 등 정보 제공으로 학습효율을 높여 드립니다.

더 이상의
고졸/전문대졸 필기시험 시리즈는
없다!

알차다
꼭 알아야 할 내용을
담고 있으니까

친절하다
핵심 내용을 쉽게
설명하고 있으니까

핵심을
뚫는다
시험 유형과 유사한
문제를 다루니까

명쾌하다
상세한 풀이로 완벽하게
익힐 수 있으니까

성공은
나를 응원하는 사람으로부터 시작됩니다.

SD에듀가 당신을 힘차게 응원합니다.

All-New 100% 전면 개정!

2023 기획상

여천NCC

Naphtha Cracking Center

전문기능직 고졸 · 초대졸 채용

SDC

SDC는 SD에듀 데이터 센터의 약자로 약 30만 개의 NCS · 적성 문제 데이터를
바탕으로 최신출제경향을 반영하여 문제를 출제합니다.

편저 | SDC(Sidae Data Center)

온라인 필기시험

2023년 상반기 온라인 시험 기준 변경된 영역 전면 반영

정답 및 해설

판매량
1위
YES24 여천NCC
생산직 부문

▲합격의 모든 것!

도서 동형
온라인 실전연습
서비스

[합격시대]
온라인 모의고사
무료쿠폰

[WiN시대로]
AI면접
무료쿠폰

무료
상식특강

SD에듀
(주)시대고시기획

PART

1

적성검사

01	02	03	04	05	06	07	08	09	10
②	⑤	④	④	②	⑤	④	②	①	④
11	12	13	14	15	16	17	18	19	20
③	③	③	③	④	③	③	②	③	②
21	22	23	24	25	26	27	28	29	30
①	④	③	⑤	③	④	②	③	③	③
31	32	33	34	35	36	37	38	39	40
⑤	④	⑤	④	④	③	⑤	④	⑤	④
41	42	43	44	45	46	47	48	49	50
②	①	②	②	⑤	③	⑤	③	①	②
51	52	53	54	55	56	57	58	59	60
①	①	⑤	③	①	②	④	①	④	③

01

정답 ②

대나무는 '약용'을 비롯해 다양한 생활용품으로 사용되었다.

오답분석

① 죽의 장막은 조선이 아닌 중국의 별명이다.
③ 대나무의 원산지에 대해서는 제시문에 드러나 있지 않다.
④ 우리 조상들은 대나무의 꼿꼿한 기상을 사랑했으며, 청초한 자태와 은은한 향기는 사군자 중 난초에 대한 설명이다.
⑤ 대나무는 전 세계 500여 종이 있으며 한국, 중국, 일본 등 아시아 전 지역에 고루 분포하고 있지만, 특히 우리나라에 많이 분포하고 있는지의 여부는 확인할 수 없다.

02

정답 ⑤

제시문을 통해 언어가 시대를 넘어 문명을 전수하는 역할을 한다는 걸 알 수 있다. 언어를 통해 전해진 선인들의 훌륭한 문화유산이나 정신 자산은 당대의 문화나 정신을 살찌우는 밑거름이 되었으며, 이러한 언어가 없었다면 인류 사회는 앞선 시대와 단절되어서 이상의 발전을 기대할 수 없었을 것이다. 이는 문명의 발달은 언어와 더불어 이루어져 왔음을 의미한다.

03

정답 ④

'서도(書道)라든가 다도(茶道)라든가 꽃꽂이라든가 하는 일을 과외로 즐길 줄 아는 사람을 우리는 생활의 멋을 아는 사람이라고 말한다.'의 문장을 통해 알 수 있다.

오답분석

①·⑤ 언급되지 않은 내용이다.
② 값비싸고 화려한 복장을 한 사람이라고 해서 공리적 계산을 하는 사람은 아니다.
③ 소탈한 생활 태도는 경우에 따라 멋있게 생각될 수 있을 뿐, 가장 중요한 것은 아니다.

04

정답 ④

슈퍼문일 때는 지구와 달의 거리가 35만 7,000km 정도로 가까워지며, 이때 지구에서 보름달을 바라보는 시각도는 0.56도로 커지므로 0.49의 시각도보다 크다는 판단은 적절하다.

오답분석

① 케플러의 행성운동 제1법칙에 따라 태양계의 모든 행성은 태양을 중심으로 타원 궤도로 돈다. 따라서 지구도 태양을 타원 궤도로 돌기 때문에 지구에서 태양까지의 거리는 항상 일정하지 않을 것이다.
② 달이 지구에 가까워지면 달의 중력이 더 강하게 작용하여, 달을 향한 쪽의 해수면이 평상시보다 더 높아진다. 즉, 지구와 달의 거리에 따라 해수면의 높이가 달라지므로 서로 관계가 있다.
③ 달이 지구에 가까워지면 평소 달이 지구를 당기는 힘보다 더 강하게 지구를 당긴다. 따라서 이와 반대로 달이 지구에서 멀어지면 지구를 당기는 달의 힘은 약해질 것이다.
⑤ 달의 중력 때문에 높아진 해수면이 지구의 자전을 방해하게 되고, 이 때문에 지구의 자전 속도가 느려져 100만 년에 17초 정도씩 길어진다고 하였으므로 지구의 자전 속도는 점점 느려지고 있다.

05

첫 번째 문장 '어제오늘의 일도 아니다.'에서 ②와 같은 내용을 이해할 수 있다.

오답분석
① '모든' 국회의원이 막말을 사용한다는 내용은 없다.
③·④ 제시문에서 확인할 수 없다.
⑤ 국회의원들은 막말이 부끄러운 언어 습관과 인격을 드러낸다고 여기기보다 오히려 투쟁성과 선명성을 상징한다고 착각한다.

06
정답 ⑤

아인슈타인의 광량자설은 빛이 파동이면서 동시에 입자인 이중적인 본질을 가지고 있다는 것을 의미하는 것으로, 뉴턴의 입자설과 토머스 영의 파동성설을 모두 포함한다.

오답분석
① 뉴턴의 가설은 그의 권위에 의해 오랫동안 정설로 여겨졌지만, 토머스 영의 겹실틈 실험에 의해 다른 가설이 생겨났다.
② 겹실틈 실험은 한 개의 실틈을 거쳐 생긴 빛이 다음 설치된 두 개의 겹실틈을 지나가게 해서 스크린에 나타나는 무늬를 관찰하는 것이다.
③ 일자 형태의 띠가 두 개 나타나면 빛이 입자임은 맞으나, 겹실틈 실험 결과 보강 간섭이 일어난 곳은 밝아지고 상쇄 간섭이 일어난 곳은 어두워지는 간섭무늬가 연속적으로 나타났다.
④ 토머스 영의 겹실틈 실험은 빛의 파동성을 증명하였고, 이는 명백한 사실이었으므로 아인슈타인은 빛이 파동이면서 동시에 입자인 이중적인 본질을 가지고 있다는 것을 증명하였다.

07
정답 ④

제시문의 첫 번째 문단과 두 번째 문단을 통해 과거에는 치매의 확진이 환자의 사망 후 부검을 통해 가능했다는 사실을 알 수 있다.

08
정답 ②

고야가 이성의 존재를 부정했다는 내용은 제시되어 있지 않다. 다섯 번째 문장 '세상이 완전하게 이성에 의해서만 지배되지 않음을 표현하고 있을 뿐이다.'를 통해 ②의 내용이 적절하지 않음을 알 수 있다.

09
정답 ①

제시문에 따르면 1900년 하와이 원주민의 수는 4만 명이었으며, 현재 하와이어 모국어를 구사할 수 있는 원주민의 수는 1,000명 정도이다. 그러나 하와이 원주민의 수가 1,000명인 것은 아니므로 ①은 적절하지 않다.

10
정답 ④

제시문은 '쓰기(Writing)'의 문화사적 의의를 기술한 글이다. '복잡한 구조나 지시 체계'는 이미 '소리 속에서' 발전해왔는데 그러한 복잡한 개념들을 시각적인 코드 체계인 '쓰기'를 통해 기록할 수 있게 되었다. 또한 그러한 '쓰기'를 통해 인간의 문명과 사고가 더욱 발전하게 되었다.
④는 '쓰기'가 '복잡한 구조나 지시 체계'를 이루는 시초가 되었다고 보고 있으므로 잘못된 해석이다.

11
정답 ③

두 번째 문단을 통해 로렌츠 곡선의 가로축은 누적 인구 비율을, 세로축은 소득 누적 점유율임을 알 수 있다.

12
정답 ③

오답분석
①은 두 번째 문장에서, ②·⑤는 마지막 문장에서, ④는 세 번째와 네 번째 문장에서 확인할 수 있다.

13
정답 ③

첫 번째 문단에서는 하천의 과도한 영양분이 플랑크톤을 증식시켜 물고기의 생존을 위협한다고 이야기하며, 두 번째 문단에서는 이러한 녹조 현상이 우리가 먹는 물의 안전까지도 위협한다고 이야기한다. 마지막 세 번째 문단에서는 생활 속 작은 실천을 통해 생태계와 인간의 안전을 위협하는 녹조를 예방해야 한다고 이야기하므로 글의 제목으로는 ③이 가장 적절하다.

14
정답 ③

제시문의 내용은 크게 두 부분으로 나눌 수 있다. 처음부터 두 번째 문단까지는 맥주의 주원료에 대해서, 그 이후부터 글의 마지막 부분까지는 맥주의 제조공정 중 발효에 대해 설명하며 이에 따른 맥주의 종류에 대해 설명하고 있다.

CHAPTER 01 언어이해 • 3

15

정답 ④

상상력은 정해진 개념이나 목적이 없는 상황에서 그 개념이나 목적을 찾는 역할을 하고, 이때 주어진 목적지(개념)가 없으며, 반드시 성취해야 할 그 어떤 것도 없기 때문에 자유로운 유희다.

오답분석

① 제시문의 내용은 칸트 철학 내에서의 상상력이 어떤 조건에서 작동되며 또 어떤 역할을 하는지 기술하고 있으므로 상상력의 재발견이라는 주제는 적합하지 않다.
② 제시문에서는 상상력을 인식능력이라고 규정하는 부분을 찾을 수 없다.
③ 상상력은 주어진 개념이 없을 경우 새로운 개념들을 가능하게 산출하는 것이므로 목적 없는 활동이라고는 볼 수 없다.
⑤ 제시문에 기술된 만유인력의 법칙과 상대성 이론 등은 상상력의 자유로운 유희를 설명하기 위한 사례일 뿐이다.

16

정답 ②

마지막 문장의 '표준화된 언어와 방언 둘 다의 가치를 인정'하고, '잘 가려서 사용할 줄 아는 능력을 길러야 한다.'는 내용을 바탕으로 ②와 같은 주제를 이끌어낼 수 있다.

17

정답 ③

제시문은 우유니 사막의 위치와 형성, 특징 등 우유니 사막의 자연지리적 특징에 관한 글이다.

18

정답 ②

집단 소송제의 중요성과 필요성에 대하여 역설하는 글이다. 집단 소송제를 통하여 기업 경영의 투명성을 높여, 궁극적으로 기업의 가치 제고를 이룬다는 것이 글의 주제이다. 따라서 주제로 적절한 것은 ②이다.

19

정답 ③

헤르만 헤세가 한 말인 "자기에게 자연스러운 면에서 읽고, 알고, 사랑해야 할 것이다."라는 문구를 통해 남의 기준에 맞추기보다 자신의 감정에 충실하게 책을 선택하여 읽으라고 하였음을 알 수 있다.

20

정답 ②

제시문의 중심 내용은 칸트가 생각하는 도덕적 행동에 대한 것이며, 그는 도덕적 행동을 '남이 나에게 해주길 바라는 것을 실천하는 것'이라 말했다.

21

정답 ①

첫 번째 단락의 글은 도입부라 볼 수 있으며, 두 번째 단락의 첫 문장이 제시문의 주제문으로, 이에 이어서 서구와의 비교를 통해 연고주의의 장점을 강화하고 있다.

22

정답 ④

글쓴이는 동물들이 사용하는 소리는 단지 생물학적인 조건에 대한 반응 또는 본능적인 감정 표현의 수단일 뿐, 사람의 말과 동물의 소리에 근본적인 차이가 존재한다고 말한다. 즉, 동물들이 나름대로 가지고 있는 본능적인 의사소통능력은 인간의 것과 다르다는 것이다. 따라서 글쓴이의 주장으로 소리를 내는 동물의 행위는 대화나 토론·회의 같이 서로 의미를 주고받는 인간의 언어활동으로 볼 수 없다는 ④가 가장 적절하다.

23

정답 ③

전제란 내용 전개의 바탕이 되는 것을 말한다. 전제를 찾는 방법은 먼저 필자의 주장이 무엇인지를 파악하고, 주장이 성립하기 위한 요건을 확인하면 된다. 제시문의 중심 내용은 '우리말을 가꾸기 위해서 우리의 관심과 의식이 중요하다.'이다. 이러한 주장이 성립하기 위해서는 우리말을 '왜' 지켜야 하며, '왜' 중요한가를 밝히는 내용이 필요하다.

24

정답 ②

제시문의 마지막 문단에서 '말이란 결국 생각의 일부분을 주워 담는 작은 그릇'이며, '말을 통하지 않고는 생각을 전달할 수가 없는 것'이라고 하며 말은 생각을 전달하기 위한 수단임을 주장하고 있다.

25

정답 ⑤

오답분석

① 처거제는 '장가가다'와 일맥상통한다.
② 처거제-부계제는 조선 전기까지 대부분 유지되었다.
③ 조선 전기까지 유지된 처거제-부계제를 통해 가족관계에서 남녀 간의 힘이 균형을 이루었음을 알 수 있다.
④ 제시문을 통해서는 알 수 없다.

26

정답 ③

오답분석

① 농가가 직접 수확하여 보내는 방식이므로 수의계약이다.
② 농가가 직접 마트와 거래하는 것은 수의계약이다.
④ 상품을 주기적으로 소비할 경우 밭떼기가 더 유리하다.
⑤ 청과물의 거래방식으로 가격변동이 가장 큰 것은 경매이다.

27 정답 ④

스토리슈머는 소비자의 구매 요인이 기능에서 감성 중심으로 이동함에 따라 이야기를 소재로 하는 마케팅의 중요성이 늘어난 것을 반영한다. 따라서 현재 소비자들의 구매 요인을 파악한 마케팅 방안이라는 것을 추론할 수 있다.

28 정답 ②

예술 사조는 역사적 현실과 이데올로기를 표현하기 위해 등장했으며, 예술가가 특정 사조에 영향을 받을 때 그 시대적 배경을 고려해야 한다고 하였다. 따라서 예술 사조는 역사적 현실과 떨어질 수 없으며, 이를 토대로 역사적 현실과 불가분의 관계임을 추론할 수 있다.

29 정답 ③

'예술가가 무엇인가를 선택하는 정신적인 행위와 작업이 예술의 본질'이라는 내용과 마르셀 뒤샹, 잭슨 폴록 작품에 대한 설명을 통해 퐁피두 미술관이 전통적인 예술작품을 선호할 것이라고 추론하기는 어렵다.

오답분석

①·④·⑤ 마르셀 뒤샹과 잭슨 폴록의 작품 성격을 통해 추론할 수 있다.
② 마르셀 뒤샹과 잭슨 폴록이 서로 작품을 표현한 방식이 다르듯이 그 밖에 다른 작가들의 다양한 표현 방식의 작품이 있을 것으로 추론함으로써 퐁피두 미술관을 찾는 사람들의 목적이 다양할 것이라는 추론을 도출할 수 있다.

30 정답 ③

'시점의 해방'은 인물이나 사건의 변화에 따른 시점의 변화를 의미하는 것인데 에베레스트를 항공 촬영한 것은 시점의 변화라 보기 어렵다.

31 정답 ⑤

형식주의 영화인 「달세계 여행」에서 기발한 이야기와 트릭 촬영이 중요한 요소가 된 것이지, 사실주의에서는 중요한 요소라고 볼 수 없다.

32 정답 ②

제시문은 인권 신장을 위해 빈곤 퇴치가 UN의 핵심적인 목표가 되어야 한다는 주장을 시작으로 UN과 시민사회의 긴밀한 협력, 그리고 UN과 인도네시아 정부가 노력하여 평화와 독립 의지 실현을 이루길 바라는 내용을 담고 있다. 따라서 UN이 세계 평화와 번영을 위한 사명을 수행하는 것을 지지하는 ②가 결론으로 오는 것이 가장 적절하다.

오답분석

①·④ 구체적인 사실에 대한 논의이므로 결론의 내용으로 적당하지 않다.
③ 과제 제시와 해결 방안 모색을 촉구하는 내용이므로 서론에 적당하다.
⑤ 마지막 단락의 내용과 이어지지만 글의 전체적인 내용을 포괄하지 못하므로 결론으로 적절하지 않다.

33 정답 ②

제시문은 우리민족이 곡선 문화를 선호하며, 이 문화가 음악에 반영되어 있다는 것을 말하고 있다. 서양음악에서 같은 음을 곧게 지속한다는 것이 곧 직선 문화를 선호한다는 것을 의미하는 것은 아니다.

34 정답 ②

제시문에서 옵트인 방식은 수신 동의 과정에서 발송자와 수신자 양자에게 모두 비용이 발생한다고 했으므로 수신자의 경제적 손실을 막을 수 있다는 ②의 내용은 옳지 않다.

35 정답 ⑤

제시문은 촉매 개발의 필요성과 촉매 설계 방법의 구체적 과정을 설명하고 있다. 회귀 경로는 잘못을 발견했을 경우에 원래의 위치로 복귀해 다른 방법을 시도함으로써 새로운 길을 찾는 것이다. ⑤에서 설문지의 질문이 잘못됨을 발견하고 다시 설문지 작성 과정으로 돌아와 질문을 수정하였으므로, 제시문과 가장 가까운 사례로 볼 수 있다.

36 정답 ④

제시된 기사의 논점은 교과서는 정확한 통계·수치를 인용해야 하며, 잘못된 정보는 바로 잡아야 한다는 것이다. 갑, 을, 병, 무는 이러한 논점의 맥락에 맞게 교과서의 오류에 관해 논하고 있다. 하지만 정은 교과서에 실린 원전 폐쇄 찬반문제를 언급하며, 원전 폐쇄 찬성에 부정적인 의견을 펼치고 있다. 그러므로 기사를 읽고 난 후의 감상으로 적절하지 않다.

37 정답 ⑤

(나)에서 역사의 차이는 문학 연구가와 역사 연구가를 비교할 때 더욱 뚜렷하게 드러난다고 했으므로, (나) 다음으로는 문학 연구가와 역사 연구가에 관한 설명이 와야 한다. (가)에서 역사 연구가는 대상을 마음대로 조립할 수 있다고 하였지만, (라)에서는 조립이 불가능하다고 했으므로 문맥상 (나) – (가) – (라)로 이어지는 것이 자연스럽다. 또한 (다)의 수정 불가능한 '그것'은 조립이 불가능한 문학 연구가를 설명하는 것이므로 가장 마지막 문장은 (다)가 된다.

38　정답 ④

(나)는 '반면', (다)는 '이처럼', (라)는 '가령'으로 시작하므로 첫 번째 문장으로 적합하지 않다. 따라서 (가)가 첫 번째 문장으로 적절하다. 다음으로 전통적 인식론자의 의견을 예시로 보여준 (라)가 적절하며, 이어서 그와 반대되는 베이즈주의자의 의견이 제시되는 (나)가 적절하다. 마지막으로 (나)의 내용을 결론짓는 (다)의 순서로 나열되는 것이 가장 적절하다.

39　정답 ③

제시문은 시집과 철학책이 이해하기 어려운 이유와 그들이 지닌 의의에 대하여 설명하고 있다. 따라서 (마) 다른 글보다 이해하기 어려운 시집과 철학책 → (나) 시와 철학책이 이해하기 어려운 이유 → (라) 시와 철학책이 이해하기 힘든 추상적 용어를 사용하는 이유 → (가) 시와 철학이 낯선 표현 방식을 사용함으로써 얻을 수 있는 효과 → (다) 낯선 세계를 우리의 친숙한 삶으로 불러들이는 시와 철학의 의의의 순서로 나열되는 것이 적절하다.

40　정답 ④

먼저 보험료와 보험금의 산정 기준을 언급하는 (나) 문단이 오는 것이 적절하며, 다음으로 자신이 속한 위험 공동체의 위험에 상응하는 보험료를 납부해야 공정하다는 (다) 문단이 오는 것이 적절하다. 이후 '따라서' 공정한 보험은 납부하는 보험료와 보험금에 대한 기댓값이 일치해야 한다는 (라) 문단과 이러한 보험금에 대한 기댓값을 설명하는 (가) 문단이 차례로 오는 것이 적절하다.

41　정답 ②

제시문은 무협 소설에서 나타나는 '협(俠)'의 정의와 특징에 대하여 설명하고 있다. 따라서 (라) 무협 소설에서 나타나는 협의 개념 → (다) 협으로 인정받기 위한 조건 중 하나인 신의 → (가) 협으로 인정받기 위한 추가적인 조건 → (나) 앞선 사례를 통해 나타나는 협의 원칙과 정의의 순서로 나열되는 것이 적절하다.

42　정답 ①

제시문은 신채호의 소아와 대아 구별에 대한 설명으로, 먼저 소아와 대아의 차이점으로 자성, 상속성, 보편성을 제시하는 (가) 문단이 오는 것이 적절하며, 다음으로 상속성과 보편성의 의미를 설명하는 (라) 문단이 오는 것이 적절하다. 이후 항성과 변성의 조화를 통한 상속성·보편성 실현 방법을 설명하는 (나) 문단과 항성과 변성이 조화를 이루지 못할 경우 나타나는 결과인 (다) 문단이 차례로 오는 것이 적절하다.

43　정답 ②

교정 중 칫솔질에 대한 중요성을 설명하는 (나) → 교정 중 칫솔질 중 교정 장치의 세척도 중요하며 그 방법에 대해 설명하는 (가) → 장치 때문에 잘 닦이지 않는 부위를 닦는 방법에 대해 이야기하는 (라) → 마지막으로 칫솔질을 할 때 빠트려서는 안 될 부분을 설명하고 있는 (다) 순으로 나열되는 것이 적절하다.

44　정답 ②

제시문은 베토벤의 9번 교향곡에 관해 설명하고 있으며, 보기는 9번 교향곡이 '합창교향곡'이라는 명칭이 붙은 이유에 대해 말하고 있다. 제시문의 세 번째 문장까지는 교향곡에 대해 설명을 하고 있으며, 네 번째 문장부터는 교향곡에 대한 현대의 평가 및 가치에 대해 설명을 하고 있다. 따라서 보기는 교향곡에 대한 설명과 교향곡에 성악이 도입되었다는 설명을 한 다음 문장인 (나)에 들어가는 것이 가장 적절하다.

45　정답 ⑤

보기는 관심사가 하나뿐인 사람을 1차원 그래프로 표시할 수 있다는 내용이다. 이는 제시문의 1차원적 인간에 대한 구체적인 예시에 해당하므로 (마)에 들어가는 것이 가장 적절하다.

46　정답 ③

'또한'이라는 접속어를 보면 외래문화나 전통문화의 양자택일에 대한 내용이 앞에 있고, (다) 다음의 내용이 '전통문화는 계승과 변화가 모두 필요하고 외래 문화의 수용과 토착화를 동시에 요구하고 있기 때문이다.'이기 때문에 (다)에 들어가는 것이 가장 적절하다.

47　정답 ⑤

제시문은 선택적 함묵증을 불안장애로 분류하고 있다. 그러므로 불안장애에 대한 구체적인 설명 및 행동을 설명하는 (라)가 이어지는 것이 논리적으로 타당하다. 다음에는 불안장애인 선택적 함묵증을 치료하기 위한 방안인 (가)가 적절하고, (가)에서 제시한 치료방법의 구체적 방안 중 하나인 '미술 치료'를 언급한 (다)가 이어지는 것이 적절하다. 마지막으로 (다)에서 언급한 '미술 치료'가 선택적 함묵증의 증상을 보이는 아동에게 어떠한 영향을 미치는지 언급한 (나)가 이어지는 것이 가장 적절하다.

48

정답 ③

제시문은 맨체스터 유나이티드가 지역 축구팀에서 글로벌 스포츠 브랜드로 성장한 방법과 과정에 대하여 설명하고 있다. 앞서 제시된 단락은 맨체스터 유나이티드는 지역 축구팀에서 브랜딩 과정을 통해 글로벌 브랜드가 된 변화에 대해 의문을 제시하고 있으므로 이어지는 단락은 맨체스터 유나이티드의 브랜딩 과정에 대하여 순차적으로 나열될 것임을 추측할 수 있다. 따라서 (가) 맨체스터 유나이티드는 최고의 잠재력을 지닌 세계 유소년 선수들을 모아 훗날 많은 스타선수들을 배출하는 청소년 아카데미를 운영함 → (다) 이후 맨체스터 유나이티드는 자사 제품의 품질을 강화하며 경영 전략에 변화를 줌 → (라) 브랜드 경영 전략의 변화, 다양한 경로로 브랜드를 유통함 → (나) 위 전략을 바탕으로 세계 시장에서의 입지를 다짐의 순서대로 나열하는 것이 적절하다.

49

정답 ①

- 첫 번째 빈칸 : 빈칸 앞의 '원체는 ~ 과학적 방식에 의거하여 설득하려는 정치·과학적 글쓰기라고 할 수 있다.'라는 내용을 통해 빈칸에는 다산이 이러한 원체의 정치·과학적 힘을 인식하여 『원정(原政)』이라는 글을 남겼다는 ㉠이 적절함을 알 수 있다.
- 두 번째 빈칸 : 빈칸 뒤에서는 다산의 원체와 비슷한 예로 당시 새롭게 등장한 미술 사조인 시각의 정식화를 통해 만들어진 진경 화법을 들고 있다. 따라서 빈칸에는 다산이 원체를 개인적인 차원에서 선택한 것이 아니라 당대의 문화적 추세를 반영한 것이라는 내용의 ㉡이 적절함을 알 수 있다.
- 세 번째 빈칸 : 빈칸 뒤 문장의 다산의 『원정』은 '정치에 관한 새로운 관점을 정식화하여 제시한 것'이라는 내용을 통해 빈칸에는 '새로운 기법'의 진경 화법과 '새로운 관점'의 원체를 공통점으로 도출하는 ㉢이 적절함을 알 수 있다.

50

정답 ②

- 첫 번째 빈칸 : 청소년의 척추 질환을 예방하는 대응 방안과 관련된 ㉡이 적절하다.
- 두 번째 빈칸 : 책상 앞에 앉아 있는 바른 자세와 관련된 ㉢이 적절하다.
- 세 번째 빈칸 : 틈틈이 척추 근육을 강화하는 운동을 해 주는 것과 관련된 자세인 ㉠이 적절하다.

51

정답 ①

제시문은 글로벌 시대에서는 남의 것을 모방하는 것이 아닌 창의적인 개발이 중요하다고 말하고 있다. 따라서 빈칸에는 ①이 적절하다.

52

정답 ①

제시문은 소비자들이 같은 가격의 제품일 경우 이왕이면 겉모습이 더 아름다운 것을 추구한다는 내용이다. 따라서 '같은 조건이라면 좀 더 낫고 편리한 것을 택함'의 뜻을 지닌 '같은 값이면 다홍치마'가 적절하다.

53

정답 ⑤

빈칸 뒤에서는 고전 미학과 근대 미학이 각각 추구하는 이념에 대해 예를 들어 설명하고 있다. 따라서 빈칸에는 미학이 추구하는 이념과 대상도 '시대에 따라 다름'을 언급하는 내용이 들어가야 한다.

54

정답 ③

차로 유지기능을 작동했을 때 운전자가 직접 운전을 해야 했던 '레벨 2'와 달리 '레벨 3'은 운전자가 직접 운전하지 않아도 긴급 상황에 대응할 수 있는 자동차로 유지기능이 탑재되어 있다. 이러한 '레벨 3' 안전기준이 도입된다면, 지정된 영역 내에서 운전자가 직접 운전하지 않고도 주행이 가능해질 것이다. 따라서 빈칸에 들어갈 내용으로 운전자가 운전대에서 손을 떼고도 자율주행이 가능해진다는 ③이 가장 적절하다.

[오답분석]

① 레벨 3 부분자율주행차는 운전자 탑승이 확인된 후에만 작동할 수 있다.

②·④ 제시문에서는 레벨 3 부분자율주행차의 자동 차로 유지기능에 관해 이야기하고 있으며, 자동 속도 조절이나 차량 간 거리 유지기능에 관해서는 제시문을 통해 알 수 없다.

⑤ 레벨 2에 대한 설명이다. 레벨 3 부분자율주행차의 자동 차로 유지기능은 운전자가 직접 운전하지 않아도 차선을 유지하고, 긴급 상황에 대응할 수 있다.

55

정답 ①

빈칸의 다음 문장에서 '외래어가 넘쳐나는 것은 그간 우리나라의 고도성장과 절대 무관하지 않다.'라고 했다. 즉 '사회의 성장과 외래어의 증가는 관계가 있다.'는 의미이므로, 이를 포함하는 일반적 진술이 빈칸에 위치해야 한다.

56
정답 ②

빈칸의 전후 문장을 통해 내용을 파악해야 한다. 우선 '그러나'를 통해 빈칸에는 앞의 내용에 상반되는 내용이 오는 것임을 알 수 있다. 따라서 수천 가지의 힐링 상품이나, 고가의 상품들을 참고하는 것과는 상반된 내용을 찾으면 된다. 또한 빈칸 뒤의 내용이 주위에서 쉽게 할 수 있는 힐링 방법을 통해 자신감을 얻는 것부터 출발해야 한다는 내용이므로, 빈칸에는 많은 돈을 들이지 않고도 쉽게 할 수 있는 일부터 찾아야 한다는 내용이 담긴 문장이 오는 것이 적절하다.

57
정답 ④

첫 번째 문장에서 경기적 실업이란 노동에 대한 수요가 감소하여 고용량이 줄어들어 발생하는 실업이라고 하였으므로, 기업이 생산량을 줄임으로써 노동에 대한 수요가 감소한다는 내용이 와야 한다.

58
정답 ①

제시문에서는 '전통'의 의미를 '상당히 이질적인 것이 교차하여 겉고 튼 끝에 이루어진 것', '어느 것이나 우리화시켜 받아들인 것'으로 규정하고, '전통의 혼미란 곧 주체 의식의 혼미란 뜻에 지나지 않는다.'라는 주장을 펴고 있다. 따라서 빈칸에는 이러한 내용이 담긴 ①이 오는 것이 적절하다.

59
정답 ④

제시문은 앞부분에서 언어가 사고능력을 결정한다는 언어결정론자들의 주장을 소개하고, 이어지는 문단에서 이에 대하여 반박하면서 우리의 생각과 판단이 언어가 경험에 의해 결정된다고 결론짓고 있다. 따라서 빈칸에 들어갈 문장은 언어결정론자들이 내놓은 근거를 반박하면서도 사고능력이 경험에 의해 결정된다는 주장에 위배되지 않는 내용이어야 한다. 따라서 풍부한 표현을 가진 언어를 사용함에도 인지능력이 뛰어나지 못한 경우가 있다는 내용이 들어가는 것이 적절하다.

60
정답 ③

앞 문장의 '정상적인 기능을 할 수 없는 상태'와 대조를 이루는 표현이면서, 마지막 문장의 '자기 조절과 방어 시스템이 작동하는 과정인 것'이라는 내용에 어울리는 표현인 ③이 빈칸에 들어갈 내용으로 적절하다.

01	02	03	04	05	06	07	08	09	10
①	③	②	①	①	⑤	③	③	①	③
11	12	13	14	15	16	17	18	19	20
④	④	①	⑤	①	④	④	③	④	④
21	22	23	24	25	26	27	28	29	30
③	④	①	④	③	③	⑤	④	②	③
31	32	33	34	35	36	37	38	39	40
③	③	③	③	③	②	③	①	③	①
41	42	43	44	45	46	47	48	49	50
①	②	⑤	②	①	①	②	③	④	⑤
51	52	53	54	55	56	57	58	59	60
④	①	②	③	④	⑤	②	①	④	⑤

01

정답 ①

'늦잠을 잠 : p', '부지런함 : q', '건강함 : r', '비타민을 챙겨 먹음 : s'라 하면, 각각 '$\sim p \rightarrow q$', '$p \rightarrow \sim r$', '$s \rightarrow r$'이다. 어떤 명제가 참이면 그 대우도 참이므로, 첫 번째 · 세 번째 명제와 두 번째 명제의 대우를 연결하면 '$s \rightarrow r \rightarrow \sim p \rightarrow q$'가 된다. 따라서 '$s \rightarrow q$'는 참이다.

[오답분석]

② $s \rightarrow q$의 역이며, 참인 명제의 역은 참일 수도, 거짓일 수도 있다.

③ $p \rightarrow s$이므로 참인지 거짓인지 알 수 없다.

④ $\sim p \rightarrow q$의 역이며, 참인 명제의 역은 참일 수도, 거짓일 수도 있다.

⑤ $r \rightarrow q$의 역이며, 참인 명제의 역은 참일 수도, 거짓일 수도 있다.

02

정답 ③

가장 큰 B종 공룡보다 A종 공룡은 모두 크다. 일부의 C종 공룡은 가장 큰 B종 공룡보다 작다. 따라서 일부의 C종 공룡은 A종 공룡보다 작다.

03

정답 ②

첫 번째와 두 번째 문장을 통해 '어떤 안경은 유리로 되어 있다.'는 결론을 도출할 수 있다. 따라서 유리로 되어 있는 것 중 안경이 있다고 할 수 있다.

04

정답 ①

착한 사람 → 거짓말을 하지 않음 → 모두가 좋아함, 성실한 사람 → 모두가 좋아함

05

정답 ①

어떤 학생 → 음악을 즐김 → 나무 → 악기

06

정답 ⑤

참인 명제는 그 대우 명제도 참이므로 두 번째 가정의 대우 명제인 '배를 좋아하지 않으면 귤을 좋아하지 않는다.' 역시 참이다. 이를 첫 번째, 세 번째 명제를 통해 '사과를 좋아함 → 배를 좋아하지 않음 → 귤을 좋아하지 않음 → 오이를 좋아함'이 성립한다. 따라서 '사과를 좋아하면 오이를 좋아한다.'가 성립한다.

07

정답 ③

진수는 르세라핌을 좋아하고, 르세라핌을 좋아하는 사람은 뉴진스를 좋아한다. 따라서 진수는 뉴진스를 좋아한다.

08

정답 ③

제시문에 따르면 정래, 혜미＞윤호＞경철 순으로 바둑을 잘 두며, 정래와 혜미 중 누가 더 바둑을 잘 두는지는 알 수 없다.

09

정답 ①

어떤 ♣ → 산을 좋아함 → 여행 → 자유

10

정답 ③

제시문에 따르면 부피가 큰 상자 순서대로 초록 상자>노란 상자=빨간 상자>파란 상자이다.

11

정답 ④

'어떤'은 관련되는 대상이 특별히 제한되지 아니할 때 쓰는 말이다. 즉, 선생님은 예외 없이 공부를 좋아하기 때문에, '모든'을 '어떤'으로 바꿔도 올바른 진술이 된다.

12

정답 ④

'인디 음악을 좋아하는 사람 : p', '독립영화를 좋아하는 사람 : q', '클래식을 좋아하는 사람 : r', '재즈 밴드를 좋아하는 사람 : s'라 하면,
각각 '$p \rightarrow q$', '$r \rightarrow s$', '$\sim q \rightarrow \sim s$'이다. 어떤 명제가 참이면 그 대우도 참이므로, 두 번째 명제와 세 번째 명제의 대우를 연결하면 '$r \rightarrow s \rightarrow q$'이다.
따라서 '클래식을 좋아하는 사람은 독립영화를 좋아한다.'를 유추할 수 있다.

13

정답 ①

문제에서 주어진 명제를 정리하면 다음과 같다.
은지>정주, 정주>경순, 민경>은지의 순서이므로 '민경>은지>정주>경순'이다. 따라서 경순이가 가장 느리다.

14

정답 ⑤

'어떤'과 '모든'이 나오는 명제는 벤다이어그램으로 정리하면 편리하다. 주어진 명제를 정리하면 다음과 같다.

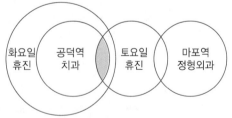

위의 벤다이어그램을 통해 '공덕역 부근의 어떤 치과는 토요일과 화요일 모두 휴진이다.'를 추론할 수 있다.

오답분석
① 마포역 부근의 어떤 정형외과는 토요일이 휴진이다.
② 주어진 조건만으로는 알 수 없다.
③ 마포역 부근의 어떤 정형외과가 화요일도 휴진인지는 알 수 없다.
④ 공덕역 부근의 어떤 치과는 토요일이 휴진이기 때문에 거짓이다.

15

정답 ①

'커피를 마심 : A', '치즈케이크를 먹음 : B', '마카롱을 먹음 : C', '요거트를 먹음 : D', '초코케이크를 먹음 : E', '아이스크림을 먹음 : F'라 하면, 'C → ~D → A → B → ~E → F'가 성립한다.
따라서 '마카롱을 먹으면 아이스크림을 먹는다.'를 유추할 수 있다.

16

정답 ④

• 이번 주 – 워크숍 : 지훈
• 다음 주 – 체육대회 : 지훈, 영훈 / 창립기념일 행사 : 영훈
따라서 다음 주 체육대회에 지훈이와 영훈이가 참가하는 것을 알 수 있으며, 제시된 사실만으로는 다음 주 진행되는 체육대회와 창립기념일 행사의 순서를 알 수 없다.

17

정답 ④

먼저 개화하는 순으로 나열하면 '나팔꽃 – 봉숭아꽃 – 장미꽃'으로 나팔꽃이 장미꽃보다 먼저 피는 것을 알 수 있다.

18

정답 ③

현수>주현, 수현>주현으로 주현이 가장 늦게 일어남을 알 수 있으며, 제시된 사실만으로는 현수와 수현의 기상 순서를 서로 비교할 수 없다.

19

정답 ④

지후의 키는 178cm, 시후의 키는 181cm, 재호의 키는 176cm로, 키가 큰 순서대로 나열하면 '시후 – 지후 – 재호'의 순이다.

20

정답 ④

바나나>방울토마토, 바나나>사과> 딸기로 바나나의 열량이 가장 높은 것을 알 수 있으며, 제시된 사실만으로는 방울토마토와 딸기의 열량을 비교할 수 없으므로 가장 낮은 열량의 과일은 알 수 없다.

21

정답 ③

깜둥이>바둑이>점박이, 얼룩이로 바둑이는 네 형제 중 둘째임을 알 수 있으며, 제시된 사실만으로는 점박이와 얼룩이의 출생 순서를 알 수 없다.

22

정답 ④

주어진 사실에 따라 수진, 지은, 혜진, 정은의 수면 시간을 정리하면 다음과 같다.
- 수진 : 22:00 ~ 07:00 → 9시간
- 지은 : 22:30 ~ 06:50 → 8시간 20분
- 혜진 : 21:00 ~ 05:00 → 8시간
- 정은 : 22:10 ~ 05:30 → 7시간 20분

따라서 수진이의 수면 시간이 가장 긴 것을 알 수 있다.

23

정답 ①

오른쪽 끝자리에는 30대 남성이, 왼쪽에서 두 번째 자리에는 40대 남성이 앉으므로 네 번째 조건에 따라 30대 여성은 왼쪽에서 네 번째 자리에 앉아야 한다. 이때, 40대 여성은 왼쪽에서 첫 번째 자리에 앉아야 하므로 남은 자리에 20대 남녀가 앉을 수 있다.

ⅰ) 경우 1

40대 여성	40대 남성	20대 여성	30대 여성	20대 남성	30대 남성

ⅱ) 경우 2

40대 여성	40대 남성	20대 남성	30대 여성	20대 여성	30대 남성

따라서 항상 옳은 것은 ①이다.

24

정답 ④

만약 A가 진실이라면 동일하게 A가 사원이라고 말한 C도 진실이 되어 진실을 말한 사람이 2명이 되므로, A와 C는 모두 거짓이다.

또한, E가 진실이라면 B가 사원이므로 A의 'D는 사원보다 직급이 높아.'도 진실이 되어 역시 진실을 말한 사람이 2명이 되기 때문에 E도 거짓이다. 따라서 B와 D 중 한 명이 진실이다.

만약 B가 진실이라면 E는 차장이고, B는 차장보다 낮은 3개 직급 중 하나인데, C가 거짓이므로 A가 과장이고, E가 거짓이기 때문에 B는 사원이 아니므로 B는 대리가 되고, A가 거짓이므로 D는 사원이다. 그러면 남은 부장 자리가 C여야 하는데, E가 거짓이므로 C는 부장이 될 수 없어 모순이 된다. 따라서 B는 거짓이고, D가 진실이 된다.

D가 진실인 경우 E는 부장이고, A는 과장이며, A는 거짓이므로 D는 사원이다. B가 거짓이므로 B는 차장보다 낮은 직급이 아니므로 차장, C는 대리가 된다.

25

정답 ③

세 번째 조건에 따라 D는 여섯 명 중 두 번째로 키가 크므로 1팀에 배치되는 것을 알 수 있다. 또한 두 번째 조건에 따라 B는 2팀에 배치되므로 한 팀에 배치되어야 하는 E와 F는 아무도 배치되지 않은 3팀에 배치되는 것을 알 수 있다. 마지막으로 네 번째 조건에 따라 B보다 키가 큰 A는 2팀에 배치되므로 결국 A ~ F는 다음과 같이 배치된다.

1팀	2팀	3팀
C>D	A>B	E, F

따라서 키가 가장 큰 사람은 C이다.

26

정답 ③

먼저 세 번째 ~ 여섯 번째 조건을 기호화하면 다음과 같다.
- A or B → D, A and B → D
- C → ~E and ~F
- D → G
- G → E

세 번째 조건의 대우 ~D → ~A and ~B에 따라 D사원이 출장을 가지 않으면 A사원과 B사원 모두 출장을 가지 않는 것을 알 수 있다. 결국 D사원이 출장을 가지 않으면 C사원과 대리인 E, F, G대리가 모두 출장을 가야 한다. 그러나 이는 대리 중 적어도 한 사람은 출장을 가지 않는다는 두 번째 조건과 모순되므로 성립하지 않는다. 따라서 D사원은 반드시 출장을 가야 한다. D사원이 출장을 가면 다섯 번째, 여섯 번째 조건을 통해 D → G → E가 성립하므로 G대리와 E대리도 출장을 가는 것을 알 수 있다. 이때, 네 번째 조건의 대우에 따라 E대리와 F대리 중 적어도 한 사람이 출장을 가면 C사원은 출장을 갈 수 없으며, 두 번째 조건에 따라 E, F, G대리는 모두 함께 출장을 갈 수 없다. 결국 D사원, G대리, E대리와 함께 출장을 갈 수 있는 사람은 A사원 또는 B사원이다.

따라서 항상 참이 되는 것은 'C사원은 출장을 가지 않는다.'의 ③이다.

27

정답 ⑤

첫 번째와 네 번째 조건에서 여학생 X와 남학생 B가 동점이 아니므로, 여학생 X와 남학생 C가 동점이다. 세 번째 조건에서 여학생 Z와 남학생 A가 동점임을 알 수 있고, 두 번째 조건에서 여학생 Y와 남학생 B가 동점임을 알 수 있다. 남은 남학생 D는 당연히 여학생 W와 동점임을 알 수 있다.

28

정답 ④

C사원과 E사원의 근무 연수를 정확히 알 수 없으므로 근무 연수가 높은 순서대로 나열하면 'B－A－C－E－D' 또는 'B－A－E－C－D'가 된다. 따라서 근무 연수가 가장 높은 B사원의 경우 주어진 조건에 따라 최대 근무 연수인 4년 차에 해당한다.

29
정답 ②

주어진 조건에 따라 머리가 긴 순서대로 나열하면 '슬기 – 민경 – 경애– 정서 – 수영'이 된다. 따라서 슬기의 머리가 가장 긴 것을 알 수 있으며, 경애가 단발머리인지는 주어진 조건만으로 알 수 없다.

30
정답 ③

주어진 조건을 정리하면 다음과 같다.

구분	월	화	수	목	금	토	일
첫째	○	×		×	○		
둘째						○	
셋째							○
넷째			○				

첫째는 화요일과 목요일에 병간호 할 수 없고, 수, 토, 일요일은 다른 형제들이 간호를 하므로 월요일과 금요일에 병간호한다.
둘째와 셋째에게 남은 요일은 화요일과 목요일이지만, 둘 중 누가 화요일에 간호를 하고 목요일에 간호를 할지는 알 수 없다.

31
정답 ③

지헌이가 3등인 경우와 4등인 경우로 나누어 조건을 따져보아야 한다.
• 지헌이가 3등일 때 : 지헌이의 바로 뒤로 들어온 인성이는 4등, 지헌보다 앞섰다는 성민이와 기열이가 1 ~ 2등인데, 성민이가 1등이 아니라고 하였으므로 1등은 기열, 2등은 성민이가 된다. 지혜는 꼴등이 아니라고 했으므로 5등, 수빈이는 6등이다.
• 지헌이가 4등일 때 : 지헌이의 바로 뒤로 들어온 인성이는 5등, 2 ~ 3등은 성민이 또는 지혜가 되어야 하며, 1등은 기열이, 6등은 성민이와 지혜보다 뒤 순위인 수빈이다.
이를 정리해 보면 경우의 수는 다음과 같이 총 3가지이다.

구분	1등	2등	3등	4등	5등	6등
경우 1	기열	성민	지헌	인성	지혜	수빈
경우 2	기열	성민	지혜	지헌	인성	수빈
경우 3	기열	지혜	성민	지헌	인성	수빈

따라서 성민이는 지혜보다 순위가 높을 수도, 그렇지 않을 수도 있으므로 ③은 옳지 않다.

32
정답 ③

E가 당직을 하면 세 번째, 네 번째 조건이 모순이다. 따라서 E는 당직을 하지 않는다. E가 당직을 하지 않으므로 두 번째, 다섯 번째 조건에 의해 A, C, D는 당직 근무를 하지 않는다. 그러므로 당직을 맡을 수 있는 사람은 B, F이다.

33
정답 ②

제시된 진료 현황을 각각의 명제로 보고 이들을 수식으로 설명하면 다음과 같다(단, 명제가 참일 경우 그 대우도 참이다).
• B병원이 진료를 하지 않을 때 A병원이 진료한다($\sim$B $\rightarrow$ A / $\sim$A $\rightarrow$ B).
• B병원이 진료를 하면 D병원은 진료를 하지 않는다(B $\rightarrow$ $\sim$D / D $\rightarrow$ $\sim$B).
• A병원이 진료를 하면 C병원은 진료를 하지 않는다(A $\rightarrow$ $\sim$C / C $\rightarrow$ $\sim$A).
• C병원이 진료를 하지 않을 때 E병원이 진료한다($\sim$C $\rightarrow$ E / $\sim$E $\rightarrow$ C).
이를 하나로 연결하면, D병원이 진료를 하면 B병원이 진료를 하지 않고, B병원이 진료를 하지 않으면 A병원은 진료를 한다. A병원이 진료를 하는 경우 C병원은 진료를 하지 않고, C병원이 진료를 하지 않으면 E병원은 진료를 한다(D $\rightarrow$ $\sim$B $\rightarrow$ A $\rightarrow$ $\sim$C $\rightarrow$ E).
명제가 참일 경우 그 대우도 참이므로 $\sim$E $\rightarrow$ C $\rightarrow$ $\sim$A $\rightarrow$ B $\rightarrow$ $\sim$D가 성립하고, 공휴일일 경우는 E병원이 진료를 하지 않을 때이므로 위의 명제를 참고하면 C와 B병원만이 진료를 하는 경우가 된다. 따라서 공휴일에 진료를 하는 병원은 2곳이다.

34
정답 ③

생일 주인공인 지영이가 먹은 케이크 조각이 가장 크고, 민지가 먹은 케이크 조각은 가장 작지도 않고 두 번째로 작지도 않으므로 민지는 세 번째 또는 네 번째로 작은 케이크를 먹었을 것이다. 이때 재은이가 먹은 케이크 조각은 민지가 먹은 케이크 조각보다 커야 하므로 민지는 세 번째로 작은 케이크 조각을, 재은이는 네 번째로 작은 케이크 조각을 먹었음을 알 수 있다. 또 정호와 영재의 관계에서 영재의 케이크가 가장 작음을 알 수 있다.

35
정답 ③

C사원은 10개의 도장에서 2개의 도장이 모자라므로 현재 8개의 도장을 모았으며, A사원은 C사원보다 1개의 도장이 적으므로 현재 7개의 도장을 모은 것을 알 수 있다. 또한 B사원은 A사원보다 2개 적은 5개의 도장을 모았으며, D사원은 무료 음료 한 잔을 포함하여 3잔을 주문하였으므로 10개의 도장을 모은 쿠폰을 반납하고, 새로운 쿠폰에 2개의 도장을 받았음을 추론할 수 있다. 따라서 D사원보다 6개의 도장을 더 모은 E사원은 8개의 도장을 받아 C사원의 도장 개수와 동일함을 알 수 있다.

36

정답 ②

제시문의 조건을 다음과 같은 두 가지의 경우로 정리할 수 있다.

(단위 : 원)

구분	시계	귀걸이	목걸이	반지
경우 1	a	a+5,000	2a+4,000	a+2,000
경우 2	a	a−5,000	2a−16,000	a−8,000

• A : 경우 2에서는 목걸이가 12,000원일 때 시계의 가격은 14,000원이지만, 경우 1에서는 목걸이가 12,000원일 때 시계의 가격은 4,000원이다. 따라서 목걸이가 12,000원일 때 시계가 14,000원인지의 여부는 주어진 조건만으로 알 수 없다.
• B : 경우 1에서는 시계가 1,000원일 때, 경우 2에서는 시계가 11,000원일 때, 귀걸이와 목걸이의 가격이 같다. 두 경우 모두에서 반지의 가격은 3,000원이다.

37

정답 ②

제시된 내용을 표로 정리하면 다음과 같다.

경제학과				
경영학과				
영문학과				
국문학과				

• A : 영문학과가 경영학과와 국문학과가 MT를 떠나는 사이의 이틀 중 언제 떠날지는 알 수 없다. 경영학과가 떠난 후 다음날 간다면 경제학과와 만나겠지만, 경영학과가 떠난 후 이틀 후에 간다면 경제학과와 만나지 않는다.
• B : 영문학과가 이틀 중 언제 MT를 떠나든 국문학과와 만나게 된다.

38

정답 ①

연호가 같은 시간 동안 가장 멀리 갔으므로, 선두에 있다. 서준은 민선과 연호 사이에 있다고 했고, 민선이 승원보다 빠르기 때문에 1등부터 순서대로 연호 – 서준 – 민선 – 승원이다. 따라서 서준이 민선보다 빠르고, 4등은 승원임을 알 수 있다.

39

정답 ③

도우미 5가 목요일에 배치되므로, 세 번째 문장에 따라 도우미 3은 월요일이나 화요일, 도우미 2는 화요일이나 수요일에 배치된다. 그러나 도우미 1이 화요일 또는 수요일에 배치된다고 했으므로 도우미는 월요일부터 3 – 2 – 1 – 5 – 4 순서대로 배치되는 것을 알 수 있다.

40

정답 ①

제시문의 조건을 다음과 같은 두 가지의 경우로 정리할 수 있다.

구분	체육복		교복	
	남학생	여학생	남학생	여학생
경우 1	3명	6명	4명	7명
경우 2	6명	3명	4명	7명

• A : 두 가지 경우 모두 교복을 입은 여학생은 7명이다.
• B : 두 가지 경우 모두 체육복을 입은 여학생보다 교복을 입은 여학생이 더 많다.

41

정답 ①

제시된 조건을 토대로 매출액의 순위를 정리하면 매출액이 가장 높은 샌드위치를 제외한 나머지 세 가지 중에서는 와플이 가장 적게 팔리고 단가 또한 가장 낮으므로 매출액이 가장 낮은 것은 와플이다. 또한 주스와 커피의 가격은 같고 커피가 더 많이 팔리므로 전체적으로 커피는 두 번째, 주스는 세 번째로 매출액이 높다. 따라서 A는 옳고, B는 틀리다.

42

정답 ②

제시문을 정리하면 다음과 같다.

구분	월	화	수	목	금	토 · 일	월
A							
B						휴가 일수에 포함되지 않음	
C							
D							

• A : C는 다음 주 월요일까지 휴가이다.
• B : D는 금요일까지 휴가이다.

43

정답 ⑤

노란색 병이 독약이 아니라면 노란색 병이 진실이라고 말하고 있는 초록색 병 또한 독약이 아닌 병이 된다. 독약이 아닌 병은 1개이므로, 노란색 병과 초록색 병은 진실을 말하고 있지 않은 독약이 든 병이다.
또한 빨간색 병이 독약이 아니라면 주황색 병이 독약이고, 주황색 병이 독약이 아니라면 빨간색 병이 독약이다. 그러나 둘 중 어느 경우가 맞는지는 확신할 수 없다.

44

정답 ②

제시문을 다음과 같은 두 가지의 경우로 정리할 수 있다.

구분	1번 방	2번 방	3번 방	4번 방	5번 방	6번 방
경우 1	A	C	D	B	E	F
경우 2	C	D	A	F	E	B

- A : 경우 1에서는 F가 6번 방에 있다고 할 수 있으나, 경우 2에서는 그렇지 않다.
- B : 네 번째 문장에서 E는 5번 방에 있음을 알 수 있고, F는 4번 방과 6번 방에만 들어갈 수 있기 때문에 항상 참이다.

45

정답 ①

- A : 상우의 공은 3개 혹은 4개이므로 3개 이상이라고 할 수 있다.
- B : 종현이는 유천이보다 공이 더 많을 수도 있고 적을 수도 있다.

46

정답 ①

지연>혜수>신영, 지연>은실 차례로 생일이 빠르다. 따라서 지연이가 신영보다 생일이 빠른 것은 사실이지만, 신영이가 생일이 가장 느린지는 알 수 없다. 은실이가 신영이보다 생일이 빠른지 느린지 정확히 알 수 없기 때문이다.

47

정답 ②

정>을>병>갑 차례로 높은 곳에 살고 있다. 을이 3층에 살 수도 있지만, 을이 4층에 살고 정이 5층에 살 수도 있으므로 A는 옳은지 틀린지 알 수 없다. 정이 4층이나 5층에 사는 것은 맞다.

48

정답 ②

'케이크를 좋아함 : p', '마카롱을 좋아함 : q', '머핀을 좋아함 : r'이라 하면, 첫 번째 명제는 '$p \rightarrow \sim q$'이며 마지막 명제는 '$p \rightarrow r$'이다. 이때 마지막 명제가 참이 되기 위해서는 '$\sim q \rightarrow r$'이 필요하다. 따라서 빈칸에 들어갈 명제는 ②이다.

49

정답 ④

'하얀 화분 : p', '노란 꽃을 심음 : q', '빨간 꽃을 심음 : r'이라 하면, 첫 번째 명제는 '$p \rightarrow q$'이며, 두 번째 명제는 '$\sim p \rightarrow r$'이다. 어떤 명제가 참이면 그 대우도 참이므로, 첫 번째 명제와 두 번째 명제의 대우를 연결하면 '$\sim r \rightarrow p \rightarrow q$'가 성립한다. 따라서 빈칸에 들어갈 명제는 ④이다.

50

정답 ⑤

두 번째 명제의 대우 명제는 '제비가 낮게 날면 비가 온다.'이다. 즉, ⑤와 동치인 명제이다.

51

정답 ④

'경찰에 잡힘 : p', '도둑질을 함 : q', '감옥에 감 : r'이라 하면, 첫 번째 명제는 '$\sim p \rightarrow \sim q$'이며, 마지막 명제는 '$\sim r \rightarrow \sim q$'이다. 이때 마지막 명제가 참이 되기 위해서는 '$\sim r \rightarrow \sim p$'가 필요하다. 따라서 빈칸에 들어갈 명제는 '$\sim r \rightarrow \sim p$'의 대우인 ④이다.

52

정답 ①

삼단논법이 성립하려면 '타인을 사랑하면 서로를 사랑한다.'라는 명제가 필요하다. 따라서 빈칸에 들어갈 명제는 이 명제의 대우인 ①이다.

53

정답 ②

'음악을 좋아함 : p', '미술을 좋아함 : q', '사회를 좋아함 : r'이라 하면, 첫 번째 명제는 '$p \rightarrow q$'이며, 두 번째 명제는 '$r \rightarrow p$'이다. 첫 번째 명제와 두 번째 명제를 연결하면 '$r \rightarrow p \rightarrow q$'가 성립한다. 따라서 빈칸에 들어갈 명제는 '$r \rightarrow q$'의 대우인 ②이다.

54

정답 ③

'A세포가 있음 : p', '물체의 상을 감지함 : q', 'B세포가 있음 : r', '빛의 유무를 감지함 : s'라 하면, 첫 번째 명제는 '$p \rightarrow \sim q$'이고, 두 번째 명제는 '$\sim r \rightarrow q$'이며, 마지막 명제는 '$p \rightarrow s$'이다. 어떤 명제가 참이면 그 대우도 참이므로, 두 번째 명제의 대우와 첫 번째 명제를 연결하면 '$p \rightarrow \sim q \rightarrow r$'이 성립한다. 이때 마지막 명제가 참이 되기 위해서는 '$r \rightarrow s$'가 필요하다. 따라서 빈칸에 들어갈 명제는 ③이다.

55

정답 ④

'낡은 것을 버림 : p', '새로운 것을 채움 : q', '더 많은 세계를 경험함 : r'이라 하면, 첫 번째 명제는 '$p \rightarrow q$'이며, 마지막 명제는 '$\sim q \rightarrow \sim r$'이다. 어떤 명제가 참이면 그 대우도 참이므로, 첫 번째 명제의 대우인 '$\sim q \rightarrow \sim p$'가 성립한다. 이때 마지막 명제가 참이 되기 위해서는 '$\sim p \rightarrow \sim r$'이 필요하다. 따라서 빈칸에 들어갈 명제는 ④이다.

56

정답 ⑤

'회계팀 팀원 : p', '회계 관련 자격증을 가지고 있음 : q', '돈 계산이 빠름 : r'이라 하면, 첫 번째 명제는 '$p \rightarrow q$'이며, 마지막 명제는 '$\sim r \rightarrow \sim p$'이다. 어떤 명제가 참이면 그 대우도 참이므로, 마지막 명제의 대우인 '$p \rightarrow r$'이 성립한다. 이때 마지막 명제가 참이 되기 위해서는 '$q \rightarrow r$'이 필요하다. 따라서 빈칸에 들어갈 명제는 '$q \rightarrow r$'의 대우인 ④이다.

57

정답 ②

고양이는 포유류이고, 포유류는 새끼를 낳아 키운다. 따라서 고양이는 새끼를 낳아 키운다.

58

정답 ①

다이아몬드는 광물이고, 광물은 매우 규칙적인 원자 배열을 가지고 있다. 따라서 다이아몬드는 매우 규칙적인 원자 배열을 가지고 있다.

59

정답 ④

'회사원 : p', '야근을 함 : q', '늦잠을 잠 : r'이라 하면, 첫 번째 명제는 '$p \rightarrow q$'이며, 마지막 명제는 '$\sim r \rightarrow \sim p$'이다. 어떤 명제가 참이면 그 대우도 참이므로, 마지막 명제의 대우인 '$p \rightarrow r$' 명제가 성립한다. 이때 마지막 명제가 참이 되기 위해서는 '$q \rightarrow r$'이 필요하다. 따라서 빈칸에 들어갈 명제는 '$q \rightarrow r$'인 ④이다.

60

정답 ⑤

'홍보실 : p', '워크숍에 감 : q', '출장을 감 : r'이라 하면, 첫 번째 명제는 '$p \rightarrow q$'이며, 마지막 명제는 '$\sim r \rightarrow q$'이다. 이때 마지막 명제가 참이 되기 위해서는 '$\sim r \rightarrow p$' 또는 '$\sim p \rightarrow r$'이 필요하다. 따라서 빈칸에 들어갈 명제는 '$\sim p \rightarrow r$'인 ⑤이다.

CHAPTER 03 자료해석 적중예상문제

01	02	03	04	05	06	07	08	09	10
④	②	③	②	②	①	①	①	②	①
11	12	13	14	15	16	17	18	19	20
⑤	③	④	②	⑤	④	④	④	②	④
21	22	23	24	25	26	27	28	29	30
⑤	②	②	④	①	⑤	②	③	③	③
31	32	33	34	35	36	37	38	39	40
③	④	④	⑤	③	③	④	③	③	②
41	42	43	44	45					
②	②	③	④	⑤					

지역	2019년 매장 수	2020년 매장 수	2021년 매장 수	2022년 매장 수
서울	15	17	19	17
경기	13	15	16	14
인천	14	13	15	10
부산	13	11	7	10

따라서 2019년 매장 수가 두 번째로 많은 지역은 인천이며, 매장 수는 14개이다.

01 정답 ④

- 2021년 상반기 보훈분야의 전체 청구건수 : $35+1,865=$ 1,900건
- 2022년 상반기 보훈분야의 전체 청구건수 : $17+1,370=$ 1,387건

따라서 전년 동기 대비 2021년 상반기 보훈분야의 전체 청구건수의 감소율은 $\dfrac{1,900-1,387}{1,900} \times 100 = 27\%$이다.

02 정답 ②

㉠ 서울과 경기의 인구수 차이는 2016년에 $10,463-10,173=290$명, 2022년에 $11,787-10,312=1,475$명으로 2022년에 차이가 더 커졌다.

㉢ 광주는 2022년에 22명이 증가하여 가장 많이 증가했다.

[오답분석]

㉡ 인구가 감소한 지역은 부산, 대구이다.

㉣ 대구는 전년 대비 2018년부터 인구가 감소하다가 2022년에 다시 증가했다.

03 정답 ③

주어진 자료를 바탕으로 매장 수를 정리하면 다음과 같다. 증감표의 부호를 반대로 하여 2022년 매장 수에 대입하면 쉽게 계산이 가능하다.

04 정답 ②

5월 10일의 도매가를 x원이라고 하면

$$\dfrac{400+500+300+x+400+550+300}{7}=400$$

$\rightarrow x+2,450=2,800$

$\therefore x=350$

따라서 5월 10일의 도매가는 350원이다.

05 정답 ②

범죄유형별 체포 건수와 발생 건수의 비율이 전년 대비 가장 크게 증가한 것은 모두 2020년 절도죄로 각각 $76.0-57.3=$ 18.7%p, $56.3-49.4=6.9\%$p 증가했다.

따라서 가장 크게 증가한 범죄의 발생 건수 비율과 체포 건수 비율의 증가량 차이는 $18.7-6.9=11.8\%$p이다.

06 정답 ①

2020년 8,610백만 달러에서 2022년 11,635백만 달러로 증가했으므로 증가율은 $(11,635-8,610) \div 8,610 \times 100 ≒$ 35.1%이다.

07 정답 ①

- (가)$=194-(23+13+111+15)=32$
- 1차에서 D사를 선택하고, 2차에서 C사를 선택한 소비자 수는 21명, 1차에서 E사를 선택하고 2차에서 B사를 선택한 소비자 수는 18명이므로 차이는 3이다.

08

정답 ①

절도 발생 건수의 추이를 살펴보면 증가와 감소를 반복하므로 빈칸에는 155,393보다 큰 숫자가 들어가야 한다.

09

정답 ②

여성은 매년 30명씩 증가했으므로 2022년도 여성 신입사원은 260+30=290명이고, 남성 신입사원은 500−290=210명이다.

따라서 남녀 성비는 $\frac{210}{290}\times100≒72.4$이다.

10

정답 ①

㉠ 해외연수 경험이 있는 지원자 합격률은 $\frac{53}{53+414+16}\times100≒11\%$이고, 해외연수 경험이 없는 지원자 합격률은 $\frac{11+4}{11+37+4+139}\times100≒7.9\%$이므로 해외연수 경험이 있는 지원자 합격률이 높다.

㉡ 인턴 경험이 있는 지원자의 합격률 $\frac{53+11}{53+414+11+37}\times100=\frac{64}{515}\times100≒12.4\%$은 인턴 경험이 없는 지원자의 합격률 $\frac{4}{16+4+139}\times100=\frac{4}{159}\times100≒2.5\%$보다 높다.

오답분석

㉢ 인턴 경험과 해외연수 경험이 모두 있는 지원자 합격률(11.3%)은 인턴 경험만 있는 지원자 합격률(22.9%)보다 낮다.

㉣ 인턴 경험과 해외연수 경험이 모두 없는 지원자와 인턴 경험만 있는 지원자 간 합격률 차이는 22.9−2.8=20.1%p이다.

11

정답 ⑤

남성의 경제활동 참가율의 경우는 가장 높았던 때가 74.0%이고 가장 낮았던 때는 72.2%이지만, 여성의 경제활동 참가율의 경우는 가장 높았던 때가 50.8%이고 가장 낮았던 때는 48.1%이므로 2%p 이상 차이가 난다.

12

정답 ③

존속성 기술을 개발하는 업체의 총수는 24개, 와해성 기술을 개발하는 업체의 총수는 23개로 적절하다.

오답분석

① 시장견인과 기술추동을 합하여 비율을 계산하면 벤처기업이 $\frac{12}{20}\times100=60\%$, 대기업이 $\frac{11}{27}\times100≒41\%$이므로 적절하지 않다.

② 존속성 기술은 12개, 와해성 기술은 8개로 적절하지 않다.

④ 10 : 10의 동일한 비율이므로 적절하지 않다.

⑤ 17 : 10으로 시장견인전략을 취하는 비율이 월등히 높으므로 적절하지 않다.

13

정답 ④

오답분석

① 2022년 이후 인터넷을 선호하는 구성원 수는 145명이고, 2022년 이전은 100명이라고 하더라도 2022년 이후의 구성원 수가 2022년 이전의 구성원 수를 모두 포함한다고 보기는 어렵다.

② 2022년 전·후로 가장 인기 없는 매체는 신문이다.

③ 2022년 이후에 가장 선호하는 언론매체는 TV이다.

⑤ TV에서 라디오를 선호하게 된 구성원 수는 15명으로, 인터넷에서 라디오를 선호하게 된 구성원 수인 10명보다 많다.

14

정답 ②

오답분석

① 용돈을 받는 남학생과 여학생의 비율은 각각 82.9%, 85.4%이다. 따라서 여학생이 더 높다.

③ 고등학교 전체 인원을 100명이라 한다면 그 중에 용돈을 받는 학생은 약 80.8명이다. 80.8명 중에 용돈을 5만 원 이상 받는 학생의 비율은 40%이므로 80.8×0.4≒32.3명이다.

④ 전체에서 금전출납부의 기록, 미기록 비율은 각각 30%, 70%이므로 기록하는 비율이 더 낮다.

⑤ 용돈을 받지 않는 중학생과 고등학생 비율은 각각 12.4%, 19.2%이다. 따라서 용돈을 받지 않는 고등학생 비율이 더 높다.

15

사망자가 30명 이상인 사고를 제외한 나머지 사고는 A, C, D, F이다. 네 사고를 화재규모와 복구비용이 큰 순으로 각각 나열하면 다음과 같다.
- 화재규모 : A - D - C - F
- 복구비용 : A - D - C - F

따라서 옳은 설명이다.

오답분석

① 터널길이가 긴 순으로, 사망자가 많은 순으로 사고를 각각 나열하면 다음과 같다.
   - 터널길이 : A - D - B - C - F - E
   - 사망자 수 : E - B - C - D - A - F

   따라서 터널길이와 사망자 수는 관계가 없다.

② 화재규모가 큰 순으로, 복구기간이 긴 순으로 사고를 각각 나열하면 다음과 같다.
   - 화재규모 : A - D - C - E - B - F
   - 복구기간 : B - E - F - A - C - D

   따라서 화재규모와 복구기간의 길이는 관계가 없다.

③ 사고 A를 제외하고 복구기간이 긴 순으로, 복구비용이 큰 순으로 사고를 나열하면 다음과 같다.
   - 복구기간 : B - E - F - C - D
   - 복구비용 : B - E - D - C - F

   따라서 옳지 않은 설명이다.

④ 사고 A ~ F의 사고비용을 구하면 다음과 같다.
   - 사고 A : $4,200+1 \times 5 = 4,205$억 원
   - 사고 B : $3,276+39 \times 5 = 3,471$억 원
   - 사고 C : $72+12 \times 5 = 132$억 원
   - 사고 D : $312+11 \times 5 = 367$억 원
   - 사고 E : $570+192 \times 5 = 1,530$억 원
   - 사고 F : $18+0 \times 5 = 18$억 원

   따라서 사고 A의 사고비용이 가장 크다.

16

2022년 소포우편 분야의 2018년 대비 매출액 증가율은 $\frac{5,017-3,390}{3,390} \times 100 = 48.0\%$이므로 옳지 않은 설명이다.

오답분석

① 매년 매출액이 가장 높은 분야는 일반통상 분야인 것을 확인할 수 있다.

② 일반통상 분야의 매출액은 2019년, 2020년, 2022년, 특수통상 분야의 매출액은 2021년, 2022년에 감소했고, 소포우편 분야는 매년 매출액이 꾸준히 증가한다.

③ 2022년 1분기 특수통상 분야의 매출액이 차지하고 있는 비율은 $\frac{1,406}{5,354} \times 100 = 26.3\%$이므로 20% 이상이다.

⑤ 2021년에는 일반통상 분야의 매출액이 전체의 $\frac{11,107}{21,722} \times 100 = 51.1\%$이므로 옳은 설명이다.

17

2019년부터 2021년까지 경기 수가 증가하는 스포츠는 배구와 축구 2종목이다.

오답분석

① 2019년 농구의 전년 대비 경기 수 감소율은 $\frac{413-403}{413} \times 100 = 2.4\%$이며, 2022년 전년 대비 경기 수 증가율은 $\frac{410-403}{403} \times 100 = 1.7\%$이다. 따라서 2019년 전년 대비 경기 수 감소율이 더 높다.

② 2018년 농구와 배구의 경기 수 차이는 $413-226=187$회이고, 야구와 축구의 경기 수 차이는 $432-228=204$회이다. 따라서 $\frac{187}{204} \times 100 = 91.7\%$이므로 90% 이상이다.

③ 5년 동안의 종목별 스포츠 경기 수 평균은 다음과 같다.
   - 농구 : $\frac{413+403+403+403+410}{5}=406.4$회
   - 야구 : $\frac{432+442+425+433+432}{5}=432.8$회
   - 배구 : $\frac{226+226+227+230+230}{5}=227.8$회
   - 축구 : $\frac{228+230+231+233+233}{5}=231.0$회

   따라서 야구 평균 경기 수는 축구 평균 경기 수의 약 1.87배로 2배 이하이다.

⑤ 2022년 경기 수가 5년 동안의 종목별 평균 경기 수보다 적은 스포츠는 야구이다.

18

가을의 평균 기온은 2020년까지 계속 감소하다가 2021년에 증가했다가 2022년에 다시 감소하므로 옳지 않은 설명이다.

오답분석

① 2022년 봄 평균 기온은 2020년보다 $12.2-10.8=1.4℃$ 상승했다.

② 2022년에 가을 평균 기온이 전년 대비 감소한 정도는 $15.3-13.7=1.6℃$이고, 여름 평균 기온이 전년 대비 상승한 정도는 $24.7-24.0=0.7℃$이므로 옳은 설명이다.

③ 연평균 기온은 2021년까지 감소하는 추이를 보이고 있음을 확인할 수 있다.

⑤ 2021년 겨울의 평균 기온을 $x℃$라 하면, $\frac{10.7+24.0+15.3+x}{4}=12.4 \rightarrow 50+x=49.6$
$\rightarrow x=-0.4$이므로 옳은 설명이다.

19

경증 환자 중 남성 환자의 비율은 $\frac{31}{50} \times 100 = 62\%$이고, 중증 환자 중 남성 환자의 비율은 $\frac{34}{50} \times 100 = 68\%$이므로 옳지 않은 설명이다.

오답분석

① 여성 환자 중 중증 환자의 비율은 $\frac{8+8}{9+10+8+8} \times 100 = \frac{16}{35} \times 100 = 45.7\%$이므로 옳은 설명이다.

③ 50세 이상 환자 수는 $10+18+8+24=60$명이고, 50세 미만 환자 수는 $9+13+8+10=40$명이다. 따라서 $\frac{60}{40} = 1.5$배이므로 옳은 설명이다.

④ 중증 여성 환자 수는 $8+8=16$명이고, 전체 당뇨병 환자 수는 $9+13+8+10+10+18+8+24=100$명이다. 따라서 $\frac{16}{100} \times 100 = 16\%$이므로 옳은 설명이다.

⑤ 50세 미만 남성 중 경증 환자 비율은 $\frac{13}{23} \times 100 = 56.5\%$이고, 50세 이상 여성 중 경증 환자 비율은 $\frac{10}{18} \times 100 = 55.6\%$이므로 옳은 설명이다.

20

정답 ④

생산이 증가한 2018년, 2021년, 2022년에는 수출과 내수도 모두 증가했으므로 옳지 않은 설명이다.

오답분석

① 2018년에는 전년 대비 생산, 내수, 수출이 모두 증가한 것을 확인할 수 있다.

② 내수가 가장 큰 폭으로 증가한 2020년에는 생산과 수출은 모두 감소했다.

③ 수출이 증가한 2018년, 2021년, 2022년에는 내수와 생산도 증가했다.

⑤ 수출이 가장 큰 폭으로 증가한 2021년에는 생산도 가장 큰 폭으로 증가한 것을 확인할 수 있다.

21

정답 ⑤

$(5,946+6,735+131+2,313+11)-(5,850+5,476+126+1,755+10)=15,136-13,217=1,919$개소이다.

22

정답 ④

- 초등학교 : $\frac{5,654-5,526}{5,526} \times 100 = 2.32\%$
- 유치원 : $\frac{2,781-2,602}{2,602} \times 100 = 6.88\%$
- 특수학교 : $\frac{107-93}{93} \times 100 = 15.05\%$
- 보육시설 : $\frac{1,042-778}{778} \times 100 = 33.93\%$
- 학원 : $\frac{8-7}{7} \times 100 = 14.29\%$

따라서 보육시설의 증가율이 가장 크다.

23

정답 ⑤

A사 71점, B사 70점, C사 75점으로 직원들의 만족도는 C사가 가장 높다.

24

정답 ②

A사 22점, B사 27점, C사 26점으로 가격과 성능의 만족도 합은 B사가 가장 높다.

25

정답 ①

A사 24점, B사 19점, C사 21점으로 안전성과 연비의 합은 A사가 가장 높다.

26

정답 ⑤

2021년보다 2022년 실용신안의 심판처리 건수와 2022년 실용신안과 디자인의 심판청구와 심판처리 건수가 적고, 심판처리 기간은 2021년이 다른 해보다 기간이 가장 길다.

오답분석

① 제시된 자료를 통해 쉽게 확인할 수 있다.

② 2021년과 2022년에는 심판처리 건수가 더 많았다.

③ 실용신안의 심판청구 건수와 심판처리 건수가 이에 해당한다.

④ 2019년에는 5.9개월, 2022년에는 10.2개월이므로 증가율은 $\frac{10.2-5.9}{5.9} \times 100 = 72.9\%$이다.

27

정답 ②

2019년 실용신안 심판청구 건수가 906건이고, 2022년 실용신안 심판청구 건수가 473건이므로 감소율은 $\frac{906-473}{906} \times 100 = 47.8\%$이다.

28 정답 ③

사업장가입자 집단에서는 40대보다 50대의 가입자 수가 더 적고, 지역가입자의 경우에도 60세 이상 가입자 수가 가장 적다. 또한, 사업장가입자와 임의가입자의 60세 이상 가입자 수는 명시하지 않았으므로 증감 여부는 알 수 없다.

오답분석

① 전체 지역가입자 수는 전체 임의계속가입자 수의 $\frac{7,310,178}{463,143} ≒ 15.8$배로 15배 이상이다.

② 60세 이상을 제외한 전체 임의가입자에서 50대 가입자 수는 $\frac{185,591}{9,444+33,254+106,191+185,591} \times 100 ≒ 55.5\%$로 50% 이상을 차지한다.

④ · ⑤ 주어진 자료에서 확인할 수 있다.

29 정답 ③

50대 임의계속가입자 수는 $463,143 \times 0.25 ≒ 115,786$명 이다.

30 정답 ③

(65세 이상 인구)＝(고령화지수)×(0 ~ 14세 인구)÷100 ＝$19.7 \times 50,000 \div 100 = 9,850$명

31 정답 ③

2022년 고령화지수는 2017년 대비 $\frac{107.1-69.9}{69.9} \times 100 ≒$ 53% 증가했다.

32 정답 ④

㉠ 노인부양비 추이는 5년 단위로 계속 증가하고 있다는 것을 확인할 수 있다.

㉢ 2012년의 2007년 대비 노인부양비 증가폭은 11.3－7.0 ＝4.3%p로 옳은 설명이다.

㉣ 5년 단위의 고령화지수 증가폭은 다음과 같다.
 • 2007년의 2002년 대비 증가폭 : 27.6－19.7＝7.9%p
 • 2012년의 2007년 대비 증가폭 : 43.1－27.6＝15.5%p
 • 2017년의 2012년 대비 증가폭 : 69.9－43.1＝26.8%p
 • 2022년의 2017년 대비 증가폭 : 107.1－69.9＝37.2%p
따라서 5년 단위의 고령화지수 증가폭은 2022년의 2017년 대비 증가폭이 가장 크다.

오답분석

㉡ 5년 단위의 고령화지수 증가율을 각각 구하면 40%, 56%, 62%, 53%이다. 따라서 고령화지수 추이는 계속 증가하고 있지만, 같은 비율로 증가하고 있지는 않다.

33 정답 ④

2018년부터 2022년 동안 전년도에 비해 감귤 생산량의 감소량이 가장 많은 연도는 2018년도로 전년 대비 0.4천 톤만큼 감소하였다.
따라서 2018년의 수확 면적은 48.1만 ha이다.

34 정답 ⑤

2017년 대비 2022년 노령연금증가율은 (6,862－2,532)÷2,532×100 ≒ 171.0%이다.

35 정답 ③

합계 출산율은 2016년 최저치를 기록했다.

오답분석

① 2016년 출생아 수(435명)는 2014년 출생아 수(490.5명)의 약 0.88배로 감소하였다.

② 합계 출산율이 일정하게 증가하는 추세는 나타나지 않는다.

④ 2021년에 비해 2022년에는 합계 출산율이 0.014명 증가했다.

⑤ 주어진 그래프로 알 수 있는 사실이 아니다.

36 정답 ③

X고등학교가 Y고등학교에 비해 진학률이 낮은 대학은 C대학과 D대학이다.

오답분석

① X고등학교와 Y고등학교의 진학률 1위 대학은 C대학으로 동일하다.

② X고등학교와 Y고등학교의 진학률 5위 대학은 각각 D대학과 B대학으로 다르다.

④ X고등학교와 Y고등학교의 E대학교 진학률 차이는 26－20＝6%p이다.

⑤ Y고등학교 대학 진학률 중 가장 높은 대학의 진학률은 41%, 가장 낮은 대학의 진학률은 9%로 그 차이는 32%p이다.

37 정답 ④

2019년 강수량의 총합은 1,529.7mm이고, 2020년 강수량의 총합은 1,122.7mm이다.
따라서 전년 대비 강수량의 변화를 구하면 1,529.7－1,122.7 ＝407mm로 2020년 강수량의 변화량이 가장 크다.

오답분석

① 조사기간 내 가을철 평균 강수량을 구하면 1,919.9÷8≒240mm이다.

② 2015년 61.7%, 2016년 59.3%, 2017년 49.4%, 2018년 66.6%, 2019년 50.4%, 2020년 50.5%, 2021년 50.6%, 2022년 40.1%로 2017년과 2022년 여름철 강수량은 전체 강수량의 50%를 넘지 않는다.

③ 강수량이 제일 낮은 해는 2022년이지만 가뭄의 기준이 제시되지 않았으므로 알 수 없다.

⑤ 여름철 강수량이 두 번째로 높았던 해는 2019년이다. 2019년의 가을·겨울철 강수량의 합은 502.6mm이고, 봄철 강수량은 256.5mm이다. 따라서 256.5×2=513mm이므로 봄철 강수량의 2배보다 적다.

38　　정답 ③

인구성장률 그래프의 경사가 완만할수록 인구수 변동이 적다.

오답분석
① 인구성장률은 1970년 이후 계속 감소하고 있다.
② 총인구가 감소하려면 인구성장률 그래프가 (−)값을 가져야 하는데 2011년과 2015년에는 (+)값을 갖는다.
④ 그래프를 통해 1990년 인구가 더 적다는 것을 알 수 있다.
⑤ 그래프를 통해 2020년부터 총인구가 감소하는 모습을 보이고 있음을 알 수 있다.

39　　정답 ③

작년 전체 실적은 45+50+48+42=185억 원이며, 1·2분기와 3·4분기의 실적의 비중은 각각 다음과 같다.

• 1·2분기 비중 : $\frac{45+50}{185}\times100\fallingdotseq51.4\%$

• 3·4분기 비중 : $\frac{48+42}{185}\times100\fallingdotseq48.6\%$

40　　정답 ②

2014년 강북의 주택전세가격을 100이라고 한다면, 그래프는 전년 대비 증감률을 나타내므로 2015년에는 약 5% 증가해 100×1.05=105이고, 2016년에는 전년 대비 약 10% 증가해 105×1.1=115.5라고 할 수 있다. 따라서 2016년 강북의 주택전세가격은 2014년 대비 약 $\frac{115.5-100}{100}\times100=15.5\%$ 증가했다고 볼 수 있다.

오답분석
① 전국 주택전세가격의 증감률은 2013년부터 2022년까지 모두 양의 값(+)이므로 매년 증가하고 있다고 볼 수 있다.
③ 2019년 이후 서울의 주택전세가격 증가율이 전국 평균 증가율보다 높은 것을 확인할 수 있다.
④ 강남 지역의 주택전세가격 증가율이 가장 높은 시기는 2016년인 것을 확인할 수 있다.

⑤ 주택전세가격이 전년 대비 감소했다는 것은 전년 대비 증감률이 음의 값(−)을 가지고 있다는 것이므로 2013년 강남뿐이다.

41　　정답 ②

전체 판매량 중 수출량은 2018년에서 2021년까지 매년 증가하였다.

오답분석
① 전체 판매량은 2018년에서 2021년까지 매년 증가하였으나, 2022년에는 감소하였다.
③ 2020년에서 2021년 사이 수출량은 약 50,000대에서 약 130,000대로 그 증가폭이 가장 컸다.
④ 전체 판매량이 가장 많은 해는 2021년이다.
⑤ 2016년과 2017년의 수출량은 그래프에서 알 수 없다.

42　　정답 ②

1992년 대비 2022년 벼농사 작업별로 가장 크게 기계화율이 증가한 작업은 건조 / 피복(93.9−9.5=84.4%p)이며, 가장 낮게 증가한 작업은 방제(98.1−86.7=11.4%p)이다.
따라서 두 증가량의 차이는 84.4−11.4=73%p이다.

43　　정답 ③

2022년 밭농사 작업의 기계화율 평균은
$$\frac{99.8+9.5+71.1+93.7+26.8}{5}=60.18\%이다.$$

44　　정답 ④

본사부터 F사까지의 총 주행거리는 200km이고, 휘발유는 1분기에 1,500원이므로 유류비는 200÷15×1500=20,000원이다.

45　　정답 ⑤

3분기에 경유는 리터당 2,000원에 공급되고 있으므로 10만 원의 예산으로 사용할 수 있는 연료량은 50L이다. 주행거리가 가장 길려면 연비가 좋아야 하는데 연비가 가장 좋은 차종은 006이므로 총 주행가능거리는 50×25=1,250km가 된다.

01	02	03	04	05	06	07	08	09	10
②	③	③	①	③	④	②	③	①	③
11	12	13	14	15	16	17	18	19	20
③	②	③	②	①	①	③	①	①	③
21	22	23	24	25	26	27	28	29	30
③	②	③	④	③	③	④	②	④	②
31	32	33	34	35	36	37	38	39	40
③	⑤	③	⑤	⑤	④	⑤	②	③	②
41	42	43	44	45	46	47	48	49	50
③	②	④	③	①	④	③	③	③	②
51	52	53	54	55	56	57	58	59	60
④	④	⑤	④	③	①	⑤	②	⑤	②
61	62	63	64	65	66	67	68	69	70
②	②	④	①	②	④	②	②	②	①
71	72	73	74	75	76	77	78	79	80
②	④	③	⑤	①	③	⑤	③	③	①

01 정답 ②

시침은 1시간에 30°, 1분에 0.5°씩 움직이고, 분침은 1분에 6°씩 움직인다.
• 시침 : $30° \times 4 + 0.5° \times 20 = 120° + 10° = 130°$
• 분침 : $6° \times 20 = 120°$
따라서 시침과 분침이 이루는 작은 각의 각도는 $130 - 120 = 10°$이다.

02 정답 ③

2주 동안 듣는 강연은 총 5회이다. 그러므로 금요일 강연이 없는 주의 월요일에 첫 강연을 들었다면 5주차 월요일 강연을 듣기 전까지 10개의 강연을 듣게 된다. 5주차 월요일, 수요일 강연을 듣고 6주차 월요일의 강연이 13번째 강연이 된다. 따라서 6주차 월요일이 13번째 강연을 듣는 날이므로 8월 1일 월요일을 기준으로 35일 후가 된다. 8월은 31일까지 있기 때문에 $1 + 35 - 31 = 5$일, 즉 9월 5일이 된다.

03 정답 ③

두 사람은 이번 주 토요일 이후에 각각 15일, 20일마다 미용실에 간다. 15와 20일의 최소공배수를 구하면 60이므로 60일마다 두 사람은 미용실에 함께 가게 된다. 따라서 처음으로 다시 두 사람이 미용실에 같이 가는 요일은 $60 \div 7 = 7 \times 8 + 4$이므로 토요일의 4일 후인 수요일이다.

04 정답 ①

x초 동안 분침과 초침이 움직이는 각도는 각각 $(0.1x)°$, $6x°$이다.
시계에서 12를 0°로 시작하여 2시 40분 00초에서 x초 후 각도를 계산하면 초침은 $6x°$, 분은 $8 \times 30 + 0.1x = (240 + 0.1x)°$가 된다. 분침과 초침이 일치하는 시간을 구하면 $6x = 240 + 0.1x \rightarrow 5.9x = 240 \rightarrow x = \dfrac{2,400}{59}$
따라서 현재 시각 이후 분침과 초침이 처음으로 일치하는 시간은 2시 40분 $\dfrac{2,400}{59}$ 초이다.

05 정답 ③

A씨는 월요일부터 시작하여 2일 간격으로 산책하고, B씨는 그 다음날인 화요일부터 3일마다 산책을 하므로 요일로 정리하면 다음 표와 같다.

월	화	수	목	금	토	일
A		A		A		A
	B			B		

따라서 A와 B가 만나는 날은 같은 주 금요일이다.

06 정답 ④

A, B, C에 해당되는 청소 주기 6, 8, 9일의 최소공배수는 $2 \times 3 \times 4 \times 3 = 72$이다. 9월은 30일, 10월은 31일까지 있으므로 9월 10일에 청소를 하고 72일 이후인 11월 21일에 세 사람이 같이 청소하게 된다.

07

정답 ②

x일 후 정산을 했다면 다음과 같다.

$1,000x = 2 \times 800 \times (x-3)$

$\rightarrow 1,000x = 1,600x - 4,800$

$\therefore x = 8$

따라서 8일 후에 정산하였다.

08

정답 ③

휴일이 5일, 7일 간격이기 때문에 각각 6번째 날과 8번째 날이 휴일이 된다.

두 회사 휴일의 최소공배수는 24이므로 두 회사는 24일마다 함께 휴일을 맞는다.

4번째로 함께 하는 휴일은 $24 \times 4 = 96$이므로 $96 \div 7 = 13 \cdots 5$이다.

따라서 금요일이 4번째로 함께 하는 휴일이다.

09

정답 ①

시침은 1시간에 30°, 1분에 0.5° 움직인다. 분침은 1분에 6° 움직이므로 시침과 분침은 1분에 5.5°씩 차이가 난다. 12시에 분침과 시침 사이의 각은 0°이고, 55°가 되려면 5.5°씩 10번 벌어지면 된다.

10

정답 ③

7시간이 지났다면 용민이는 $7 \times 7 = 49$km, 효린이는 $3 \times 7 = 21$km를 걸은 것인데 용민이는 호수를 한 바퀴 돌고 나서 효린이가 걸은 21km까지 더 걸은 것이므로 호수의 둘레는 $49 - 21 = 28$km이다.

11

정답 ③

$(\text{시간}) = \dfrac{(\text{거리})}{(\text{속력})} = \dfrac{2}{4} = \dfrac{1}{2}$ 이므로, 민석이는 회사에 도착하는 데 30분이 걸린다.

12

정답 ②

동생이 출발한 뒤 만나게 될 때까지 걸리는 시간을 x분이라 하면

$80 \times 5 + 80x = 100x$

$\therefore x = 20$

따라서 두 사람은 20분 후에 만나게 된다.

13

정답 ③

두 지점 A, B 사이의 거리를 $x$km라 하면

$\dfrac{x}{60} - \dfrac{x}{80} = \dfrac{1}{2}$

$\therefore x = 120$

따라서 A, B 사이는 120km이다.

14

정답 ②

A와 B의 속력을 각각 x, ym/min라고 하면

$5(x+y) = 2,000 \cdots \bigcirc$

$10(x-y) = 2,000 \cdots \bigcirc$

$\bigcirc$과 $\bigcirc$을 연립하면

$\therefore x = 300$

따라서 A의 속력은 300m/min이다.

15

정답 ①

기차의 길이를 xm, 기차의 속력을 ym/s라 하면

$\dfrac{x+400}{y} = 10 \rightarrow x+400 = 10y \rightarrow 10y - x = 400 \cdots \bigcirc$

$\dfrac{x+800}{y} = 18 \rightarrow x+800 = 18y \rightarrow 18y - x = 800 \cdots \bigcirc$

$\therefore x = 100, \ y = 50$

따라서 기차의 길이는 100m이고, 기차의 속력은 50m/s이다.

16

정답 ①

효진이가 걸어서 간 시간을 t분이라고 하면, 자전거를 타고 간 시간은 $(30-t)$분이다.

$150(30-t) + 50t = 4,000 \rightarrow 100t = 500$

$\therefore t = 5$

따라서 효진이가 걸어간 시간은 5분이다.

17

정답 ③

A사부터 Y사까지의 거리를 $x$km라고 하면

$\dfrac{1+1+x}{3} = \dfrac{5}{3} \rightarrow 1+1+x = 5$

$\therefore x = 3$

따라서 A사부터 Y사까지 거리는 3km이다.

18

정답 ①

지도의 축척이 1 : 50,000이므로, 호텔에서 공원까지 실제 거리는 $10 \times 50,000 = 500,000$cm = 5km이다.

따라서 신영이가 호텔에서 출발하여 공원에 도착하는 데까지 걸리는 시간은 $\dfrac{5}{30} = \dfrac{1}{6} = 10$분이다.

19　정답 ①

혜정이의 나이를 x세라고 하면, 연경이의 나이는 $3x$세이다.

5년 후의 혜정이의 나이는 $(x+5)$세, 연경이의 나이는 $(3x+5)$세이므로,

$(3x+5):(x+5)=7:4 \rightarrow 7(x+5)=4(3x+5)$

$\rightarrow 5x=15$

$\therefore x=3$

따라서 현재 연경이의 나이는 9살, 혜정이의 나이는 3살이다.

20　정답 ③

종대의 나이가 14세이므로 종인이의 나이는 $14-3=11$세이다.

아버지의 나이를 x세라고 하면

$(14+11)\times1.6=x$

$\therefore x=40$

따라서 아버지의 나이는 40세이다.

21　정답 ③

올해 지원부서원 25명의 평균 나이는 38세이므로, 내년 지원부서원 25명의 평균 나이는 $\dfrac{25\times38-52+27}{25}+1=37$세이다.

22　정답 ②

240과 400의 최대공약수가 80이므로, 구역 한 변의 길이는 80m가 된다.

따라서 가로에는 3개, 세로에 5개 들어가므로 총 타일의 개수는 15개이다.

23　정답 ②

처음 아이들 수를 x명이라 하면

ⅰ) $8x<17\times10 \rightarrow x<\dfrac{170}{8}\fallingdotseq21.3$

ⅱ) $9x>17\times10 \rightarrow x>\dfrac{170}{9}\fallingdotseq18.9$

ⅲ) $8(x+9)<10\times(17+6) \rightarrow 8x<158$

　　$\rightarrow x<\dfrac{158}{8}=19.75$

따라서 처음 아이들 수는 19명이다.

24　정답 ④

38과 95의 최대공약수는 19이며, 19cm 간격으로 꼭짓점을 제외하고 가로에는 4그루씩 세로에는 1그루씩 심을 수 있다.

따라서 꼭짓점에 나무가 심어져 있어야 하므로 $(4+1)\times2+4=14$그루가 필요하다.

25　정답 ③

등산 동아리가 예약한 숙소 방의 개수를 x개라고 하면

$6x+12=7(x-3)+6 \rightarrow 6x+12=7x-21+6$

$\rightarrow x=12+15$

$\therefore x=27$

따라서 방의 개수는 27개이다.

26　정답 ④

전체 합격자 수가 280명이므로 남학생 합격자는 $280\times\dfrac{5}{7}=200$명, 여학생은 $280-200=80$명이다.

불합격한 남학생과 여학생의 수를 각각 $4a$명, $3a$명이라 가정하고, 전체 학생 수에 대한 남녀 비율식을 세우면

$(200+4a):(80+3a)=3:2$

$\rightarrow (200+4a)\times2=(80+3a)\times3$

$\rightarrow 400+8a=240+9a$

$\therefore a=160$

따라서 여학생 지원자는 $80+3\times160=560$명이다.

27　정답 ②

무의 개수를 a개, 감자의 개수는 $(15-a)$개라고 하면

$700a+1,200\times(15-a)=14,500 \rightarrow 500a=3,500$

$\therefore a=7$

따라서 구입한 무의 개수는 7개이다.

28　정답 ②

지난 달 A대리의 휴대폰 요금을 x만 원, B과장의 휴대폰 요금을 y만 원이라 하면

$x+y=14\cdots\bigcirc$

$0.9x=1.2y \rightarrow 9x=12y \rightarrow 3x-4y=0\cdots\bigcirc$

$\therefore x=8,\ y=6$

즉, B과장의 지난 달 휴대폰 요금은 6만 원이다.

따라서 이번 달 B과장의 휴대폰 요금은 20% 증가했으므로 $1.2\times60,000=72,000$원이다.

29

정답 ④

할인받기 전 종욱이가 지불할 금액은 $25,000 \times 2 + 8,000 \times 3 = 74,000$원이고, 통신사 할인과 이벤트 할인을 적용한 금액은 $(25,000 \times 2 \times 0.85 + 8,000 \times 3 \times 0.75) \times 0.9 = 54,450$원이다.

따라서 종욱이가 할인받은 금액은 $74,000 - 54,450 = 19,550$원이다.

30

정답 ②

원래 가격을 a원이라고 하면 할인된 가격은 $a \times 0.8 \times 0.9 = 0.72a$이므로 총 28% 할인되었다.

31

정답 ③

1월의 난방요금을 $7k$만 원, 6월의 난방요금을 $3k$만 원이라고 할 때, 난방요금에 관한 방정식을 구하면 다음과 같다 (단, k는 비례상수).

$(7k-2) : 3k = 2 : 1$

$\therefore \ k = 2$

따라서 1월의 난방요금은 14만 원이다.

32

정답 ③

5명이 입장할 때 추가 1명이 무료이기 때문에 6명씩 팀으로 계산하면 $6 \times 8 = 48$명으로 총 8팀이 구성된다. 53명 중 팀을 이루지 못한 5명은 할인을 받을 수 없다.

따라서 $5,000 \times 8 = 40,000$원의 할인을 받을 수 있게 된다.

33

정답 ⑤

원가를 x원이라고 하자. 정가는 $(x+3,000)$원이다.

정가에 20%를 할인하여 5개 팔았을 때 순이익과 조각 케이크 1개당 정가에서 2,000원씩 할인하여 4개를 팔았을 때의 매출액은 같다.

$5\{0.8 \times (x+3,000) - x\} = 4(x+3,000-2,000)$

$\rightarrow 5(-0.2x + 2,400) = 4x + 4,000$

$\rightarrow 5x = 8,000 \rightarrow x = 1,600$

따라서 정가는 $1,600 + 3,000 = 4,600$원이다.

34

정답 ③

• 연필을 낱개로 한 타만큼 사는 데 드는 비용 :
  $1,000 \times 12 = 12,000$원

• 한 타로 사는 비용 : $12,000 \times \dfrac{100-20}{100} = 9,600$원

$12,000 - 9,600 = 2,400$

따라서 한 타를 사는 것이 낱개로 살 때보다 2,400원 더 저렴하다.

35

정답 ②

자동차를 1일 이용할 경우, 교통비는 $5,000 + 2,000 \times 2 = 9,000$원이다. 즉, 지하철을 1일 이용하는 대신 자동차를 1일 이용할 경우 6,000원의 차액이 발생한다.

따라서 이번 달과 다음 달의 차이는 프로젝트 기간 5일의 유무이므로 5일간의 교통비 차액은 이번 달과 다음 달의 교통비 차액인 $6,000 \times 5 = 30,000$원이다.

36

정답 ①

정가를 x원이라고 하면, 매입가의 합계는 500×10원$= 5,000$원이다. 이때, 10%의 파손을 고려해야하므로 팔린 합계금액은 $x \times (1 - \dfrac{1}{10})$원, 깨진 달걀의 금액은 $5,000 \times \dfrac{1}{10}$ 원이다. 그러므로 실제로 팔아서 얻은 이익은 $500 \times (1 - \dfrac{1}{10})x - 5,000$원이며, 이는 매입가의 10%보다 높아야 한다. 이를 식으로 정리하면 다음과 같다.

$500 \times (1 - \dfrac{1}{10})x - 5,000 \geq 5,000 \times \dfrac{1}{10}$

$\therefore \ x \geq 12.222$

따라서 전체적으로 10% 이상의 이익을 올리려면 개당 정가를 13원 이상으로 책정해야 한다.

37

정답 ③

(A의 톱니 수)$\times$(A의 회전 수)$=$(B의 톱니 수)$\times$(B의 회전 수)이므로, B의 회전 수를 x회라고 하면

$30 \times 4 = 20x$

$\therefore \ x = 6$

따라서 A가 4회 회전할 때, B는 6회 회전한다.

38

정답 ②

54와 78의 최소공배수는 702이다.

따라서 B의 회전수는 두 수의 최소공배수에서 B의 톱니 수를 나눈 $702 \div 78 = 9$회전이다.

39

정답 ③

작은 톱니바퀴가 x바퀴 돌았다고 하면, 큰 톱니바퀴와 작은 톱니바퀴가 돈 길이는 같으므로

$27\pi \times 10 = 15\pi \times x$

$\therefore \ x = 18$

따라서 작은 톱니바퀴는 분당 18바퀴를 돌았다.

40

A, B가 하루에 할 수 있는 일의 양은 각각 $\frac{1}{4}$, $\frac{1}{6}$ 이다. B가 x일 동안 일한다고 하면,

$\frac{1}{4} \times 2 + \frac{1}{6} \times x = 1$

$\therefore x = 3$

따라서 B는 3일 동안 일을 해야 한다.

41

정답 ③

전체 일의 양을 1이라고 하고, A, B, C가 하루에 할 수 있는 일의 양을 각각 $\frac{1}{a}$, $\frac{1}{b}$, $\frac{1}{c}$ 라고 하자.

$\frac{1}{a} + \frac{1}{b} = \frac{1}{12}$ … ㉠

$\frac{1}{b} + \frac{1}{c} = \frac{1}{6}$ … ㉡

$\frac{1}{c} + \frac{1}{a} = \frac{1}{18}$ … ㉢

㉠, ㉡, ㉢을 모두 더한 다음 2로 나누면 3명이 하루에 할 수 있는 일의 양을 구할 수 있다.

$\frac{1}{a} + \frac{1}{b} + \frac{1}{c} = \frac{1}{2}\left(\frac{1}{12} + \frac{1}{6} + \frac{1}{18}\right) = \frac{1}{2}\left(\frac{3+6+2}{36}\right) = \frac{11}{72}$

따라서 72일 동안 3명이 끝낼 수 있는 일의 양은 $\frac{11}{72} \times 72 = 11$이므로 전체 일의 양의 11배이다.

42

정답 ②

A, B의 일급이 같으므로 하루에 포장한 제품의 개수는 A의 작업량인 $310 \times 5 = 1,550$개로 서로 같다.

B가 처음 시작하는 1시간 동안 x개의 제품을 포장한다고 하면

$x + 2x + 4x + 8x + 16x = 1,550 \rightarrow 31x = 1,550$

$\therefore x = 50$

따라서 B는 처음 시작하는 1시간 동안 50개의 제품을 포장한다.

43

정답 ④

A제품의 생산 개수를 x라 하면, B제품의 생산 개수는 $(40-x)$이다.

• $3,600 \times x + 1,200 \times (40-x) \leq 120,000 \rightarrow x \leq 30$
• $1,600 \times x + 2,000 \times (40-x) \leq 70,000 \rightarrow x \geq 25$

$\therefore 25 \leq x \leq 30$

따라서 A제품은 최대 30개까지 생산할 수 있다.

44

정답 ③

2시간에 2,400L를 채우려면 1분에 20L씩 넣으면 된다. 즉, 20분 동안 채운 물의 양은 400L이고, 수영장에 있는 물의 양은 $2,400 \times \frac{1}{12} = 200$L이므로 20분 동안 새어나간 물의 양은 $400 - 200 = 200$L이다. 따라서 1분에 10L의 물이 새어나간 것을 알 수 있다. 남은 1시간 40분 동안 $2,400 - 200 = 2,200$L의 물을 채워야 하므로 1분에 붓는 물의 양을 xL라 하면

$(x - 10) \times 100 \geq 2,200$

$\therefore x \geq 32$

따라서 찬형이는 남은 시간 동안 1분에 최소 32L 이상의 물을 부어야 한다.

45

정답 ①

구형기계와 신형기계가 1시간 동안 만들 수 있는 부품의 수를 각각 x개, y개라고 하자.

$3x + 5y = 4,200$ … ㉠

$5x + 3y = 3,000$ … ㉡

㉠과 ㉡을 연립하여 식을 정리하면 $x = 150$, $y = 750$이다.

따라서 $x + y = 900$개이다.

46

정답 ④

농도가 10%, 6% 설탕물의 양을 각각 xg, yg이라고 하면,

$x + y = 300$ … ㉠

$\frac{0.1x + 0.06y + 20}{300 + 20} = 0.12$ … ㉡

$\therefore x = 10$, $y = 290$

따라서 농도 6% 설탕물의 양은 290g이다.

47

정답 ③

처음에 퍼낸 소금물의 양을 xg이라 하면 농도 12% 소금물 600g에 들어있는 소금의 양은 $600 \times 0.12 = 72$g이다. 이 상태에서 소금물을 xg 퍼내면 소금의 양은 $0.12(600-x)$g이 되고, 여기에 물을 xg 더 넣으면 소금물의 양은 $600 - x + x = 600$g이 된다. 이 혼합물과 농도 4% 소금물을 섞어 농도 5.5%의 소금물 800g을 만들었으므로 농도 4% 소금물의 양은 $800 - 600 = 200$g이 된다.

$\frac{0.12(600-x) + (200 \times 0.04)}{600 + 200} \times 100 = 5.5$

$\rightarrow 80 - 0.12x = 44 \rightarrow 0.12x = 36$

$\therefore x = 300$

따라서 처음에 퍼낸 소금물의 양은 300g이다.

48

정답 ②

두 소금물을 섞으면 $x\%$의 소금물이 된다고 하자.

$$\frac{10}{100}\times100+\frac{25}{100}\times200=\frac{x}{100}\times(100+200)$$

$$\therefore x=20$$

따라서 10%의 소금물 100g과 25%의 소금물 200g을 섞으면 20%의 소금물이 된다.

49

정답 ③

증발시킬 물의 양을 xg이라고 하자.

$$\frac{9}{100}\times800=\frac{16}{100}\times(800-x) \rightarrow 7,200=12,800-16x$$

$$\therefore x=350$$

따라서 16%의 소금물을 만들기 위해서는 350g을 증발시켜야 한다.

50

정답 ②

더 넣은 소금의 양을 xg이라고 하자.

$$\frac{8}{100}\times600+x=\frac{18}{100}\times(600+x)$$

$$\rightarrow 4,800+100x=10,800+18x$$

$$\rightarrow 82x=6,000$$

$$\therefore x=\frac{3,000}{41}\fallingdotseq73.2$$

따라서 73.2g의 소금이 필요하다.

51

정답 ④

500g의 설탕물에 녹아있는 설탕의 양을 xg이라고 하자.

3%의 설탕물 200g에 들어있는 설탕의 양은 $\frac{3}{100}\times200=6$g 이다.

$$\frac{x+6}{500+200}\times100=7 \rightarrow x+6=49$$

따라서 500g의 설탕에 녹아있는 설탕의 양은 43g이다.

52

정답 ④

5% 설탕물에 들어있는 설탕의 양은 $100\times\frac{5}{100}=5$g이다.

xg의 물을 증발시켜 10%의 농도가 되게 하려면

$\frac{5}{100-x}\times100=10\%$이므로, 50g만큼 증발시켜야 한다.

따라서 한 시간에 2g씩 증발된다고 했으므로 $50\div2=25$시간 이 소요된다.

53

정답 ⑤

넣어야 하는 설탕의 양을 xg이라고 하자.

6%의 설탕물 100g에 녹아있는 설탕의 양은 $\frac{6}{100}\times100=6$g 이므로

$$\frac{6+x}{100+x}\times100=10 \rightarrow 600+100x=1,000+10x$$

$$\therefore x=\frac{40}{9}$$

따라서 $\frac{40}{9}$g의 설탕을 더 넣어야 한다.

54

정답 ④

현수가 처음 가진 소금물 200g의 농도를 $x\%$라고 하자.

$$(소금의 양)=\frac{x}{100}\times200=2x$$

여기에 물 50g을 증발시키면 소금물은 150g이 되고, 다시 소금 5g을 더 녹이므로 소금물의 양은 155g 소금의 양은 $(2x+5)$g이다. 처음 농도의 3배가 된다고 하였으므로 이를 식으로 정리하면 다음과 같다.

$$\frac{3x}{100}\times155=2x+5$$

$$93x=40x+100 \rightarrow 53x=100$$

$$\therefore x=\frac{100}{53}\fallingdotseq1.9$$

따라서 처음 소금물의 농도는 약 1.9%이다.

55

정답 ③

깃발은 2개이고, 깃발을 5번 들어서 표시할 수 있는 신호의 개수는 $2\times2\times2\times2\times2=32$가지이다. 여기서 5번 모두 흰색 깃발만 사용하거나 검은색 깃발만 사용하는 경우의 수 2가지를 빼면 $32-2=30$가지이다.

56

정답 ①

A가 합격할 확률은 $\frac{1}{3}$이고, B가 합격할 확률은 $\frac{3}{5}$이다.

따라서 A, B 둘 다 합격할 확률은 $\frac{1}{3}\times\frac{3}{5}=\frac{3}{15}=\frac{1}{5}=20\%$ 이다.

57

정답 ⑤

- 첫 번째 손님이 6장의 쿠폰 중 1장을 받을 경우의 수 : $_6C_1 = 6$가지
- 두 번째 손님이 5장의 쿠폰 중 2장을 받을 경우의 수 : $_5C_2 = 10$가지
- 세 번째 손님이 3장의 쿠폰 중 3장을 받을 경우의 수 : $_3C_3 = 1$가지

따라서 구하는 경우의 수는 $6 \times 10 \times 1 = 60$가지이다.

58

정답 ②

ㄱ, ㄴ, ㄷ, ㄹ 순으로 칠한다면 가장 면적이 넓은 ㄱ에 4가지를 칠할 수 있고, ㄴ은 ㄱ과 달라야 하므로 3가지, ㄷ은 ㄱ, ㄴ과 달라야 하므로 2가지, ㄹ은 ㄱ, ㄷ과 달라야 하므로 2가지를 칠할 수 있다.

따라서 $4 \times 3 \times 2 \times 2 = 48$가지이다.

59

정답 ⑤

1부터 40까지의 자연수 중 40의 약수(1, 2, 4, 5, 8, 10, 20, 40)의 개수는 8개이고, 3의 배수(3, 6, 9, …, 36, 39)는 13개이다.

따라서 40의 약수 중 3의 배수는 없으므로 구하는 경우의 수는 $8 + 13 = 21$가지이다.

60

정답 ②

- 흰 구슬, 흰 구슬, 검은 구슬 순으로 뽑을 경우 : $\frac{3}{8} \times \frac{2}{7} \times \frac{5}{6} = \frac{5}{56}$
- 흰 구슬, 검은 구슬, 흰 구슬 순으로 뽑을 경우 : $\frac{3}{8} \times \frac{5}{7} \times \frac{2}{6} = \frac{5}{56}$
- 검은 구슬, 흰 구슬, 흰 구슬 순으로 뽑을 경우 : $\frac{5}{8} \times \frac{3}{7} \times \frac{2}{6} = \frac{5}{56}$

따라서 합의 법칙에 의해 $\frac{5}{56} + \frac{5}{56} + \frac{5}{56} = \frac{15}{56}$ 이다.

61

정답 ②

- 전체 경우의 수 : $6!$가지
- A와 B가 나란히 서 있는 경우의 수 : $5! \times 2$가지
 ($\because$ A와 B의 위치를 바꾸는 경우)

따라서 A와 B가 나란히 서 있을 확률은 $\frac{5! \times 2}{6!} = \frac{1}{3}$ 이다.

62

정답 ②

- 국내 여행을 선호하는 남학생 수 : $30 - 16 = 14$명
- 국내 여행을 선호하는 여학생 수 : $20 - 14 = 6$명

따라서 국내 여행을 선호하는 학생 수는 $14 + 6 = 20$명이므로 구하는 확률은 $\frac{14}{20} = \frac{7}{10}$ 이다.

63

정답 ④

- A만 문제를 풀 확률 : $\frac{1}{4} \times \frac{2}{3} \times \frac{1}{2} = \frac{2}{24}$
- B만 문제를 풀 확률 : $\frac{3}{4} \times \frac{1}{3} \times \frac{1}{2} = \frac{3}{24}$
- C만 문제를 풀 확률 : $\frac{3}{4} \times \frac{2}{3} \times \frac{1}{2} = \frac{6}{24}$

따라서 한 사람만 문제를 풀 확률은 $\frac{2}{24} + \frac{3}{24} + \frac{6}{24} = \frac{11}{24}$ 이다.

64

정답 ①

7의 배수가 첫 항부터 차례대로 더해지는 수열이다.

65

정답 ②

홀수 항은 $\div 2$, 짝수 항은 $\times 2$씩 반복되는 수열이다.

66

정답 ④

홀수 항은 $+1, +2, +3, \cdots$, 짝수 항은 $-1, -2, -3, \cdots$인 수열이다.

67

정답 ②

홀수 항은 $-3, -5, -7, \cdots$씩, 짝수 항은 $2^2, 4^2, 6^2, \cdots$인 수열이다.

68

정답 ②

앞의 항에 $\frac{\text{분자} + 1}{\text{분모} + 1}$을 곱하는 수열이다.

69

정답 ②

분자는 1부터 분모의 수에 이를 때까지 1씩 더해지고, 분모는 1부터 해당 분모의 수만큼 같은 수가 반복되는 수열, 즉 1, 2, 2, 3, 3, 3, …인 수열이다.

70

정답 ①

분자는 +14, 분모는 ×5씩 반복되는 수열이다.

71

정답 ②

첫 번째 항부터 +2.7, ÷2를 번갈아 적용하는 수열이다.

72

정답 ④

홀수 항은 ×3, 짝수 항은 $+\dfrac{1}{2}$씩 반복되는 수열이다.

73

정답 ③

첫 번째 항부터 ×10, ÷4를 번갈아 적용하는 수열이다.

74

정답 ⑤

앞의 항에 $+\dfrac{1}{2}$, $-\dfrac{2}{3}$, $+\dfrac{3}{4}$, $-\dfrac{4}{5}$, $+\dfrac{5}{6}$, …씩 더하는 수열이다.

75

정답 ①

홀수 항은 $\times\dfrac{1}{2}$, 짝수 항은 -3.7, -4.2, -4.7, …인 수열이다.

76

정답 ②

각 항에 0.1, 0.15, 0.2, 0.25 …씩 더하는 수열이다.

77

정답 ⑤

앞항의 각 자리 숫자를 합한 값을 더하는 수열이다.

78

정답 ③

(앞의 항+8)÷2=(다음 항)인 수열이다.

79

정답 ③

$\underline{A\ B\ C} \rightarrow (A+B)\times2=C$

80

정답 ①

$\underline{A\ B\ C} \rightarrow A\times B+2=C$

우리가 해야 할 일은 끊임없이 호기심을 갖고
새로운 생각을 시험해보고 새로운 인상을 받는 것이다.

– 월터 페이터–

PART

2

최종점검
모의고사

제1회 최종점검 모의고사

| 01 | 언어이해

01	02	03	04	05	06	07	08	09	10
③	④	④	①	④	②	①	②	③	③
11	12	13	14	15	16	17	18	19	20
③	⑤	④	②	⑤	④	②	①	③	④

01
정답 ③

제시문의 중심내용, 즉 핵심은 ③으로 볼 수 있다. ①·②·④는 ①의 주장을 드러내기 위해 현재의 상황을 서술한 내용이며, ⑤는 글과 적절하지 않은 내용이다.

02
정답 ④

참여예산제는 인기 영합적 예산 편성으로 예산 수요가 증가하여 재정 상태를 악화시킬 가능성이 있지만, 참여예산제 자체가 재정 상태를 악화시키지는 않는다.

03
정답 ④

제시문에 따르면 인간의 심리적 문제는 비합리적인 신념의 '원인'이 아닌 '산물'이다.

04
정답 ①

북몽골, 남몽골로 부른다면 귀속 의식을 벗어난 객관적인 표현이겠지만 중국과의 불화는 불가피한 상황이다. 따라서 예민한 지명 문제는 정부가 나서는 것보다 학계 목소리로 남겨두는 것이 좋다.

05
정답 ④

④의 내용은 글 전체를 통해서 확인할 수 있다. 나머지는 본문의 내용에 어긋난다.

06
정답 ②

A는 경제 성장에 많은 전력이 필요하다는 것을 전제로, 경제 성장을 위해서 발전소를 증설해야 한다고 주장한다. 이러한 A의 주장을 반박하기 위해서는 근거로 제시하고 있는 전제를 부정하는 것이 효과적이므로 경제 성장에 많은 전력이 필요하지 않음을 입증하는 ②를 통해 반박하는 것이 효과적이다.

07
정답 ①

태초의 자연은 인간과 균형적인 관계로, 서로 소통하고 공생할 수 있었다. 그러나 기술의 발달로 인간은 자연을 정복하고 폭력을 행사했다. 그런데 이는 인간과 자연 양쪽에게 해가 되는 일이므로 힘의 균형을 통해 대칭적인 관계를 회복해야 한다는 것이 제시문의 중심 내용이다. 따라서 뒤에 올 내용으로는 그 대칭적인 관계를 회복하기 위한 방법이 적절하다.

08
정답 ②

텔레비전은 자기 자신에 관해서도 이야기하는데(ⓒ) 그러지 못하는 나로서는 이런 텔레비전이 존경하고 싶은 지경(ⓒ)이지만, 시청자인 나의 질문은 수렴할 수 없다(㉠)는 한계로 마무리 짓는다.

09
정답 ③

제시문은 빈곤 지역의 문제 해결을 위해 도입된 적정기술에 대한 설명이다. (나) 적정기술에 대한 정의 → (가) 현지에 보급된 적정기술의 성과에 대한 논란 → (라) 적정기술 성과 논란의 원인 → (다) 빈곤 지역의 문제 해결을 위한 방안의 순서로 나열하는 것이 적절하다.

10
정답 ③

제시문에서는 멸균에 대해 언급하며, 멸균 방법을 물리적·화학적으로 구분하여 다양한 멸균 방법에 대해 설명하고 있다. 따라서 글의 주제로 ③이 가장 적절하다.

11 정답 ③

빈칸 앞의 내용을 보면 보편적으로 사용되는 관절 로봇은 손가락의 정확한 배치와 시각 센서 등을 필요로 한다. 그러나 빈칸 뒤에서는 H의 경우 손가락이 물건에 닿을 때까지 다가가 촉각 센서를 통해 물건의 위치를 파악한 뒤 손가락 위치를 조정한다고 하였다. 즉, H의 손가락은 관절 로봇의 손가락과 달리 정확한 위치 지정이 필요하지 않다. 따라서 빈칸에 들어갈 내용으로 ③이 가장 적절하다.

[오답분석]

① 물건을 쥐기 위한 고가의 센서 기기 및 시각 센서가 필요한 관절 로봇과 달리 H는 손가락의 촉각 센서로 손가락 힘을 조절하여 사물을 쥔다.

② H의 손가락은 공기압을 통해 손가락을 구부리지만, 기존 관절보다 쉽게 구부러지는지는 알 수 없다.

④·⑤ 물건과의 거리와 물건의 무게는 H의 손가락 촉각 센서와 관계가 없다.

12 정답 ⑤

제시문에서는 기자와 언론사를 통해 재구성되는 뉴스와 스마트폰과 소셜미디어를 통한 뉴스 이용으로 나타나는 가짜 뉴스의 사례를 제시하고 있다. 뉴스가 유용한 지식과 정보를 제공하는 반면, 거짓 정보를 흘려 잘못된 정보와 의도로 현혹하기도 한다는 필자의 주장을 통해 뉴스 이용자의 올바른 이해와 판단이 필요하다는 필자의 의도를 파악할 수 있다.

13 정답 ④

노모포비아는 '휴대 전화가 없을 때 느끼는 불안과 공포증'이라는 의미의 신조어이다. 따라서 휴대 전화를 사용하지 않는 사람에서는 노모포비아 증상이 나타나지 않을 것을 추론할 수 있다.

14 정답 ②

자제력이 있는 사람은 합리적 선택에 따라 행위를 하고, 합리적 선택에 따르는 행위는 모두 자발적 행위라고 했다. 따라서 자제력이 있는 사람은 자발적으로 행위를 한다.

15 정답 ⑤

세 번째 문단에서 '사람들은 이익과 손실의 크기가 같더라도 손실 회피성으로 인해 이익보다 손실을 2배 이상 크게 생각하는 경향이 있다.'고 말하고 있다.

16 정답 ④

정가와 이보다 낮은 판매 가격을 함께 제시하면 정가가 기준점으로 작용하여 사람들은 제한된 판단을 하게 된다. 이로 인해 판매 가격을 상대적으로 싸다고 인식하므로, 기준점 휴리스틱을 활용한 사례로 볼 수 있다.

17 정답 ②

제시문의 핵심 논점을 잡으면 첫째 문단의 끝에서 '제로섬(Zero-sum)적인 요소를 지니는 경제 문제'와 둘째 문단의 끝에서 '우리 자신의 수입을 보호하기 위해 경제적 변화가 일어나는 것을 막거나 혹은 사회가 우리에게 손해를 입히는 공공정책이 강제로 시행되는 것을 막기 위해 싸울 것'에 대한 것이 핵심 주장이므로 이 글은 사회경제적인 총합이 많아지는 정책, 즉 '사회의 총생산량이 많아지게 하는 정책이 좋은 정책'이라는 주장에 대한 비판이라고 할 수 있다.

18 정답 ①

부모와 긍정적인 관계를 형성하고 자란 성인이 개인의 삶에 긍정적인 영향을 주었음을 소개한 (나) 문단이 첫 번째 문단으로 적절하다. 그리고 (나) 문단에서 소개하는 연구팀의 실험을 설명하는 (라) 문단이 두 번째 문단으로 올 수 있다. (라) 문단의 실험 참가자들에 대한 실험 결과를 설명하는 (가) 문단이 세 번째 문단으로, 다음으로 (가) 문단과 상반된 내용을 설명하는 (다) 문단이 마지막 문단으로 적절하다.

19 정답 ③

기사의 내용을 볼 때, 청소년기에 부모와의 긍정적인 관계가 성인기의 원만한 인간관계로 이어져 개인의 삶에 영향을 미침을 설명하고 있다. 따라서 ③이 기사의 제목으로 가장 적절하다.

20 정답 ④

'멘붕', '안습'과 같은 인터넷 신조어는 갑자기 생겨난 말이며 금방 사라질 수도 있는 말이기에 국어사전에 넣기에는 적절하지 않다는 내용으로 의견에 대한 반대 논거를 펼치고 있다.

| 02 | 언어추리

01	02	03	04	05	06	07	08	09	10
③	⑤	④	①	③	④	④	②	③	①
11	12	13	14	15	16	17	18	19	20
②	⑤	①	③	⑤	⑤	③	⑤	③	③

01 　　정답 ③

성준이는 볼펜을 좋아하고, 볼펜을 좋아하는 사람은 수정테이프를 좋아한다.
따라서 성준이는 수정테이프를 좋아한다.

02 　　정답 ⑤

모든 1과 사원은 가장 실적이 많은 2과 사원보다 실적이 많고, 3과 사원 중 일부는 가장 실적이 많은 2과 사원보다 실적이 적다.
따라서 3과 사원 중 일부는 모든 1과 사원보다 실적이 적다.

03 　　정답 ④

두 번째와 마지막 명제를 보면 귤을 사면 고구마를 사지 않고, 고구마를 사지 않으면 감자를 산다고 했으므로 '귤을 사면 감자를 산다.'는 옳은 내용이다.

오답분석
① 세 번째와 네 번째 명제에서 '사과를 사면 수박과 귤 모두 산다.'가 아닌 '사과를 사면 수박과 귤 중 하나를 산다.'를 추론할 수 있다.
②·⑤ 알 수 없는 내용이다.
③ 네 번째 명제의 '이'는 '배를 사지 않으면 수박과 귤을 모두 사거나 사지 않는다.'이지만 명제가 참이라고 하여 '이'가 반드시 참이 될 수는 없다.

04 　　정답 ①

삼단논법이 성립하기 위해서는 '호야는 노력하지 않았다.'라는 명제가 필요하다.

05 　　정답 ③

'환율이 하락하다.'를 A, '수출이 감소한다.'를 B, 'GDP가 감소한다.'를 C, '국가 경쟁력이 떨어진다.'를 D라고 했을 때, 첫 번째 명제는 A → D, 세 번째 명제는 B → C, 네 번째 명제는 B → D이므로 마지막 명제가 참이 되려면 C → A라는 명제가 필요하다. 따라서 C → A의 대우 명제인 ③이 답이 된다.

06 　　정답 ④

'운동을 꾸준히 한다.'를 p, '스트레스를 많이 받는다.'를 q, '술을 많이 마신다.'를 r, '간에 무리가 간다.'를 s라고 하면, 첫 번째 명제는 $r \rightarrow s$, 세 번째 명제는 $q \rightarrow r$, 네 번째 명제는 $\sim p \rightarrow s$이므로 네 번째 명제가 도출되기 위해서는 빈칸에 $\sim p \rightarrow q$가 필요하다. 따라서 빈칸에 들어갈 명제는 $\sim p \rightarrow q$의 대우 명제인 ④이다.

07 　　정답 ④

제시된 내용대로 나열해 보면, 영주<윤수<현진<유미<태희<선우이다. 따라서 현진과 유미는 모두 선우보다 작다.

08 　　정답 ②

• A : 키위와 딸기의 가격은 비교할 수 없으므로 딸기가 제일 비싼지는 알 수 없다.
• B : 딸기는 바나나보다 비싸고 바나나는 참외보다 비싸므로 딸기는 참외보다 비싸다.

09 　　정답 ③

제시문을 요약하면 다음과 같다.
• 속도 : 자동차>마차, 비행기>자동차
• 무게 : 자동차>마차
이를 정리해 보면, 속도에서 '비행기>자동차>마차' 순이며, 무게에서 '자동차>마차' 순이다. 하지만 비행기에 대한 무게는 나와 있지 않아서 비행기가 가장 무거운지는 알 수 없다.

10 　　정답 ①

09번의 해설을 보면 알 수 있듯이, 속도는 '비행기>자동차>마차' 순으로 빠르다.

11 　　정답 ②

두 번째 명제에서 '비방한 적이 없는 경우까지 호의적이다.'라는 진실 여부를 판별할 수 없다.

오답분석
① 두 번째 명제에서 '자신을 비방한 사람에게 호의적이지 않다.'라고 했으므로 참이다.
③ 두 번째 명제 '어느 누구도 자신을 비방한 사람에게 호의적이지 않다.'와 네 번째 명제 '어느 누구도 자기 자신에게 호의적인 사람도 없고 자신을 비방하지도 않는다.'로부터 참이라는 것을 알 수 있다.

④ 세 번째와 네 번째 명제를 통해 참이라는 것을 알 수 있다.
⑤ 모든 사람이 자신을 비방하지 않는 사람에게 호의적이라고 했을 때, 세 번째 명제에 의해 '다른 사람을 결코 비방하지 않는 사람이 있다.'라고 했으므로 모든 사람에게는 각자가 호의적으로 대하는 사람이 적어도 하나는 있다.

12 정답 ⑤

첫 번째 진술의 대우 명제는 '영희 또는 서희가 서울 사람이 아니면 철수 말이 거짓이다.'이다. 따라서 서희가 서울 사람이 아니라면, 철수 말은 거짓이다. 또한 두 번째 진술에 의해, 창수와 기수는 서울 사람이다.

13 정답 ①

두 사람은 나쁜 사람이므로 서로 충돌되는 두준과 동운을 먼저 살펴보아야 한다.
두준이를 착한 사람이라고 가정하면 '두준(T) – 요섭(F) – 준형(F) – 기광(F) – 동운(F)'으로 나쁜 사람이 4명이 되므로 모순이다.
즉, 두준이는 나쁜 사람이고, 요섭과 기광은 서로 대우이므로 두 사람은 착한 사람이다(두 사람이 나쁜 사람이라면 나쁜 사람은 '두준, 요섭, 기광' 3명이 된다). 따라서 '요섭, 기광, 동운'이 착한 사람이고, '두준, 준형'이 나쁜 사람이다.

14 정답 ③

ⅰ) B가 부정행위를 했을 경우
두 번째와 세 번째 조건에 따라 C와 A도 함께 부정행위를 하게 되므로 첫 번째 조건에 부합하지 않는다. 따라서 B는 부정행위를 하지 않았으며, 두 번째 조건에 따라 C도 부정행위를 하지 않았다.
ⅱ) D가 부정행위를 했을 경우
다섯 번째 조건의 대우인 'D가 부정행위를 했다면, E도 부정행위를 했다.'와 세 번째 조건에 따라 E와 A가 함께 부정행위를 하게 되므로 첫 번째 조건에 부합하지 않는다. 따라서 D 역시 부정행위를 하지 않았다.
결국 B, C, D를 제외한 A, E가 시험 도중 부정행위를 했음을 알 수 있다.

15 정답 ⑤

다섯 명 중 단 한 명만이 거짓말을 하고 있으므로 C와 D 중 한 명은 반드시 거짓을 말하고 있다.
ⅰ) C의 진술이 거짓일 경우
B와 C의 말이 모두 거짓이 되므로 한 명만 거짓말을 하고 있다는 조건이 성립하지 않는다.

ⅱ) D의 진술이 거짓일 경우

구분	A	B	C	D	E
출장지역	잠실		여의도	강남	

이때, B는 상암으로 출장을 가지 않는다는 A의 진술에 따라 상암으로 출장을 가는 사람은 E임을 알 수 있다. 따라서 ⑤는 항상 거짓이 된다.

16 정답 ⑤

측정 결과를 토대로 정리하면 A별의 밝기 등급은 3등급 이하이며, C별의 경우 A, B, E별보다 어둡고 D별보다는 밝으므로 C별의 밝기 등급은 4등급이다. 따라서 A별의 밝기 등급은 3등급이며, D별은 5등급, 나머지 E별과 B별은 각각 1등급, 2등급이 된다. 별의 밝기 등급에 따라 순서대로 나열하면 'E – B – A – C – D'의 순이 된다.

17 정답 ③

주어진 조건에 따라 A ~ E의 이번 시험 결과를 정리하면 다음과 같다.

구분	맞힌 문제의 수	틀린 문제의 수
A	19개	1개
B	10개	10개
C	20개	0개
D	9개 이하	11개 이상
E	16개 이상 19개 이하	1개 이상 4개 이하

따라서 B는 D보다 많은 문제의 답을 맞혔지만, E보다는 적게 답을 맞혔다.

18 정답 ⑤

월요일에 먹는 영양제에는 비타민 B와 칼슘, 마그네슘이 올 수 있으나, 마그네슘의 경우 비타민 D보다 늦게 먹고, 비타민 B보다는 먼저 먹어야 하므로 월요일에 먹는 영양제로 마그네슘과 비타민 B 둘 다 불가능하다. 따라서 Y씨가 월요일에 먹는 영양제는 칼슘이 된다. 또한 비타민 B는 화요일 또는 금요일에 먹을 수 있으나, 화요일에 먹게 될 경우 마그네슘을 비타민 B보다 먼저 먹을 수 없게 되므로 비타민 B는 금요일에 먹는다. 나머지 조건에 따라 Y씨가 요일별로 먹는 영양제를 정리하면 다음과 같다.

월	화	수	목	금
칼슘	비타민 C	비타민 D	마그네슘	비타민 B

따라서 회사원 Y씨가 월요일에는 칼슘, 금요일에는 비타민 B를 먹는 것을 알 수 있다.

19

F가 5등이라면 E는 1등, 2등, 4등 모두 될 수 있으므로 E의 정확한 등수는 알 수 없다.

20

정답 ③

C가 E보다 높은 점수를 기록했다면 C는 D, E, F보다 높은 등수가 되어야 하므로 1등이 된다. 또한 모두 서로 다른 점수를 얻었을 때, 3등인 B가 10점 만점에서 8점을 기록하였으므로 1등인 C는 10점 만점을 기록한 것을 알 수 있다. 따라서 C와 B의 점수 차이는 2점이 된다.

| 03 | 자료해석

01	02	03	04	05	06	07	08	09	10
④	④	④	①	③	④	④	③	④	④
11	12	13	14	15	16	17	18	19	20
④	②	⑤	④	④	②	①	③	③	③

01

정답 ④

개선 전 부품 1단위 생산 시 투입비용은 총 40,000원이었다. 생산 비용 감소율이 30%이므로 개선 후 총비용은 28,000원이어야 한다.
따라서 @+ⓑ의 값으로 적절한 것은 10,000원이다.

02

정답 ④

2022년도에 세 번째로 많은 생산을 했던 분야는 일반기계 분야이다. 따라서 일반기계 분야의 2020년도에서 2021년도의 변화율은 $\frac{4,020-4,370}{4,370} \times 100 ≒ -8\%$로 약 8% 감소하였다.

03

정답 ④

매월 갑, 을 팀의 총득점과 병, 정 팀의 총득점이 같다.
따라서 빈칸에 들어갈 적절한 수는 1,156+2000-1,658=1,498이다.

04

정답 ①

내일 날씨가 화창하고 사흘 뒤 비가 올 모든 경우는 다음과 같다.

내일	모레	사흘 뒤
화창	화창	비
화창	비	비

ⅰ) 첫 번째 경우의 확률 : 0.25×0.30=0.075
ⅱ) 두 번째 경우의 확률 : 0.30×0.15=0.045
따라서 주어진 사건의 확률은 0.075+0.045=0.12=12%이다.

05

정답 ③

A사원이 만약 50㎥의 물을 사용했을 경우 수도요금은 기본료를 제외하고 30×300+20×500=19,000원이다.
따라서 총 요금인 17,000원보다 많으므로 사용한 수도량은 30㎥ 초과 50㎥ 이하이다.

30m^3을 초과한 양을 $x\,\text{m}^3$라고 하면 다음과 같다.

$2,000+30\times300+x\times500=17,000$

$\rightarrow 500x=17,000-11,000$

$\therefore x=\dfrac{6,000}{500}=12$

따라서 A사원이 한 달 동안 사용한 수도량은 $30+12=42\text{m}^3$이다.

06 정답 ④

2014년 대비 2022년 신장 증가량은 A가 22cm, B가 21cm, C가 28cm로 C가 가장 많이 증가하였다.

[오답분석]
① B의 2022년 체중은 2019년에 비해 감소하였다.
② 2014년의 신장 순위는 B, C, A 순서이지만 2022년의 신장 순위는 C, B, A 순서이다.
③ 2022년에 세 사람 중 가장 키가 큰 사람은 C이다.
⑤ 2014년 대비 2019년 체중 증가는 A, B, C 모두 6kg으로 같다.

07 정답 ④

5개월 동안 평균 외식비가 12만 원 이상 13만 원 이하일 때, 총 외식비는 $12\times5=60$만 원 이상 $13\times5=65$만 원 이하가 된다. 1월부터 4월까지 지출한 외식비는 $110,000+180,000+50,000+120,000=460,000$원이다.
따라서 A씨가 5월에 최대로 사용할 수 있는 외식비는 $650,000-460,000=190,000$원이다.

08 정답 ③

제시된 자료에서 삶의 만족도가 한국보다 낮은 국가는 에스토니아, 포르투갈, 헝가리이다. 세 국가의 장시간 근로자 비율 평균을 계산해보면 $\dfrac{3.6+9.3+2.7}{3}=5.2\%$이다. 이탈리아의 장시간 근로자 비율은 5.4%이므로 옳지 않은 설명이다.

[오답분석]
① 삶의 만족도가 가장 높은 국가는 덴마크이며, 덴마크의 장시간 근로자 비율이 가장 낮음을 자료에서 확인할 수 있다.
② 삶의 만족도가 가장 낮은 국가는 헝가리이며, 헝가리의 장시간 근로자 비율은 2.7%이다.
    $2.7\times10=27<28.1$이므로 한국의 장시간 근로자 비율은 헝가리의 장시간 근로자 비율의 10배 이상이다.
④ 여가·개인 돌봄 시간이 가장 긴 국가는 덴마크이고, 여가·개인 돌봄 시간이 가장 짧은 국가는 멕시코이다.
    따라서 두 국가의 삶의 만족도 차이는 $7.6-7.4=0.2$점이다.

⑤ 장시간 근로자 비율이 미국보다 낮은 국가는 덴마크, 프랑스, 이탈리아, 에스토니아, 포르투갈, 헝가리이며, 이들 국가의 여가·개인 돌봄 시간은 모두 미국의 여가·개인 돌봄 시간보다 길다.

09 정답 ④

정상가로 A, B, C과자를 2봉지씩 구매할 수 있는 금액은 $(1,500+1,200+2,000)\times2=4,700\times2=9,400$원이다. 이 금액으로 A, B, C과자를 할인된 가격으로 2봉지씩 구매하고 남은 금액은 $9,400-\{(1,500+1,200)\times0.8+2,000\times0.6\}\times2=9,400-3,360\times2=9,400-6,720=2,680$원이다.

따라서 남은 금액으로 A과자를 $\dfrac{2,680}{1,500\times0.8}≒2.23$, 2봉지 더 구매할 수 있다.

10 정답 ④

현재기온이 가장 높은 수원은 이슬점 온도는 가장 높지만 습도는 65%로 다섯 번째로 높다.

[오답분석]
① 파주의 시정은 20km로 가장 좋다.
② 수원이 이슬점 온도와 불쾌지수 모두 가장 높다.
③ 불쾌지수 70을 초과한 지역은 수원, 동두천 2곳이다.
⑤ 시정이 0.4km로 가장 좋지 않은 백령도의 경우 풍속이 4.4m/s로 가장 강하다.

11 정답 ④

ㄴ. B작업장은 생물학적 요인에 해당하는 사례 수가 가장 많다.
ㄷ. 화학적 요인에 해당하는 분진은 집진 장치를 설치하여 예방할 수 있다.

[오답분석]
ㄱ. A작업장은 물리적 요인(소음, 진동)에 해당하는 사례 수가 가장 많다.

12 정답 ②

• 평균 통화시간이 6 ~ 9분인 여자의 수 :
    $400\times\dfrac{18}{100}=72$명
• 평균 통화시간이 12분 이상인 남자의 수 :
    $600\times\dfrac{10}{100}=60$명

따라서 평균 통화시간이 6 ~ 9분인 여자의 수는 12분 이상인 남자의 수의 $\dfrac{72}{60}=1.2$배이다.

13

정답 ⑤

사진별로 개수에 따른 총 용량을 구하면 다음과 같다.
- 반명함 : $150 \times 8,000 = 1,200,000$KB
- 신분증 : $180 \times 6,000 = 1,080,000$KB
- 여권 : $200 \times 7,500 = 1,500,000$KB
- 단체사진 : $250 \times 5,000 = 1,250,000$KB

사진 용량 단위 KB를 MB로 전환하면
- 반명함 : $1,200,000 \div 1,000 = 1,200$MB
- 신분증 : $1,080,000 \div 1,000 = 1,080$MB
- 여권 : $1,500,000 \div 1,000 = 1,500$MB
- 단체사진 : $1,250,000 \div 1,000 = 1,250$MB

따라서 모든 사진의 총 용량을 더하면 $1,200 + 1,080 + 1,500 + 1,250 = 5,030$MB이고, 5,030MB는 5.03GB이므로 필요한 USB 최소 용량은 5GB이다.

14

정답 ④

- (가) $= 723 - (76 + 551) = 96$
- (나) $= 824 - (145 + 579) = 100$
- (다) $= 887 - (131 + 137) = 619$
- (라) $= 114 + 146 + 688 = 948$

따라서 (가) + (나) + (다) + (라) $= 96 + 100 + 619 + 948 = 1,763$이다.

15

정답 ④

각 연도마다 총비율은 100%이므로 취업률의 변화율은 취업률 또는 비취업률의 증감률을 구하여 비교하면 된다. 선택지에 해당되는 비취업률의 증감률을 구하면 다음과 같다.

- 2003년 : $\frac{71 - 71.5}{71.5} \times 100 ≒ -0.7\%$
- 2013년 : $\frac{65.5 - 69.2}{69.2} \times 100 ≒ -5.3\%$
- 2016년 : $\frac{66.0 - 65.5}{65.5} \times 100 ≒ 0.8\%$
- 2019년 : $\frac{71.1 - 66.0}{66.0} \times 100 ≒ 7.7\%$
- 2022년 : $\frac{69.1 - 71.1}{71.1} \times 100 ≒ -2.8\%$

따라서 조사한 직전 연도 대비 노인 취업률의 변화율이 가장 큰 연도는 2019년이다.

16

정답 ②

5만 미만에서 10만 ~ 50만 미만의 투자건수 비율을 합하면 된다. 따라서 $28 + 20.9 + 26 = 74.9\%$이다.

17

정답 ①

100만 ~ 500만 미만에서 500만 미만의 투자건수 비율을 합하면 $11.9 + 4.5 = 16.4\%$이다.

18

정답 ③

총 스팸이 가장 많은 때는 2021년 상반기, 가장 적은 때는 2022년 하반기이다.
따라서 2021년 상반기와 2022년 하반기의 스팸 수신량의 차이는 $(2.39 + 0.46) - (1.4 + 0.26) = 1.19$통이다.

19

정답 ③

$$\frac{1.64 - 1.4}{1.64} \times 100 ≒ 14.6\%$$

따라서 2022년 하반기에는 2022년 상반기에 비해 이메일 스팸이 14.6% 감소하였다.

20

정답 ③

2021년 상반기부터 이메일 스팸과 휴대전화 스팸 모두 1인 1일 수신량이 감소하고 있다.

| 04 | 창의수리

01	02	03	04	05	06	07	08	09	10
④	⑤	④	③	②	①	②	④	②	④
11	12	13	14	15	16	17	18	19	20
④	①	④	②	④	①	②	③	①	③

01 정답 ④

오염물질의 양은 $\frac{14}{100} \times 50 = 7$g이므로 깨끗한 물을 xg 더 넣어 오염농도를 10%로 만드는 것을 식으로 나타내면 다음과 같다.

$$\frac{7}{50+x} \times 100 = 10 \rightarrow 700 = 10 \times (50+x)$$

$$\therefore x = 20$$

따라서 깨끗한 물을 20g 더 넣어야 한다.

02 정답 ⑤

기차는 다리에 진입하여 완전히 벗어날 때까지 다리의 길이인 800m에 기차의 길이 100m를 더한 총 900m(0.9km)를 36초(0.01시간) 동안 이동했다.

따라서 (속력)=$\frac{(거리)}{(시간)}$이므로 기차의 속력은 $\frac{0.9}{0.01} = 90$km/h 이다.

03 정답 ④

(열차가 이동한 거리)=(열차의 길이)+(터널의 길이)이다.
열차의 길이와 속력을 각각 xm, ym/s라고 할 때, 열차가 이동한 거리에 관한 방정식을 구하면 다음과 같다.
$x + 50 = 10y \cdots \bigcirc$
$x + 200 = 25y \cdots \bigcirc$
⊙과 ⓒ을 연립하면
$-150 = -15y \rightarrow y = 10$
$\therefore x = 50$
따라서 열차의 길이는 50m이다.

04 정답 ③

테니스 인원을 x명이라고 할 때, 사용료에 관한 방정식을 구하면 다음과 같다.
$5,500x - 3,000 = 5,200x + 300$
$\rightarrow 300x = 3,300$
$\therefore x = 11$
따라서 인원은 11명이며, 사용료는 $5,200 \times 11 + 300 = 57,500$원이다.

05 정답 ②

ⅰ) 흰 공이 나오고 앞면이 3번 나올 확률 :
$$\frac{3}{5} \times \left(\frac{1}{2}\right)^3 = \frac{3}{40}$$

ⅱ) 검은 공이 나오고 앞면이 3번 나올 확률 :
$$\frac{2}{5} \times 4 \times \left(\frac{1}{2}\right)^4 = \frac{1}{10}$$

따라서 구하는 확률은 $\frac{3}{40} + \frac{1}{10} = \frac{7}{40}$ 이다.

06 정답 ①

정리함의 세로 길이를 $a$cm라고 할 때, 부피와의 관계식은 다음과 같다.
$28 \times a \times (27-a) = 5,040 \rightarrow -a^2 + 27a = 180$
$\rightarrow (a-12)(a-15) = 0$
따라서 a는 12 또는 15이다.
이때 높이가 세로 길이보다 길다고 하였으므로 세로는 12cm임을 알 수 있다.

07 정답 ②

팀원 수를 x명이라고 하자.
$$\frac{30 \times x + 25}{x+1} = 29 \rightarrow 30 \times x + 25$$
$= 29 \times x + 29$
$\therefore x = 4$
따라서 신입이 들어오기 전 팀원 수는 4명이다.

08 정답 ④

1바퀴를 도는 데 갑은 2분, 을은 3분, 병은 4분이 걸린다. 2, 3, 4의 최소공배수는 12이므로 세 사람이 다시 만나기까지 걸리는 시간은 12분이다.
따라서 출발점에서 다시 만나는 시각은 4시 42분이다.

09 정답 ②

갑과 을이 한 시간 동안 만들 수 있는 곰 인형의 수는 각각 $\frac{100}{4} = 25$개, $\frac{25}{10} = 2.5$개이다.
함께 곰 인형 132개를 만드는 데 걸린 시간을 x시간이라고 하자.
$(25 + 2.5) \times 0.8 \times x = 132 \rightarrow 27.5x = 165$
$\therefore x = 6$
따라서 갑과 을이 함께 곰 인형을 만드는 데에는 6시간이 걸린다.

10

A사이트의 인원 비율을 a, B사이트의 인원 비율은 $(1-a)$라고 하자.

각 사이트 평균점수에 인원 비율을 곱한 값의 합은 전체 평균점수와 같다.

$4.5a + 6.5(1-a) = 5.1 \rightarrow 2a = 1.4$

$\therefore a = 0.7$

따라서 A사이트에 참여한 인원은 $2{,}100 \times 0.7 = 1{,}470$명이다.

11

앞의 항에 $+7$, -16를 번갈아 가며 적용하는 수열이다.

따라서 (　)$= 49 - 16 = 33$이다.

12

'(앞의 항)-9'인 수열이다.

따라서 (　)$= 22 - 9 = 13$이다.

13

n을 자연수라고 할 때, n항의 값은 '$(n+11) \times (n+12)$'인 수열이다.

따라서 (　)$= (2+11) \times (2+12) = 13 \times 14 = 182$이다.

14

앞의 항에 $\times (-4)$를 하는 수열이다.

따라서 (　)$= (-68) \times (-4) = 272$이다.

15

앞의 항에 $+7$, $+13$, $+19$, $+25$, …인 수열이다.

따라서 (　)$= 106 + 37 = 143$이다.

16

분자는 36부터 1씩 더하고, 분모는 2의 거듭제곱 형태, 즉 2^1, 2^2, 2^3, 2^4, 2^5인 수열이다.

따라서 (　)$= \dfrac{39+1}{2^5} = \dfrac{40}{32}$이다.

17

앞의 항에 2×3^n을 더해 다음 항을 구하는 수열이다(n은 앞의 항의 순서이다). 즉 더해지는 값이 $+6$, $+18$, $+54$, $+162$, … 인 수열이다.

따라서 (　)$= -76 - 6 = -82$이다.

18

$\underline{A \; B \; C} \rightarrow A - B - 1 = C$

따라서 (　)$= -2 + 7 - 1 = 4$이다.

19

$\underline{A \; B \; C \; D} \rightarrow A \times B = C + D$

$7 \times 3 = 9 + (\quad) = 21$

따라서 (　)$= 21 - 9 = 12$이다.

20

$\underline{A \; B \; C} \rightarrow \dfrac{A+C}{2} + 2 = B$

따라서 (　)$= 2(12-2) - 7 = 13$이다.

제2회 최종점검 모의고사

|01| 언어이해

01	02	03	04	05	06	07	08	09	10
⑤	⑤	①	④	⑤	④	④	④	⑤	①
11	12	13	14	15	16	17	18	19	20
④	③	②	④	⑤	④	④	⑤	②	④

01
정답 ⑤

제시된 기사는 미세먼지 특별법 제정과 시행 내용에 대해 설명하고 있으므로 ⑤가 기사의 제목으로 가장 적절하다.

02
정답 ⑤

제시된 기사의 첫 문단에서 비만을 질병으로 분류하고 각종 암을 유발하는 주요 요인으로 제시하여 비만의 문제점을 드러내고 있으며, 이에 대한 해결방안으로 고열량·저영양·고카페인 함유 식품의 판매 제한 모니터링 강화, 과음과 폭식 등 비만을 조장·유발하는 문화와 환경 개선, 운동 권장과 같은 방안들을 제시하고 있으므로 ⑤가 적절한 전개 방식이다.

03
정답 ①

오늘날의 현실에서는 독서가 반갑지 않은 벗으로 여겨지며, 진정한 의미의 독서가 이루어지지 않고 있다는 이야기를 하고 있으므로 이에 대한 해결 방안으로 진정한 독서의 방법을 설명하는 내용이 이어지는 것이 가장 적절하다.

04
정답 ④

최근 대두되고 있는 '초연결사회'에 대해 언급하는 (나) 문단이 가장 먼저 오는 것이 적절하며, 그다음으로는 초연결사회에 대해 설명하는 (가) 문단이 적절하다. 그 뒤를 이어 초연결 네트워크를 통해 긴밀히 연결되는 초연결사회의 (라) 문단이, 마지막으로는 이러한 초연결사회가 가져올 변화에 대한 전망의 (다) 문단이 적절하므로, 문단을 논리적 순서대로 나열하면 (나) – (가) – (라) – (다)이다.

05
정답 ⑤

제시된 문단 뒤에 이어질 내용으로는 지난해 중도 해지한 사람들의 상세 집계 내역을 제시한 (다) 문단이 이어지고, 이어서 해당 집계 내역에 대해 비교하며 설명하는 (가) 문단이 이어지는 것이 적절하다. 남은 문단 중 (나) 문단은 '이에 해당하는 방법으로는'으로 글이 시작하므로 방법에 대해 언급한 적이 없는 (가) 문단 뒤에 오는 것은 적절하지 않다. 따라서 (라) 문단이 (나) 문단 앞에 오는 것이 적절하므로 문단을 논리적 순서대로 나열하면 (다) – (가) – (라) – (나)이다.

06
정답 ④

보기의 '묘사(描寫)'는 '어떤 대상이나 현상 따위를 있는 그대로 언어로 서술하거나 그림으로 그려서 나타내는 것'이다. 보기의 앞에는 어떤 모습이나 장면이 나와야 하므로 (다) 다음의 '분주하고 정신없는 장면'이 와야 한다. 또한 보기에서 묘사는 '본 사람이 무엇을 중요하게 판단하고, 무엇에 흥미를 가졌느냐에 따라 크게 다르다.'고 했으므로 보기 뒤에는 (다) 다음의 장면 중 '어느 부분에 주목하고, 또 어떻게 그것을 해석했는지에 따라 즐겁기도 하고 무섭기도 하다.'의 구체적 내용인 (라) 다음 부분이 이어지는 것이 적절하다.

07
정답 ④

빈칸 앞의 내용은 예술작품에 담겨있는 작가의 의도를 강조하며, 독자가 예술작품을 해석하고 이해하는 활동은 예술적 가치 즉, 작가의 의도가 담긴 작품에서 파생된 2차적인 활동일 뿐이라고 이야기하고 있다. 따라서 독자의 작품 해석에 있어, 작가의 의도와 작품을 왜곡하지 않아야 한다는 내용의 ④가 빈칸에 들어갈 내용으로 가장 적절하다.

[오답분석]
① · ② 두 번째 문단에 따르면 예술은 독자의 해석으로 완성되는 것이 아니며, 작품을 해석해 줄 독자가 없어도 예술은 그 자체로 가치가 있다.
③ 작품에 포함된 작가의 권위를 인정해야 한다는 것일 뿐, 작가의 권위와 작품 해석의 다양성은 서로 관련이 없다.
⑤ 작품 해석에 있어 작품 제작 당시의 시대적·문화적 배경을 고려해야 한다는 내용은 없다.

08
정답 ④

고급 수준의 어휘력을 습득하기 위해서는 광범위한 독서를 해야 하므로 평소에 수준 높은 좋은 책들을 읽어야 한다는 결론이 와야 한다.

09
정답 ⑤

콩코드는 비싼 항공권 가격에도 불구하고 비행시간이 적게 걸렸기 때문에 주로 시간 단축이 필요한 사람들이 이용했음을 추론할 수 있다. 또한 콩코드 폭발 사건으로 인해 수많은 고위층과 부자들이 피해를 입었다는 점을 통해서도 승객 유형을 추론해 볼 수 있다.

① 영국과 프랑스 정부는 세계대전 이후 비행기 산업에서 급성장하는 미국을 견제하기 위해 초음속 여객기 콩코드를 함께 개발하였다.
② 파리 ~ 뉴욕 구간의 비행시간은 평균 8시간이지만, 콩코드는 파리 ~ 뉴욕 구간을 3시간대에 주파할 수 있다고 하였으므로 4번까지 왕복하기 어려웠을 것으로 추론할 수 있다.
③ 콩코드는 일반 비행기에 비해 많은 연료가 필요하지만, 필요한 연료가 탑승객 수와 관련되는지는 알 수 없다.
④ 2000년 7월 폭발한 콩코드 사건의 원인은 나타나 있지 않으므로 알 수 없다.

10
정답 ①

미(美)를 도덕이나 목적론과 연관시킨 톨스토이나 마르크스와 달리 칸트는 미에 대한 자율적 견해를 지녔다. 즉, 미적 가치를 도덕 등 다른 가치들과 관계없는 독자적인 것으로 본 것이다. 따라서 문학작품을 감상할 때 다른 외부적 요소들은 고려하지 않고 작품 자체에만 주목하여 감상해야 한다는 절대주의적 관점이 이러한 칸트의 견해와 유사함을 추론할 수 있다.

11
정답 ④

제시문에서는 대상 그 자체의 성질은 감각될 수 없고, 대상의 현상을 감각하는 방식은 우리에게 달려 있다고 설명하고 있다. 따라서 감각의 주체에 따라 감각 행위의 내용이 달라짐을 추론할 수 있다.

12
정답 ③

핵융합발전은 원자력발전에 비해 같은 양의 원료로 3 ~ 4배의 전기를 생산할 수 있다고 하였으나, 핵융합발전은 수소의 동위원소를 원료로 사용하는 반면 원자력발전은 우라늄을 원료로 사용한다. 즉, 전력 생산에 서로 다른 원료를 사용하므로 생산된 전력량으로 연료비를 서로 비교할 수 없다.

① 핵융합에너지는 화력발전을 통해 생산되는 전력 공급량을 대체하기 어려운 태양광에 대한 대안이 될 수 있으므로 핵융합발전이 태양열발전보다 더 많은 양의 전기를 생산할 수 있음을 추론할 수 있다.
② 원자력발전은 원자핵이 분열하면서 방출되는 에너지를 이용하며, 핵융합발전은 수소 원자핵이 융합해 헬륨 원자핵으로 바뀌는 과정에서 방출되는 에너지를 이용해 전기를 생산한다. 따라서 원자의 핵을 다르게 이용한다는 것을 알 수 있다.
④ 미세먼지와 대기오염을 일으키는 오염물질은 전혀 나오지 않고 헬륨만 배출된다는 내용을 통해 헬륨은 대기오염을 일으키는 오염물질에 해당하지 않음을 알 수 있다.
⑤ 발전장치가 꺼지지 않도록 정밀하게 제어하는 것이 중요하다는 내용을 통해 알 수 있다.

13
정답 ②

제시문에서는 파레토 법칙의 개념과 적용사례를 설명한 후, 파레토 법칙이 잘못 적용된 사례를 통해 함부로 다양한 사례에 적용하는 것이 잘못된 해석을 낳을 수 있음을 지적하고 있다. 따라서 필자가 주장하는 바로 ②가 가장 적절하다.

14
정답 ④

제시문은 사람을 삶의 방식에 따라 거미와 같은 사람, 개미와 같은 사람, 꿀벌과 같은 사람의 세 종류로 나누어 설명하고 있다. 거미와 같은 사람은 노력하지도 않으면서 남의 실수를 바라는 사람이며, 개미와 같은 사람은 자신의 일은 열심히 하지만 주변을 돌보지 못하는 사람이다. 이와 반대로 꿀벌과 같은 사람은 자신의 일을 열심히 하면서, 남도 돕는 이타적 존재이다. 이를 통해 필자는 가장 이상적인 인간형으로 거미나 개미와 같은 사람이 아닌 꿀벌과 같은 이타적인 존재라고 이야기한다. 따라서 필자가 말하고자 하는 바로 가장 적절한 것은 ④이다.

15
정답 ⑤

쇼펜하우어는 표상의 세계 안에서의 이성의 역할, 즉 시간과 공간, 인과율을 통해서 세계를 파악하는 주인의 역할을 함에도 불구하고 이 이성이 다시 의지에 종속됨으로써 제한적이며 표면적일 수밖에 없다는 한계를 지적하고 있다.

① 세계의 본질은 의지의 세계라는 내용은 쇼펜하우어 주장의 핵심 내용이라는 점에서는 적절하지만, 제시문의 주요 내용은 주관 또는 이성 인식으로 만들어내는 표상의 세계는 결국 한계를 가질 수밖에 없다는 것이다.

② 제시문에서는 표상 세계의 한계를 지적했을 뿐, 표상 세계의 극복과 그 해결 방안에 대한 내용은 없다.

③ 제시문에서 의지의 세계와 표상 세계는 의지가 표상을 지배하는 종속관계라는 차이를 파악할 수는 있으나, 중심 내용으로는 적절하지 않다.

④ 쇼펜하우어가 주관 또는 이성을 표상의 세계를 이끌어 가는 능력으로 주장하고 있다는 점에서 적절하나 글의 중심 내용은 아니다.

16   정답 ④

[오답분석]
①은 두 번째 문장, ②는 제시문의 흐름, ③과 ⑤는 마지막 문장에서 각각 확인할 수 있다.

17   정답 ④

고전적 귀납주의에 따르면 여러 가설 사이에서 관련된 경험적 증거 전체를 고려하여 경험적 증거가 많은 가설을 선택할 수 있다. 즉, 가설에 부합하는 경험적 증거가 많을수록 가설의 신뢰도가 더 높아진다고 본 것이다. 따라서 이러한 주장에 대한 비판으로는 경험적 증거로 인해 높아지는 가설의 신뢰도를 정량적으로 판단할 수 없다는 ④가 가장 적절하다.

18   정답 ⑤

에피쿠로스의 주장에 따르면 신은 인간사에 개입하지 않으며, 육체와 영혼은 함께 소멸되므로 사후에 신의 심판도 받지 않는다. 그러므로 인간은 사후의 심판을 두려워할 필요가 없고, 이로 인해 죽음에 대한 모든 두려움에서 벗어날 수 있다고 주장한다. 따라서 이러한 주장에 대한 비판으로는 인간이 아픔 때문에 죽음에 대해 두려움을 느끼기도 한다는 ⑤가 가장 적절하다.

19   정답 ②

제시문은 예술 작품에 대한 감상과 판단에 대해서 첫 번째 단락에서는 '어떤 사람의 감상이나 판단은 다른 사람들보다 더 좋거나 나쁠 수도 있지 않을까? 혹은 덜 발달되었을 수도, 더 세련되었을 수도 있지 않을까?'라는 의문을, 세 번째 단락에서는 '예술 비평가들의 판단이나 식별이 올바르다는 것은 어떻게 알 수 있는가?'라는 의문을, 마지막 단락에서는 '자격을 갖춘 비평가들, 심지어는 최고의 비평가들에게서조차 의견의 불일치가 생겨나는 것'에 대한 의문을 제기하면서 이에 대해 흄의 견해에 근거하여 순차적으로 답변하며 글을 전개하고 있다.

20   정답 ④

『돈키호테』에 나오는 일화에 등장하는 두 명의 전문가는 둘 다 포도주의 맛이 이상하다고 하였는데 한 사람은 쇠 맛이 살짝 난다고 했고, 또 다른 사람은 가죽 맛이 향을 망쳤다고 했다. 이렇게 포도주의 이상한 맛에 대한 원인을 다르게 판단한 것은 비평가들 사이에서 비평의 불일치가 생겨난 것에 해당한다고 볼 수 있다.

| 02 | 언어추리

01	02	03	04	05	06	07	08	09	10
①	④	②	③	①	①	③	⑤	①	③
11	12	13	14	15	16	17	18	19	20
③	①	④	④	④	⑤	③	④	①	④

01

정답 ①

현명한 사람은 거짓말을 하지 않고, 거짓말을 하지 않으면 다른 사람의 신뢰를 얻는다. 즉, 현명한 사람은 다른 사람의 신뢰를 얻는다.

02

정답 ④

영희는 90점, 수연이는 85점이므로 철수의 성적은 86점 이상 89점 이하이다.

03

정답 ②

• 민지의 가방 무게 : 진희의 가방 무게+2kg
• 아름이의 가방 무게 : 진희의 가방 무게+3kg
따라서 가방이 무거운 순서대로 나열하면 '아름 – 민지 – 진희' 순임을 알 수 있다.

04

정답 ③

졸업 요건을 충족하여 재수강을 할 필요는 없지만, 재수강의 기준이 나와 있지 않기 때문에 재수강 가능 여부에 대해 알 수 없다.

05

정답 ①

건축학개론 수업을 듣는 학생들은 대부분이 1학년이므로 다른 학년이 섞여 있다 해도 1학년들은 항상 같이 듣는다.

06

정답 ①

현아와 은정이는 10,000원 차이가 나고 은정이는 30,000원을 가지고 있다. 따라서 40,000원 또는 20,000원을 가지고 있으므로 어느 경우에도 효성이보다는 돈이 적다.

07

정답 ③

현아가 은정이보다 10,000원을 더 가졌을 경우에는 참이 되지만, 현아가 은정이보다 10,000원을 덜 가졌을 경우에는 선화와 같기 때문에 주어진 제시문으로는 알 수 없다.

08

정답 ⑤

세 가지 조건을 종합해 보면 A상자에는 테니스공과 축구공이, B상자에는 럭비공이, C상자에는 야구공이 들어가게 됨을 알 수 있다. 따라서 B상자에는 럭비공과 배구공, 또는 럭비공과 농구공이 들어갈 수 있으며, C상자에는 야구공과 배구공, 또는 야구공과 농구공이 들어갈 수 있다. 그러므로 럭비공은 배구공과 같은 상자에 들어갈 수도 있고 아닐 수도 있다.

[오답분석]
① 농구공을 C상자에 넣으면 배구공이 들어갈 수 있는 상자는 B밖에 남지 않게 된다.
② 세 가지 조건을 종합해 보면 테니스공과 축구공이 들어갈 수 있는 상자는 A밖에 남지 않음을 알 수 있다.
③ A상자는 이미 꽉 찼고 남은 상자는 B와 C인데, 이 두 상자에도 각각 공이 하나씩 들어가 있으므로 배구공과 농구공은 각각 두 상자에 나누어져 들어가야 한다. 따라서 두 공은 같은 상자에 들어갈 수 없다.
④ B상자에 배구공을 넣으면 농구공을 넣을 수 있는 상자는 C밖에 남지 않게 된다. 따라서 농구공과 야구공은 함께 C상자에 들어가게 된다.

09

정답 ①

'승우가 도서관에 간다'를 A, '민우가 도서관에 간다'를 B, '견우가 도서관에 간다'를 C, '연우가 도서관에 간다'를 D, '정우가 도서관에 간다'를 E라고 하면 '~D → E → ~A → B → C'이므로 정우가 금요일에 도서관에 가면 민우와 견우도 도서관에 간다.

10

정답 ③

주어진 조건을 표로 나타내면 다음과 같다. 따라서 민경이가 가는 곳은 제주도이고, 게스트하우스에서 숙박한다.

구분	제주도	일본	대만
정주	–	게스트하우스	–
경순	–	–	호텔
민경	게스트하우스	–	–

11 정답 ③

영수와 재호의 시력을 비교할 수 없으므로 시력이 높은 순서대로 나열하면 '정수 – 영호 – 영수 – 재호 – 경호' 또는 '정수 – 영호 – 재호 –영수 – 경호'가 된다. 어느 경우라도 정수의 시력이 가장 높은 것을 알 수 있다.

12 정답 ①

B는 피자 두 조각을 먹은 A보다 적게 먹었으므로 피자 한 조각을 먹었다. 또한 네 사람 중 B가 가장 적게 먹었으므로 D는 반드시 두 조각 이상 먹어야 한다. 따라서 A는 두 조각, B는 한 조각, C는 세 조각, D는 두 조각의 피자를 먹었다.

13 정답 ④

오답분석

① 1번째 명제와 2번째 명제로 알 수 있다.
② 3번째 명제의 대우와 1번째 명제를 통해 추론할 수 있다.
③ 1번째 명제와 4번째 명제로 추론할 수 있다.
⑤ 2번째 명제의 대우와 1번째 명제의 대우, 3번째 명제로 추론할 수 있다.

14 정답 ④

'음악을 좋아하다.'를 p, '상상력이 풍부하다.'를 q, '노란색을 좋아하다.'를 r이라고 하면, 첫 번째 명제는 $p \rightarrow q$, 두 번째 명제는 $\sim p \rightarrow \sim r$이다. 이때, 두 번째 명제의 대우 $r \rightarrow p$에 따라 $r \rightarrow p \rightarrow q$가 성립한다. 따라서 $r \rightarrow q$이므로 노란색을 좋아하는 사람은 상상력이 풍부하다.

15 정답 ④

'에어컨을 과도하게 쓴다.'를 A, '프레온 가스가 나온다.'를 B, '오존층이 파괴된다.'를 C, '지구 온난화가 진행된다.'를 D라고 하면, 첫 번째 명제는 ~C → ~B, 세 번째 명제는 ~D → ~C, 네 번째 명제는 ~D → ~A이므로 네 번째 명제가 도출되기 위해서는 빈칸에 ~B → ~A가 필요하다. 따라서 대우 명제인 ④가 답이 된다.

16 정답 ⑤

'좋은 자세로 공부한다.'를 A, '허리의 통증이 약해진다.'를 B, '공부를 오래 하다.'를 C, '성적이 올라간다.'를 D라고 하면, 첫 번째 명제는 ~B → ~A, 두 번째 명제는 C → D, 네 번째 명제는 ~D → ~A이므로 네 번째 명제가 도출되기 위해서는 빈칸에 ~C → ~B가 필요하다. 따라서 대우 명제인 ⑤가 답이 된다.

17 정답 ③

주어진 명제를 만족하는 경우의 수는 '12개, 5개, 3개'의 한 가지뿐이다.

18 정답 ④

- A : 내일 강수 확률은 40%이다. 우산을 챙기려면 기온이 영상이어야 하므로 우산을 챙길 확률은 $0.4 \times 0.2 = 0.08$, 즉 8%이다.
- B : 내일 눈이 올 확률은 $0.4 \times 0.8 = 0.32$, 즉 도서관에 갈 확률은 32%이다.

19 정답 ①

다섯 명 중 두 명이 소희보다 적은 수의 볼링 핀을 쓰러뜨렸으므로 소희는 3등이 되며, 두 명 이상이 정희보다 많은 볼링 핀을 쓰러뜨렸으므로 정희는 4등 또는 5등이 된다. 이때, 정희가 민정이보다 볼링 핀을 더 많이 쓰러뜨렸으므로 정희가 4등, 민정이는 5등이 된다. 또한 미희는 진희보다 더 많은 볼링 핀을 쓰러뜨렸으므로 미희가 1등, 진희는 2등이 된다. 따라서 볼링 핀을 많이 쓰러뜨린 사람을 순서대로 나열하면 '미희 – 진희 – 소희 – 정희 – 민정'이 된다.

20 정답 ④

모두 서로 다른 수의 볼링 핀을 쓰러뜨렸으므로 소희가 8개의 볼링 핀을 쓰러뜨렸다면, 미희가 1등, 진희가 2등이므로 미희는 10개, 진희는 9개의 볼링 핀을 쓰러뜨려야 한다. 또한 4등인 정희가 쓰러뜨린 볼링 핀의 수는 8개보다 적어야 하며, 꼴찌인 민정이는 7개보다 적어야 한다. 따라서 정희와 민정이가 쓰러뜨린 볼링 핀 수의 합은 13개 이하여야 한다. 그러나 정희가 쓰러뜨린 볼링 핀의 수는 최대 7개에서 최소 2개가 될 수 있으므로 정확한 볼링 핀 수를 알 수 없다.

01	02	03	04	05	06	07	08	09	10
①	⑤	③	③	④	③	④	⑤	③	③

11	12	13	14	15	16	17	18	19	20
②	①	④	④	④	①	④	④	③	③

01 　　정답 ①

자료는 비율을 나타내기 때문에 실업자의 수는 알 수 없다.

오답분석

② 실업자 비율은 2%p 증가하였다.
③ 경제활동인구 비율은 80%에서 70%로 감소하였다.
④ 취업자 비율은 12%p 감소한 반면, 실업자 비율은 2%p 증가하였기 때문에 취업자 비율의 증감폭이 더 크다.
⑤ 비경제활동인구의 비율은 20% → 30%로 10%p 증가하였다.

02 　　정답 ⑤

ㄷ. 2018년 대비 2022년 청소년 비만율의 증가율은

$$\frac{26.1-18}{18}\times100=45\%이다.$$

ㄹ. 2022년과 2020년의 비만율 차이를 구하면 다음과 같다.
  • 유아 : $10.2-5.8=4.4$p
  • 어린이 : $19.7-14.5=5.2$p
  • 청소년 : $26.1-21.5=4.6$p
  따라서 2022년과 2020년의 비만율 차이가 가장 큰 아동은 어린이임을 알 수 있다.

오답분석

ㄱ. 유아의 비만율은 전년 대비 감소하고 있고, 어린이와 청소년의 비만율은 전년 대비 증가하고 있다.
ㄴ. 2019년 이후의 어린이 비만율은 유아보다 크고 청소년보다 작지만, 2018년 어린이 비만율은 9.8%로, 유아 비만율인 11%와 청소년 비만율인 18%보다 작다.

03 　　정답 ③

2021년 1분기 방문객 수 대비 2.8% 감소하였으므로 2022년 1분기 방문객 수는 $1,810,000\times(1-0.028)=1,759,320≒1,760,000$명이다. 방문객 수 비율은 2020년이 100%이므로 $\frac{1,760,000}{1,750,000}\times100≒100\%$이다.

04 　　정답 ③

A국과 F국을 비교해보면 참가선수는 A국이 더 많지만, 동메달 수는 F국이 더 많다.

오답분석

① 금메달은 F>A>E>B>D>C국의 순서로 많고 은메달은 C>D>B>E>A>F국의 순서로 많다.
② C국은 금메달을 획득하지 못했지만 획득한 메달 수는 149개로 가장 많다.
④ 참가선수와 메달 합계의 순위는 동일하다.

05 　　정답 ④

2018년과 2022년에는 출생아 수와 사망자 수의 차이가 20만 명이 되지 않는다.

오답분석

② 기대수명은 제시된 기간 동안 전년 대비 증가하고 있다.
③ 남자와 여자의 수명 차이는 다음과 같다.

(단위 : 년)

2016년	2017년	2018년	2019년	2020년	2021년	2022년
6.95	6.84	6.75	6.62	6.6	6.75	6.78

남자와 여자의 수명 차이는 매년 6년 이상이므로 옳은 설명이다.

⑤ 여자의 수명과 기대수명의 차이는 다음과 같다.

(단위 : 년)

2016년	2017년	2018년	2019년	2020년	2021년	2022년
3.37	3.31	3.26	3.18	3.17	3.21	3.22

여자의 수명과 기대수명의 차이는 2020년에 3.17년으로 가장 적으므로 옳은 설명이다.

06 　　정답 ③

남자 합격자 수는 1,003명, 여자 합격자 수는 237명으로, $1,003÷237≒4$이므로, 남자 합격자 수는 여자 합격자 수의 4배 이상이다.

오답분석

① 제시된 표의 합계에서 지원자 수 항목을 보면 집단 A의 지원자 수가 933명으로 가장 많은 것을 알 수 있다.
② 제시된 표의 합계에서 모집정원 항목을 보면 집단 C의 모집정원이 가장 적은 것을 알 수 있다.
④ 경쟁률은 $\frac{(지원자\ 수)}{(모집정원)}$이므로, B집단의 경쟁률은 $\frac{585}{370}=\frac{117}{74}$이다.

07

2021년 대비 2022년 월평균 소득 증가율은

$\frac{788,000-765,000}{765,000} \times 100 ≒ 3.0\%$이며, 평균 시급 증가율은

$\frac{8,590-8,350}{8,350} \times 100 ≒ 2.9\%$로 월평균 소득 증가율이 더 높다.

오답분석

① 2019 ~ 2022년 동안 전년 대비 주간 평균 근로시간은 2020년까지 증가하다가 2021년부터 감소하며, 월평균 소득의 경우 지속적으로 증가한다.

② 전년 대비 2020년 평균 시급 증가액은 $7,530-6,470=$ 1,060원이며, 전년 대비 2021년 증가액은 $8,350-$ 7,530=820원이다. 따라서 전년 대비 2020년 평균 시급 증가액은 전년 대비 2021년 증가액의 $\frac{1,060}{820}≒1.3$배이므로 3배 미만이다.

③ 2020년은 전년 대비 평균시급은 높아졌고, 주간 평균 근로시간도 길어졌다.

⑤ 주간 평균 근로시간에 대한 월평균 소득의 비율이 가장 높은 연도는 2022년이다.

구분	비율(%)
2018년	$\frac{669,000}{21.8}≒30,688.1$
2019년	$\frac{728,000}{22.3}≒32,645.7$
2020년	$\frac{733,000}{22.4}≒32,723.2$
2021년	$\frac{765,000}{19.8}≒38,636.4$
2022년	$\frac{788,000}{18.9}≒41,693.1$

08

면세유류는 1992년부터 사용량이 계속 증가하였고, 2012년에는 가장 높은 비율을 차지하였다.

오답분석

① 일반자재는 2012년까지 증가한 이후 2022년에 감소하였다.

② 2002년에는 배합사료, 2022년에는 면세유류가 가장 높은 비율을 차지하였다.

③ 배합사료는 증가와 감소를 반복하였으나, 농기계는 1972 ~ 1992년까지 비율이 증가한 이후 증가와 감소를 반복하였다.

④ 제시된 표만 보고 2022년 이후의 상황은 알 수 없다.

09

2016년 대비 2022년에 발생률이 증가한 암은 폐암, 대장암, 유방암인 것을 확인할 수 있다.

오답분석

① 위암의 발생률은 점차 감소하다가 2021년부터 다시 증가하는 것을 확인할 수 있다.

② 전년 대비 2022년 암 발생률 증가폭은 다음과 같다.
- 위암 : $24.3-24.0=0.3\%$p
- 간암 : $21.3-20.7=0.6\%$p
- 폐암 : $24.4-22.1=2.3\%$p
- 대장암 : $8.9-7.9=1.0\%$p
- 유방암 : $4.9-2.4=2.5\%$p
- 자궁암 : $5.6-5.6=0\%$p

폐암의 발생률은 계속적으로 증가하고 있지만, 전년 대비 2022년 암 발생률 증가폭은 유방암의 증가폭이 더 크므로 옳지 않은 설명이다.

④ 2022년에 위암으로 죽은 사망자 수를 알 수 없으므로 옳지 않은 설명이다.

⑤ 제시된 표를 통해 알 수 있다.

10

ㄴ. 자료는 구성비를 나타내는 비율자료로서, 유실 및 유기동물 중 분양된 동물의 비율은 조사기간 내 매년 감소하였으나, 그 수와 증감추이는 알 수 없다.

ㄷ. 2020년에 보호 중인 동물의 수와 인도된 동물의 수의 합은 $14.5+4.7=19.2\%$로, 30.1%인 분양된 동물의 수보다 적으며, 2021년에도 $13.0+11.7=24.7\%$로, 27.6%인 분양된 동물의 수보다 적다.

오답분석

ㄱ. 반려동물 신규등록 수의 전년 대비 증가율은 2019년에 약 1.1%, 2020년에 약 14.1%, 2018년에 40.0%, 2022년에 약 442.2%이다. 따라서 두 번째로 높은 연도는 2021년이다.

ㄹ. 2018년 대비 2020년 반려동물 신규등록 수의 증가율은 $\frac{10.5-9.1}{9.1} \times 100 ≒ 15.4\%$이므로 10%를 초과한다.

11

남성흡연율이 가장 낮은 연도는 50% 미만인 2018년이고, 여성흡연율이 가장 낮은 연도도 약 20%인 2018년이다.

오답분석

ㄱ. 남성흡연율은 2020년까지 증가하다가 그 이후 감소하지만, 여성의 흡연율은 매년 꾸준히 증가하고 있다.

ㄷ. 남성의 음주율이 가장 낮은 해는 80% 미만인 2021년이지만, 흡연율이 가장 낮은 해는 50% 미만인 2018년이다.

ㄹ. 2020년 남성의 음주율과 여성 음주율이 모두 80% 초과 90% 미만이므로 두 비율의 차이는 10%p 미만이다.

12 　정답 ①

5급 공무원과 7급 공무원 채용인원 모두 2016년부터 2019년까지 전년 대비 증가했고, 2020년에는 전년 대비 감소했다.

오답분석

ㄴ. 2012 ~ 2022년 동안 채용인원이 가장 적은 해는 5급과 7급 공무원 모두 2012년이며, 가장 많은 해는 2019년이다. 따라서 2019년과 2012년의 채용인원 차이는 5급 공무원이 $28-18=10$백 명, 7급 공무원은 $49-31=18$백 명으로 7급 공무원이 더 많다.

ㄷ. 2013년부터 2022년까지 전년 대비 채용인원의 증감량이 가장 많은 해는 5급 공무원의 경우 2020년일 때 전년 대비 $23-28=-5$백 명이 감소했고, 7급 공무원의 경우 2013년일 때 전년 대비 $38-31=7$백 명이 증가했다.

ㄹ. 2020년 채용인원은 5급 공무원이 23백 명, 7급 공무원이 47백 명으로 7급 공무원 채용인원이 5급 공무원 채용인원의 2배인 $23\times2=46$백 명보다 많다.

13 　정답 ④

ㄴ. 누적 확진자 중 누적 사망자의 비율은 4월 1일이 $\frac{242}{1,028}\times100 ≒ 23.5\%$, 4월 10일이 $\frac{658}{4,040}\times100 ≒ 16.3\%$로 비율 차이는 $23.5-16.3=7.2\%$p로, 8%p보다 낮다.

ㄹ. 4월 2일 ~ 4월 7일의 전일 대비 사망자 수 증가량의 평균은 $\frac{46+17+63+24+56+42}{6} ≒ 41$명, 4월 8일 ~ 4월 10일의 전일 대비 사망자 수 증가량의 평균은 $\frac{40+71+57}{3}=56$명이다.

오답분석

ㄱ. 4월 6일의 누적 확진자 수와 누적 사망자 수의 차이는 $2,420-448=1,972$명이고, 누적 확진자 수와 누적 사망자 수의 차이가 2,000명 이상인 날은 4월 7일($2,788-490=2,298$명) 이후이다.

ㄷ. 전일 대비 확진자 수가 가장 많이 증가한 날은 $3,602-3,123=479$인 4월 9일이며, 전일 대비 사망자 수가 가장 많이 증가한 날도 $601-530=71$명인 4월 9일로 같다.

14 　정답 ④

각 학년의 평균 신장 증가율은 다음과 같다.
- 1학년 : $\frac{162.5-160.2}{160.2} ≒ 1.43\%$
- 2학년 : $\frac{168.7-163.5}{163.5} ≒ 3.18\%$
- 3학년 : $\frac{171.5-168.7}{168.7} ≒ 1.66\%$

따라서 평균 신장 증가율이 큰 순서는 2학년 – 3학년 – 1학년 순서이다.

15 　정답 ④

각 달의 남자 손님 수를 구하면 다음과 같다.
- 1월 : $56-23=33$명
- 2월 : $59-29=30$명
- 3월 : $57-34=23$명
- 4월 : $56-22=34$명
- 5월 : $53-32=21$명

따라서 4월에 남자 손님 수가 가장 많았다.

16 　정답 ①

각 파일 종류에 따라 필요한 용량을 구하면 다음 표와 같다.

저장 파일 종류	용량	개수	용량 합계
한글	120KB	16개	1,920KB
	300KB	3개	900KB
엑셀	35KB	24개	840KB
PDF	2,500KB	10개	25,000KB
파워포인트	1,300KB	4개	5,200KB

따라서 총용량은 $1,920+900+840+25,000+5,200=33,860$KB이며, 총용량을 단위 MB로 환산하면 $\frac{33,860}{1,020} ≒ 33.2$MB가 된다.

17 　정답 ④

과일 종류별 무게를 가중치로 적용한 네 과일의 가중평균은 42만 원이다. 라 과일의 가격을 a만 원이라 가정하고 가중평균에 대한 방정식을 구하면 다음과 같다.

$25\times0.4+40\times0.15+60\times0.25+a\times0.2=42$
$\rightarrow 10+6+15+0.2a=42$
$\rightarrow 0.2a=42-31=11$
$\therefore a=\frac{11}{0.2}=55$

따라서 라 과일의 가격은 55만 원이다.

18

ㄴ. 2022년 1분기의 영업이익률은 $\dfrac{-278}{9,332}\times100\fallingdotseq-2.98\%$

이며, 4분기의 영업이익률은 $\dfrac{-998}{9,192}\times100\fallingdotseq-10.86\%$

이다. 따라서 2022년 4분기의 영업이익률은 1분기보다 감소하였음을 알 수 있다.

ㄹ. 2022년 3분기의 당기순손실은 직전 분기 대비 $\dfrac{1,079-515}{515}$

$\times100\fallingdotseq109.51\%$ 증가하였으므로 100% 이상 증가하였음을 알 수 있다.

오답분석

ㄱ. 영업손실이 가장 적은 1분기의 영업이익이 가장 크다.

ㄷ. 2022년 2분기와 4분기의 매출액은 직전 분기보다 증가하였으나, 3분기의 매출액은 2분기보다 감소하였다.

19

정답 ③

제품별 밀 소비량 그래프에서 라면류와 빵류의 밀 사용량의 10%는 각각 6.6톤, 6.4톤이다.

따라서 과자류에 사용될 밀 소비량은 총 42+6.6+6.4=55톤이다.

20

정답 ③

A ~ D과자 중 밀을 가장 많이 사용하는 과자는 45%를 사용하는 D과자이고, 가장 적게 사용하는 과자는 15%를 사용하는 C과자이다.

따라서 두 과자의 밀 사용량 차이는 42×(0.45-0.15)=42×0.3=12.6톤이다.

| 04 | 창의수리

01	02	03	04	05	06	07	08	09	10
②	③	②	④	②	①	②	①	④	③
11	12	13	14	15	16	17	18	19	20
④	⑤	①	④	①	③	②	③	④	②

01

정답 ②

Y사에서는 출발역과 350km, 840km, 도착역(1,120km)에 기본으로 4개 역을 새로 세우고, 모든 구간에 일정한 간격으로 역을 신설할 계획이다. 출발역을 제외한 350km, 840km, 1,120km 지점을 포함하는 일정한 간격인 거리를 구하기 위해 이 세 지점의 최대공약수를 구하면 10×7=70임을 알 수 있다.

즉, 출발역과 도착역 사이에는 70km 간격으로 역이 세워진다. 출발역과 도착역 간의 거리는 1,120km이므로 이를 70으로 나누면 1,120÷70=16개의 역이 세워진다. 여기에 도착역까지 더해야하므로 최소 16+1=17개의 역이 만들어진다.

02

정답 ③

열차의 길이가 xm이므로 $\dfrac{x+4,500}{10}=500$

($\because$ 4.5km=4,500m) → $x+4,500=5,000$

$\therefore$ $x=500$

따라서 열차의 길이는 500m이다.

03

정답 ②

움직인 시간을 x초라고 하면 두 사람이 마주치는 층은 일차방정식을 통해 계산을 할 수 있다.

$x=15-2x$ → $3x=15$

$\therefore$ $x=5$

따라서 두 사람이 같은 층이 되는 층은 5층이다.

04

정답 ④

작년 남자 사원수를 x명, 여자 사원수를 y명이라고 하면

$x+y=500$ … ㉠

$0.9x+1.4y=500\times1.08$ → $0.9x+1.4y=540$ … ㉡

$\therefore$ $x=320$, $y=180$

따라서 작년 남자 사원수는 320명이다.

05

정답 ②

사과의 개수를 x개라고 하면

$300x + 500 \times 3 \leq 10,000$

$\therefore x \leq 28\frac{1}{3}$

따라서 사과는 최대 28개를 살 수 있다.

06

정답 ①

두 수에서 각각 나머지를 빼면 30과 35이며, 이 두 수의 최대공약수는 5이다.

따라서 자연수 A는 5이다.

07

정답 ②

세 자연수 5, 6, 7의 최소공배수를 구하면 210이며, 세 자연수로 나누고 나머지가 모두 2가 되는 가장 작은 수 A는 최소공배수에 2를 더한 212가 된다.

따라서 1,000 이하 자연수 중 212의 배수는 212, 424, 636, 848로 총 4개이다.

08

정답 ①

432와 720의 최대공약수는 144이며, 144cm 간격으로 꼭짓점을 제외하고 가로에는 2그루씩, 세로에는 4그루씩 심을 수 있다.

따라서 꼭짓점에 나무가 심어져 있어야 하므로 $(2+4) \times 2 + 4 = 16$그루가 필요하다.

09

정답 ④

작년 A제품의 판매량을 x개, B제품의 판매량을 y개라고 할 때, 총판매량에 관한 방정식은 다음과 같다.

• 작년 두 제품의 총판매량 : $x + y = 800$

• 올해 총판매량 : $1.5x + (3x - 70) = 800 \times 1.6$

$\rightarrow 4.5x = 1,350$

$\therefore x = 300, \ y = 500$

즉, 올해 B제품의 판매량은 $3 \times 300 - 70 = 830$개이다.

따라서 작년 대비 올해 B제품 판매량의 증가율은 $\frac{830 - 500}{500} \times 100 = 66\%$이다.

10

정답 ③

6개의 숫자로 여섯 자릿수를 만드는 경우는 6!가지이다. 그 중 1이 3개, 2가 2개씩 중복되므로 $3! \times 2!$의 경우가 겹친다.

따라서 가능한 경우의 수는 $\frac{6!}{3! \times 2!} = 60$가지이다.

11

정답 ④

창고를 모두 가득 채웠을 때 보관 가능한 컨테이너의 수는 $10 \times 10 = 100$개이다.

• 9개 창고에 10개씩, 1개 창고에 8개를 보관하는 경우의 수

: $_{10}C_1 = 10$가지

• 8개 창고에 10개씩, 2개 창고에 9개씩 보관하는 경우의 수

: $_{10}C_2 = \frac{10 \times 9}{2!} = 45$가지

따라서 전체 경우의 수는 $10 + 45 = 55$가지이다.

12

정답 ⑤

8명이 경기를 하면 4개의 조를 정하는 것과 같다. 1~4위까지의 선수들을 만나지 않게 하려면 각 조에 1~4위 선수가 각각 한 명씩 배치되어야 한다. 이 선수들을 먼저 배치하고 다른 선수들이 들어가는 경우의 수는 $4! = 24$가지이다. 다음으로 만들어진 4개의 조를 두 개로 나누는 경우의 수를 구하면 $_4C_2 \times _2C_2 \times \frac{1}{2!} = 3$가지이다.

따라서 가능한 대진표의 경우의 수는 $24 \times 3 = 72$가지이다.

13

정답 ①

두 개의 정육면체 모양의 주사위를 굴려서 나올 수 있는 모든 경우의 수는 $6 \times 6 = 36$가지이고, 눈의 합이 2 이하가 되는 경우는 주사위의 눈이 (1, 1)이 나오는 경우이다.

따라서 눈의 합이 2 이하가 나오는 확률은 $\frac{1}{36}$이다.

14

정답 ④

A, B 두 주머니에서 검정 공을 뽑을 확률은 전체 확률에서 흰 공만 뽑을 확률을 뺀 것과 같다. 두 주머니에서 흰 공을 뽑을 확률은 $\frac{3}{5} \times \frac{1}{5} = \frac{3}{25}$이다.

따라서 A, B 두 주머니에서 한 개의 공을 꺼낼 확률은 $1 - \frac{3}{25} = \frac{22}{25}$이다.

15

정답 ①

첫 번째 항부터 $\times \dfrac{2}{3}$, -1을 번갈아 적용하는 수열이다.

따라서 (   )$=-\dfrac{14}{15}-1=-\dfrac{29}{15}$ 이다.

16

정답 ③

홀수 항은 $+1^2$ $+2^2$, $+3^2$, ⋯ 짝수 항은 -1, -2, -3, ⋯인 수열이다.

따라서 (   )$=68+1=69$이다.

17

정답 ②

$+2$, $+3$, $+5$, $+7$, $+11$, ⋯(소수의 작은 값)인 수열이다.

따라서 (   )$=32+13=45$이다.

18

정답 ③

$\underline{A\ B\ C} \rightarrow (A+B)\div 3=C$

따라서 (   )$=6\times 3-8=10$이다.

19

정답 ④

$\underline{A\ B\ C\ D} \rightarrow A-B=C-D$

따라서 (   )$=25-16+9=18$이다.

20

정답 ②

$\underline{A\ B\ C\ D} \rightarrow A\times B=C+D$

따라서 (   )$=(10+2)\div 4=3$이다.

무언가를 위해 목숨을 버릴 각오가 되어 있지 않는 한
그것이 삶의 목표라는 어떤 확신도 가질 수 없다.

- 체 게바라 -

여천NCC 전문기능직 고졸·초대졸 필기시험 답안지

언어이해

문번	1	2	3	4	5
1	①	②	③	④	⑤
2	①	②	③	④	⑤
3	①	②	③	④	⑤
4	①	②	③	④	⑤
5	①	②	③	④	⑤
6	①	②	③	④	⑤
7	①	②	③	④	⑤
8	①	②	③	④	⑤
9	①	②	③	④	⑤
10	①	②	③	④	⑤
11	①	②	③	④	⑤
12	①	②	③	④	⑤
13	①	②	③	④	⑤
14	①	②	③	④	⑤
15	①	②	③	④	⑤
16	①	②	③	④	⑤
17	①	②	③	④	⑤
18	①	②	③	④	⑤
19	①	②	③	④	⑤
20	①	②	③	④	⑤

언어추리

문번	1	2	3	4	5
1	①	②	③	④	⑤
2	①	②	③	④	⑤
3	①	②	③	④	⑤
4	①	②	③	④	⑤
5	①	②	③	④	⑤
6	①	②	③	④	⑤
7	①	②	③	④	⑤
8	①	②	③	④	⑤
9	①	②	③	④	⑤
10	①	②	③	④	⑤
11	①	②	③	④	⑤
12	①	②	③	④	⑤
13	①	②	③	④	⑤
14	①	②	③	④	⑤
15	①	②	③	④	⑤
16	①	②	③	④	⑤
17	①	②	③	④	⑤
18	①	②	③	④	⑤
19	①	②	③	④	⑤
20	①	②	③	④	⑤

자료해석

문번	1	2	3	4	5
1	①	②	③	④	⑤
2	①	②	③	④	⑤
3	①	②	③	④	⑤
4	①	②	③	④	⑤
5	①	②	③	④	⑤
6	①	②	③	④	⑤
7	①	②	③	④	⑤
8	①	②	③	④	⑤
9	①	②	③	④	⑤
10	①	②	③	④	⑤
11	①	②	③	④	⑤
12	①	②	③	④	⑤
13	①	②	③	④	⑤
14	①	②	③	④	⑤
15	①	②	③	④	⑤
16	①	②	③	④	⑤
17	①	②	③	④	⑤
18	①	②	③	④	⑤
19	①	②	③	④	⑤
20	①	②	③	④	⑤

창의수리

문번	1	2	3	4	5
1	①	②	③	④	⑤
2	①	②	③	④	⑤
3	①	②	③	④	⑤
4	①	②	③	④	⑤
5	①	②	③	④	⑤
6	①	②	③	④	⑤
7	①	②	③	④	⑤
8	①	②	③	④	⑤
9	①	②	③	④	⑤
10	①	②	③	④	⑤
11	①	②	③	④	⑤
12	①	②	③	④	⑤
13	①	②	③	④	⑤
14	①	②	③	④	⑤
15	①	②	③	④	⑤
16	①	②	③	④	⑤
17	①	②	③	④	⑤
18	①	②	③	④	⑤
19	①	②	③	④	⑤
20	①	②	③	④	⑤

고사장

성 명

수험번호

⓪	⓪	⓪	⓪	⓪	⓪	⓪
①	①	①	①	①	①	①
②	②	②	②	②	②	②
③	③	③	③	③	③	③
④	④	④	④	④	④	④
⑤	⑤	⑤	⑤	⑤	⑤	⑤
⑥	⑥	⑥	⑥	⑥	⑥	⑥
⑦	⑦	⑦	⑦	⑦	⑦	⑦
⑧	⑧	⑧	⑧	⑧	⑧	⑧
⑨	⑨	⑨	⑨	⑨	⑨	⑨

감독위원 확인

(인)

여천NCC 전문기능직 고졸 · 초대졸 필기시험 답안지

고사장

성 명

수험번호

⓪	⓪	⓪	⓪	⓪	⓪	⓪
①	①	①	①	①	①	①
②	②	②	②	②	②	②
③	③	③	③	③	③	③
④	④	④	④	④	④	④
⑤	⑤	⑤	⑤	⑤	⑤	⑤
⑥	⑥	⑥	⑥	⑥	⑥	⑥
⑦	⑦	⑦	⑦	⑦	⑦	⑦
⑧	⑧	⑧	⑧	⑧	⑧	⑧
⑨	⑨	⑨	⑨	⑨	⑨	⑨

감독위원 확인

(인)

언어이해

문번	1	2	3	4	5
1	①	②	③	④	⑤
2	①	②	③	④	⑤
3	①	②	③	④	⑤
4	①	②	③	④	⑤
5	①	②	③	④	⑤
6	①	②	③	④	⑤
7	①	②	③	④	⑤
8	①	②	③	④	⑤
9	①	②	③	④	⑤
10	①	②	③	④	⑤
11	①	②	③	④	⑤
12	①	②	③	④	⑤
13	①	②	③	④	⑤
14	①	②	③	④	⑤
15	①	②	③	④	⑤
16	①	②	③	④	⑤
17	①	②	③	④	⑤
18	①	②	③	④	⑤
19	①	②	③	④	⑤
20	①	②	③	④	⑤

언어추리

문번	1	2	3	4	5
1	①	②	③	④	⑤
2	①	②	③	④	⑤
3	①	②	③	④	⑤
4	①	②	③	④	⑤
5	①	②	③	④	⑤
6	①	②	③	④	⑤
7	①	②	③	④	⑤
8	①	②	③	④	⑤
9	①	②	③	④	⑤
10	①	②	③	④	⑤
11	①	②	③	④	⑤
12	①	②	③	④	⑤
13	①	②	③	④	⑤
14	①	②	③	④	⑤
15	①	②	③	④	⑤
16	①	②	③	④	⑤
17	①	②	③	④	⑤
18	①	②	③	④	⑤
19	①	②	③	④	⑤
20	①	②	③	④	⑤

자료해석

문번	1	2	3	4	5
1	①	②	③	④	⑤
2	①	②	③	④	⑤
3	①	②	③	④	⑤
4	①	②	③	④	⑤
5	①	②	③	④	⑤
6	①	②	③	④	⑤
7	①	②	③	④	⑤
8	①	②	③	④	⑤
9	①	②	③	④	⑤
10	①	②	③	④	⑤
11	①	②	③	④	⑤
12	①	②	③	④	⑤
13	①	②	③	④	⑤
14	①	②	③	④	⑤
15	①	②	③	④	⑤
16	①	②	③	④	⑤
17	①	②	③	④	⑤
18	①	②	③	④	⑤
19	①	②	③	④	⑤
20	①	②	③	④	⑤

창의수리

문번	1	2	3	4	5
1	①	②	③	④	⑤
2	①	②	③	④	⑤
3	①	②	③	④	⑤
4	①	②	③	④	⑤
5	①	②	③	④	⑤
6	①	②	③	④	⑤
7	①	②	③	④	⑤
8	①	②	③	④	⑤
9	①	②	③	④	⑤
10	①	②	③	④	⑤
11	①	②	③	④	⑤
12	①	②	③	④	⑤
13	①	②	③	④	⑤
14	①	②	③	④	⑤
15	①	②	③	④	⑤
16	①	②	③	④	⑤
17	①	②	③	④	⑤
18	①	②	③	④	⑤
19	①	②	③	④	⑤
20	①	②	③	④	⑤

2023 하반기 All-New 여천NCC 전문기능직
고졸 · 초대졸 채용 온라인 필기시험 + 무료상식특강

개정3판1쇄 발행	2023년 08월 25일 (인쇄 2023년 06월 16일)
초 판 발 행	2021년 05월 01일 (인쇄 2021년 04월 22일)
발 행 인	박영일
책 임 편 집	이해욱
편 저	SDC(Sidae Data Center)
편 집 진 행	이근희 · 김내원
표 지 디 자 인	김지수
편 집 디 자 인	이은미 · 장성복
발 행 처	(주)시대고시기획
출 판 등 록	제10-1521호
주 소	서울시 마포구 큰우물로 75 [도화동 538 성지 B/D] 9F
전 화	1600-3600
팩 스	02-701-8823
홈 페 이 지	www.sdedu.co.kr
I S B N	979-11-383-5452-3 (13320)
정 가	23,000원

여천NCC

Naphtha Cracking Center

전문기능직 고졸 · 초대졸 채용

정답 및 해설

고졸/전문대졸 취업 기초부터 합격까지! 취업의 문을 여는 **Master Key!**

고졸/전문대졸 필기시험 시리즈

· SK 하이닉스
Operator / Maintenance

· SK 생산직

· PAT 포스코그룹
생산기술직 / 직업훈련생

· GSAT 5급

· GSAT 4급

· GS칼텍스